生涯弁護人

事件ファイル

1

弘中惇一郎

講談社

村木厚子
小澤一郎
鈴木宗男
三浦和義
……

Bookdesign
albireo

生涯弁護人

事件ファイル❶

村木厚子　小澤一郎　鈴木宗男　三浦和義……

●本書の註で説明している法律は、特に断りのない限り、二〇二一年一〇月時点での条文を記載している。

●本文一部敬称略

はじめに

私が弁護士登録をしたのは一九七〇（昭和四五）年四月、二四歳の時であった。

この年の一一月にリリースされたフォークソングに、「戦争を知らない子供たち」（作詞・北山《きたやま》修《おさむ》、作曲・杉田二郎《すぎたじろう》）がある。「戦争が終って僕等は生まれた　戦争を知らずに僕等は育った」で始まる歌だ。昭和二〇年一〇月生まれの私は、まさに最初の「戦争を知らない子供」であった。

あれから半世紀が過ぎた。手がけた事件の数は二〇〇〇近くにのぼる。

この五〇年のあいだに、ずいぶんいろいろなことがあった。いろいろな風が吹いた。振り返ってみると、「時代の風」をおのずと味わった事件がたくさんあった気がする。

一九七〇年代の初めは、ベトナム戦争に対する抗議活動や学園闘争が、最も高揚した時期だった。新人弁護士として私が最初に担当したのは、東大闘争で逮捕された学生たちの弁護だった。その後、薬害や多数の医療過誤事件、小学生が犠牲となった交通事故死事件など、突然災厄に見舞われた人々の訴訟に奔走してきた。

一九八〇年代に、弁護士人生の転機の一つとなる事件が起きる。「三浦和義《みうらかずよし》事件」だ。三浦氏は、旅行先のロサンゼルスで、保険金目当てに妻を何者かに銃撃させ、殺害した「凶悪犯」として報じられていた。それまでは、「市井《しせい》の人」を手助けする弁護活動を中心にしてきたが、三浦氏は、マスコミから「悪人」として糾弾されている人物であった。

日本国民の大半が三浦氏の有罪を疑わなかったなかで、彼の弁護を引き受けたのは、「これほど世間に注目されている事件の真相は?」という、弁護士としての純粋な興味からであった。もともと、メディアが報じていることを額面通りに受け取ってはいなかった。

三浦氏と会って、じっくり話を聴くうちに、マスコミが作り上げた「悪人」のイメージとはまるで違い、誠実で信頼に足る人物であることがわかった。彼は、この事件について知っている事実を包み隠さず話してくれたし、メディアに糾弾されていた自身の派手な女性関係についても否定しなかった。その後の弁護活動のなかでも、彼に嘘をつかれたことは一度もない。法廷闘争の方針についても、自身の意見をはっきり述べる一方で、弁護団の意見にもきちんと耳を傾けてくれた。

依頼人と直接話をして見えてくる風景と、メディア側から見る風景とは、まったく違う。それを証明するために、我々弁護団は、事件現場となったロサンゼルスに何度も飛んだ。

三浦夫妻が何者かに銃撃された駐車場で、三浦氏が話してくれた犯行状況を繰り返し再現し、目撃現場のビルや周辺の他のビルからその駐車場がどのように見えるかを確認し、目撃者たちに会って目撃内容や当時の記憶を聴き取るなど、これ以上はできないというところまで現地調査をおこない、証拠や証言を徹底的に検討した。

そのうえで、三浦氏に有罪判決を下した一審裁判所の論理に反論し、検察の主張を突き崩し、控訴審で逆転無罪判決を勝ち取ることができたのである。

三浦氏は、「ロス疑惑」報道によって「悪人」に仕立て上げられた。検察は、世論を追い風に彼を有罪に追い込もうとした。もし、控訴審で我々の主張が斥《しりぞ》けられていれば、彼は無実の罪で無期懲役刑に処された可能性が高い。刑事被告人というのは、このように、圧倒的に弱い立場の存在なのである。

三浦氏の事件以後も、私は、社会から敵視された人、敵視されるように仕立てられた人たちの弁護活動を数多く手掛けてきた。厚生官僚だった村木厚子《むらきあつこ》氏、政治家の小澤一郎《おざわいちろう》氏や鈴木宗男《すずきむねお》氏、薬害エイズ事件の安部英《あべたけし》医師、カルロス・ゴーン氏らは、国家権力とメディアによって「悪人」に仕立てられた人物だ。

いずれも、生半可な事件ではなかった。戦後の刑事裁判でも記憶に残る数々の事件で弁護人を務め、検察と真正面から闘って、村木氏、小澤氏、安部氏への無罪を勝ち取ったことは、自負としたい。鈴木氏の事件については再審請求中であり（二〇二一年一〇月現在）、ゴーン氏の事件は彼の〝国外逃亡〟により公判が停止されているが、私は二人の無罪を確信している。

弁護士人生の一つの区切りとして、右に挙げた事件をはじめ、これまで取り組んできた事件のなかから特に印象深いものを取り上げ、どのように取り組んできたかを述べるのが本書である。弁護士を続けて五〇年余、自分なりに、その時代の風に吹かれながら、走り続けてきたという実感がある。

弁護士と権力

「弁護士」とは何か。

国家権力と対峙《たいじ》して、人権抑圧されている人の側に立ち、その人の権利を擁護する――。弁護士というのは、本来そういうものではないかと私は思う。中国での人権派弁護士に対する国家権力による凄まじい迫害を見ると、簡単なことではないが、基本は同じだと思う。

権力とは一線を画す、これが弁護士の生き方のはずである。私たちの若い頃は、権力の側がつくろうとするシステムや法案には、弁護士会は基本的に批判し、反対した。たとえば、私が弁護士になって五年目に、刑法の全面「改正」が取沙汰《とりざた》されたことがあった。一九七四年五月、法務大臣の諮問機関である法制審議会が答申した「改正刑法草案」の内容には、現行刑法（当時）を超える処罰の拡大・重罰化や、保安処分（犯罪者や犯罪行為をするおそれのある者を矯正・治療するために、刑罰を補充したり、刑罰に代わる処分をしたりすること）などが盛り込まれていた。

日本弁護士連合会（日弁連）は、基本的人権と民主主義擁護の立場からこの草案を批判し、強力な反対運動を展開した。テレビニュースでこれを知った私は強く共鳴し、委員会に入れてほしいと申し込んだが、委員はすでに内定しているということで、やる気があるなら、日弁連のなかの「刑法「改正」阻止実行委員会」の事務局に入ったらどうかと言われて、すぐに承諾した。それ以後、書籍・パンフレット・映画の製作やビラ撒《ま》きなど、できる限りのことをした。

しかし、いつの間にか、弁護士会のこのような在野精神は薄れ、弁護士が国家権力と協力したり、権力の一端を担ったりすることを何とも思わない風潮が出てきたように感じる。その象徴が、弁護士の中坊公平《なかぼうこうへい》氏が率いた「整理回収機構」（RCC）であった。

RCCは、破綻した住宅ローン専門のノンバンク「住宅金融専門会社」（住専）の債権を回収するために、政府主導で設立された。RCCに顧問の資格で関わった弁護士約一〇〇人は、警察と連携して債権回収に当たった。これにより、弁護士が政府と手を組んで仕事をするという構図ができていき、中坊氏は「弁護士の職域が広がってきた」と胸を張った。しかし、のちに

RCCは、中小企業などに対する過酷な債権回収や詐欺的行動により強い批判を受けることになった。

権力の側に立つのは気持ちのいいことなのかもしれないが、弁護士の本来の役割は人権を守ることであり、刑事事件においては、被疑者（いわゆる容疑者）や被告人の権利を守り、その利益を何よりも優先させることである。市民のため、被害者のためという思い込みから、被疑者・被告人の権利をないがしろにすることがあるとしたら、とても危険な状況だと思う。

最近では、弁護士が法務省と一緒になって法律を作る側に回るということが議論されているが、これにも危うさを感じる。司法改革により弁護士の数が増えたこともあり、弁護士の立ち位置が徐々に「在野」から「権力側」にシフトしている感じがする。

しかし、刑事弁護という側面で言えば、弁護士の役割は非常にはっきりしている。弁護人のやるべきことは、強大な国家権力の不正・不当なやり方から被疑者・被告人を守り、ありとあらゆる手を尽くして弁護をすることである。日本国憲法にも示されていることだし、世界各国に共通することであり、意見が分かれるべき問題ではない。

本書の構成と裁判戦略

本書では、私がこれまでに取り組んだ事件でどのように裁判戦略を組み立てて闘ったか、その具体的な戦略・戦術についても、可能な限り記したつもりである。各事件の当事者、事件を担当した検察官や裁判官についても、可能な限り実名で記した。

この「事件ファイル①」では、以下の事件を取り上げている。

第一章では、国策捜査（検察庁、ことに特捜部が、ある政治的意図に基づいておこなう捜査）の問題を取り上げた。冒頭の「村木厚子事件」は、特捜部の強引な国策捜査が、「検察による証拠改《かい》竄《ざん》」という前代未聞の不祥事を引き起こした事件である。続く「小澤一郎事件」と「鈴木宗男事件」は、国策捜査が生んだ冤罪《えんざい》の典型である。

第二章では、ベトナム戦争に対する抗議活動を理由に国外退去を命じられた米国人を弁護した「マクリーン事件」と、「東大裁判」（東大安田講堂などへの立て籠もり事件）や赤軍派による「大菩薩峠《だいぼさつとうげ》事件」など、学生運動に関連する刑事公安事件を取り上げた。「マクリーン事件」は、一般にはほとんど知られていないと思うが、在日外国人にも日本国憲法の基本的人権の保障があるとの点では我々の主張が認められ、すべての憲法の教科書に重要判例として載ることとなり、法律家なら誰でも知っている事件である。

第三章では、医療被害の問題を取り上げた。クロマイおよびクロロキンによる悲惨な薬害事件と、四件の医療過誤事件をめぐる訴訟の話である。医療過誤問題は、私の弁護士活動における重要なテーマの一つであった。

第四章の「三浦和義事件」は、当時のメディアがこぞって、スキャンダラスに報じた事件だ。報道問題は、私の弁護士活動のなかでのもう一つの重要テーマである。また、前述したように、この事件では、現場に何度も足を運んで地道な調査をおこなうことにより、弁護側の主張の構図を描けるようになった。「現場を十分に見たうえでの証拠検討」の重要性も、この章の大きなテーマだ。

私が弁護活動をするうえで実践してきたポリシーの一つは、「自分の頭と足で事件と向き合うこと」である。たとえば、当たり前のこととして他の弁護士がスルーしている部分でも、「なんだかしっくりこないな」と感じることがあれば、そのままにしない。他人の意見に流されず、自分の頭で考えて、実際の現場に行って自分の目で確かめ、自ら動いてその疑問を掘り下げていくと、事件解決のキーに繋《つな》がることが少なくない気がする。だから、いつも無い知恵を絞って一生懸命考えている。

実務の前例や過去の判例がどうであろうと、失敗を恐れず、自らの頭と足で事件と向き合うことが重要だと思っている。

なお、本書と同時に刊行される『生涯弁護人　事件ファイル②』は、以下のような構成になっている。

第一章　**報道が作り出す犯罪**

安部英医師薬害エイズ事件

第二章　**弱者と共に**

下館《しもだて》タイ女性殺人事件

小学生交通事故死事件

1　中野区スクールゾーン交通事故死事件　2　大型貨物車左折巻き込み事件

第三章　**名誉毀損・プライバシー侵害と報道の自由**

名誉毀損・プライバシー侵害事件

1　野村沙知代《のむらさちよ》事件　2　中森明菜《なかもりあきな》プライバシー侵害事件

プロダクションとの紛争事件

加勢大周《かせたいしゅう》事件

記号化による人権侵害

中島知子《なかじまともこ》事件

第四章　**誰もが当事者に**

「報道の自由」をめぐる訴訟

1　「日刊新愛媛《しんえひめ》」事件　2　『噂の眞相』名誉毀損事件　3　『創《つくる》』接見妨害事件

警察官による暴行事件

1　八千代台《やちよだい》交番事件　2　川崎暴走族事件

痴漢冤罪事件

1　K教授事件　2　H青年事件

第五章　**日本の刑事司法の現実**

カルロス・ゴーン事件

「事件ファイル①、②」ともに、啓蒙書でもなければ、教科書でもない。私が、たまたま巡り合ったいくつかの事件について、どのように動いたか、どういうふうにもがいたかの記録、まさに「事件ファイル」だ。興味のある事件から読んでいただければ幸いである。

事件ファイル❶ CONTENTS

第一章

国策捜査との闘い

2010年9月10日、無罪判決後、大阪市北区の大阪司法記者クラブで記者会見する村木厚子氏と著者

（写真提供：共同通信社）

村木厚子事件

二〇〇九年受任

特捜検察が抱える〝闇〟

この事件は、特捜検察によって「無実の罪」を着せられそうになった女性官僚を助け出すことができた稀有《けう》なケースである。

日本の刑事裁判の有罪率は九九・九%と言われる。先進国のなかでも異様なまでの高率であるため、諸外国では「日本は非文明国だ」と言われているほどだ。

一〇〇%に近い有罪率の要因はいくつかあるが、なかでも大きな問題は、本来なら無罪となるべき事件が、かなりの数、有罪にされていることである。

取り調べで否認したり、黙秘したりすると起訴後も勾留[*1]が続いて保釈を認めてもらえないという「人質司法」や、検察官が誘導や強要で無理やり自白調書を作る「調書中心主義」によって、身に覚えのない罪を認めてしまい、結果的に裁判で争えなくなるケースが多いのだ。その意味で、人質司法や調書中心主義は、冤罪《えんざい》という「公権力による犯罪」を生む温床と言える。

本件は、厚生労働省の官僚だった村木厚子《むらきあつこ》さんが冤罪で逮捕・起訴された事件である。

政財官が絡む大型事件は、通常の警察捜査とは異なり、東京・名古屋・大阪にある地検特捜部が独自に捜査し、起訴する。特捜検察は、裁判で完全無罪を出さない「日本最強の捜査機関」と呼ばれていた。

村木厚子事件は、〝不敗神話〟を誇る特捜部が完敗した、数少ない例外である。

＊1　勾留：逮捕された被疑者（起訴はされていないが犯罪の嫌疑を受けて捜査の対象になっている者。いわゆる容疑者）あるいは被告人（犯罪の嫌疑を受けて起訴された者）が、裁判官の判断に基づき、一定期間、刑事施設（警察署内の留置場や拘置所）に身柄を拘束されること。勾留は刑罰ではない。一方、「拘留」は、判決が下されたあとの刑罰の一種で、一日以上三〇日未満の期間、刑事施設（刑務所や拘置所）に収監される（刑法第一六条）。なお、「被告人」は刑事事件で起訴された者、「被告」は民事訴訟で訴えられた者を指す。

事件の概要

発端は「郵便法違反事件」

この事件は、障害者郵便割引制度を悪用して大量のダイレクトメールを発送し、不正な利益を得ていた団体と広告主の企業、広告代理店などの関係者が逮捕・起訴された「郵便法違反事件」に端を発していた。

日本の郵便制度には、障害者団体が障害者福祉のために送付する郵便物の郵送料が通常の第三種郵便物よりもさらに安くなる割引制度がある（「心身障害者用低料第三種郵便制度」[＊1]。以下、低料第三種郵便制度と記す）。たとえば、本件当時にこの制度を利用すると、通常は一通一二〇円かかる封書の郵便物を、わずか八円で発送することができた。

障害者団体と称した「凛《りん》の会」は、この制度を不正に利用し、家電量販店や紳士服店などさまざまな企業からダイレクトメールの発送注文を受け、心身障害者向け定期刊行物を装って商品広告を大量に送付し、正規の郵便料金との差額を免れることで荒稼ぎしていた。

二〇〇九（平成二一）年四月、大阪地検特捜部は「凛の会」の倉沢邦夫《くらさわくにお》会長を逮捕した。「凛の会」は、障害者団体としての実体がなく、障害者団体としての認定も受けていなかった。それにもかかわらず、同会は、厚労省が二〇〇四年六月に発行した「心身障害者団体であるとの証明書」を日本郵政公社（現・JP日本郵便）に提出し、低料第三種郵便制度の利用を認められていたのである。

当初、この証明書は「凛の会」が偽造した文書と思われていたが、逮捕された倉沢氏は「本物だ」と主張した。調べてみると、発行番号は架空のものだが、そこに押されている厚労省の課長の公印は本物であることが判明した。

この証明書の発行権限を持っていたのが、〇四年当時、厚労省社会・援護局障害保健福祉部企画課長をしていた村木厚子さんであった。

＊1　心身障害者用低料第三種郵便制度：障害者団体が発行する定期刊行物の郵送料を格安にして障害者の経済的負担軽減を図り、福祉に役立てることを目的として一九七六年に始まった制度。

狙われた「女性キャリアの星」

内容虚偽の証明書に、どうして本物の課長の公印がとれたのか。特捜部の捜査で、倉沢氏について、民主党の石井《いしい》一《はじめ》衆院議員（〇四年当時）の秘書という経歴のあることがわかった。

石井氏は、一九六九（昭和四四）年の衆院選挙で自由民主党から初当選。国土庁長官（第一次海部《かいふ》俊樹《としき》内閣）、自治相兼国家公安委員長（羽田《はた》孜《つとむ》内閣）などの要職を歴任し、本件当時（〇九年）は参院議員だった。

特捜部は色めき立った。村木さんは、「凛の会」が偽《にせ》の障害者団体であることを知りつつ、大物政治家の口添えで証明書を発行して便宜を図ってやった可能性がある、と考えたのだ。

この見立てに基づいて倉沢氏を追及すると、倉沢氏は特捜部の作ったストーリーを記した調書にあっさりとサインした。そのストーリーは以下のとおりだ（肩書は〇四年当時）。

「凛の会」の倉沢会長は、低料第三種郵便制度を不正に利用する目的で、民主党の石井議員に、「凛の会」が障害者団体であると認める公的証明書を発行してくれるよう、厚労省への口利きを依頼した。石井氏の要請を受けた厚労省

厚労省局長を逮捕

証明書偽造の疑い

部下に発行催促か

当人は否認

郵便不正

自称・障害者団体「凛の会」（現・白山会）を郵便割引制度の適用団体と認めた証明書を不正に発行したとして、大阪地検特捜部は14日、厚生労働省雇用均等・児童家庭局長の村木厚子容疑者(53)を虚偽有印公文書作成・同行使の疑いで逮捕した。厚労省によると、局長級が逮捕されるのは初めて。村木局長は容疑を否認し、「凛の会や証明書のことは知らない。私はこの件に関与していない」と述べているという。 =15面に関係記事

障害者団体向けの郵便割引制度が企業のダイレクトメール（DM）発送に悪用された一連の郵便不正事件は、制度適用を審査する立場にある厚労省幹部の逮捕にまで発展した。特捜部は15日午前、厚労省の局長室や埼玉県和光市の自宅を家宅捜索した。

また特捜部は14日、証明書発行のための決裁文書を偽造した同容疑で逮捕していた元部下で障害保健福祉部企画課係長の上村勉容疑者(39)らも共犯容疑で再逮捕した。係長は「村木局長から証明書を早く発行するよう催促された」と供述しているといい、特捜部は局長を追及する。

ほかに再逮捕されたのは、凛の会元会長で白山会代表の倉沢邦夫容疑者(73)▽凛の会元幹部の河野克史容疑者(68)。再逮捕の3人は容疑を認めているという。

特捜部の調べによると、村木局長は、障害保健福祉部の企画課長だった04年6月初め、上村係長ら3人と共謀。凛の会に障害者団体としての実態がないにもかかわらず、企画課長の公印のある偽の証明書を作成。河野元幹部らが6月10日、企業の不正DMを発送するため当時の日本橋郵便局（東京都中央区）に提出した疑いがあるとされる。証明書は5月28日付に日付をさかのぼって作成されていた。

上村係長の供述によると、上村係長は04年4月に決裁文書を偽造した後、6月になって村木局長から「証明書はどうなっていますか。出せるならはやくやってしまいましょう」と指示されたとされる。

証明書発行をめぐっては、村木局長の上司だった元障害保健福祉部長（退職）が、民主党幹部の国会議員から対応を頼まれ、部下らに伝えた

12日の衆院厚生労働委員会で答弁する村木厚子局長=河合博司撮影

大阪地検が描く証明書発行の構図

DM発送 / 郵便窓口 / 提出

凛の会：元幹部 河野克史容疑者、元会長 倉沢邦夫容疑者

依頼 / 口添え / 証明書不正発行

厚生労働省：障害保健福祉部長（当時） 伝達 → 当時の企画課長 雇用均等・児童家庭局長 村木厚子容疑者……否認 指示 → 企画課係長 上村勉容疑者……決裁書も偽造

パレスチナ非武

2国家共

【エルサレム=井上道夫】イスラエルのネタニヤフ首相

大阪地検特捜部は、当時、厚生労働省雇用均等・児童家庭局長だった村木厚子氏を虚偽有印公文書作成・同行使の疑いで逮捕した（2009年6月15日、朝日新聞）

社会・援護局障害保健福祉部の塩田幸雄《しおたゆきお》部長は、部下の村木厚子企画課長に便宜を図るよう指示。村木課長は、上村勉《かみむらつとむ》係長に偽の証明書を発行させた——。

○九年五月二六日、特捜部は、「凛の会」幹部の河野克史《こうのただし》氏と、厚労省の上村係長を逮捕した。河野氏の容疑は、内容虚偽の証明書を発行するよう厚労省に働きかけた疑い。上村氏の容疑は、証明書発行に関係する偽の稟議書《りんぎしょ》（決裁書類）を作成した疑いだった。つまり、上村氏の最初の逮捕は、偽の証明書作成の嫌疑ではなく、その前段階での稟議書の偽造についてだったのである。

　特捜部は村木さんに狙いを絞り、厚労省職員たちから倉沢氏らの供述を裏付ける内容の供述を取った。そして同年六月一四日、実体のない障害者団体について低料第三種郵便制度の適用団体と認める偽の証明書を部下に命じて作らせたとして、村木さんを虚偽有印公文書作成・同行使[*1]の容疑で逮捕したのである。

　高知県で生まれ育った村木さんは、高知大学を卒業後、労働省（当時）に入省。逮捕された○九年当時は、厚労省雇用均等・児童家庭局長の立場にあり、子供を持つ従業員のための短時間勤務制度の義務付けや、父親が育児休業をとりやすくするための育児・介護休業法改正などに取り組んでいた。

　東大や京大出身者が多い中央省庁の官僚のなかで、珍しく地方の国立大学出身で、省庁改編後は旧厚生省の勢力が強いと言われていた厚労省で局長に上り詰め、人望もある村木さんは、「女性キャリアの星」として知られた存在で、遠からず事務次官になるだろうと目されていた。それだけに、新聞各紙は彼女の逮捕をスキャンダラスに報じた。

「局長逮捕　厚労省は動揺　『将来の次官候補』なぜ　不正生んだ『上意下達』」（読売新聞）
「厚労省　村木局長逮捕　女性キャリアの星なぜ　無責任体質　巨額損失生む」（産経新聞）
「敏腕キャリアなぜ　村木容疑者　障害者問題に強い関心」（朝日新聞）
冤罪事件はこうして始まった。

＊1　虚偽有印公文書作成・同行使：刑法第一五六条「虚偽公文書作成等」では、公務員が、その職務に関し、行使の目的で虚偽の文書・図画を作成または変造した時は、同第一五四条「詔書偽造等」（無期または三年以上の懲役）、同第一五五条「公文書偽造等」一項、二項（一年以上一〇年以下の懲役）、同三項（三年以下の懲役または二〇万円以下の罰金）に定める刑が科される旨が規定されている。偽造・変造した公文書を行使した者にも同様の刑が科される（同第一五八条「虚偽公文書行使等」要旨）。

受任の経緯

村木さんは、私の妻の部下だった

村木さんが私の事務所を初めて訪ねてきたのは、逮捕される二週間ほど前の二〇〇九年五月下旬だった。紹介者は、奈良在住の高野嘉雄《たかのよしお》弁護士（二〇一一年九月死去）であった。

高野弁護士は、甲山《かぶとやま》事件[＊1]や奈良市小一女児誘拐殺人事件[＊2]、田原本《たわらもと》放火殺人鑑定資料漏洩《ろうえい》事件[＊3]などの著名な刑事事件の弁護に携わり、被告人の更生を追求する人権派弁護士として尊敬を集めていた。

高野氏と私は、かつて別の厚労省職員が関わった収賄事件で一緒に弁護活動をしたことがあった。その職員は、かつて村木さんと同じ職場で働いていた。おそらくその流れで、村木さんは高野弁護士に相談していたのだと思う。

高野氏の初動は速く、上村氏と村木さんが逮捕されることを想定し、両人に前もって弁護士を配した。大阪で刑事弁護を専門としている鈴木一郎《すずきいちろう》弁護士に連絡し、上村氏の弁護につかせる一方で、東京にいた村木さんを私のもとに送ったのである。

平日の夕方、村木さんは一人で私の事務所にやってきた。見た目は華奢《きゃしゃ》だが、非常にしっかりしている感じの方だった。内心はかなり不安だったと思うが、冷静に今の自分がおかれている状況を説明してくれた。

倉沢氏が逮捕された四月頃から、自分の名前が新聞でしきりに報じられていたこと。記者たちに追いかけられて職場にいることもできないこと。自宅にも多数の取材陣が押し寄せて来るので、帰るに帰れず、ホテルや、一人暮らしをしている長女のアパートなどを泊まり歩いていること。

いわゆる「議員案件」で発行されたと報じられている証明書についてはこう述べた。

「企画課長だった当時、私は障害者団体の証明書を発行する権限を持っていました。ですから、もし新聞で報じられているように政治家に頼まれて証明書を発行する必要があれば、架空の発行番号の証明書を作る必要などありません。『凛の会』という団体を形式的にでも調べて、審査をした形にして、正規の番号で発行すれば済む話です。わざわざ部下に命じて偽物を作らせる理由がありません」

まったくそのとおりだと私も思った。村木さんの話しぶりと内容の一貫性から、彼女の無実の訴えは信頼できると感じた。

しかし、事態は切迫していた。特捜が、検察担当の記者に逮捕の可能性が高いことを意図的にリークしたのか、新聞各紙は、彼女がクロであるかのような報道をおこなっていた。その結果、村木さんは連日の取材攻勢で家にも帰れなくなっていた。これまでの経験からして、村木さんが逮捕されるリスクは相当に高い。そこで私は、

「大阪地検から呼び出しがあった時には、逮捕される可能性が非常に高いと思います」

と述べたうえで、そうなった場合の対応について、いろいろとアドバイスをした。

村木さんは、事件当時の仕事のスケジュールを記した手帳や、パソコンでつけている業務日誌をプリントしたものを持参していたので、それらのコピーをとっておくよう助言した。

どんな事件にも言えることだが、逮捕されると自宅や仕事先などに家宅捜索が入り、あらゆる資料が押収され、手帳や業務日誌など当時の記憶を時系列でたどれる資料が手元に残らなくなる。それらを故意に隠せば証拠隠滅の問題が起こるので、何も隠したり捨てたりしてはいけないこと、コピーを取って弁護士に渡すだけなら何の問題もないことも伝えた。

さらに、勾留や取り調べについての注意点も念入りに説明した。

逮捕後、被疑者は最長二〇日間勾留されて取り調べを受ける。刑事訴訟法では、勾留期間は原則一〇日で、「やむを得ない事由」がある時に限り一〇日間の延長が認められることになっている。しかし、現実には、逮捕されれば二〇日間の勾留が当たり前になっている。そのうえ、別件での再逮捕が繰り返されて勾留が四〇日、六〇日になることも珍しくない。

二〇日間の取り調べの間は、家族との面会すらも禁止され、弁護士以外は接見できなくなる可能性が高い。その間に、検察官はあの手この手で自白に追い込もうとする。連日連夜続く取

り調べの責め苦から逃れたい一心で、つい自白調書にサインしてしまう人は多い。だが、いったん罪を認める調書を取られると、それを覆すのは至難である――。

こうした話をする過程で、村木さんの経歴を聞き、意外な事実がわかった。

二〇〇八年に亡くなった私の妻は、一九七九年まで労働省に勤務していた。村木さんが入省したのは七八年ということなので、亡妻を知っているのではないかと思って尋ねてみると、入省当時、同じ部局に妻が上司として勤めていたというのである。

村木さんは妻のことをよく憶えていて、「優しい方でした」と言ってくれた。

私は驚きに胸を打たれ、深い縁を感じた。

＊1 甲山事件：一九七四年、兵庫県西宮市の知的障害者施設「甲山学園」で、二人の園児が園内の浄化槽に転落、溺死。同学園の保育士Yさんが殺人容疑に、Yさんのアリバイを証言した園長と同僚が偽証罪に問われた事件。当初、検察はYさんを証拠不十分で不起訴としたが、検察審査会で「不起訴不当」が議決され、七八年に再逮捕、殺人罪で起訴した。Yさんは自白を強要されたと主張。八五年に神戸地裁は無罪判決を下したが、検察が控訴。その後、大阪高裁が無罪判決を破棄し地裁へ差し戻し→不服とするYさん側が上告→最高裁が上告を棄却→差し戻し審も無罪となるが検察が再控訴→九九年に大阪高裁が無罪判決を支持し控訴棄却→検察が上告を断念という経緯の末、Yさんの無罪が確定。偽証罪で起訴された二人も同年に無罪が確定した。上告審を含めて計五回の裁判で有罪判決は一度も出なかったが、事件発生から無罪確定まで二五年を費やし、事件当時二二歳だったYさんは四八歳になっていた。

＊2 奈良市小一女児誘拐殺人事件：二〇〇四年、女児に対する強制猥褻《わいせつ》致傷などで懲役刑に処された前科のあるKが、奈良市内で帰宅途中の小学一年生女児を誘拐。自宅で殺害後、遺体を損壊・遺棄し、女児の両親に「次は妹だ」などと脅迫メールを送信した事件。マスコミは「第二の宮崎《みやざき》勤《つとむ》事件」と報じた。後に被告人は死刑。

＊3　田原本放火殺人鑑定資料漏洩事件：二〇〇六年、奈良県田原本町で当時一六歳の少年が自宅に放火し全焼させ、継母と異母弟妹を焼死させた事件を巡り、少年を精神鑑定した医師が、事件を取材していた女性ジャーナリストK氏に鑑定資料を開示し、刑法第一三四条の秘密漏示の罪で起訴され、有罪判決を受けた事件（鑑定資料をもとにして著書を発行したK氏は不起訴）。有罪判決により一年間の医業停止処分を受けた同医師は、処分取り消しを求める請求をおこなったが、大阪地裁は請求を棄却した。

大阪で弁護団構成

〇九年六月一三日、村木さんは大阪地検から呼び出しの連絡を受けた。

その日のうちに大阪に入り、翌一四日の午前一〇時頃から大阪地検で事情聴取を受けた。担当は遠藤裕介《えんどうゆうすけ》検事で、訊《き》かれたのは主に次の三点であった。

①「凜の会」の倉沢会長に会って、何か頼まれたことはないか。

②上司から偽の証明書作成を指示されなかったか。

③部下に偽の証明書作成を指示しなかったか。

いずれもまったく覚えのないことなので、村木さんはすべてに「ノー」と答えた。ただ、①については、「倉沢さんという人に会った記憶はありませんが、役所には人が大勢来るので、会ったとしても憶えていない可能性もあります」と誠実に答えた。

ところが、できあがった調書を読むと、「私は倉沢氏に会ったことはありません。『凜の会』のことも知りません」と、完全に否定する文章になっていた。

「会ったとしても忘れていることもあり得る」と村木さんは何度も遠藤検事に説明したが、

「調書というのはこういうものですから」と言われ、押し切られてしまった。

その日の夕方、村木さんは虚偽有印公文書作成・同行使の容疑で逮捕され、大阪拘置所[*1]に収監された。先に逮捕されていた上村・倉沢・河野の三氏も同容疑の共犯として再逮捕され、四人は七月四日に起訴された。

ところで、本件は地理的には完全に東京の事件である。事件の舞台は霞が関の厚労省であり、被疑者や関係者は全員東京周辺にいる。事件そのものは大阪とは何の関係もない。

たまたま、大阪地検が取り上げた事件ということで、村木さんら四人の被疑者は大阪拘置所に身柄を拘束され、裁判も大阪でおこなわれることになった。私は東京地裁に移送するよう申請したが、申請は通らず、こちらもそれ以上は東京にこだわらなかった。

当初、村木さんの弁護活動は、私のほかに同じ事務所の大木勇《おおきいさむ》、品川潤《しながわじゅん》両弁護士の三人態勢だった。大木さんと品川さんは、私の事務所に入って二年目の若い弁護士であった。

捜査段階は、この三人でなんとか乗り切ったが、その後、村木さんが起訴された段階で、私が以前所属していた霞ヶ関総合法律事務所（現・霞ヶ関法律事務所）の河津博史《かわつひろし》弁護士のほか、大阪弁護士会所属の信岡登紫子《のぶおかとしこ》弁護士と栗林亜紀子《くりばやしあきこ》弁護士にも弁護団に加わってもらった。

霞ヶ関総合法律事務所には、かつての僚友の川端和治《かわばたよしはる》、久保田康史《くぼたやすふみ》弁護士がいて、日頃から河津弁護士は刑事事件をやりたがっているので、何かあったらよろしく、と言われていた。また、村木さんの身柄が大阪にあり裁判も大阪地裁でおこなわれることや、大阪で刑事事件を担当するのは私自身初めてだったこともあり、大阪にも弁護士が必要だった。村木さんを支援する人から信岡弁護士を推薦された。

信岡弁護士は、司法研修所で私と同期（二二期）の菅充行《すがみつゆき》弁護士が創設した堺筋《さかいすじ》共同法律事務所出身であり、二〇年以上刑事事件を中心に活動してきている弁護士ということだった。菅弁護士と私は、司法研修所同期の仲間たちと立ち上げた「反戦法律家連合」（「刑事公安事件」247ページ参照）というグループの活動を通じて親しい関係にあり、日航ジャンボ機御巣鷹山《おすたかやま》墜落事故[*2]の遺族側代理人として一緒に弁護活動をしたりした間柄であった。菅弁護士の薫陶を受けてきたのなら大いに信頼がおける。信岡さんの事務所にいる若手の栗林弁護士にも加わってもらうことになり、計六人で弁護団を組むこととなった。

その後、徐々にわかったことであったが、大阪で刑事事件に取り組む弁護士は非常に仲が良く、情報流通がスムーズである。上村氏についた鈴木弁護士を含めて、大阪の弁護士ネットワークとつながっていることは弁護団の強みになった。

また、信岡法律事務所とタッグを組んだことで、思いもかけず、時間的・心理的な余裕が生まれた。

地方では、裁判所と至近距離に弁護士事務所があることが多い。信岡弁護士の事務所が入っているビルも、大阪地裁の門を出てすぐのところにある。東京では裁判所に行くために膨大な資料や記録を抱えて電車やタクシーに乗らなければならないが、村木公判の場合には、資料や記録を信岡法律事務所の台車に積んで、ゆっくり台車を押して法廷に向かうことができた。昼休みも、信岡事務所に戻ってきてお弁当を食べたり、打ち合わせしたりすることができた。

弁護団のチームワークはきわめてよく、相互に信頼感を持ち、純粋に刑事事件に打ち込むことができた。理想的な弁護団だったと思う。

＊1　拘置所：刑事事件で起訴された被告人を、裁判で刑が確定するまで収容する施設。死刑囚も拘置所に収容される。なお、刑務所は刑事裁判で刑が確定した者を収容する施設。留置場は逮捕・保護など警察が身柄を管理している者を収容する施設で、警察署の中にある。

＊2　日航ジャンボ機御巣鷹山墜落事故：一九八五年八月、群馬県上野村の御巣鷹山に羽田発大阪行きの日航ジャンボ機が墜落・炎上。単独機としては航空史上最悪の五二〇人の死者を出す大惨事となった（奇跡的に四人が生存）。

冤罪はこうして作られる

家族の手書きメッセージや写真で励ます

刑事事件において、捜査段階の弁護活動（捜査弁護）に必要なこととして、証拠開示請求（一方の当事者が、相手方当事者に対して、手持ち証拠を閲覧させるよう「請求」すること。詳細は39ページ「公《こう》判前《はんぜん》整理手続」の項参照）の問題以外に、被疑者との接見、関係者へのヒアリング、現場検分の三つがある。

なかでも接見は非常に重要だ。依頼人が逮捕・勾留されたら少しでも早く接見に行き、毎日接見するのが鉄則である（拘置所の場合、土曜日・日曜日は一般的には接見できないので、「ウィークデーは毎日」ということになる。なお、弁護士会と拘置所との申し合わせにより、一定の場合には休日でも接見できることがある）。

勾留という異常な状況のもとでは、時間的・空間的な感覚が麻痺してしまい、事実に反する自白調書を検察に取られてしまう危険性がある。

検察官は、連日の長時間の取り調べのなかで、「否認し続けると罪が重くなる」と脅したり、「お前のことを心配しているんだ」とすかしたり、「他の被疑者や関係者は皆こう言っているのに、なぜお前だけ記憶が違うのか」などと誘導したりして、自白に追い込もうとする。それに抗して否認を貫くのは、普通の人にとって容易なことではない。取調室で検事と二人きりで話しているうちに、正常な判断がしだいにできなくなり、「自分の記憶が間違っているのではないか」と自信が持てなくなるくらいまで追い込まれていく。

弁護士が毎日来てくれるという当てがあれば、「その点について調書にサインするかどうかは、弁護士に相談してからにします」と言って、なんとか持ちこたえることができる。

刑事訴訟法第三九条「被告人・被疑者との接見授受」の第一項には、身体の拘束を受けている被告人または被疑者は、立会人なしで弁護人と接見し、書類や物品の授受をすることができる旨が規定されている。秘密接見なので、弁護士は取り調べの内容や被疑者の悩み、事件への取り組み方の考えなどについて率直に話を聞き、必要なアドバイスをすることができる。黙秘権の行使をアドバイスすることもある。

村木さんが逮捕された時点では弁護団が三人態勢だったため、逮捕直後から私と大木・品川両弁護士が交代で、勾留期間の二〇日間、土曜日日曜日以外は毎日、大阪拘置所に出向いて接見をし、アドバイスを続けた。東京から出向くので、泊まりになることもしばしばあった。この当時、大木弁護士は、事件受任前にスキーで足を骨折していて、松葉杖をついて大阪に通う羽目になった。

接見の目的は、被疑者・被告人に対するアドバイスのほかにもいくつかある。

一つは、被疑者・被告人の闘う意欲を維持することである。たとえ自白調書を取られなくても、無罪獲得への気力をなくせば、裁判を闘い抜くことはできない。意欲を保てるよう、今後の見通しを説明したり、日常の相談に乗って不安材料を減らしたり、家族・友人・知人・支援者らの励ましの言葉を伝えたりする。

我々は、村木さんの家族や支援者らのメッセージが手書きされたA4判の紙を接見のたびに持参し、勾留者と訪問者との間を仕切る透明のアクリル板越しに村木さんに見せた。

仕事上付き合いのある人たちからは、「頑張ってください」「私たちも心を痛めています」「私はあなたの味方です」といったメッセージが寄せられていた。

夫の村木太郎《たろう》さんと二人の娘さんからは、「支援者の人が増えてきたよ」「ママ、かっこいいよ！」「さすが自慢のママです」といった言葉とともに写真も託された。二人の娘さんが、ボクシンググローブをつけてボクサーの構えをした写真に「ファイト！」と書き込んだカードには、村木さんも大喜びだった。家族は日常のペースを崩さずに暮らそうと決めており、高校三年生だった下の娘さんは、村木さん逮捕の一週間後に修学旅行に参加したということであった。家族や支援者の存在が、村木さんにとって力強い精神的支えとなっていたのである。

接見のもう一つの目的は、弁護活動に役立つ情報を得ることだ。当事者からの情報は弁護活動を進めるうえで非常に重要である。村木さんからは、厚労省の実務のおこなわれ方、役職による役割や権限、職員それぞれの性格などを聞くことができた。

部下の自白

弁護活動では、初めから事件の全体像が頭のなかに浮かぶわけではない。だんだんと形が見えてくるものである。村木さんが逮捕された時点では、事件の全体像は把握できず、ほとんど暗中模索の状態だった。

検察から開示された供述調書などを読むと、証明書発行に関係する偽の稟議書を作成した容疑で逮捕された上村氏は、当初は容疑を否認していたが、虚偽有印公文書作成・同行使容疑で再逮捕されたあと、村木さんから指示があったことを認める供述をしていた。一方で、日々の接見でもわかっていたことだが、村木さんは、一貫して、いっさいの容疑を否認している。我々も、村木さんの事件は冤罪だと確信していた。

なぜ、上村氏はありもしないことを認めたのか。一人で偽の証明書を発行した動機は何か。上村氏の性格や考え方に何か問題があったのか。その点がよくわからなかった。

私は、上村氏の経歴や過去の出来事などに、そのあたりのヒントがあるのではないかと考え、彼の昔の職場や、厚労省から出向していた病院などに足を運び、過去の彼の言動を知る人に話を聞くなどした。九州にまで足を延ばして、かなり多くの人に会った。

他方で、検察に事情聴取されている多数の厚労省職員にも可能な限り面会し、話を聞いた。石井議員から口利きの依頼を受けて村木さんに証明書作成の便宜を図らせたとされている塩田氏にも、直接会って事情を聞いた。

こうした調査が必ずしも役に立つとは限らないが、偶然耳にした些細《ささい》な情報が思わぬ方向に展開することもある。刑事弁護は無駄を恐れてはいけない。ちょっとしたことでも人に会って話を聞き、現場に行ってみる。現場で目にした情景やちょっとした情報を頭に入れると、資料の読み方がまったく違ってくることがある。それは裁判官にはできないことだから、裁判官を説得できるだけの判断材料を提示するためにも、現場主義は重要である。

検察の見立てとは異なる事実を引き出し、別の筋書きの可能性を探るために、我々は各地を飛び回って関係者から話を聞いた。

検察官が作り上げたストーリー

逮捕後の村木さんの取り調べは、大阪拘置所でおこなわれた。連日、昼過ぎから始まり、休憩や夕食を挟んで夜の一〇時頃まで続いた。これが取り調べの平均的なパターンだ。

捜査の進め方は、ひとことで言えば「従前型」だった。すなわち、取調室での検察官ストーリーの押しつけである。最初に取り調べたのは前出の遠藤検事で、村木さんに対して、

「あなたは起訴されることになるでしょう」

「私の仕事は、あなたの供述を変えさせることです」

といった発言を繰り返した。「真実を語ってください」ではなく、最初から起訴することを前提にして、「自分たちの言う通りに供述しろ」というスタンスなのである。

遠藤検事は、逮捕後も「倉沢氏には会っていない」と言い切る表現の調書を作り、村木さんが何度訂正を申し入れても受け入れなかった。ついに村木さんは根負けし、その点について自

分の喋っていることとは異なる内容のその調書にサインをしてしまった。

接見の際にこのことについて相談を受けた私は、こう答えた。

「そのことをすぐに手紙に書いて送ってください。公証人役場で確定日付をとって証拠化します」

これは、事実に反する調書を取られた場合の有効な対処法だ。もし、検察が公判で「倉沢氏に会っていない」と言い切る内容の調書を証拠として裁判所に出してきても、弁護側は「この調書は、こういう経緯で不本意にサインさせられたもので、証拠としての信用性はない」と主張する根拠になるからである。

私はまず、送られてきた村木さんの手紙に確定日付を取った。次に、「被疑者の供述に対して、勝手に歪曲《わいきょく》した調書を作ってサインさせた点について抗議する」という抗議書を内容証明郵便で大阪地検に郵送した。

手紙のほかに、調書を取られた経緯を弁護士が聴き取って、話の内容をまとめて確定日付をとっておく、あるいは録音するというやり方もある。

とにかく、事実に反する調書を取られたら、どうしてそうなったのかを証拠として残すことが肝心だ。そして、不当な取り調べには、弁護人が即座に文書で抗議することである。取り調べに問題があっても、弁護人から抗議が来なければ、そのままで済まされてしまうが、タイムリーに内容証明郵便などで抗議書を出せば、検察側をある程度は牽制《けんせい》できる。

弁護団の抗議の結果、「倉沢氏と会った記憶はない」という表現の調書を取り直してもらうことができたが、検察に対する村木さんの不信、怒り、恐怖は募るばかりだった。

その後、取調官は國井弘樹《くにいひろき》検事に交代した。國井検事は、最初の取り調べの時、村木さんの話を聞くより先に、検察が作り上げたストーリーを饒舌《じょうぜつ》に語りはじめたという。取り調べ後に村木さんが思い出して書き留めたそのストーリーは、大学ノート三ページ近くになっていた。それによると、検察のストーリーは次のようなものだった（一部敬称略）。

「倉沢は、石井議員を介して厚労省の塩田部長に証明書発行を依頼したうえで、企画課の村木課長を訪ねた。村木から倉沢を紹介された職員は、証明書交付願の用紙を倉沢に渡した。

その職員は人事異動で転出し、後任の上村係長が仕事を引き継いだ。上村は予算などの仕事で忙しく、証明書の件を後回しにしていたが、『凛の会』から何度も催促されたため、すでに決裁に回っていることを示す稟議書を偽造し、『凛の会』に送った。

だが、手続が進まないことに焦った倉沢は、再び村木を訪ね、急いで証明書を発行するようせっついた。六月上旬頃に三度《みたび》村木を訪ね、『こちらの都合で、証明書の日付を五月の日付にバックデートしたものが欲しい』と要求した。村木は上村にその旨を指示。上村は証明書を偽造して村木に渡した。

村木は、改めて倉沢を厚労省に呼び、企画課の自分の席で、倉沢に証明書を手渡した」

村木さんは驚いた。村木さんとしては、倉沢氏と会ったという記憶はなく、また自分の手帳にも倉沢氏との面会の記録はいっさいないため、それまでの取り調べでも「会った記憶はない」と再三供述していた。それにもかかわらず、検察ストーリーでは合計四度も会ったことになっていたからだ。

このあと、國井検事との間には、次のような問答があった。

國井「上村さんは、村木さんが逮捕されたと聞いて泣いていましたよ。そういう人が、嘘をつくと思いますか？」

そう聞かれれば、村木さんは「嘘つきではないと思います」と言うしかない。

國井「上村さんが金銭目的か悪意から、こういうことをやったと考えられますか？」

村木「あり得ないと思います」

國井「もし、上村さんが上司から指示されて追い詰められたとしたら、可哀想ですよね」

村木「そうですね」

こうした問答の末に國井検事によって作られた村木さんの供述調書は、次のような内容になっていた。

「上村さんに対し、大変申し訳なく思っています。私の指示が発端となってこのようなことになりました。上村さんは真面目で、自分のためにこういうことをやる人ではありません。私としては、彼がこういうことをやったことに、責任を感じています」

國井検事は、仮定の質問をいくつもして、村木さんの答えのなかから検察ストーリーに都合のいいところだけを取り上げて調書を作ったのである。あまりにもでたらめなその内容に村木さんは驚愕し、「サインしますか？」と訊かれて、即座に、「できません」と断った。

さらに村木さんを困惑させたのは、中央省庁内でのキャリアとノンキャリアに関する國井検事の考え方だった。彼は、「キャリアは悪官僚だ」「ノンキャリアは、キャリアから無理な仕事ばかりやらされて、ひどい目に遭っている」という発想の話をしきりにしたという。

おそらく、上村氏の取り調べや厚労省関係者に対する事情聴取でもそのような話をして、ノンキャリアの人たちを村木さんから離反させ、検察に有利な供述を得ようとしていたと思われる。詰まるところ、「ノンキャリアの上村は、キャリアの村木に指示されて〝汚れ仕事〟をやらされた」という筋書きにしたかったのである。

供述調書は検察官の「作文」

供述調書というのは検察官の「作文」である。被疑者が喋《しゃべ》ったことをとりまとめるのではなく、そのなかから検察の作ったストーリーに都合のいい部分だけを取り上げ、要らない部分は全部捨ててしまう。そして、検察官自身の想像や妄想も含めて文章化する。

被疑者からすれば、できあがった調書は当然、全体的には自分が喋ったことと違う内容になる。しかし、部分的には自分の喋ったことがあちこちにちりばめてあるので、「事実と違います」と申し立てても、「どこが違っているんだ。この部分も、その部分も、お前が言ったことが書いてあるじゃないか」と突っぱねられてしまう。

聡明で冷静な村木さんは、「こことここは違います」と指摘してサインを拒否することもできたが、たいていの人はうまく指摘できず、どうしていいかわからなくなってしまう。

検察官はそれに乗じて、「これは手続なんだから、とりあえずサインしてくれ」「違っているなら、あとで訂正すればいい」「言いたいことは法廷で話せばいいんだ」「たいした罪にはならない」などと言い、「とりあえずサインしておけばいいのかな」と思わせる。

それでもサインを渋っていると、「もうこんな時刻か。今夜は寝られないかもしれないな」「否認を続けると罪が重くなるぞ」などと脅しをかけて、サインを迫ってくる。

このように不条理な方法によってでたらめな調書が取られている要因の一つは、調書の信用性に対する裁判官の判断が甘いからである。

概して裁判官は、具体的で臨場感や迫真性に富む調書を「信用できる」と判断しがちである。しかし、それは検事の「作文能力」を褒めているだけの話で、本人が具体的かつ臨場的に喋っている保証は何もない。また、複数の被疑者や参考人の調書が相互に符合していることも裁判官から評価されがちだが、検事同士が打ち合わせて整合するように調書を作っているのだから、内容が一致するのは当たり前であって、何の意味もない。複数の被疑者が実際に喋ったことが一致しているなら意味があるが、調書同士が一致していることには意味はない。

裁判官がそういうことを調書の信用性の理由に挙げるものだから、証拠として採用されやすいような形に検事が「作文」をするようになるのである。

取調室で泣いて抗議

検察官は自分たちの作り上げたストーリーに基づくでたらめな調書を取ろうとしたが、それでも、村木さんは、「国家公務員として、取り調べに協力しなければいけない」という思いから、どんな質問にも誠実かつ冷静に答えるようにしていた。

しかし、一度だけ、怒りに震えて抗議したことがある。遠藤検事が、

「（起訴されても）執行猶予がつけば、たいした罪ではないじゃないですか」

と、平然と言い放った時である。村木さんは、

「普通の市民にとって、犯罪者にされるかどうかは、ゼロか一〇〇かの大問題です。私にとっては、公務員として三〇年間築いてきた信頼をすべて失うかどうかの問題なんです」

と、この時ばかりは泣いて抗議したという。

その後、國井検事からも「たいした罪ではない」と言われて容疑を認めるよう促された。接見の際、私はこうアドバイスした。

「残念ながら、検察の取り調べは公平公正とは言えません。弁護人というセコンドもいないし、裁判官というレフェリーもいない。今いるところは検察の土俵だと思ってください」

村木さんは聡明であるだけでなく、精神的に非常にタフな方だった。彼女は、この助言を十分に理解し、「検察の土俵では、自分は勝てない。でも、勝たなくても負けなければいい。でたらめな供述書にサインをしなければいいんだ」と受け止めてくれた。

勾留期間の二〇日間、彼女は不利益な調書を取られず、一貫して否認を通した。

しかし、否認を貫けばさらに勾留が続く可能性が高くなる。要するに、検察の見立てに沿った自白をしなければ勾留が続くのだ。また、起訴後に保釈請求をしても、簡単には通らない。保釈について判断するのは裁判所だが、検察が強硬に反対すると、なかなか認められないのが現実だ。これが「人質司法」の恐ろしさである。

村木さんも例外ではなかった。七月四日の起訴後も起訴事実を否認し続けたため、再三保釈請求をしても認められず、長い勾留が続くことになったのである。

公判前整理手続で検察が開示した証拠

起訴から約二ヵ月後の二〇〇九年九月一〇日、公判前《こうはんぜん》整理手続が大阪地裁で始まった。

公判前整理手続とは、刑事事件の裁判の迅速化と効率化を図るため、公判が始まる前に、あらかじめ裁判所と検察側、弁護側が争点を明確にするとともに、証拠を絞り込んで審理計画を立てる手続を指す。裁判員制度の導入に備えて二〇〇五年から導入された。

私が公判前整理手続を本格的におこなったのは本件が初めてだったが、起訴段階で弁護団に加わった河津弁護士は、この制度に詳しかった。

公判前整理では、まず検察官が「証明予定事実」として、詳細な検察官ストーリーの内容を明らかにし、それを固めるための検察側の証拠が開示される。もともと公判前整理がなくても、検察側は法廷での取り調べを予定している証拠については事前に開示しなければならなかった。それが、公判前整理手続制度の導入後は、「類型証拠開示請求」として、検察官が取り調べを求める証拠に関連する証拠物や、供述調書、取り調べ状況報告書などを、すべて開示請求できるようになった。

それに加えて、弁護側が弁護側の主張を裏付ける証拠で、かつ検察官の手元にある証拠を請求した場合には、検察官は、「主張関連証拠」としてそれを開示しなければならないことが法律に定められた。もちろん、弁護側も主張を提示し、それについての手持ちの申請予定の証拠をすべて開示しなければならない。

検察から開示された証拠はコピーすることができる。それを村木さんにも読んでほしいので、我々は検察側の証拠が開示されるたびにコピーして村木さんのもとに届けた。

検察が開示した証拠は、被告人や関係者の供述調書、厚労省や「凛の会」などの家宅捜索で押収された書類、捜査報告書などで、それらのコピー（Ａ４判）を積み上げると一メートル近い高さになった。村木さんは、拘置所の独房でそれらすべてを繰り返し検討し、自分の疑いを晴らす手掛かりを必死で探した。

厚労省の職員たちの供述調書を読んだ時には、さすがの村木さんもかなりショックを受けていた。多くの調書に、自分が倉沢氏と会ったこと、証明書の作成を指示したことなど、事実に反することがまことしやかに書かれていたからだ。

自分はジキルとハイドのような二重人格で、悪い人格になっている時の記憶がなくなっているのだろうか。それとも、気付かぬうちに多くの人の恨みを買い、皆で「村木のせいにしよう」と口裏を合わせたのだろうか……。そんなことまで考えて精神的に耐えられなくなったと、のちに彼女は手記に綴っている。

「どうしてみんな嘘をつくのでしょう」

たまりかねた村木さんは、接見した私に問いかけてきた。私は強い口調で言った。

「誰も嘘なんかついていない。検事が勝手に作文をしているだけです。そこから闘いが始まるんです。調書とはそういうものなんです」

関係者の取り調べも、被疑者の取り調べ同様、聴取したことをまとめたものなどではなく、検察が作り上げたストーリーに無理やりサインさせたものなのだ。それを知ってほしくて、私の声はいつもより大きくなっていた。

一六四日間の身柄拘束

「凛の会」の倉沢・河野両氏と偽の証明書を作成した上村氏は、検察が「作文」した自白調書にサインをしたため、起訴直後に保釈された。しかし、否認を続けていた村木さんだけは、検察官が強硬に保釈に反対したため、二度にわたる保釈申請を却下されて勾留が続いた。

拘置所の房は、畳敷きの二畳の部屋に仕切りのないトイレと洗面台があるだけだ。大阪の夏は暑い。接見に出向く我々も汗だくだが、村木さんはそれどころではなかった。房の中にエアコンはなく、日中は蒸し風呂のような暑さなのである。

裁判所は三回目の保釈請求をいったんは認めたが、強硬に反対する検察の準抗告[*1]が通り、保釈決定は取り消されてしまった。九月から始まった公判前整理手続には村木さんも参加したが、その時点では手錠をかけられた状態で裁判所に連れてこられた。

冬を迎えたら暖房のない房の中で寒さに耐えられるだろうかと皆が案じ、村木さん自身も体調管理に不安を感じはじめていた矢先、四回目の保釈請求がやっと認められた。保釈金は一五〇〇万円で、村木夫妻はいくつかの定期預金を解約するなどして調達した。

こうして二〇〇九年一一月二四日、村木さんはようやく自由の身となった。大阪拘置所での身柄拘束期間は一六四日に及んだ。

刑事事件に巻き込まれるということは一つの不運であるが、長い勾留期間中には「不幸中の幸い」もあった。起訴後、いち早く村木さん支援の輪が全国に広がったことである。

村木さんは、厚労省で、女性の労働問題や障害者問題に長らく真摯《しんし》に取り組んできていた。

真面目で謙虚で人柄がよく、各方面からの信望が非常に厚い。そんな村木さんが「悪役」にされていることに違和感を持つ人たちが立ち上がり、「村木厚子さんを支援する会」を結成した。

二〇日間の取り調べが終わると裁判所は接見禁止を解除したため、家族や支援者らが入れ替わり立ち替わり大阪拘置所に面会に訪れて、皆で村木さんを励ますこととなった。

支援者の仲介によって、厚労省職員から話を聞けたこともあった。村木さんの人柄と実績が、我々弁護団にとって有利に作用したのである。

村木さんや弁護団にとって、支援グループの存在は非常に心強かった。逆に、検察官にとっては不安材料になっていたようである。取り調べの時、検察官が村木さんに、

「厚労省が支援する会を組織するそうですね。そういうのはよくないんじゃないですか」

と言ったことがある。

「役所が組織するなんてあり得ませんよ。私の友人や知人が個人的にやってくれていることでしょう」

と村木さんは答えたが、支援の輪の広がりを検察は相当気にしていると感じたそうである。

＊1　準抗告：刑事事件の手続においては、裁判官または捜査機関がおこなった裁判や処分（たとえば勾留、保釈、押収など）に対しておこなう不服申し立てを指す（刑事訴訟法第四二九〜四三〇条参照）。

保釈会見で〝魔法〟が解けた

検察はものすごく世論を気にする。なぜなら、証人として出廷する関係者が世の中の風を気

にするからだ。証人が、「世の中の誰も被告人に味方をしていない。自分一人が味方をしてもしょうがない」と思うのか、そうでないかで、法廷での闘い方はまるで違ってくる。

こうした意味からも、結果論ではあるが、保釈後の記者会見は大きかった。

村木さんの保釈が決まった時点で、メディアのほうから村木さんに対する取材申し入れがあった。しかし、拘置所から出たばかりで疲れ切っている状態での取材対応は、あまりに酷である。また、一部のメディアに対応すると、続けて他のメディアからも取材申し込みが来ることが予想される。それで消耗するのも好ましくない。そこで、我々は、翌日に、きちんと記者会見に応じることを条件に、保釈当日は取材を勘弁してもらってゆっくり休養させてもらう了解を得た。こうして、村木さんは、保釈翌日、大阪地裁構内の司法記者クラブで記者会見をおこなうこととなった。

「私は無実です」

村木さんは詰めかけた報道陣を前にして、きっぱりと言った。

「偽の文書を作成するように依頼されたことも、引き受けたことも、部下に命じて作らせたことも、いっさいありません。手帳などの記録で確認しましたが、記録にも記憶にもまったく残っていません」

冷静に無実を主張する村木さんの姿は、カメラに収められ、テレビでも報じられた。それは非常に印象的であり、じつに大きな影響力があった。それまで検察寄りの供述をしていた厚労省職員らが、魔法が解けたように、事実に真正面から向き合うようになったのである。

彼らは、わけがわからないまま検察官に誘導されて、「村木さんは何か悪いことをやったのだろうか」というイメージを持たされていた。そのイメージが記者会見での村木さんの言葉によって払拭《ふっしょく》されたのである。て払拭《ふっしょく》されたのである。これはその後の公判での、真実を語る証人尋問へと繋がっていった。検察官にとっては想定外だった村木さんの人間力によって、証人尋問が始まる前に検察のかけた〝魔法〟が解けたのである。

記者会見を終えて、私たちは新幹線で帰京した。村木夫妻と二人の娘さん、私の五人で普通席の座席を向かい合わせにしてくつろぎ、大人たちは缶ビールを呑んだ。村木さんは疲れていたし、高校生の娘さんもいるので、今後の裁判のことなど気疲れするような話はせず、リラックスできるような話題に終始した。

振り返ってみると、本件の流れを変えたのは、村木さんの記者会見だったかもしれない。

刑事弁護において、「メディアとどう向き合うか」は大きなテーマだ。話が遡るが、村木さん逮捕前後のマスコミは、「上村氏が証明書偽造容疑を認めた」「塩田氏が国会議員から口利きを頼まれたと明かした」などと、特捜部からリークされた情報を、ろくに検討もせずにそのまま報じていた。このリーク問題については後述するが、報道内容は証人として出廷する関係者の証言に強い影響を与える。自分の記憶と違っているように感じても、「新聞に書いてあることが正しいのだろう。自分の記憶違いかもしれない」などと思い込む人も少なくないのである。事件によりけりではあるが、世論を味方に付けるには、メディアに被告人の言い分を理解してもらい、正確に報道してもらう必要がある。

その後も、我々は公判のたびに記者クラブで会見を開き、裁判の状況や証人尋問の結果などを報告し、記者からのさまざまな質問に答えた。そのため、逮捕前のような取材攻勢はなく、村木さんは落ち着いた状態で裁判に臨むことができた。

裁判の経緯

証拠調べは弁護人ペース

当初、この事件は村木さんにとって不利な形勢だった。上村氏は「村木さんに指示されて偽の証明書を作った」と検察の筋書きどおりの自白調書にサインをしていたし、塩田氏も取り調べで「石井議員から電話で口利きを頼まれた」と、検察の意に沿う内容の調書にサインをしていた。

検察側からすれば、上司の塩田氏と部下の上村氏を落としたのだから、間にいる村木さんは逃げられない。倉沢氏も自白しているし、調書的には外堀をほとんど埋めた格好だった。

ところが、いざ蓋を開けてみると、裁判は最初から弁護人ペースで進んだ。

検察の埋めた外堀を、我々はどうやって突破できたのか。要因はいくつかある。それらを公判の時系列に沿って述べていくことにしよう。

初公判で「検察ストーリーの崩壊」を指摘

公判は二〇一〇年一月二七日に始まった。

被告人意見陳述（起訴状に書いてあることへの意見陳述）で、村木さんは偽証明書の発行について、誰かと共謀したこともないし、誰かに指示したこともなく、いっさい関わっていないと起訴事実を全面的に否定した。

検察側冒頭陳述では、白井智之《しらいともゆき》公判担当検事が検察ストーリーを滔々《とうとう》と述べた。その内容は、村木さんの取り調べで國井検事が語った内容とほぼ同様であった。

続く弁護側冒頭陳述で、私は検察側の主張と物的証拠の矛盾点を指摘した。

具体的には、村木さんの手帳にも倉沢氏の手帳にも、両者が面会したことを裏付ける記載はまったくないこと、また、村木さんが倉沢氏の名刺を受領したことも、倉沢氏が村木さんの名刺を受領したことも認められないことなどであるが、特に指摘したのは次の点であった。

「上村が本件証明書を作成した日時については、上村のフロッピーディスクに記録された文書ファイルのプロパティ（履歴）によれば、平成一六年六月一日未明（午前一時二〇分〇六秒）以前であることが明らかである。したがって、上村が六月上旬頃になって、被告人から指示されたことを契機として、本件虚偽証明書作成に踏み切ったという検察官の主張は、この点でも破綻している」

この作成日付の問題に最初に気付いたのは、村木さんだった。

公判前整理手続の期間中、村木さんは拘置所に届けられる検察側の証拠を丹念に読んでいくうちに、気になるものを発見した。偽の証明書が作られた日時の記録だ。

偽の証明書はパソコンで作成されており、我々が証拠開示請求で入手した捜査報告書には、上村氏宅から押収したフロッピーディスクから証明書ファイルのプロパティをプリントアウトした写真が載せてあった。プロパティには、次の日時が明示されていた。

「作成日時　二〇〇四年六月一日一時一四分三二秒
更新日時　二〇〇四年六月一日一時二〇分〇六秒」
取り調べの際、國井検事が村木さんに語った検察のストーリー（すなわち検察側冒頭陳述の内容）では、「六月上旬頃に倉沢が厚労省に村木を訪ね、証明書の日付を五月の日付にバックデートしたものが欲しいと要求し、村木は上村にその旨を指示して偽の証明書を作成させた」ことになっている。

ところが、プロパティに示されたファイルの最終更新日は、村木さんが上村氏に偽の証明書を発行するよう指示したはずの日よりも前の六月一日になっているのである。

「六月上旬頃に指示した」という検察のストーリーと、明らかに矛盾する。

村木さんは、「プロパティの日付がおかしい。検察のストーリーと明らかにずれています」と訴えてきた。捜査報告書の検討は弁護団も当然おこなっていたが、村木さんは我々よりも早くその矛盾を発見してくれたのである。

他方で、我々は、検察が公判前整理で提出した「証明予定事実」を読んで、これは変だと思っていた。村木さんから上村氏への証明書の作成指示、上村氏による偽証明書の作成行為、「凛の会」への証明書の交付など、本件の核心となる出来事の時期が、すべて「六月上旬頃」という同じ表現の曖昧な期日にされていたからである。

検察は、具体的な日時を特定しなかったばかりか、せめて、いくつかの出来事が同一日のことか別の日のことかを特定するべきだとの我々の釈明要求さえも拒否した。村木さんのアリバイが主張された時の反証が難しくなることを恐れての対応としか考えられなかった。

そこへ、「プロパティの日付がおかしい」と指摘する村木さんの訴えがあった。

検察は、自分たちが作ったストーリーに生じた矛盾を覆い隠すために、すべての出来事を「六月上旬」という曖昧な期日でくくったのである。

しかし、いくら日にちを曖昧にしても、「六月上旬に村木さんから指示されたので上村氏が偽の証明書を作った」という検察ストーリーは成立しない。文書ファイルに示された六月一日の午前一時過ぎという時間帯は、五月三一日深夜の延長だからだ。仮に、上村氏が村木さんから指示を受けたというのなら、その時期は「六月上旬」ではなく、五月三一日以前でなければおかしいはずである。

「六月上旬」におこなわれたと検察が主張する村木さんの指示よりも前に、その指示の結果である証明書ができていたなどということは、絶対にあり得ない矛盾だ。

これはのちに、「検察による証拠改竄《かいざん》」という大問題に発展した。それについては後述するが、検察ストーリーは公判が始まる前から大きく綻びはじめていた。

我々は弁護側冒頭陳述でこの矛盾を指摘し、「検察のストーリーは破綻している」と断じたのである。

傍聴席にざわめきが広がった。初公判での予想外の展開に、法廷を飛び出していく記者もいた。このことは大きく報道され、検察内部は大騒動になった。

調書と食い違う検察側証人の証言

二〜三月に集中しておこなわれた証人尋問は、供述調書の内容を否定する証言や、検察の主張が非常に不合理であることを示す証言が、検察側証人の口から相次いで飛び出すという、異例の展開となった。

❶検察官調書の大半を否定——倉沢証言（二月三日、四日　第三回、第四回公判）

村木さんから証明書を受け取ったとされる「凛の会」会長の倉沢邦夫氏は、「凛の会」関係者のなかで最も重要な検察側証人である。その彼が、法廷で検察官調書の内容を多くの部分で否定する証言をした。

たとえば、調書上では倉沢氏は村木さんと厚労省で四回面談したことになっているが、検察官の尋問及び反対尋問の結果、二回目は「アポなしで村木さんを訪ねたが、遠くで見ると電話中で忙しそうだったので、そのまま帰った」、三回目は「（「凛の会」幹部の）河野克史氏に、村木さんに会うように言われたが、実際には行動に移さなかった」として面談自体を否定した。また、石井一議員に口添えの電話をしてもらって会ったという一回目（二月二五日）についても、「会ったが、挨拶をしただけであった」として、四回の面談のうちの三回を覆し、「村木さんから厚労省に呼ばれて証明書を手渡された」という供述のみを維持した。

この倉沢氏が唯一維持した村木さんとの面会は、〈村木被告人は「凛の会」に証明書を交付したか否か〉という本件の重大な争点に関わることである。倉沢氏は、その情景について、私の反対尋問に対して次のように答えた。
弘中「そうすると、課長はデスク越しに証明書を渡してくれたということになるわけですか？」
倉沢「はい」
弘中「あなたは、もちろん立ってましたよね」
倉沢「はい」
弘中「身長は何センチあるんですか？」
倉沢「一七四センチでございます」
弘中「課長はその時、座ったままで渡してくれたんですか？　それとも課長も立ち上がったんですか？」
倉沢「お立ちになって、頂きました」
弘中「それは片手でつかんで渡したのか、それとも両手で渡したのか」
倉沢「両手でお出しいただいて、私も両手で頂いた記憶がございます」
弘中「何か賞状の授与みたいな、そんな感じですか」
倉沢「はい、そう記憶しております」

しかし、村木さんによれば、この種の証明書は事務方が相手に郵送して交付するのが普通で、こんな仰々しい渡し方をすることなどあり得ないという。

我々は、厚労省の協力を得て、公判前整理手続の始まる直前の〇九年九月二日に、厚労省の企画課で実況見分をしていた。その結果、村木さんのデスクの前には大人の背丈ほどの衝立《ついたて》とスチール製のキャビネットが置いてあるため、デスク越しに書類を渡すことは物理的に無理であることが判明していた。なお、村木さんのデスク周りの状況はすべて写真撮影し、距離関係も計測して図面化し、報告書としてとりまとめて、証拠申請していた。

検察は、自らが主張する「犯罪現場」の検証すらおこなわず、まことしやかにあり得ない調書を作っていたのだ。被告人である村木さんの執務環境はどうなっているのか、彼女の机の周囲はどういう状態なのかということぐらい確認してもよさそうなものだが、そういうことはいっさいせず、無理やり供述を取ることに専念したのである。

結局、倉沢氏は調書の内容の七〜八割を否定した。それは、検察の描いた事件の構図そのものが破綻しはじめたことを意味していた。

❷「事件は壮大な虚構」――塩田証言（二月八日　第五回公判）

村木さんに偽証明書の発行を指示したとされる元上司の塩田幸雄氏は、厚労省関係者として最初に証人尋問に登場した。証明書発行の指示について、塩田氏の検察官調書には、「石井一議員から『凛の会』に公的証明書を発行するよう便宜を図ってほしいと電話で依頼されたので、村木課長にそのことを伝えた。村木課長は私に、『心得ています。うまく処理するよう努めます』と答えた」という旨が記されている。

しかし、塩田氏は法廷で白井公判担当検事から調書のことを訊かれると、「書かれていることは事実ではありません」と否定した。さらに彼は、次のように証言した。

「事情聴取された際、取り調べ担当の林谷浩二《はやしだにこうじ》検事から、『石井議員とあなたが四分ほど電話で話した交信記録がある』と言われた。記憶は曖昧だったが、交信記録があるのなら電話をしたのだろうと思い込み、供述調書にサインした。しかし後日、人を介して石井議員に確認したところ、石井議員は自分に電話をしていないことがわかり、交信記録の話は嘘で、自分は騙《だま》されたのだと憤《いきどお》りを覚えるようになった」と。

そして、白井検事から、「今、その記憶についてどう考えていますか」と問われると、「そもそも、この事件は〝壮大な虚構〟ではないかと思いはじめています」とまで言い切ったのである。

なぜ、塩田氏は記憶が曖昧なまま供述調書にサインをしたのか。反対尋問に立った私は、「取り調べ前日におこなわれた家宅捜索の際、業者からもらった商品券や酒などの写真を撮られていた。それが精神的負担になった」という証言を引き出した。

じつは、塩田氏の取り調べでは、本件についての調書とは別に、彼が業者から多数の贈り物を受け取っていたという調書も作成されていた。検察官は、塩田氏にとって不都合な事実を書いた調書を作り、本件について検察のストーリーに沿った供述をしないと収賄で逮捕されるかもしれないという不安を与え、「裏切ったら別件で逮捕するぞ」という脅しの道具にしていたのである。このような手法を、検察官用語では「フタをする」と言う。

しかし結局、塩田氏は法廷で検察調書の内容を全面的に否定した。

これは検察にとって衝撃だったようで、次の公判から、検察側は六人態勢となった。

検察側は、白井公判担当検事のほかに、第二回公判から海津祐司《かいづゆうじ》・塚部貴子《つかべたかこ》検事を、第四回

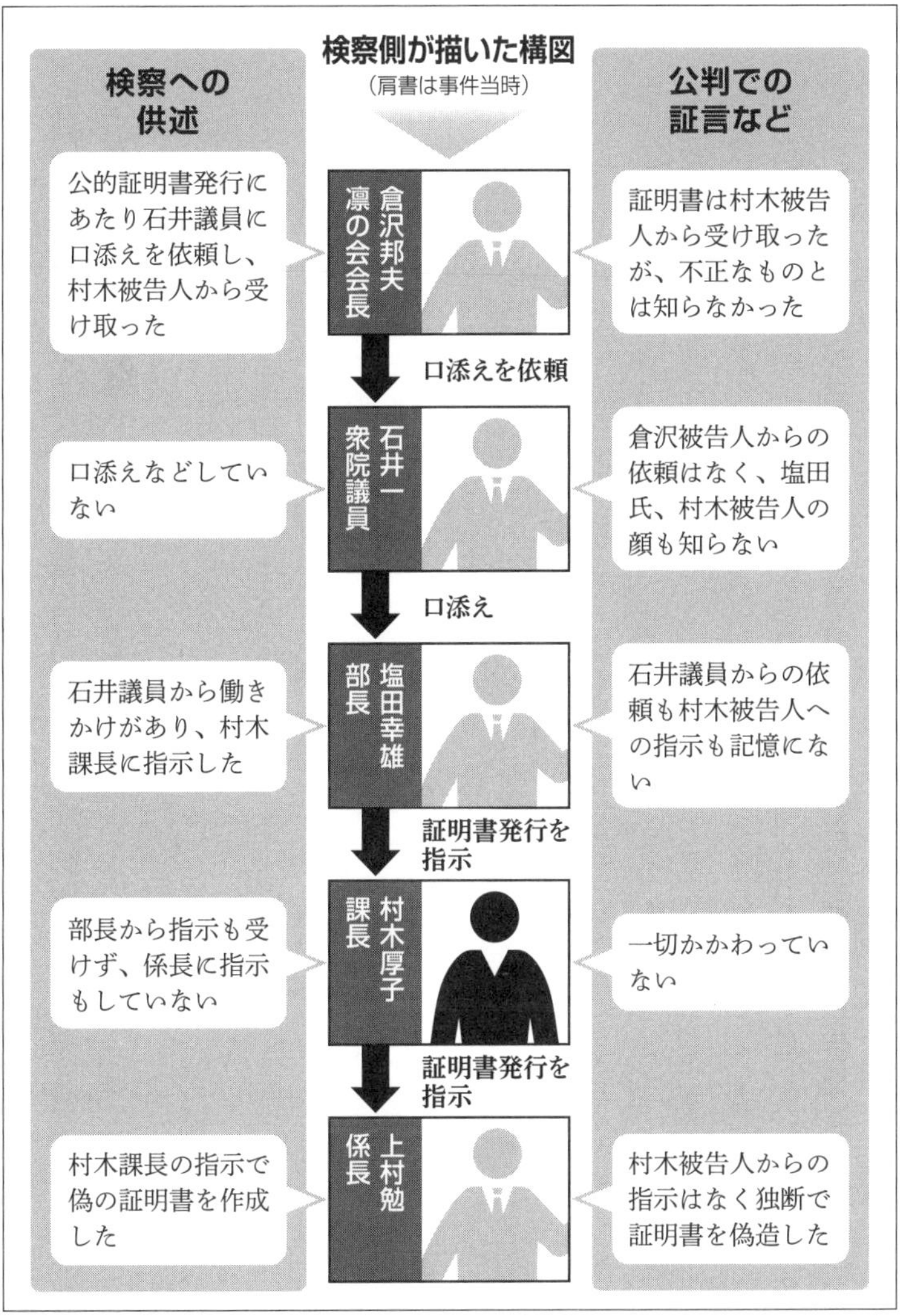
検察側が描いた構図
（肩書は事件当時）
検察への供述
公判での証言など
倉沢邦夫
凜の会会長
公的証明書発行にあたり石井議員に口添えを依頼し、村木被告人から受け取った
証明書は村木被告人から受け取ったが、不正なものとは知らなかった
口添えを依頼
石井一
衆院議員
口添えなどしていない
倉沢被告人からの依頼はなく、塩田氏、村木被告人の顔も知らない
口添え
塩田幸雄
部長
石井議員から働きかけがあり、村木課長に指示した
石井議員からの依頼も村木被告人への指示も記憶にない
証明書発行を指示
村木厚子
課長
部長から指示も受けず、係長に指示もしていない
一切かかわっていない
証明書発行を指示
上村勉
係長
村木課長の指示で偽の証明書を作成した
村木被告人からの指示はなく独断で証明書を偽造した

『私は無実です　検察と闘った厚労省官僚 村木厚子の445日』（今西憲之＋週刊朝日取材班〈大貫聡子、小宮山明希〉）の図をもとに作成

公判からは村木さんを取り調べた遠藤裕介検事を裁判に立ち会わせていたが、それに加えて第六回公判（二〇一〇年二月一六日）からは、本件捜査の主任検事である前田恒彦《まえだつねひこ》氏と、大阪地検公判部副部長の吉池浩嗣《よしいけひろつぐ》氏まで法廷に駆り出したのだ。本来なら、副部長はいちいち公判に出てくる立場ではない。一人の被告人に六人もの検事を揃えることも、きわめて異例である。

我々弁護団は、「この事件にそこまで税金を使うのか」と呆れるとともに、大阪地検が相当の危機感を持っていることをひしひしと感じた。

六人態勢にしたものの、検察側はほとんど成果を挙げられなかった。検察側証人として出廷した厚労省職員たちから、「調書は検事の作文」「村木さんは冤罪」などと、検察ストーリーを根底から覆す言葉ばかり出てきたからである。メディアの報道の風向きは、公判を重ねるにつれて、検察にとって逆風になっていった。

上村被告人質問で流れは変わった

公判の大きな山場となったのは、証明書を偽造した上村勉氏の証人尋問だった。本件の「最重要証人」である彼は、二月二四日と二五日、三月三日の三日間にわたり、弁護側証人として証言台に立った（第八、九、一〇回公判）。

上村氏は、逮捕六日後に検察官の圧力に屈し、検察ストーリーを書き連ねた調書にサインしていたが、自身の裁判の公判前整理手続では、「じつは、偽証明書の作成は自分の独断でやったことです。村木さんにはまったく関係ありません」と、担当の鈴木一郎弁護士に述べていた。

鈴木弁護士を通じて、我々はそのことを村木さんの公判前から知っていた。また、上村氏の記した「被疑者ノート」も見せてもらい、取り調べ時の状況も把握していた。

「被疑者ノート」とは、弁護人が勾留中の被疑者に差し入れて、日々の取り調べ状況などを記録してもらうノートである。接見の際、被疑者がこのノートを弁護人に見せて、日々の取り調べがどのようにおこなわれているか説明することで、被疑者と弁護人との秘密交通権を実質的なものにできる。不当な取り調べがおこなわれていないか確認したり、事実に反する調書を取られないようにするための有効な手段にもなる。

「被疑者ノート」は、日本弁護士連合会[*1]（以下、日弁連）が二〇〇四年に作成した。このノートの冒頭には、被疑者の権利、取り調べに際しての注意事項、具体的な記載例などのガイドが付いており、そのガイドを読んだうえで、各項目の欄に被疑者本人が書き込めばいいようになっている。主な項目は、取り調べの日時、取り調べ検事の氏名、取り調べ内容、取り調べ方法、取り調べ検事の態度、取り調べ時の被疑者の心境などで、被疑者の健康状態まで記録できる。

弁護士事務所には未使用の「被疑者ノート」が何冊か用意してあり、被疑者の身柄が拘束されると弁護人が拘置所にそれを持っていき、概略を説明して被疑者に差し入れる。村木さんにも、このノートを差し入れていた。

上村氏は、日々の取り調べから房に戻ると、検事に何を言われ、どういう心境で調書を取られたかを詳細に記録していた。その記録で見る限り、上村氏は気の弱い性格のように見受けられ、法廷で検事から厳しく尋問されると、どこかで崩れてしまうのではないかと気がかりだった。村木さんもそれを心配し、被告人席で緊張して彼の言葉を聞いていた。

しかし、彼は三日間にわたって検察官の反対尋問をはねのけ続けた。ときに感情が高ぶり、証言台で涙を流すこともあったが、事件は自らの単独犯行であり、村木さんはまったく関与していないという事実を、ブレることなくきちんと証言してくれたのである。

犯行の動機については、仕事の忙しさと、障害者団体に対して抱いていた信頼の気持ちを挙げた。

「二〇〇四年春に社会参加推進室の係長に異動になった直後、『凛の会』から証明書の発行について催促がありました。催促は村木さんに対してではなく、この私に対してあったのです。

当時の私は、初めて予算を担当し、慣れない予算編成資料の作成に追われてとても忙しく、煩わしさから、この件を先送りしていました。催促が厳しくなってきた頃、とりあえず相手をなだめようとして、作業をしている形を見せるために偽の稟議書を作成し、ファックスで『凛の会』に送りました。

しかし、その後も『凛の会』から矢のような催促があり、これ以上先送りできない状況になり、早くこの案件を終わらせたいという気持ちから、偽の証明書を作ってしまいました。

その作業は、五月三一日の深夜から六月一日未明にかけて、自席のパソコンでおこないました。そのうえで、六月一日の早朝、誰も来ないうちに出勤して証明書をプリントアウトし、悪いこととは知りつつ、勝手に村木課長の公印を取り出して押しました。

このことは誰にも相談していません。何もかも自分一人で抱え込み、にっちもさっちもいかなくなってしまうことは、それ以前にもありました」

「自分としては、『凛の会』に障害者団体の実体がないとは、思ってもいませんでした。証明書は適正に使われると信じていたので、黙っていれば誰にも迷惑はかからないと思っていたのです」

これが、上村氏が法廷で語った事件の実態である。

検察側は「村木課長が上村係長に指示した」と言うが、上村氏がいた社会参加推進室では、企画課長からの指示は室長を通して来ることになっている。村木さんから直接上村氏に指示することは、役所の仕組み上、あり得ない。企画課と社会参加推進室は、いくつものロッカーを並べて仕切られており、まったく別の部屋になっている。これも現場を見ればすぐわかることだが、上村氏がいくら言っても検察官は確かめようとせず、事実に反する自白調書を作ったのだ。

上村氏は、涙ながらに取り調べの不当さを訴えた。

自分の単独犯行を主張する上村氏に対して、國井検事はこう言い放ったという。

「人間の記憶なんてあてにならないもんだ。だから真実は多数決で決めるしかない。多数決によれば、お前は村木さんに指示されてやったんだ」

こうした証言の裏付けとなったのが、上村氏の「被疑者ノート」である。このノートは、捜査段階の供述が検事の創作であることを示す非常に有効な武器となった。検事による暴言、誘導、強要が繰り返される取り調べや、検事への不満、心情の変化などが詳細に綴られており、日に日に追い詰められていく様子がよくわかる。以下はその一部を要約したものだ。

「村木さんの指示について違うと言ったが、聞き入れてもらえなかった。最初から聞く気はない。冤罪はこうして始まるのかな」

「供述調書の内容は罪のない人を陥れることになりはしないか、そのことを私が一生背負って生きていかなければならないと訴えたが、ぜんぜんまともに取り合ってくれない。もうあきらめた。何も言わない」

「『否認するわけね。じゃあ、関係者全員証人尋問だね』という取り調べ検事の発言にはプレッシャーを感じた」

「保釈という甘い餌の誘惑に負けてしまった」

また、上村氏の「被疑者ノート」からは、彼の体調が逮捕の数日後から悪くなり、頭痛、だるさ、疲労感に苦しんでいたことがわかる。「夜一人になると絶望感に襲われてパニックになる」「取り調べに疲れて眠いのに動悸がして眠れない」といった記述もあった。

もともと彼は精神的にタフなほうではない。そうした弱さを、取り調べ検察官は容赦なく突いてくる。「上司に指示されてやっただけなんだから、それを認めればたいした罪にならない」「ノンキャリアはキャリアの踏み台にされている。お前もその被害者だ」などと言われると、しだいに自分の精神状態を維持できなくなり、検察官が望む調書を作らなければ家に帰れないのではないか、という強迫観念にとらわれていくのである。

我々は、「被疑者ノート」のコピーを法廷内の大画面モニターに映し出しながら、上村氏に質問した。その一つひとつに答える彼の証言は具体的で、迫真性があった。上村氏が頑張って事実を証言してくれたことについては、村木さんも非常に感謝していた。

＊1　日本弁護士連合会：弁護士法に基づき一九四九年に設立された法人。日本全国すべての弁護士は日弁連に登録している。国の監督を受けない独自の自治権（弁護士自治）を有し、弁護士や弁護士法人の登録審査・懲戒処分、各種法律改正に関する調査研究・意見提出、刑事手続改善活動、人権擁護活動、司法

改革運動などをおこなっている。

ゴルフ場の〝アリバイ〟――石井一衆院議員の証人尋問

本公判のもう一つの山場となったのは、第一一回公判（三月四日）でおこなわれた石井一議員の証人尋問である。その内容を記す前に、石井氏が弁護側証人として出廷するまでの経緯を述べておこう。

❶石井証人出廷までのいきさつ

検察のストーリーによると、「凛の会」の倉沢会長ほか一名が、アポイントをとったうえで、二〇〇四年二月二五日午後一時に議員会館内の石井議員の事務所に出向き、障害者団体としての公的証明書入手に便宜を図ってほしいと依頼すると、石井氏は、その直後に厚労省の塩田部長に電話をし、「証明書の発行をよろしく頼む」と口利きをしてくれたことになっている。

そうであれば、石井氏は本件のキーパーソンの一人であり、石井氏が厚労省にそうした依頼をしたかどうかは、当然、この裁判の最大の争点の一つになる。

ところが、検察は村木さんを起訴するまで、石井氏の事情聴取を一度もしていなかった。検察が初めて石井氏から事情を聞き調書を作ったのは、村木さんの起訴から約二ヵ月後の九月一一日だ。しかも、その調書はA４判の紙でたったの二枚だった。

口利きを依頼したとされる倉沢氏も、口利きを受けたとされる塩田氏も、膨大な量の調書を取られているのに、両氏の間を取り持ったとされる人物については、ろくに事情聴取もしていない。これは、奇妙を通り越して異常なことである。

私たちは、人を介して石井氏に面談を申し込み、霞が関の議員会館の彼の事務所で直接話を聞くことができた。議員をしている人は過去のスケジュールの記録を残している可能性があると思っていたので、問題の〇四年二月二五日について「何か記録は残っていませんか」と訊いたところ、「手帳がある」と言う。

石井氏は、自分がその日会った人物、時刻、場所、話の内容などを、手帳にことこまかに書き込んでいた。その理由は、一九七七年に日本赤軍が日航機をハイジャックした、いわゆる「ダッカ事件[*1]」に遡る。事件が起きた際、運輸政務次官だった石井氏は、政府代表団の団長として現地に派遣されて対応に当たった。その時に手帳に詳細に書き込んだ記録が、のちに貴重な資料になったことから、記録の重要性を痛感し、それ以来、公人として日々の自分の行動を手帳に詳しく記すようになったという。

〇四年の手帳は選挙区である神戸市の事務所にあると言われたのですぐに事務所と連絡をとってもらい、該当ページのコピーをファクスで送ってもらった。

それを見て私は息を飲んだ。二月二五日は「ゴルフ」とあり、ゴルフ場の名前やスコアまで記されているではないか。

この日、石井氏は千葉県でゴルフをしていた。ゴルフ場に照会すれば、到着して受付でサインした時刻から始まって、プレー開始時刻や終了時刻、帰る際の支払い時刻やサインまで、すべての記録を確認することができる。しかも東京の場合、ゴルフ場は都心から遠い。石井氏がプレーしたのは千葉県成田市のゴルフ場で、都心から一時間以上かかるので、検察が主張している午後一時という時間帯に議員会館で倉沢氏らと面談をするのは、どう考えても不可能だ。検察が主張する口利きの依頼という「事件の発端」が吹っ飛んでしまうのであり、これ以上完全な〝アリバイ〟はない。手帳の発見は我々にとって非常にラッキーだった。

石井氏は、ウィークデーにゴルフに行っていたことが公になればマスコミから批判されるのではないかと、困惑しているようで、当日は委員長を務める決算委員会の仕事は何もなかったなどと弁明しはじめたが、

「そうではありません。石井議員ご自身もこの事件に関与したと疑われているわけですから、潔白が証明できるのです」

と説明したところ、納得してくれた。

一方、検察は、我々が石井氏の手帳を証拠として提出することや、石井氏が証人として出廷することについて、「公判前整理の段階でその話は出ていなかったからダメだ」と猛反発した。原則として、証拠は公判前整理の間に請求しなければならないことになっている。だが、「やむを得ない事由」により公判前整理の期間内に請求できなかったものは、例外とされている。[*2]これは、公判前整理の目的が争点と証拠整理にあるので、その実効性を担保するためである。我々は、「石井議員の手帳の存在は、公判前整理後にわかったことだから、やむを得ない事由にあたる」と主張した。

裁判所は我々の主張を認めてくれた。このような経緯を経て、石井氏は証言台に立ったのである。

❷検察による証拠の隠蔽が露見

「おっしゃりたいことがたくさんあると思いますが、まず事実関係から訊いていきます」

三月四日午前一〇時、私が口火を切り、石井氏の証人尋問が始まった。現職の国会議員が証言するということで注目度はきわめて高く、傍聴席は多数の記者たちを含めて満杯だった。

石井氏は、〇四年二月二五日に倉沢氏らの依頼で塩田氏に口利き電話をした疑いを、

「絶対にあり得ません」

と、きっぱりと否定した。モニターに映し出されたその日の手帳のコピーを見ながら、

「この日は、朝七時頃に自宅を出て、千葉県成田市のゴルフ場で妻や同僚の古賀一成《こがいっせい》議員らと一緒にプレーし、午後六時から都内で民主党の会合に出席した。議員会館には行っていない」

などと述べ、さらに検察の捜査について、次のように証言した。

「昨年（〇九年）の九月一一日、前田恒彦検事に事情を聞かれることになり、大阪のリーガロイヤルホテルで調書を作った。その際、〇四年一年分の自分の手帳を持参して机の上に積み、『これを見ればわかる。自由に見てくれ』と言った。前田検事は、手帳をペラペラとめくっているだけだった」

前田検事には二月二五日の石井氏の行動をいくらでも確認するチャンスがあったのに、おざなりに手帳をめくっただけで黙殺し、肝心の当日のことは石井氏にいっさい訊かず、わずか二ページの調書を作ることで済ませていたのである。

当の前田検事は反対尋問で質問に立ったが、石井証言を突き崩す事実は何も摑んでいなかった。続いて反対尋問に立った白井検事は、質問のなかでこう言った。

「先生のご証言では、結局、四人でインスタートでゴルフをされて、昼食を取られて、アウトを回って……」

そう言いかけたところで、私はすかさず立ち上がり、異議を申し立てた。

「インスタート、アウトスタートって、なんか出ていませんけれども」

白井検事は、慌てて「今の質問は全部撤回します」とした。

ひとしきりの尋問が終わり、休憩となった。休憩が終わり、尋問開始の冒頭で、私は再び立ち上がって言った。

「手帳には書かれていないインスタートがわかっているということは、検察官はゴルフ場に照会しているんですよね。その結果を開示してください」

白井検事は、しどろもどろになって「捜査中です」と答えたが、さらに問い詰めると、

「現時点では証拠になっていません」

と答え、ゴルフ場に照会したことを暗に認めた。

検察のほうでもゴルフ場に照会して、石井議員にアリバイがあることを知っていたのだ。それが自分たちにとって不利な証拠となるため隠していたことが、白井検事の「インスタートで」というひとことで露見してしまったわけである。後日、検察側は、ゴルフ場に照会した結果を、しぶしぶ開示してきた。石井証言を全面的に裏付けるものであった。

こうして裁判所は、石井氏の手帳と証言を証拠として採用した。

この日の証人尋問の最後に、石井氏が挙手して述べた言葉が印象的であった。

「今日申し上げたことは、すべて真実であります。何ら心に咎《とが》めるものはございません。（中

略）この裁判の結果というのは、検察の倫理、検察の存在ということを問うておる、そういう問題だと思います。（中略）この機会に、検察が公正中立で善であり、そして公正無比であるということを示していただきたいと、そのように希望しておるということを最後に申し上げさして頂きたいと思います」

＊1　ダッカ事件：一九七七年、日本赤軍の犯人グループが、インドのボンベイ（現・ムンバイ）空港を離陸した日航機をハイジャックしてバングラデシュのダッカに強制着陸させ、身体拘束中の赤軍派など九人の解放と身代金六〇〇万ドルを日本政府に要求した事件。日本政府は超法規的措置としてこの要求を受け入れ、乗客・乗員を解放させた。

＊2　整理手続終了後の証拠調べ請求：刑事訴訟法第三一六条の三二第一項に「公判前整理手続又は期日間整理手続に付された事件については、検察官及び被告人又は弁護人は、（中略）やむを得ない事由によって公判前整理手続又は期日間整理手続において請求することができなかったものを除き、当該公判前整理手続又は期日間整理手続が終わった後には、証拠調べを請求することができない。」とある。

担当検察官全員が取り調べメモを廃棄した

証人尋問は弁護側圧倒的有利のうちに進んでいった。証人尋問でまったくポイントを上げられなかった検察側は、〝最後の頼みの綱〟として大量の検察官調書を証拠として申請した。

刑事訴訟法第三二一条一項二号では、「法廷での供述内容と検察官調書の内容が相反するかまたは実質的に異なり、かつ検察官調書のほうが信用できる特別の情況がある場合には、検察官調書を証拠として採用できる」旨が規定されている。検察側は、これを拠り所として、「調書のほうが正しく、証言は嘘である」と主張しようとしたのだ。

調書を証拠として採用するかどうかは裁判所が判断する。そのためには調書を作った検察官の証人尋問が必要だということで、検察官は六人の取り調べ検察官を証人申請して、検察官調書の作成情況を証言させた。この検察官尋問のなかで、メモの廃棄が問題となった。

公判前整理手続制度の導入以前は、被疑者が被疑事実を否認している場合、検察はとりあえずその言い分どおりの否認調書を作り、そのうえで時間をかけて巧妙に誘導して自白に追い込んで自白調書を取り、裁判には自白調書のみを証拠申請していた。そのため弁護側は、自白調書以外の供述調書の開示に成功すれば、供述の変遷や矛盾などをそこから読み取ることができた。

ところが、新制度によって供述調書がすべて開示させられることになると、検察は対抗策を講じるようになった。被疑者を取り調べても、被疑事実を否認している限り、あるいは検察ストーリーに合致しない供述をしている限りは、調書を作らない、という策である。

つまり、検察側に都合のいい調書しか残さないようになったのだ。これでは供述経過を調書から知ることはできないし、検察に不利な調書は出てこない。

こうした検察の対抗策は、言うまでもなく、公判前整理手続制度の理念に反しているが、現在では、調書をいくら揃えても供述の変遷がわからなくなっているのが現実である。

しかし、検察は何日もかけて取り調べをしながら、相手が屈服するまで調書を作らないのだから、その間に被疑者等から聞き出したことをメモにしておくのは当たり前である。取り調べで聞き出したことを全部記憶できるはずはないし、そんな無理なことをする必要もない。したがって、取り調べメモを見れば、どのようなやりとりを経て調書ができたのか、ある程度わかる。

ところが、三月一八日の第一四回公判から始まった取り調べ検察官六人（國井弘樹、遠藤裕介、林谷浩二の各検事と坂口英雄《さかぐちひでお》、高橋和男《たかはしかずお》、牧野善憲《まきのよしのり》の各副検事）の証人尋問では、我々が取り調べメモのことを訊くと、全員が口を揃えて「メモは自分の判断で廃棄した」と述べた。互いに連絡もとらず、それぞれの検察官が独自の判断で、たまたま同時期に、すべての取り調べメモを廃棄したと言うのだ。

彼らは廃棄の理由について、「メモには個人のプライバシーも書いてあったから」「メモの内容は供述調書に反映したので不要だ」などと述べた。

しかし、取り調べメモが検察官調書の信用性を保証する重要な証拠となり得ることは、二〇〇七年の最高裁判例[*1]で確定している。それを知っていながら、六人の検察官が揃って同じ時期に取り調べメモを廃棄したと証言したことで、組織的・意図的なメモ隠しの疑いが浮上し、検察官調書の信用性を大きく揺るがせることとなった。裁判官らも異様に感じたのか、証人の検察官たちに、メモについて突っ込んだ質問をした。

このことも影響して、裁判所は、検察側が申請した四三通の検察官作成供述調書のうち、じつに八割に当たる三四通を「信用性がない」として却下した。しかも、事件の立証に最も重要な上村氏と倉沢氏の調書は、すべて却下される結果となった。

この時点で我々は、裁判としては勝負がついたと確信した。

＊1　取り調べメモについての最高裁判例：二〇〇七年一二月、最高裁は検察官の取り調べメモについて、「個人的メモの域を超え、捜査関係の公文書ということができる」などとする判断を示した。

客観的証拠を重視した判決

「被告人は無罪」

二〇一〇年九月一〇日、大阪地裁（裁判長　横田《よこた》信之《のぶゆき》、裁判官　難波《なんば》宏《ひろし》、裁判官　田郷岡正哲）は村木さんに判決を言い渡した。

判決文の中で横田信之裁判長は、「人間の供述というものが、認識、記憶、表現の三段階で誤りが混入する可能性があり、また、供述内容の具体性、迫真性というものは、後で作り出すことも可能である以上、客観的な証拠による裏付けのない供述については、供述自体の信用性判断は慎重になされるべきであり、（中略）客観的証拠、あるいは証拠上明らかに認められる事実に照らして不合理な点がある場合には、いかに供述内容に具体性、迫真性があるようにみえ、各々の供述が符合していても、その信用性は大きく低下するといわざるを得ない」と明言したうえで、検察側の主張の一つひとつについて、丁寧に検討していった。

そして、検察官主張を裏付ける倉沢氏らの証言あるいは供述については、フロッピーに保存されたデータや手帳、名刺その他の客観的証拠や証拠上明らかに認められる事実に符合しない点があるとし、他方で、村木さんの供述など検察官主張を否定する証言、供述については、客観的証拠に反するものはいっさいない、とした。

前項で述べた検察官調書の証拠採否決定の際にも、横田裁判長は、上村氏の法廷での証言と「被疑者ノート」に書かれた内容が符合していることを重視し、「真実は多数決で決める」という國井検事の発言について上村氏の証言を認定し、捜査の在り方を批判していた。

大阪の弁護士のあいだでは、横田氏は事実をきちんと見てくれる裁判官として知られており、この裁判を担当することが決まった時、信岡・栗林両弁護士は「いい裁判官にあたった」と喜んでいた。良識派の横田裁判長によって審理がなされたという意味で、結果的には大阪で裁判をしてよかったと思う。

なお、この事件で被告人とされた他の三人のうち、上村氏は虚偽有印公文書作成で懲役一年、執行猶予三年の有罪、「凛の会」幹部の河野氏は無罪、会長の倉沢氏は郵便法違反のみ有罪で、虚偽有印公文書作成・同行使罪については無罪の判決が、それぞれ確定した。

本件は、最終弁論に入るまでに、無罪判決が出ることがほぼ明確になった事件だった。

裏話を言うと、私の事務所は論告[*1]と最終弁論の間に引っ越しをした。もともとは最終弁論が済んでから引っ越しをする予定を組んでいたのだが、公判のスケジュールが少しずれ込んで、運悪く論告と最終弁論の間、つまり最終弁論の準備をしなくてはならない時期に重なってしまったのだ。しかし、それを気にしなくてよいぐらい、余裕を持って最終弁論に臨むことができた。

＊

無罪判決は得られた。問題は、いかにして検察の控訴を食い止めるかだ。一審で無罪判決を確定させ、村木さんにいち早く職場に復帰してもらいたい。控訴審になると、裁判官によっては上村氏や倉沢氏の検察官調書を証拠採用しかねず、無罪判決が覆される可能性もあった。

だが、控訴期限が来る前に事態は急転した。

判決から一一日後、本件捜査の主任検事だった前田恒彦氏に押収証拠改竄の疑いがあることが、朝日新聞によってスクープされたのである。

＊1 論告：刑事裁判の審理において、証拠調べが終わった後に検察官がおこなう、事実および法律の適用に関する意見の陳述。求刑も同時におこなう。検察側の論告ののち、弁護側の最終弁論、被告人の最終意見陳述を経て判決が言い渡される。

前代未聞の検察不祥事

前田検事が改竄した押収証拠は、上村氏が作成した偽証明書の文書データである。先に述べたように、この文書データは、大阪地検特捜部が上村氏宅から押収したフロッピーディスクに保存されていた。フロッピーは、上村氏が保釈された直後、彼の実家に返送された。

その後、上村氏が担当の鈴木弁護士との裁判の打ち合わせの際に、このフロッピーを持参した。鈴木弁護士がパソコンで開いてみると、文書データの最終更新日は「二〇〇四年六月八日」になっていた。鈴木弁護士から「この日付に覚えがありますか」と訊かれたが、上村氏にはまったく心当たりがなく、二人で「なんだろう、気持ち悪いね」と言い合ったという。鈴木弁護士は、とりあえずフロッピーをそのままにして、手元に保管していた。

我々が村木さんの裁判の公判前整理で入手した捜査報告書では、文書データの最終更新日は「二〇〇四年六月一日」である。鈴木弁護士と連絡を取り合っていた我々は、この話を聞いて、「なぜ返送されてきたデータと日付が違うのだろう」と、首をひねった。

この段階では、まさか検察が改竄したとは想像もしておらず、「フロッピーが二つあるのだろうか」とも考えた。六月八日付のフロッピーを証拠申請してもこちらには有利ではないし、どうしたものかと扱いかねていたのである。

その後、村木さんの無罪判決から間もないある日、朝日新聞の検察詰め記者が「相談がある」と私の事務所にやってきた。

「検察庁内でフロッピーを改竄したという噂が流れている。鈴木弁護士からフロッピーを貸してもらえれば鑑定に出したいので頼んでもらえないか」

もし改竄が事実なら、検察の控訴を阻止できるかもしれない。私は鈴木弁護士と相談し、フロッピーを記者に預け、鑑定してもらうことにした。

そして九月二一日、朝日新聞朝刊は「検察による証拠改竄」のスクープを放った。文書データの最終更新日を、検察官が「二〇〇四年六月一日」から「六月八日」に書き換えていた、とする記事であった。

慌てた最高検察庁は異例の記者会見を開き、同日夜、前田検事を証拠隠滅容疑[*1]でスピード逮捕した。同時に、大阪地検特捜部は上訴権を放棄し、控訴を断念したことを発表した。白井検事から私のところにも、この上訴権放棄の電話連絡が来た。こうして、思わぬかたちで無罪は確定した。

最高検はその後、前田検事の上司である大坪弘道《おおつぼひろみち》特捜部長、佐賀元明《さがもとあき》特捜副部長を犯人隠避《いんぴ》容疑[*2]で逮捕。現職検事三人が最高検察庁に逮捕されるという不祥事は、人々の検察不信を決定的なものにした。三人はいずれも懲戒免職となり、取り調べで誘導や強要を繰り返した國井弘樹検事も減給処分を受けた。

その後、前田氏は懲役一年六ヵ月の実刑判決を受け、控訴せず判決が確定した。大坪氏と佐賀氏は、それぞれ懲役一年六ヵ月、執行猶予三年の有罪判決を受け、ともに控訴したが、控訴審で両名の控訴棄却の判決が下され、刑が確定した。

前田検事は、なぜフロッピーを改竄したのか。その経緯は以下のようである。

検察の見立てからすれば、偽の証明書は〇四年六月八日から一〇日の間に作成されていなければおかしかった。なぜなら、「凛の会」は六月八日に公的証明書なしで郵便局に低料第三種郵便制度の利用許可申請を試みたが、公的証明書が必要だと言われて断られ、六月一〇日に改めて公的証明書を提出していたからである。

特捜主任検事を逮捕
郵便不正 押収資料改ざん容疑
最高検が地検捜索
書き換え上司も認識
村木氏の
検察控訴断念
大阪地検特捜部の前田恒彦検事の逮捕を報じた朝日新聞（2010年9月22日）。同紙は前日朝刊で「検察による証拠改竄」のスクープを放った

六月一〇日という日付は、郵政公社（当時）に記録が残っているので間違いない。したがって、「凛の会」は六月八日から一〇日までの間に厚労省発行の偽の証明書を入手したことになる。その見立てに合わせる形で供述調書も取った。

ところが、上村氏宅から押収した文書データのプロパティでは、作成日が六月一日となっている。これでは時期が早すぎて検察ストーリーの筋書きと合わない。

真実は、上村氏は前述したように六月一日未明に偽の証明書を作り、作ったその日のうちに「凜の会」の河野氏に会ってそれを渡していた。ところが、「凜の会」のほうでそれをすぐに使わなかっただけのことであった。もとをただせば、一つの見込みのもとに無理やり供述調書を作ったために生じた矛盾だ。しかし、検察は自分たちの見立てに合うよう、データ作成日を六月八日に書き換えた。

本来なら物証に反する供述調書のほうを取り直さなければならないのに、客観的証拠のほうを改竄するという、とんでもないことをやってしまったのである。

なお、現在、前田元検事は、法曹資格を喪失したもののその特異な「経歴」を生かして、コメンテーターとして、ネット上などでいろいろと発言して活動している。また、大坪元特捜部長は、繰り返し大阪弁護士会に登録申請した結果、ついに登録に成功した。世の中には、いろいろな仕事や役割があるので、とんでもない経歴が、かえって何かの仕事に繋がることはあるようだ。

＊1　証拠隠滅罪：「他人の刑事事件に関する証拠を隠滅し、偽造し、若しくは変造し、又は偽造若しくは変造の証拠を使用した者は、三年以下の懲役又は三十万円以下の罰金に処する。」（刑法第一〇四条「証拠隠滅等」）。

＊2　犯人隠避罪：「罰金以上の刑に当たる罪を犯した者又は拘禁中に逃走した者を蔵匿《ぞうとく》し、又は隠避させた者は、三年以下の懲役又は三十万円以下の罰金に処する。」（刑法第一〇三条「犯人蔵匿等」）。蔵匿とは、人に知られないように隠しておくこと。隠避は、蔵匿以外の方法で犯人の発見や逮捕を妨げること（たとえば自首の阻止、変装衣服や逃走旅費の供与、身代わり自首など）。

総括

調書は検察官の意のままに作れる

　公判前整理で弁護側に開示された証拠のなかには、村木さんが偽証明書の作成を指示した動機にまつわる厚労省職員の供述調書が七通あった。

　将来を嘱望《しょくぼう》されたキャリア官僚である村木さんが不正をはたらくには、それなりの動機が必要だ。その動機として検察官が想定した筋立ては、次のようなものだった。

　村木さんは二〇〇四年当時、「障害者自立支援法案」を国会でスムーズに通すため懸命に根回しをしており、国会議員に気を遣っていた。野党の有力議員である石井一氏の機嫌をとるためには、無理な要求も断るわけにはいかず、偽証明書発行の依頼を受け入れた——。これが、検察が妄想した犯行の動機だった。

　ところが、調べてみると、その法案のグランドデザインができたのは〇四年の一〇月、実際に法案が国会に提出されたのは翌年の二月であることがわかった。事件が起きたとされる〇四年二月には、法案の影も形もなかったのだ。

　にもかかわらず、動機にまつわる検察官調書では、厚労省職員七人全員が、検察の筋書きに沿う内容の調書を取られていたのである。

　さすがに検察官も、村木さん起訴の頃までには一年のずれに気付き、冒頭陳述からその「動機」を外した。二日がかりで取った七通の調書は使い物にならなくなったため、一つも証拠申請しなかった。そして、宙に浮いてしまった「動機」を、「議員に頼まれたから」というなんともわかりにくい言葉にして、最後まで押し通した。

ことほどさように、調書というのは検察官がいかようにでも作れるものなのだ。まったくあり得ない架空の話を、いかにもあったかのように話したことにし、その調書に何人もの人にサインさせるようなこともできてしまうのである。

これは、検察実務が「調書中心主義」になっている結果にほかならない。

調書中心主義の検察官は、ジグソーパズルをいちばん端のピースから埋めていくように、被疑者・被告人と遠いところにいる人から攻めていく。

たとえば、被疑者・被告人と直接関係のない係長などを呼びつけ、「何月何日に、○○という業者が職場を訪ねてきただろう」などと言う。「記憶にありません」と答えると、「検察の調べでそれは確かなんだ」と言う。「そこまで検察官が言うのなら、きっと来たのだろう。自分は忘れているだけなのだ」と思ってしまい、調書にサインをする。

こうして係長から「何月何日に、○○さんが職場に来たと記憶しています」という調書を取ると、次は課長補佐を呼び、「係長はこう供述している」と言って同様の調書を取る。

その次は課長を呼ぶ。課長が「憶えていません」と答えると、「課長補佐がそう言っているから間違いない。憶えていないなんて言っているのはお前一人だけだ」と攻めてくる。それでも「記憶にない」と言い通すと、「じゃあ、また明日来てくれ」と言う。「こんなことで何度も呼ばれるのはかなわない。課長補佐が認めているなら、そういう事実があったのだろう」と思って調書にサインをする……。このようなやり方で、調書がどんどんできていく。

もともと周囲の人たちにとってはさほど関心のないことだし、記憶もはっきりしていない。

殺人の現場を目撃したか否かを訊かれているならともかく、業者がその日来たかどうかを訊かれているだけだから、自分の記憶が曖昧でも、検察官から「その日に来たはずだ」と言われると、「重大な話でもないし、『来ました』と言っておこう」という気持ちになってしまう。そういう取り調べを重ねて、同じような内容の調書がいくつも作られていくわけである。

ことに本件の場合、関係者は皆、東京周辺にいた。その人たちは、取り調べを受けるためにわざわざ大阪地検まで行かなければならない。旅費はもちろん自分持ちだ。お金もかかるし時間も取られてうんざりしているところへ、「もう一回来てもらおうか」「一晩か二晩、泊まっていくか」などと言われて逮捕を匂わされたりして、「もういい加減にしてくれ」という気持ちになって、事実に反する調書にサインしてしまったのだろう。

なぜ、このような調書中心主義が罷《まか》り通っているのか。

検察官は法律家であると同時に、検察庁の組織人として動かないといけないからだ。ことに「特捜部」という看板を掲げていると、特捜部長は「手柄を立てたい」との意識から、「大きなヤマを挙げろ」と主任検事にプレッシャーをかける。主任検事は取り調べ担当検事に対して、「こういう供述調書を持って来い」とプレッシャーをかける。個々の検事は、「自分に任された被疑者を落としたい」と考える。その結果、理屈なしにがむしゃらに、「何がなんでも俺はこいつを落とす」という考え方の検事が出てきてしまう。

法律家にはバランス感覚が強く求められる。自分の持つさまざまな知識と経験から、「この人は事実を知っているか否か」「この人の言っていることは正しいか否か」の判断をすべきはずである。ところが検察、特に特捜という組織は、初めからシナリオありきで、そこにはめ込んで落として口を割らせるという手法をもてはやす。そうやって取った調書が上から評価される。

このように、法律家として本来必要な個々のバランス感覚を無視して成り立っているところに、検察組織の問題があると思うのである。

無罪を認識していた検察

本件は、特捜部の捜査や刑事裁判の手法が内包する問題、日本の検察が以前から構造的に抱えているさまざまな問題が、一気に噴出した事件だった。大阪地検特捜部の捜査があまりにもずさんだったため、問題点がいっそう明確に浮き彫りになった、と言えるだろう。

なかでも最も糾弾すべき点は、検察が当初から村木さんの無罪を認識しながら、論告まで進んだことである。

特捜部は、偽証明書の文書データの最終更新日が六月一日であることを、村木さん逮捕時には気付いていたのに、公訴を取り下げなかった。これは特別公務員職権濫用罪[*1]にあたる可能性がある。

また、検察内部でフロッピーの改竄が発覚したのは裁判中であったのに、検察は起訴事実の当否さえ左右しかねないフロッピー改竄の事実を隠蔽して裁判を続けた。検察内部では、一部の検事が「こんな裁判はやっていられない」と不満を述べていたというが、その検事も法廷に来ると何喰わぬ顔で村木さんの関与を主張し、論告まで進んでいったのである。

ほとんどの証拠が不採用になったため、論告の内容はひどいものになったが、それでも検察官は自分たちの作り上げたストーリーに固執した。

そして論告の最後に、フロッピー改竄の張本人である前田主任検事が、村木さんを懲役一年六ヵ月に処すよう、平然と求刑をおこなった。検察の不当もここに極まった感がある。

むろん、検察官も常にこのようなことをしているわけではないだろう。政治家などが絡む特別な事件を除けば、基本的には正義感から事実を明らかにしようとしているはずだ。

ただ、検察官は「起訴した以上は無罪にしてはいけない」という妙な強迫観念があるためか、無理やり証拠を作ったり、事実を隠したりしてしまう傾向がある。人間がやることには間違いもあるのだから、裁判の結果が無罪になっても、「見立て違いでした。申し訳ありません」と、真摯に受け止めればいいではないか。白を黒にするよりは、そのほうがよほどいいと思う。

ことに特捜部は、起訴・不起訴を決める判断者であると同時に、事件を発見して捜査するプレイヤーであり、かつ起訴を決める決裁官である。警察が捜査する事件なら、警察から提出された資料を冷静に見る余地があり、証拠が足りなければ不起訴にするという中立的な判断ができるが、特捜事件は自分が見つけてきて捜査する事件なので、証拠が足りないと自分の責任になる。そうなると、「証拠をちょっと足してでも起訴しよう」という邪心が芽生え、そこから冤罪も生まれてしまう。「特捜部は解体すべきだ」と私が言っているのは、そのためである。

本件では、偽証明書の作成日時の矛盾点の発見、石井氏の手帳による〝アリバイ〟の立証、検察による証拠改竄のスクープなどの偶然や幸運も含めて、いろいろな要素がすべて村木さんに味方する結果となった。だが、もしフロッピーの改竄が新聞報道で暴露されず、控訴されていたら、高裁で逆転有罪になる可能性もあり得ただろう。

検察の捜査がどれほどでたらめなものであっても、有罪にされる可能性を否定できないというのは、じつに恐ろしいことである。

＊1　特別公務員職権濫用罪：刑法第一九四条は、裁判、検察もしくは警察の職務をおこなう者またはこれらの職務を補助する者がその職権を濫用して、人を逮捕し、または監禁したときは、特別公務員職権濫用罪として、六ヵ月以上一〇年以下の懲役または禁錮に処する、としている。

特捜部の功名心

大阪地検特捜部は、なぜ、村木さんをターゲットにしたのだろうか。

郵便法違反事件の捜査中に、内容虚偽の証明書に村木さんの本物の公印が押されていたので逮捕したという説、最初から石井議員に狙いをつけ、とりあえず村木さんを突破口にしたという説、「女性キャリアの星」と言われている局長を挙げるのも華々しい成果になると考えたという説など、諸説があるが、真相はわかっていない。

あるいは、郵便法違反事件だけで終わらせるのは面白くないと考えた特捜部が、たまたま「凛の会」の倉沢会長との関係で浮上してきた石井氏を巻き込めると誤解し、大物政治家と現職官僚の名前に思わず飛びついたのかもしれない。郵便法違反だけなら単なる罰金刑レベルだが、公文書偽造は懲役一～一〇年と刑が重いのである（21ページ＊1参照）。

大坪特捜部長は村木さんの検挙に固執し、前田主任検事に「それがミッションだ」と檄《げき》を飛ばした、と言われている。その背景には、「特捜」の看板を掲げるがゆえの気負い、特捜部同士のライバル意識、巨悪に切り込んで名を挙げたいとの功名心もあっただろう。

村木さん逮捕の三ヵ月ほど前に、東京地検は、小澤一郎《おざわいちろう》民主党代表（当時）の公設第一秘書を政治資金規正法違反容疑で逮捕していた（西松建設事件、「小澤一郎事件」89ページ～参照）。これも相当無理筋の事件だったが、大阪地検特捜部のなかに、「東京は小澤一郎の〝首〟を取った。大阪も負けてはいられない」というライバル意識があったことは、容易に想像できる。本件の関係者に大阪の人間が一人もいなかったのに、大阪で裁判をすることにこだわったのも、そのためではなかろうか。

いずれにせよ、特捜部同士のライバル意識や検察官の功名心は、結果として、強引な刑事捜査や人権侵害のリスクを招く。それは避けられないことである。

結果の社会的影響

キャリアとして復活した村木さん

無罪が確定した翌日の二〇一〇年九月二二日、村木さんは一年三ヵ月ぶりに厚労省に登庁した。逮捕直後に起訴休職の処分を受けていたが、無罪が確定した日の夜、細川律夫《ほそかわりつお》厚労大臣から電話があり、「明日から復職してください」と言われたという。復職当日、厚労省の玄関には多くの職員が待ち受け、拍手で村木さんを迎えた。

その五日後、村木さんは内閣府に出向し、局長級の内閣府政策統括官（共生社会政策担当）に就任した。このポストは、障害者施策、青少年育成、少子高齢化・自殺・犯罪被害者対策等の

中日新聞

中日新聞社

検察の構図全否定

村木元厚労省局長に無罪

郵便制度悪用に絡む厚生労働省の文書偽造事件で、虚偽有印公文書作成・同行使の罪に問われた元局長村木厚子被告の判決で大阪地裁は十日、「偽造の指示、共謀は認められない」として無罪を言い渡した。

文書偽造事件 大阪地裁判決

「動機認められぬ」

厚労省文書偽造事件 判決骨子

- 村木厚子元局長は無罪
- 元局長が「凜（りん）の会」側に証明書を交付した事実は認定できない
- 凜の会側が証明書発行を要請し、元局長が了承したとの事実は認められない
- 国会議員から元上司への口添えによる「議員案件」とは認められない
- 元局長に犯行動機があったとは認められない
- 元係長が元局長の指示で証明書を作成した事実は認められず、元係長らとの共謀は認定できない

解説

中日新聞ホームページ
http://www.chunichi.co.jp/
中日新聞 検索
購読申し込みは
フリーダイヤル 0120-454010

村木厚子氏の無罪は、多くのメディアによって報じられた（2010年9月11日の中日新聞）。ずさんな検察の捜査は、検察特捜部の権威と信頼を失墜させることになった

施策を担当するものである。また、内閣府自殺対策推進室長、内閣審議官（内閣官房副長官補付）を兼任し、同年一〇月からは、待機児童ゼロ特命チーム事務局長も兼任した。

二〇一二年九月には、厚労省社会・援護局長に就任し、三年三ヵ月ぶりに厚労省に局長として復帰した。翌一三年七月には、厚生労働事務次官に就任。女性の事務次官就任は、松原亘子《まつばらのぶこ》氏以来、一六年ぶり二人目であった。

冤罪に問われるまでの村木さんは、地方の大学を出て公務員になり、結婚して二人の娘さんに恵まれ、やはり役所勤めの夫の太郎氏と二人で家事や育児に奮闘しながら、キャリアとしての道を歩んできた。地方赴任の際には、幼い長女を伴って、「単身赴任」ならぬ「子連れ赴任」をしたこともある。

〇八年、五二歳で厚労省の雇用均等・児童家庭局長に就任した時、「普通の私でもここまで歩いてこられた」と感じ、「〝普通の人〟のロールモデルになろう」と決意したという。そのた

めにも最後まできっちり勤め上げなければいけないと、仕事に全力を注いできた。

その人生の途上で逮捕され、「普通の人のロールモデル」になることはできなくなった。彼女は初公判後の記者会見で、我が身に突如降りかかってきた災難とも言うべき逮捕・起訴について、こう述べている。

「マラソンの四〇キロ地点で、突然コースの外に引きずり出されたような気がします」

村木さんに起こったことは、私たちの身にも起こり得る。

復職するにあたり、彼女は、「もし人生に災難や間違いがあっても、人生のリカバリーはできる」という新たなロールモデルになることを目標にしたという。

「だから、ちゃんと仕事をしたかった。辞令を受けると本当に職場復帰できたという実感がわき、身が引き締まる思いでした」と、手記に綴っている。

村木さんはこの言葉通りに仕事を全うし、二〇一五年一〇月一日付で定年退官した。

国賠訴訟と残されたリーク問題

二〇一〇年一二月二七日、我々は、村木さんを原告として、検察の捜査・起訴・公判遂行で違法に精神的苦痛を被ったとして、国家賠償請求訴訟（以下、国賠訴訟）を提起した。

この訴訟の主な目的は、なぜ村木さんが逮捕・起訴されたのか、どのような経緯でターゲットにされたのかを明らかにすることだった。

無罪判決を貰ったからいい、というものではない。我々弁護団としても、刑事裁判でわからなくなったことを民事裁判でもう一度全部議論したかったし、検察がフロッピーの改竄を知りながら論告まで進んだのはなぜなのか、どうしてそこまで不当なことをやったのかも知りたかった。そして、提訴後に、検察によるマスコミへの情報リークについても追及しようということになり、翌一一年七月七日に、その点の追加請求（訴えの拡張）をおこなった。

警察や検察は、大きい事件であればあるほどマスメディアを意図的に利用する。情報リークによって自分たちに有利な世論を作り上げようとするのは、彼らの常套手段だ。

たとえば、後述する「小澤一郎事件」や「鈴木宗男《すずきむねお》事件」の場合、特捜検察がマスコミに情報をリークし、小澤氏や鈴木氏が悪徳政治家であるかのような世論を形成し、それをテコにして強引な捜査を進めた。近年では「カルロス・ゴーン事件」も同様である。

本件の場合、特捜部は、村木さんの逮捕前後に、「共犯」とされた上村氏が村木さんから指示されたという記事を、連日のように新聞に掲載させた。上村氏が検察官の圧力に負けてでためな自白調書にサインした翌日には、調書の内容がそのまま記事になっていた。たとえば〇九年六月一七日の朝日新聞朝刊には、大阪地検特捜部の調べについて、「上村係長の供述によると、上村係長は04年6月初め、村木前局長に呼ばれ、凛の会への証明書について『早く出してあげて。決裁のことは気にしなくていいから』と催促されたという。」「さらに、上村係長の供述では、係長が6月初め、『5月28日付』とした偽の証明書を村木前局長に手渡すと、前局長から『ご苦労さま。この件はもう忘れて下さい』とも言われたという。」などとある。

上村氏に対する村木さんの台詞《せりふ》まで調書と同じだった。

もちろん村木さんはそんな言葉を口にしていないし、マスコミは接見禁止中の上村氏にアクセスできない。となると、記事の出どころは特捜部の検事以外に考えられない。これは重大な人権侵害であり、国家公務員の守秘義務という見地からも許されないことである。

しかし結局、私たちの願いは叶わなかった。国は、一一年三月一八日付の答弁書[*1]において、「請求の趣旨に対する答弁は留保する」という異例の対応をした後、国賠訴訟の提訴から一〇ヵ月ほど過ぎた一〇月一七日、第一準備書面[*2]において、我々が請求拡張した情報リークの問題を除いて、認諾《にんだく》を表明したのである。

認諾とは、民事訴訟において、被告が訴訟内容についていっさい答弁せず、原告側の請求をそのまま認めて裁判を終わらせる手続を言う。認諾をすれば、審理はおこなわれない。普通の民事訴訟でも認諾は滅多にない。国賠訴訟となればなおさらである。国が支払う賠償金の原資は税金であり、それについて国が何も反論しなくていいなどということは、まずあり得ない話である。

だが、国は請求を認諾し、審理をおこなわないまま賠償金の支払いに応じた。これにより、村木さんを逮捕・起訴するに至った事情を裁判で解明する手立てはなくなってしまった。私は暗い声で、そのことを村木さんに連絡した。村木さんも非常に落胆していた。

ただ、国は、我々が請求拡張したメディアに対する情報リークの部分だけは認諾せず、その点だけは争う姿勢を見せた。メディアリークの問題を正面から取り上げた裁判は日本初だったと思う。ところが、裁判所はこの残った問題についてまったく熱意を示さなかった。「大筋で解決したのだから、リーク行為など問題にすることはないではないか」と、露骨に取り下げを迫ってきた。結果的にも、「どの検察官が、誰に、いつ、どう情報を漏らしたか特定できないため、損害賠償請求は認められない」として、二〇一二年一二月二一日に我々の訴えを斥《しりぞ》ける判決を下した（裁判長　堀内明《ほりうちあきら》、裁判官　大須賀綾子《おおすかあやこ》、裁判官　森山由孝《もりやまよしたか》）。最高裁まで争ったが、結果は変わらなかった。残念ながら、逮捕・起訴の問題についても、メディアリークの問題についても、立ち入った審理はほとんどされず、問題提起は不発に終わってしまった。

メディアリークの問題で残念だったのは、メディアの協力がまったく得られなかったことである。新聞テレビ各社は、村木さんの公判報道ではかなり好意的な報道をしてくれたのだが、リーク問題についてはきわめて非協力的だった。理由は「取材源の秘匿」だったが、それは建前で、日々ニュースを提供してくれる検察との関係を悪くしたくない、というのが本音であろう。

なお、請求拡張前に国賠訴訟で請求した賠償金額は約三七〇〇万円で、国が認諾したため全額支払われた。こんなことなら、三億円ぐらい請求しておけばよかった、そうすれば認諾などできなかったろうと、誠に残念に思った。

村木さんは、この支払われた賠償金から弁護士費用などを除いた約三三〇〇万円を、累犯障害者（知的障害等で社会のルールがよくわからず犯罪を繰り返してしまう人たち）を支援してきた社会福祉法人「南高愛隣会《なんこうあいりんかい》」（長崎県雲仙市）に寄付した。障害者に関係する郵便法違反事件を通して刑事司法の問題点を痛感したことから、障害と司法にまたがる分野で賠償金を活かすことにしたのである。

＊1　答弁書：民事訴訟において、原告が裁判所に提出した訴状に対して、被告が認否（相手方の主張のどの

部分を認め、どの部分を否定するか）や反論をする書面のこと。

＊2　準備書面：民事訴訟において、訴状と答弁書が出されたあと、原告・被告の双方が、口頭弁論前の準備として、それぞれの主張を展開する書面のこと。答弁書が出されたあと最初に提出される準備書面を、第一準備書面（原告側第一準備書面、被告側第一準備書面）と言う。

刑訴法改正で焼け太りした検察

大阪地検特捜部による証拠改竄事件は、大林《おおばやし》宏《ひろし》検事総長の謝罪会見、その後の同総長および伊藤《いとう》鉄男《てつお》次長検事の引責辞任という事態に発展した。検察にとっては大変な失点である。

また、それが二〇一九年の刑事訴訟法（以下、刑訴法）改正にも繋がったという意味では、エポックメイキングな事件でもあった。

この事件をきっかけに、法務大臣の私的諮問機関として「検察の在り方検討会議」が設置され、村木さんも出席して意見を述べた。村木さんは、二〇一一年六月から「法務省法制審議会　新時代の刑事司法制度特別部会」の委員を務め、取り調べの可視化に向けた審議などにもあたった。

取り調べの可視化を義務付ける改正刑訴法は、二〇一九年六月一日に施行された。

同法第三〇一条の二「取調べ等の録音・録画と記録媒体の証拠調べの請求」には、裁判員裁判対象事件（殺人や放火など）と検察の独自捜査事件（特捜部事件）について、逮捕・勾留下の被疑者の取り調べの開始から終了に至るまでの全過程の録音・録画を義務付け、原則として録音・録画がない場合には、供述調書を証拠として提出することができなくなると定められている。

しかし、傍線で示したとおり、可視化の対象となる事件は限定されており、すべての事件で取り調べ過程の録音・録画が義務付けられているわけではない。

冤罪が生まれやすいとされている痴漢や窃盗など比較的軽微な事件や、逮捕・勾留される以前の被疑者（いわゆる在宅被疑者）への任意の取り調べ、身柄を拘束されていない事件関係者などの取り調べについては、録音・録画しなくていいことになっている。つまり、可視化の対象となるのは、全体からすれば、ごくごく一部の事件であり、さらにその事件のなかでも、一部の人間のそのまた一部だけなのである。

こういう新しいシステムができると、検察はどうすれば自分たちに都合のいいようにできるか〝抜け道〟を考える。

たとえば、まずは逮捕する前に被疑者を呼び出して任意で取り調べ、うまく供述を引き出せなければ、脅したりすかしたりする。そうして相手を屈服させてから逮捕して、「では、今日から本番の取り調べだ」ということにして、そこから取り調べの過程を録音・録画する。結果として、検察側に都合のいい供述調書を証拠として提出できるわけである。日弁連もこの点を懸念し、在宅被疑者の取り調べについても録音・録画を義務付ける必要があると指摘している。

他方で、二〇一八年六月一日に施行された改正刑訴法では、司法取引制度が導入された。

これは、被疑者または被告人が弁護人および捜査機関と協議し、「他人」の刑事事件の捜査・公判に協力する代わりに、自らの犯罪を不起訴にしてもらったり、求刑を軽くしてもらったりすることに合意するという制度だ（刑訴法第二編第四章「証拠収集等への協力及び訴追に関する合意」、第三五〇条の二～一五）。

被疑者や被告人としては、「他人」の刑事事件について供述や証拠提出をすることで、不起訴にしてもらうことや量刑の減免が見込める。そのため、事件と無関係の「他人」を巻き込んで偽証する可能性も否定できない。捜査機関が偽証に気付かずに捜査をし、その「他人」を逮捕・勾留・起訴すれば、冤罪が生まれる。また、捜査機関が事件の情報を得るために、被疑者や被告人を利益誘導することも考えられる。これでは改革どころか、検察の焼け太りだ。これらの問題については「カルロス・ゴーン事件」で詳述する。

思い出・エピソード

村木さんの人間力と退官後の活動

一六四日間の勾留期間中に、村木さんは一五〇冊ほどの本を読破した。好きな本を読んでいる間は、理不尽な逮捕に対する嘆き、検察の取り調べに対する怒り、先の見えない勾留生活への不安を忘れることができたという。なお、二〇二〇年にNHKのEテレで放映された村木さんと作家の今野敏《こんのびん》氏の対談により、村木さんの読破した本の多くが今野氏の著作であることを知った。影響されて、私もかなりの数の今野氏の著作を読むこととなった。

村木さんは拘置所の中で買い物もした。拘置所では、逮捕された時に持っていたお金や家族から送ってもらったお金を職員が保管し、その所持金の範囲内で、チェック式の注文用紙に記載されている品物を買うことができる。どこのメーカーのものがくるのか好奇心をかきたてられて、化粧水や石鹼、チョコレートや下着などを購入した。「へちま化粧水」が届いた時には、「クラシックだなあ」と感心したそうである。

麦飯が主食の三度の食事はしっかりと食べ、メニューはすべてノートに記録した。

身に覚えのない刑事事件に引きずり込まれた不運に、村木さんは毅然と向き合っていた。不運に対処できる人間は強い。村木さんを見ていて、私はそのことを改めて感じた。

退官後の村木さんは、大阪大学男女協働推進センター招聘教授や津田塾大学総合政策学部客員教授、一般社団法人障害者雇用企業支援協会顧問などを務めたのち、瀬戸内寂聴《せとうちじゃくちょう》さんとともに代表呼びかけ人となり、「若草プロジェクト」を立ち上げた。

同プロジェクトは、貧困や虐待などさまざまな事情で帰る家庭がなく、生きづらさを抱えている若い女性たちのためのシェルターだ。勾留されたその日から家族との連絡を絶たれ、言いようのない孤独感と無力感に襲われた村木さんの経験に基づいて作られたものである。

小澤一郎事件——二〇一一年受任

国策捜査との対決

次に述べるのは、政治路線の選択について一方の中心にいる人物を、「国策捜査」によって失脚させようとした刑事事件である。

国策捜査とは、検察——なかでも特捜検察——が、ある政治的意図に基づいておこなう捜査のことを言う。たまたま犯罪が発覚したので犯人を逮捕・起訴するのではなく、特定の人物を逮捕・起訴することを前提に、何らかの問題を見つけ出してきて、捜査を進めるのである。標的とされるのは、政治家、官僚、経済人、学者など社会の中枢に位置する人物だ。

国策捜査は、恣意的な法律の適用や権力濫用的な捜査を招きやすく、冤罪の温床となり得る。「小澤一郎事件」と「鈴木宗男事件」は、その典型である。

事件の概要

小澤一郎潰しに動いた検察

小澤一郎事件は、自由民主党から民主党（当時）への政権交代の前後に起こった。事件の裏には大きな政治的意図が見え隠れする。まず、当時の政治的背景は以下のようなものであった。

二〇〇六（平成一八）〜〇九年にかけて、与党自民党は小泉純一郎《こいずみじゅんいちろう》の跡を継いだ安倍晋三《あべしんぞう》、福田康夫《ふくだやすお》、麻生太郎《あそうたろう》という政権が、さまざまの不祥事で、一年も持たずに次々と行き詰まり、国民から厳しい批判を浴びていた。

自民党は、〇七年七月の参院選で「歴史的惨敗」を喫して、民主党が第一党となり、いわゆる「ねじれ国会」が現出した。安倍首相退陣表明後の九月におこなわれた首相指名選挙では、衆院が福田氏、参院は民主党党首の小澤氏を指名。結果的に福田内閣が誕生したが、福田首相と小澤氏との間では大連立交渉がおこなわれる事態さえ生じた。

一年後、〇八年九月に発足した麻生内閣の支持率は低迷し、民主党の政党支持率は自民党と拮抗《きっこう》。翌年夏までにはおこなわれる衆院総選挙で政権交代を目指していた小澤氏は、参院での「ねじれ」を背景にした審議拒否などによって、麻生政権に対する攻勢を強めた。

〇九年に入ると、民主党の政党支持率は自民党を上回り、政権交代がいよいよ現実味を帯びていた。小澤氏は、衆院総選挙の候補者擁立に向けて全国を行脚《あんぎゃ》し、政権交代に向けて着々と準備を固めていった。そのなかで小澤氏が打ち出していた政策に、検察の〝改革〟があった。予算や人事に手をつけようとしていたのである。

事件はそのさなかに起きた。〇九年三月、小澤氏の公設第一秘書だった大久保《おおくぼ》隆規《たかのり》氏が、政治資金規正法違反容疑で東京地検特捜部に逮捕されたのだ。準大手ゼネコン西松《にしまつ》建設からの献金を隠すために、ダミー団体からの献金と偽って政治資金収支報告書に記載したという容疑だった。「西松建設事件」と呼ばれるこの事件のために、小澤氏は五月一一日に民主党代表を辞任する結果となった。

実態解明へ方針一転

石川議員逮捕

検察、供述に不信感

小沢一郎・民主党幹事長の資金管理団体「陸山会」の土地購入問題で、東京地検特捜部は15日夜、同氏の元秘書、石川知裕衆院議員（36）＝北海道11区＝らの逮捕に踏み切った。事情聴取に非協力的であいまいな供述を繰り返し、任意捜査のままでは不透明な資金移動の実態を解明するのは困難と判断。急転直下、在宅起訴の方針を翻し、強制捜査による徹底的な追及に乗り出した。（1面参照）

「真相解明の邪魔をしている周辺関係者から石川議員を引き離すしかなかった」。検察幹部は小沢氏側への強い不信感を隠さない。

石川議員は昨年末の最初の事情聴取の後、2度目の聴取になかなか応じず、あいまいな供述を繰り返していた。

特捜部は小沢氏側の関係先を一斉に家宅捜索した13日と翌14日、石川議員から連日聴取。しかし、15日の聴取は体調不良を理由に弁護士が拒否したため、夜になって本人に直接連絡を取って出頭を求めた。そのうえで、従来と供述態度が変わらないため、一気に逮捕の決断に至った。

政権与党の現職幹事長周辺の捜査。検察内は一時、石川議員らを在宅のまま起訴する方向で、捜査を進めてきた。

しかし、小沢氏本人の参考人聴取が実現しないなど小沢氏側の非協力的な姿勢、あいまいな供述に、検察内の空気は次第に硬化していった。「検察として、いい加減な説明をのむわけにはいかない」（検察幹部）との声が強まっていた。

週明けの18日には通常

4億円の原資を追及

小沢氏の関与が焦点に

東京地検特捜部は石川知裕衆院議員らの取り調べや家宅捜索で押収した資料の分析を通じて、不透明な資金の流れの全容解明を目指す。

▼裏献金の疑い　捜査の最大の焦点は、問題の土地購入の原資となった4億円の原資の解明。逮捕された石川議員はこれまで「小沢氏の個人資金を借りた」と説明してきたが、特捜部はゼネコンからの裏献金が含まれているとの疑いを持っている。

小沢氏の地元で建設中

今回の逮捕容疑と会計担当時期

	会計責任者	会計事務担当者	逮捕容疑
2004年	大久保秘書	石川議員	土地代金に充てた４億円の収入の記入がない
	大久保秘書	石川議員	土地代金３億5200万円の支出の記入がない
05年	大久保秘書	池田元秘書	土地代金の支出がないのに３億5200万円支出と記入
07年	大久保秘書	池田元秘書	４億円の支出があったのに記入がない

小澤氏の元私設秘書で陸山会の会計事務担当者だった石川知裕・衆院議員と、石川容疑者の後任の会計事務担当者だった池田光智・元私設秘書らの逮捕を報じた日本経済新聞（2010年1月16日）

これをうけて鳩山由紀夫《はとやまゆきお》氏を代表に選出した民主党は同年八月、衆院総選挙に圧勝し、九月に鳩山内閣が発足。政権奪取の悲願を達成した小澤氏は幹事長に就任した。

ところが翌二〇一〇年一月、さらに追い打ちをかける形で「陸山会《りくざんかい》事件」と呼ばれる本件が起こった。小澤氏の元秘書三人――石川知裕《いしかわともひろ》氏（民主党の衆院議員。起訴後、民主党を離党）、池田光智《いけだみつとも》氏、前述の大久保氏――が、別件の政治資金規正法違反容疑で東京地検特捜部に逮捕・起訴されたのである。大久保氏は二〇〇〇～〇八年に小澤氏の政治資金管理団体・陸山会の会計責任者の地位にあり、石川氏と池田氏はその補佐役として実務を任されていた。

世間の関心は「陸山会事件」に移っていった。検察が描いたストーリーはこうだ。

陸山会は二〇〇四年、秘書寮建設用地購入のため、小澤氏個人から四億円を借りた。しかし、秘書らは小澤氏が巨額の個人資産を有していることを隠すため、政治資金収支報告書にこの事実を記載しなかった。土地取得についても、実際に取得した〇四年ではなく、翌年の二〇〇五年と虚偽の報告をした。それればかりではない。小澤氏の提供したその四億円には、地元・岩手県の公共工事受注の口利きの見返りとして、建設会社から受け取った裏献金が含まれていた、つまり賄賂だった――というものだった。

特捜部の狙いは小澤氏本人の逮捕・起訴にあったが、事情聴取の結果、「西松建設事件」でも「陸山会事件」でも、小澤氏の関与を示す証拠を見つけることはできず、最終的に、検察庁は小澤氏の不起訴を決定した。なお、検察内部には、小澤氏検挙に執念を燃やす現場の検察官と上層部との間に、意見の相違があったようである。

しかし、ことはこれで収まらなかった。小澤氏の不起訴決定に対して、ある市民団体が検察審査会に審査を申し立てたのである。

不起訴から一転、強制起訴へ

検察審査会とは、検察による不起訴判断を不服とする者の求めに応じ、判断の妥当性を審査する機関である（審査は非公開）。選挙人名簿に基づいて無作為抽出された一一人の日本国民によって構成され、地方裁判所またはその支部に設置される。

審査をするのは法律に関して素人の一般市民なので、専門的な知見を補う必要がある場合には、審査補助員（法的アドバイザー）として弁護士が一人ついて、審査する事件に関係する法令やその解釈の説明、法律上の問題点や証拠の整理、審査等に関する法的見地からの助言などをおこなうことになっている。

審査の結果、東京第五検察審査会は、小澤氏を起訴すべきだと認める「起訴相当」を議決した。それに基づく再捜査を経て、検察は再び嫌疑不十分で不起訴を決定したが、東京第五検察審査会は再度の「起訴相当」を議決したので、小澤氏は強制起訴[*1]されることとなった。

この強制起訴は、〇九年五月から検察審査会の権限が強化されたことにともない新たに設けられた制度である。この場合、検察としては証拠を再検討したうえで不起訴を決めている立場なので、検察官が訴訟行為を担当するのは問題がある。そこで、裁判における検察官の役割は指定弁護士[*2]が担当することになっている。

二〇一一年一月三一日、第二東京弁護士会が推薦した三人の指定弁護士（大室《おおむろ》俊三《しゅんぞう》弁護士、村本道夫《むらもとみちお》弁護士、山本健一《やまもとけんいち》弁護士）によって、小澤氏は政治資金規正法違反罪（報告書への虚偽記入）で強制起訴された。

このように、形のうえでは強制起訴であり、公判を担当したのは検察官ではなく指定弁護士ではあったが、以下述べるように、実質的にこの裁判は「特捜部vs.小澤氏」の闘争であった。

略年表　小澤一郎事件の推移と小澤氏の動向

2004.10. 5	秘書寮建設用地の売買契約締結
10.12	小澤氏、石川氏に４億円を渡す
10.28	石川氏、小澤氏に預金担保で４億円の話。売買契約書一部変更
10.29	りそな銀行預金担保で4億円融資、土地代金3億5000万円支払い
2005. 1. 7	土地所有権移転登記
3.31	政治資金収支報告書提出
10.31	りそな銀行に定期預金を崩して２億円返却。残２億円借り換え
2006. 3.31	資産等補充報告書提出
4. 7	小澤氏、民主党代表に就任
2007. 5. 2	池田氏、小澤氏に４億円返却
7.29	民主党、参院選で第一党に
2009. 3. 3	大久保秘書、「西松建設事件」で逮捕
5.11	小澤氏、民主党代表を辞任
8.30	第 45 回衆院総選挙で民主党圧勝し政権交代
9	小澤氏、民主党幹事長に就任　鳩山内閣発足（16日）
2010. 1	元秘書の石川・大久保・池田の３氏、「陸山会事件」で逮捕（15、16日）　２月４日、３氏を起訴、小澤氏は不起訴処分
4.27	東京第５検察審査会、小澤氏の「起訴相当」を議決
5.21	東京地検特捜部、小澤氏の不起訴を再度決定
6. 2	小澤氏、鳩山総理の退陣にともない幹事長を辞任
9.14	東京第５検察審査会、小澤氏の「起訴相当」を再度議決
10. 4	東京第５検察審査会、「起訴議決」を公表
2011. 1.31	小澤氏、強制起訴
2.22	民主党、小澤氏の党員資格を停止
9.26	東京地裁、3元秘書に有罪判決
10. 6	初公判
2012. 4.26	東京地裁、無罪判決 → 指定弁護士、控訴
11.12	東京高裁、控訴棄却 → 無罪確定

＊1　強制起訴制度：検察審査会が二度にわたり「起訴相当」の議決を出すと必ず起訴される制度。従来、起訴権限は検察官が独占してきたが、市民感覚を反映させることを意図して検察審査会法が改正され、二〇〇九年五月に導入された。

＊2　指定弁護士：検察官が不起訴を決めた事件を検察審査会が「起訴相当」と議決した場合、検察官に裁判を遂行させるわけにはいかないので、検察官役を指定弁護士が担うことになる。指定弁護士は各都道府県の弁護士会からの推薦に基づき裁判所が選ぶ（東京の場合は東京弁護士会、第一東京弁護士会、第二東京弁護士会の三つの弁護士会の輪番制）。指定弁護士は検察官の役割を演じるが、検察官の代理ではないので、検察と相談しながら裁判を遂行することはない。

受任の経緯

小澤邸で得られた感触

本件「陸山会事件」が起きた当初、小澤氏側は「こんな事案で立件できるわけがない」と考えていたようである。石川氏ら秘書三人が一年前に逮捕起訴されていたので、公判も先に進行していた。この三人の秘書の弁護団は元検察官の弁護士（いわゆる「ヤメ検」）中心で構成されていたが、その弁護団のなかには、小澤氏の元秘書である南裕史《みなみひろし》弁護士もいた。したがって、情報はいろいろ入っていたようであるが、それを踏まえても、小澤氏側は、まさか小澤氏本人が強制起訴になるとは思っていなかったようである。

強制起訴後、小澤氏側近の辻恵《つじめぐむ》衆院議員が熱心に動き、私のもとに連絡して来て、「小澤さんは何としても無罪を取る必要があります」「無罪の取り方を知っている弁護士に頼みたい」

と言ってきた。辻氏は弁護士でもあり、私が以前所属していた東京国際合同法律事務所の後輩にあたり、旧知の間柄であった。

依頼を受けた私は、法律事務所ヒロナカの弁護士のほかに、「三浦和義《みうらかずよし》事件」（第四章参照）などで一緒に弁護活動をした喜田村洋一《きたむらよういち》弁護士、「村木厚子事件」を一緒にやった河津博史弁護士らに声を掛けて、弁護団[*1]を組んだ。

資料を読み込み、陸山会が購入した土地や、三人の元秘書の検察官調書に登場する小澤氏の自宅などに足を運び、関係者に会って話を聞くという地道な調査が始まった。また、元秘書らの裁判を傍聴し、秘書事件の弁護団とも頻繁に連絡を取り合うようにした。

世田谷区内にある小澤邸を訪ねたのは、強制起訴からひと月ほど経った頃だ。小澤氏は不在だったが、元秘書らの検察官調書のなかには小澤邸内での光景が出てくる場面がある。それが実際にどういう状況なのか、自分の目で確認しておく必要があった。それをするのとしないのとでは、だいぶイメージが違ってくる。

たとえば、石川氏や池田氏の調書には、小澤邸に住み込んでいた書生時代にまず担当した仕事として、「小鳥の小屋の掃除」という文言が繰り返し出てきた。それを読んだ私は、片手で持ち上げられるくらいのケージを想像して、ずいぶんとかわいい仕事をしていたんだな、という印象を持った。

ところが、小澤邸に行ってみると、門をくぐって家の玄関にたどり着く前のところに、動物園にあるような巨大な鉄製の檻《おり》があり、小鳥が何十羽と飛び回っていたのだ。想像していたものとまったく違う。一つの例だが、現場をこの目で見ないと、調書に書いてあることの本当の意味はわからない。

陸山会が購入した問題の土地も見に行った。

石川氏の調書によれば、小澤邸の近くにあるその土地は大久保氏が見つけてきたものであり、小澤氏自身も散歩の途中に見たことがあり、「あれでいいんじゃないか」と言ったことになっている。このくだりを読んで、散歩の途中に見に行けるのはどんな場所なのか、と気になった。もし、その土地が散歩に行けるような場所になければ、調書の内容は事実に反するということになるからだ。土地の形状や周囲の雰囲気なども、この土地が秘書の寮建設のための土地購入だったのかということを判断する上で参考になる。

小澤氏と秘書との小澤邸での打ち合わせの場面なども、現場の見分をしないと調書に記載してあることがずっと頭に入ってこないし、また、現場でしか得られない感触もある。自分で見に行けば調書に書いてあることの確認にもなり、そこから調書の嘘を発見することもあり得る。「検察官調書の文面だけでわかった気になってはいけない」と言われるのは、そのためである。

＊1　小澤一郎事件弁護団：喜田村洋一、河津博史、秋山亘《あきやまとおる》、大木勇、品川潤、山縣敦彦《やまがたあつひこ》、植木亮《うえきりょう》、弘中絵《ひろなかえ》里《り》、弘中惇一郎（主任）の計九人。

検察の見込みは大きく外れていた

こうした調査の結果から私たちが把握した事実の経緯は、以下のようなものだった。

〇四年当時、小澤氏は多数の秘書を抱えていた。秘書たちは毎朝小澤邸に集まり、ミーティングをしてから各自がそれぞれの予定に従って行動するというスケジュールになっていた。小澤邸を見分した時、ミーティングをしていた部屋も見せてもらったが、それほど広くはなく、時間帯で分けてミーティングをしていたということであった。

小澤氏の朝は早く、秘書は通うのが大変だったため、小澤邸から近い場所に秘書寮を建て、そこに秘書たちを住まわせようという話になった。そこで、適当な土地を探していたところ、格好の土地が見つかったので購入することになった。土地の代金は約三億五〇〇〇万円、寮の建設予定価格は約五〇〇〇万円で、計四億円が必要であった。

その当時、陸山会には七億円ほどの預金があったが、このお金を土地購入と寮の建設に使ってしまうと、その後の資金繰りがきわめてタイトになる。そこで、石川秘書が小澤氏に相談したところ、「そういうことなら、とりあえず俺が出すよ」ということになり、陸山会が小澤氏から四億円を借り受けることになった。

石川氏は、その四億円を小澤氏から現金で受け取ったあと、その現金を幾つかの陸山会の銀行預金口座に入金した。そのあと、しばらくして、それらをりそな銀行の陸山会の定期預金口座にまとめた。

さらに石川氏は、不動産を購入する際には銀行から預金担保の形で融資を受けて、その融資金を購入費に充てることにした。これは、秘書としては先輩でその時点で国会議員をしていたH氏からのアドバイスによるものであり、また、それまで陸山会が不動産購入をする際の慣行でもあった。

具体的には、右のようにして作った陸山会名義の定期預金四億円を担保として、小澤氏がりそな銀行から四億円の融資を受けたのである。実質的な借り受け人は陸山会であったが、陸山会には法人格がないため、名義上は同会代表の小澤氏個人が借り受ける形になった。

そして、書類上は、小澤氏が銀行から借り受けたその四億円を陸山会の口座に入れて、そのお金で土地代金三億五〇〇〇万円を〇四年一〇月二九日に売主側に支払った。

なお、陸山会は当初、〇四年一〇月二九日決済予定で土地の売買契約書を作成していたが、その後、契約内容の一部を変更し、一〇月二九日には代金は当初の約束通り全額支払うものの、所有権移転登記は仮登記だけにとどめ、本登記は〇五年一月七日におこなうという合意書を作成したうえで、代金の支払いを済ませた。

このように登記を約二ヵ月先送りすることにした理由は、前述の国会議員でもある先輩秘書のH氏から石川氏に、土地の登記は翌年にしたほうがいいのではないか、というアドバイスがあったためである。

土地の取得が〇四年分の収支報告書に記載されると、翌〇五年の秋頃に公表される。〇五年九月には民主党の代表選が予定されており、小澤氏は立候補することを考えていた。その時期に巨額の不動産取得が公表されるとマスメディアからあれこれとうるさい報道をされる可能性があった。小澤氏が代表選で不利な影響を受ける可能性を危惧してのアドバイスだった。

こうして、購入した土地の本登記は変更契約どおり〇五年一月七日に実行され、政治資金収支報告書には次のように記載された。

①小澤氏からの借入額は四億円：秘書の立場からすると、陸山会が小澤氏から借り受けたお金は四億円なので、このように記載したわけである。小澤氏も、自分が貸したのは四億円

だから、石川氏らと同様の認識であった。

②土地代金の支払いおよび土地の取得は○五年：石川氏らは、不動産を取得したのは「登記をした時」という認識のもと、○五年と記載した。

しかし、検察の見方はまったく違っていた。

①については、当初小澤氏から借り受けた四億円に加えて、銀行から小澤氏の個人名義で借り受けて陸山会に転貸した四億円があるので、「小澤氏からの借入額は八億円」と記載すべきである、というのが検察の見方であった。それを「四億円」と報告書に記載したのは、「小澤氏が巨額の個人資産を有していたことを隠蔽するためだ」と決めつけていた。

②についての検察の見方は、「土地代金は○四年に支払っているのだから、土地の取得時期も○四年と記載すべきなのに、それを○五年としたのは二つの虚偽記入に当たる」というものであった。すなわち、「○四年については、取得した資産を記載していないから虚偽である。○五年については、取得してない資産を記載したから虚偽である」と言うのである。

検察は、こうした問題を持ち出して小澤氏を起訴しようとしたが、証拠が揃わず、叶わなかった。しかし、その後、検察審査会の議決により、小澤氏は強制起訴されることとなったのである。

裁判の経緯

民主党潰しの政治的弾圧事件

この裁判の争点は、①政治的弾圧目的の不当な起訴であり公訴棄却[*1]すべきという主張が認められるか、②小澤氏からの借り受け金の額および不動産取得の時期についての政治資金収支報告書の記載内容が虚偽と言えるか、③仮に政治資金収支報告書の記載内容が虚偽としても、石川・池田両氏にその認識があったか、④仮に石川・池田両氏に内容虚偽の認識があったとして、さらに小澤氏との共謀はあったと言えるか、であり、さらに⑤石川・池田両氏の供述調書に信用性はあるか、が大きな問題となった。

まず、①についてである。

そもそも本件は、どう考えても〝民主党潰し・小澤潰し〟の事件だった。

「西松建設事件」は、衆院総選挙を控えて民主党が政権を取ることが確実視されていた時期に突然起こされ、これにより民主党代表だった小澤氏は、首相の座まであと半歩というところで辞任を余儀なくされた。そして政権交代直後には「陸山会事件」が起こされ、小澤氏は、刑事事件で強制起訴されたことを理由に民主党から党員資格停止の処分を受け、政治的窮地に追い込まれた。

「西松建設事件」も含めて、民主党、特に小澤一郎という政治家に対する不当な政治弾圧事件であり、このような場合には証拠調べをするまでもなく公訴棄却とすべきである、というのが私たち弁護団の見方だった。

この問題について印象的だったのは、元大阪地検特捜部検事・前田恒彦氏の証言だった。村木厚子さんの事件で証拠（フロッピーディスクの作成日時についてのデータ）を改竄《かいざん》して逮捕起訴されて有罪になった、あの前田氏である。

彼は、大阪地検特捜部時代に、陸山会事件で三人の秘書が逮捕された直後に捜査応援に駆り出され、大久保氏について身柄勾留六日目からの取り調べを担当させられて調書を取っていた。その調書の信憑性《しんぴょうせい》を確かめるために指定弁護士側が証人申請したことから、服役中だった前田氏は、刑務所から出廷して東京地裁の法廷で証言することになった（第一〇回公判）。その内容は次のようなものであった。

「東京地検特捜部は、とりあえず、陸山会事件（政治資金規正法違反事件）で三人の秘書を逮捕したものの、なんとかして小澤氏を収賄で起訴しようと考えていた。

佐久間《さくま》（達哉《たつや》）特捜部長の見立てでは、小澤氏が陸山会に貸した問題の四億円は、小澤氏がダムなどの公共事業の口利きで、地元のゼネコンを含むさまざまな土木・建築業者から貰っていた賄賂や闇献金を貯めこんだものである。そこで、小澤氏の周辺の業者を根こそぎに、徹底的に叩けば収賄で立件できるはずだ、ということだった。

このような目的で、全国から集められた検察官約四〇人、事務官を合わせると約一〇〇人からの大部隊が組織され、ゼネコン班（鹿島、清水、大成など）と下請け班に分けて担当させ、地元の公共事業に携わった業者を片っ端から根こそぎ徹底的に調べ上げた。

ところが、予想に反して、検察の見立てを裏付ける証拠は何も出てこなかった。自分自身、嫌になってしまうぐらい何も出てこないので、これは見込み違いだと思った」

このように検察上層部の見立てが外れるという失態があったことを、前田氏は法廷で証言した。彼は、

「大阪から東京地検に応援に駆け付けた際、取り調べ前に主任検事から、『この件は特捜部と小澤との全面戦争だ。小澤を挙げられなければ特捜部の負けだ』と発破をかけられた」とも証言した。

全面戦争だと鼻息を荒くしたものの、検察は収賄を裏付ける証拠を何一つ見つけることができず、引っ込みがつかなくなって「政治資金収支報告書の虚偽記入」という当初の事件だけで無理やり三人の秘書を起訴した。このような構図が、前田証言から浮かび上がったのである。

＊1　公訴棄却：刑事訴訟において、裁判をするための前提要件が欠けている場合に、裁判所が有罪・無罪の審理をすることなく裁判を打ち切ること。公訴棄却については刑事訴訟法第三三八～三四〇条に規定がある。

検察官が虚偽の証拠で検察審査会を誘導

以上のような政治目的の問題とは別に、私たちが公訴棄却を主張した法律的な理由の最大の問題は、以下に述べるように、東京地検特捜部の検事らが虚偽の記載をした捜査報告書を東京第五検察審査会に提出し、同審査会を誤導して強制起訴に持ち込んだことである。

東京第五検察審査会が小澤氏の「起訴相当」を最初に議決したあと、特捜部は再捜査として、保釈中の石川氏から改めて事情聴取をした。担当は勾留中と同じ田代政弘《たしろまさひろ》検事だった。ところが石川氏は、その際の会話の一部始終を密かにＩＣレコーダーで録音しており、私たちは

そのことを把握していた。

田代検事は、上司の指示により、この石川氏からの事情聴取の内容をまとめた形の捜査報告書（以下、田代報告書）を作成し、東京第五検察審査会に提出していた。

私たちは、裁判所に対して田代報告書の開示を求め、開示された報告書の内容を、石川氏の録音データと照合した。この報告書は、「本職（田代検事）」と「石川」との問答形式になっている。ところが、この報告書には録音データに存在しない架空の会話が、まるで実際の会話のようにリアルに記されている箇所が多数存在したのである。

たとえば、田代報告書では、石川氏が、

「検事から、『あなたは一一万人以上の選挙民に支持されて国会議員になったんでしょ。そのほとんどは、あなたが小澤一郎の秘書だったという理由で投票したのではなく、石川知裕という候補者個人に期待して国政に送り出したはずですよ。それなのに、やくざの手下が親分を守るために嘘をつくのと同じようなことをしていたら、あなたを支持した選挙民を裏切ることになりますよ。』って言われちゃったんですよね。

これは結構効いたんですよ。それで堪えきれなくなって、小澤先生に報告しました、了承も得ました、定期預金担保貸付もちゃんと説明して了承を得ましたって話したんですよね」

と言い、田代検事が「そうでしたね」と応じるというやりとりで、小澤氏の共謀を認める供述をしたことになっている。

しかし、録音データから明らかなとおり、実際にはこうした発言はいっさいなかった。

また、田代報告書には、石川氏がこれまでの供述を否定することを躊躇《ちゅうちょ》する場面として、次のような会話が記されている。

石川「今更、小澤先生は関係ありませんでしたなんて言っても、信じてもらえるわけがないし、かえって、小澤先生が口止めしたに違いないとか、やっぱり絶対的権力者なんだなって思われますよね」

田代「そう解釈される可能性もあるでしょうね」

石川「いや、みんなそう思うんじゃないですか」

ところが、録音データで明らかなとおり、実際の二人の会話はこうである（［　］内は筆者註、以下同）。

田代「石川さんは、小澤先生にねじ巻かれてくるに違いないと。否定するに違いないって」

石川「あー」

田代「なぜなら絶対権力者とその子分だから。うん」

石川「はい」

（中略）

田代「もしそういうふうにしたらさ［今までの供述を全面否定したら］、それを読んだ人はどういうふうに思うかっていうのさ、容易に想像つくじゃない。うちの幹部にしてもそうだし、検審［検察審査会］にしてもそうだよね。なぜそういう供述になったのかっていうのをさ、みんないろいろ想像するよね」

石川「そしたら、また絶対的権力者の話を裏付けることになるんですか」

田代「ほら、やっぱり絶対的権力者じゃんと、あの、背景っていうか、あの、先入観があるとさ、ある限り、やっぱりさ、結構きついよね、その部分がね」

〝供述を変えれば絶対的権力者である小澤氏が口止めしたと思われる〟という話は石川氏の口から出たのではなく、田代検事がそういう理屈を石川氏に押し付けたということがわかる。田代報告書は、会話の趣旨を百八十度逆転させていたのである。

他方で、田代検事は、「石川さんが、今までの話を維持している限り、起訴だということにはならないんだろうと思うよ。うちの判断は。そりゃ、前回しているわけだから」として、石川氏が、小澤氏への報告、小澤氏からの了承を認める供述調書の作成に応じさえすれば、小澤氏が起訴されない可能性が高いと言いくるめた。

また、田代検事は、

「検察審査会においても、重要なのは、小澤氏が絶対権力者かどうかということだから、小澤氏と口裏合わせをしていない、つまり小澤氏に不利な供述もしているということで、一一人中四人程度は不起訴に傾くだろう」

というように石川氏を誘導した。

田代検事は指定弁護士側の証人として出廷した（第九回公判）。反対尋問で田代報告書の内容と石川氏が録音した会話の内容との相違を私たちが指摘すると、彼は、

「捜査報告書は、この日の取り調べの直後に作成したものではなく、数日かけて、思い出し、思い出し記載した。このため記憶の混同が生じて事実に反する供述になった」

と弁解した。しかし、この捜査報告書は一問一答式で具体的かつ詳細に記述されており、時間が経ってから曖昧な記憶に基づいて作成されたものとはとうてい考えられない。

なお、田代検事がこの報告書に意図的に虚偽の内容を記述したとすると、虚偽有印公文書作成罪に当たる。村木さんの事件でも述べたが、これは懲役一〜一〇年の重罪だ。

東京地検は、田代検事の捜査報告書以外にも、佐久間特捜部長（当時）が小澤氏の関与を疑わせるような記載部分にわざわざアンダーラインを引いて強調した捜査報告書や、小澤氏の供述を「虚偽」「不自然・不合理」と決めつけた意見書などを東京第五検察審査会に多数提出していた。組織ぐるみの捜査資料の捏造《ねつぞう》までして、強制起訴へと強引に誘導していたのである。

刑事裁判であれば、刑事訴訟法により、提出できる証拠については厳密な規定がある。この田代検事の捜査報告書や佐久間部長の報告書などは、裁判では提出できるはずのない、まことに怪しげな証拠である。

「東京第五検察審査会の起訴相当の議決は、検察官による虚偽有印公文書作成・同行使という重大な職務犯罪をともなう偽計《ぎけい》行為（相手を騙《だま》し欺くこと）により、検察審査員を誤導した結果なされたものであるから無効である。本件公判手続は、その規定に違反したため無効となる。したがって、刑事訴訟法第三三八条四号[*1]に該当する公訴棄却事由がある」

法廷で私たちは、このように主張した。

＊1　刑事訴訟法第三三八条四号：公訴提起の手続がその規定に違反したため無効であるときには、判決で公訴を棄却しなければならないと規定している。

検察審査会の問題点

刑事裁判では、検察官が提出した証拠書類のうち、被告人が同意したものでなければ裁判官は目を通すことができず、証拠として採用することもできないという基本原則がある。被告人が不同意の場合は、一定条件を満たすものを除いては裁判所は証拠として採用してはいけないことになっている。これは「伝聞証拠の排除」の原則によるものだ（115ページ参照）。

ところで検察審査会の審査員の選任や審査手続は検察審査会法で定められているが、その審査手続には多くの問題がある。審査手続では、審査申立人が資料を提出できること、検察官が審査に必要な資料を提出すること、審査会として公務所等に必要な報告を求めることや証人尋問できることが定められているだけで、刑事裁判における伝聞証拠の排除のような判断資料を制限する類の決まりはいっさいない。また審査対象になる人に弁護人がつくこともないので、審査対象になる被告人の立場から資料を検討して、問題のある資料を排除することもできない。そのため、検察上層部が起訴すべきではないと判断しても、現場の検事たちとしてはなんとか起訴したいと思った場合、検察審査会に提出する資料のなかに、審査員が誤解しそうな「仕掛け」の入った資料をたくさん突っ込んでおくことは可能なのである。

検察審査会のメンバーは、裁判員制度における裁判員と同様、一般市民から無作為で選ばれた人たちだ。法律に関しては素人だし、まさか検察官が起訴させるために「仕掛け」の入った資料を出してくるとは想像もしていない。「仕掛け」に気付かずにそれらの資料を読んでしまうため、捜査現場の思惑通り強制起訴に持ち込めることになる。

本件の場合も、何も知らずに読まされると、小澤氏の供述はでたらめであり、小澤氏が秘書と共謀していたことは明らかだと感じられる「仕掛け」になっていた。

検察審査会法第一条が掲げる「公訴権（起訴の権限）の実行に関し民意を反映させてその適正を図る」という理念は間違っていないし、普通の事件では検察審査会はまっとうに機能していると思う。だが、政治的な事件になると、検察も起訴に向けて躍起となるし、法的アドバイザーである審査補助員が必ずしも完全中立的に動くとは限らない。現に、本件の場合、審査補助員が起訴方向の助言をしたようである。

理念はともかく、検察審査会のシステムにはいろいろと問題があると言えるだろう。

東京地検の陰謀

前述したように、東京地検の上層部は、小澤氏について刑事事件として起訴することはとうてい無理と判断していた。しかし、現場の特捜部としては、なんとか起訴に持ち込みたかった。

そこで、東京地検の検事は、一方で、石川氏に対して、政治資金収支報告書の虚偽記載について小澤氏が報告を受けて了承するなど一定の関与をしていたことを石川氏が認める供述をしたほうが、小澤氏が絶対権力者でないことを示すものとして、小澤氏の不起訴につながると言いくるめて、石川氏にそのような供述調書へのサインをさせた。

他方で、密かに、石川供述の意味をすり変えたり、小澤氏の供述を「虚偽」と決めつけるような捜査官報告書を作成したりして、トータルとして、小澤氏が政治資金収支報告書虚偽記載に関与したことは明白であり、小澤氏の弁解は虚偽であるという強烈なアピールを検察審査会に向けておこなった。

何も知らない検察審査会のメンバーは、まんまとこの策略に引っかかって、小澤氏強制起訴へと舵《かじ》を切ったのである。

最大の争点は「収支報告書」

本件の事実関係で最大の争点となったのは、「政治資金収支報告書（以下、収支報告書と記す）の記載内容は虚偽と言えるか」である。この争点のポイントは以下の二つであった。
①小澤氏から陸山会への四億円の現金交付は貸し付けか
指定弁護士側は、当初の四億円に加えて、銀行から借り受けて陸山会に転貸した四億円があるので、収支報告書には「小澤氏から八億円の借入」と記載すべきだったのに「四億円」と記載したのは、小澤氏が四億円もの資産を有していたことを隠蔽するためだと主張した。

しかし、小澤氏が実質的に陸山会に貸与したのは四億円だけである。「八億円も出した覚えはない」というのが小澤氏の率直な認識だ。

また、「隠蔽目的」という指定弁護士側の主張は、あまりにも不合理・不自然である。なぜなら、収支報告書には「小澤氏から四億円の借入」と書いてある。どう考えても、これでは「小澤氏が四億円もの資産を有していたことを隠蔽する」ことにはならない。
②土地の取得は二〇〇四年か、二〇〇五年か

指定弁護士側は、問題の土地は〇四年に売買契約をして代金を支払ったのだから、土地の取得時期も〇四年と記載すべきであり、〇五年としたのは虚偽記入であると主張した。

しかし、この売買契約では、土地の本登記は〇五年一月と決められていた。契約自由の原則[*1]により、この契約は保障されている。

そもそも、この土地の取得時期を「偽る」ことによって、小澤氏当人にどんな利益があるのかの説明も付かない。つまり、動機が不明なのである。

不動産を取得して資産とした時点が「代金を支払った時」か「登記した時」かは、学問的にも両説ある。この点については、商法・会計学の専門家である弥永真生《やながまさお》筑波大学教授が指定弁護士側および弁護側双方の証人として出廷し、「実務上は〇五年一月の本登記に合わせるのが原則である」と証言し、虚偽記入には当たらないとの見解を示した。

なお、仮に、虚偽記入に当たるとしても、記載時期が一年先送りされただけのことで、いわゆる「期ずれ」に過ぎない。

いずれにせよ、①も②も単なる事務処理上の問題である。従来、このような問題がある場合には、総務省か都道府県の選挙管理委員会が指導して書き直しをさせることで済ませている。少なくとも、刑事事件で処罰しなければならないようなレベルの問題ではない。

指定弁護士側の主張にはもともと無理があるとして、私たちは真っ向から争った。

＊1　契約自由の原則：個人の契約関係は、公の秩序や法規に反しない限り当事者の自由意思により決定され、その決定を尊重しなければならないという民法上の原則。締結自由（契約を結ぶか否かを決定する自由）、相手方自由（誰と契約を結ぶか決定する自由）、内容自由（どのような契約内容にするか決定す

る自由)、方式自由(どのような方式で契約を結ぶか決定する自由)の四原則が要素とされる。本件当時は明文化されていなかったが、二〇一七年の民法改正により明文化された(民法第五二一、五二二条)。

石川・池田両氏の認識の有無

「仮に、収支報告書の内容が虚偽として、石川・池田両氏にその認識はあったか」という争点について、私たちは、敢えて嘘の記載をしようという認識はなかったと主張した。

二人には、小澤氏が巨額の資産を有することを隠蔽する意識もなかった。その理由として、主に以下の点を主張した。

・小澤氏が多額の資産を有することは、公然の事実であった。
・小澤氏が交付した四億円は違法に得た資金ではないから、虚偽記載をする動機がない。
・小澤氏の個人資産である現金は、資産公開の対象外であり、隠匿する必要はなかった。
・〇四年分の収支報告書が公表され、小澤氏からの借入金が明らかとなったあと、社会的な批判等が生じた事実はない。

小澤氏との共謀はあったか

指定弁護士側は、石川・池田両氏には収支報告書の内容が虚偽との認識があり、小澤氏も当然そのことを報告されていたはずだから、小澤氏との共謀があったと主張した。

石川氏ら三人の秘書の裁判は先行しておこなわれていた。三人の秘書の裁判での争点や証拠は小澤氏の裁判と共通するところが多かったので、我々は、三人の裁判を傍聴するとともに、連絡会という形で、秘書の弁護団と意見交換を繰り返した。

石川氏らが有罪になる可能性も考えられたため、仮に彼らに内容虚偽の認識があったにしても、小澤氏との共謀はなかったということを、私たちは次のように主張した。

・指定弁護士は、「被告人の共謀を裏付ける間接事実」と題して縷々《るる》主張しているが、そこには、被告人が収支報告書への不記載・虚偽記入について共謀していないとしたならば合理的に説明することができない事実関係は、まったく含まれていない。

そして、指定弁護士の掲げる「間接事実」を一つひとつ潰したうえで、以下のように述べた。

・小澤氏は、自身の交付した四億円を石川氏が土地購入のために利用することは認識していたが、具体的にどのような形で利用するかは石川氏に一任していたので、知らなかった。

・本件土地取得の収支報告書への計上時期が一年先送りされたことについて、石川氏や池田氏から説明を受けた事実も、了承した事実もない。

・したがって、小澤氏が石川氏や池田氏と共謀した事実はない。

検察官調書は完全なでっち上げ

石川氏と池田氏は、勾留中の取り調べで、言ってもいないことを検察官の都合のいいように「作文」され、小澤氏の共謀を認める供述調書を取られていた。村木さんの事件と同じやり口である。石川氏が田代検事に再聴取された際、会話の一部始終を隠し録《ど》りしたのも、「検察官調書は完全なでっち上げだ」と強い危機感を持っていたからだ。

第二回公判で、私たちはその録音内容を法廷で再生した。その効果は絶大だった。

録音データによると、田代検事はこう話している。

「あそこの共謀のところはずいぶん議論になったらしいけどね。うちはほら、要するにさ、僕はあの、石川さんに対してね、ま、いろんな技を授けて調書にした部分もあるけどね」

傍線部の言葉は、田代検事が誘導と騙しによって小澤氏の共謀を認める調書を作ったことを示していた。調書がいかに検察官の作為で作られるかが、白日の下に曝《さら》されたのだ。

また、録音データには、田代検事が石川氏に対して、小澤氏の共謀を認めた調書の内容を維持するよう、巧みに手なずけようとする様子も生々しく記録されていた。たとえば、

「いちばん波風が立たないのはさ、今までの供述は供述として、それはもう事実ですと、「小澤」先生がそれに対してどう解釈したか、また先生の認識については私はわかりませんと。で、まあ、近いとこ、先生は最近もこうこうこういう供述をしているけれども、私は自分の記憶に基づいて事実をありのままお話ししているんです、ということがいちばん波風が立たないし。まあ、変にそのー、小澤先生の圧力があるんじゃないかと、そういうことは勘ぐられないで済むんじゃないかと思いますけどね」

しかし、証人尋問に出廷した石川氏は、小澤氏の関与を認めた供述調書の内容を否定した。池田氏も同様であった。

＊

刑事訴訟法では、裁判所は、法廷での証言など、自ら直接取り調べた証拠に基づいてのみ判決を下せるという直接主義をとっている。つまり、法廷において裁判官の面前でおこなわれた証言は証拠になるが、検察官が取調室で作った調書などの伝聞証拠は証拠にならない、というのが本来の刑事裁判の原則なのである。

しかし、現実には、検察官調書（検察官が被疑者なり関係者を調べて、それを用いて検察官が調書の形にとりまとめ、被疑者なり関係者に、内容に間違いないという趣旨の署名をさせたもの。「検察官面前調書」とも言う）は、刑事裁判において、証拠として採用されることが多い。これには、以下のようにいくつかの場合がある。

①被告人・弁護人の側が、裁判で事実関係を争わない場合

事実関係で争いのない事件というのは、じつに多い。大半がそうである。

刑事訴訟法では、検察官と被告人・弁護人の双方が「証拠として取り調べることに同意する」とした書面は、原則として、証拠採用されることになっている。これを「同意証拠」と呼ぶ。これにより、検察が申請した検察官調書の大半は証拠として採用される。

無罪を主張するなど、事実関係に争いがある場合でも、争点に関連性が薄い検察官調書は、わざわざ時間をかけて証人尋問をする意味がないということで、被告人・弁護人が同意することが一般である。同様の理由で、争点に関係するところのみを「不同意」にして、調書の大半に同意することも多い。

②自白に当たる場合

検察官調書において、被告人が不利益な事実を認めた部分（犯罪を認めた場合だけでなく、それ

につながる間接事実を認めた場合も含む）は、証拠として採用できることになっている。

なお、これは、検察官調書に限らず、警察で作った調書、さらに、それ以外の、手紙だとかインタビューでのやりとりのようなものまで広く含まれることになっている。
③証人が法廷で証言できない事情がある場合
たとえば、検察官調書を作成したあとで、その証人が死亡したり、重篤な後遺症を負ったりした場合、あるいは海外に行ってしまって日本に戻ってくる可能性がない場合などである。このような場合には、検察官調書は証拠として採用できることになっている。

後述する「鈴木宗男事件」では、重要証人の一人だった島田建設の社長・島田光雄《しまだみつお》氏が、検察官調書作成後、脳梗塞により証言不能となったため、検察官調書が証拠として採用された。

また、第四章で述べる「三浦和義事件（銃撃事件）」では、三浦氏の交際相手だったM子さんはスペインに行ってしまって戻ってくる見通しがないとして、裁判所は、証人採用を取り消して検察官調書ならびに別件（殴打事件）の証人尋問調書を証拠として採用した（なお、控訴審では、その時点でM子さんが帰国していたこともあり、M子さんの尋問が実施された）。
④検察官調書の内容に「特信性」がある場合
法廷証言と検察官調書との内容が重大な点で異なった場合で、かつ、検察官調書の内容が法廷証言より信用できる特別の事情がある時には、検察官調書を証拠として採用してもらえることになっている。信用できる特別の状況のことを、「特信状況」あるいは「特信性」と言う。

この特信性の判断は、実務上かなり緩やかにおこなわれている。たとえば、証人が被告人の部下であったりして、法廷では被告人に遠慮して真実を喋れなかった可能性がある、という程度のことで「特信性」が認められる。村木さんの事件の場合でも、厚労省の職員の多くは、法廷で無実につながる証言をしたが、裁判所は、「かつての上司である村木被告人の前では記憶通りに喋れなかった特別の事情がある」として、検察の申請した検察官調書のうち、厚労省職員関係の調書はほとんどすべて採用した（四三通中、採用されたのは九通のみだったが、そのうち六通が厚労省職員関係であった）。

なお、「特信性」というのは、供述した状況が法廷に比べて信用できる状況であったということに過ぎず、内容が信用できるという趣旨ではない。法廷証言と検察官調書での供述のいずれを信用すべきかは、その供述の内容、前後の事実関係や客観的証拠との整合性、他の証言との整合性などから総合的に判断されることになる。

＊

前述したように、証人として出廷した石川氏は、法廷で、検察官ストーリーを否定する証言を繰り返した。池田氏も同様であった。

ところで、石川氏や池田氏にとっては、小澤氏はボスであったことは間違いなく、したがって通常であれば、検察官調書の「特信性」が認められる可能性は高く、検察としては、小澤氏の裁判で検察官調書が証拠として採用される「予定」だった。そして、それによって、法廷での石川証言を覆せる「予定」だった。

ところが、法廷での録音内容の再生によって、その「予定」は狂った。再生された取り調べ状況によって、検察官が作った調書にあまりに信用性が乏しいことが露見してしまったために、「特信性」を認める余地がなくなってしまったのである。

結果として、裁判所は、石川氏の検察官調書を証拠として採用しなかった。池田氏の調書も一部しか採用しなかった。これにより、指定弁護士は小澤氏の共謀を立証できなくなった。小澤氏に動機がないうえ、石川氏の検察官調書が証拠不採用になったことで、検察のストーリーは破綻した。その意味で、村木さんの事件と共通性がある。

それでも指定弁護士は、論告求刑で禁錮三年（政治資金規正法違反の最高刑は禁錮五年）を求刑した。

判決の内容

無罪判決を書いたことのない裁判官

本件では、私たちの相手は検察官ではなく指定弁護士であり、お互いに知っている間柄でもあり、裁判自体は喧嘩腰になることもなく、比較的穏当に展開していった。ただ、裁判長については、不安があった。

裁判長の大善文男《だいぜんふみお》氏は、それまでに一件も無罪判決を書いたことがない裁判官であり、その点を私たちは大変心配していた。

東京地裁の判決が下ったのは、二〇一二年四月二六日である。この時点で、石川氏ら元秘書三人はすでに東京地裁で有罪判決を受けており、控訴中であった。

「被告人は無罪」

主文を聞いてほっとした。

しかし、主文のあとに続く判決理由の内容は冒頭から延々と指定弁護士側の主張を認める認定が続き、「本当は有罪ではないのか」と思うほどであった。

結局、判決文の八割方は弁護側の主張を斥《しりぞ》ける内容だった。最終段階で出てくる小澤氏と秘書らとの共謀について、初めて私たちの主張を認容して「犯罪の証明がない」と共謀を否定し、それによって小澤氏を無罪としたのである。

先に挙げた五つの争点について、東京地裁（裁判長　大善文男、裁判官　平塚浩司《ひらつかこうじ》、裁判官　井下《いげ》田英樹《たひでき》）の判断は次のようなものであった。

❶弁護側の公訴棄却の申し立てには理由がなく、採用できない。

裁判所は判決のなかで、検察が東京第五検察審査会に内容虚偽の捜査報告書等を提出したことについて、「検察官が、任意性に疑いのある方法で取り調べを行って供述調書を作成し、また、事実に反する内容の捜査報告書を作成し、これらを送付して、検察審査会の判断を誤らせるようなことは、あってはならないことである」と検察を批判した。

しかし、その一方で、「本件公訴提起の手続がその規定に違反して無効になると解することはできない」という判断を示し、私たちの主張を斥けた。

虚偽の捜査報告書を批判してくれても、「検察はけしからん。公訴棄却すべきだ」と判断してくれるのなら意味があるが、公訴棄却はしなくていいとの判断ではしようがない。

裁判所の検察批判は、被告側に対するリップサービスのようなものだった。

❷政治資金収支報告書の内容は虚偽と言える。

陸山会の二〇〇四年分および二〇〇五年分の政治資金収支報告書には、秘書らによる虚偽記入や、記載すべき事項の不記載があると、裁判所は認定した。

小澤氏による四億円の現金交付については、陸山会への貸し付けであり、〇四年分の収支報告書に借入金として収入計上する必要があったのに計上されておらず、りそな銀行から借り入れた四億円のみが計上されたことは虚偽の記入に当たる、という判断。

土地の取得および取得費の支出については、〇五年ではなく〇四年分の収支報告書に計上すべきであると判断し、〇四年の不記載と〇五年の記載の二つについて虚偽記入と認定した。

❸石川・池田両氏には虚偽記載の認識があった。

〇四年分の収支報告書における虚偽記入・不記載については石川氏に、〇五年分のそれについては池田氏に、それぞれ故意が認められると認定した。

❹小澤氏の共謀は否定。

裁判所は、「収支報告書は一度も見ていない」という小澤氏の法廷供述について、「およそ信用できるものではない」と決めつけた。

また、四億円の簿外処理や、土地取得費の支出を〇四年ではなく〇五年の収支報告書に記載することについて、小澤氏は石川氏らから報告を受け、これを了承していたと認定した。

しかし、これらの行為が違法とされていることは小澤氏に伝わっておらず、秘書らが違法なことをやるというまでの認識はなかったと判断。

「実行犯（元秘書ら）との間の共謀については証明が十分ではなく、（中略）犯罪の証明がない」として、小澤氏を無罪としたのである。

❺石川・池田両氏の供述調書は証拠不採用。

証拠の採否決定の際、裁判所が石川氏の検察官調書を「信用できない」として採用せず、池田氏の調書も一部しか採用しなかったことは先に述べたとおりである。

さらに裁判所は判決のなかでも、「取り調べ担当検察官は、特捜部による事件の見立てに沿う供述を獲得することに力を注いでいたと窺《うかが》える」旨を述べ、検察の捜査を批判した。

控訴審では完全無罪

指定弁護士は判決を不服として控訴した。

一般論として、三人の裁判官が合議して無罪となった刑事事件についての検察官控訴は、安易になされるべきではない。まして指定弁護士の場合、自分で捜査し判断して起訴したわけではなく、検察官の役目を委嘱されているだけだから、控訴にはより慎重でなければならない。

また、一般の事件の場合は、控訴すべきか否かを検討するのは検察組織全体である。公判担当検事に任せるよりは、慎重かつ冷静に検討して決定することが期待できる。ところが、指定弁護士の場合には、公判を担当した当人たちだけで判断するので、そのような冷静な検討をすることが困難である。

本件の場合、東京地裁の判決が、政治資金収支報告書の内容虚偽や石川・池田両氏の違法性の認識を認めるものだったので、指定弁護士からすれば、「八割方は自分たちが勝っている、もう少しだ」という気持ちになったのではないか。

裁判というのは、始めてしまうとなかなかやめるのが難しい。ここで諦めたら自分たちの苦労が全部水の泡になると思ってしまうと、ついムキになる。さすがに、この指定弁護士の控訴は強い批判を浴びた。

控訴審は、一審判決から五ヵ月後の二〇一二年九月二六日に開かれ、即日結審した。

この日の法廷で、指定弁護士側は、「元秘書らが小澤氏の目を盗んで違法行為におよぶとは考えられない」などと述べ、小澤氏の共謀を主張した。これに対して私たちは、「具体的な事実関係を踏まえずに独断や憶測を述べている」と反論し、控訴棄却を求めた。

東京高裁（裁判長　小川正持《おがわしょうじ》、裁判官　川口政明《かわぐちまさあき》、裁判官　任介辰哉《とうすけたつや》）は、指定弁護士側の追加証拠請求をすべて却下し、審理はわずか一時間ほどで終了。判決の期日は一一月一二日に指定された。

その日、東京高裁は一審判決を支持し、控訴を棄却する判決を下した。

小川正持裁判長は、収支報告書の内容について、「四億円の借入と土地取得時期のどちらについても内容虚偽とは言えない」と認定し、虚偽記入そのものを否定した。

特に不動産の取得時期については、「登記の時期と考えることも合理的である」と判断した。つまり、取得時期は土地代金を支払った〇四年一〇月だとも考えられるし、所有権移転登記をした〇五年一月だとも考えられる、ということだ。
ありていに言えば、「そんなことはどちらでもいい話で、虚偽とは言わない」というわけである。この判断は市民感情に合致するものだと思う。

石川・池田両氏の虚偽認識も否定され、小澤氏との共謀も否定された。そもそも本件は犯罪にならない、ということを裁判所が認定したのである。

まさに「完全無罪」の判決であった。

指定弁護士側は上告を断念し、ここに小澤氏の無罪が確定した。

なお、判決のなかで、小川裁判長は、「石川氏が登記を〇五年にしていいと思ったのには無理からぬ事情がある」旨を述べ、元秘書三人の無罪をも示唆した。

2012年11月19日、無罪確定を受け記者会見する小澤一郎氏（写真提供：時事通信社）

しかし結局、三人は控訴審でも有罪判決を受け、その後、全員の有罪が確定した。

裁判というのは、どのような裁判官が担当するかで判決が左右される。

石川氏の控訴審を担当した東京高裁の飯田《いいだ》喜信《よしのぶ》裁判長は、かつて「東電OL殺人事件[*1]」で一審の無罪判決をひっくり返し、被告人のゴビンダ・プラサド・マイナリ氏に無期懲役の有罪判決を下した裁判官の一人である。その裁判の裁判長は高木俊夫《たかきとしお》氏だったが、飯田裁判官は右陪席[*2]を務めていた。

　ゴビンダ氏は最高裁で有罪が確定したが、獄中から再審請求をおこない、日弁連もこれを支援した。この再審請求を認め、再審公判で無罪判決を言い渡したのは、奇遇にも、小川正持裁判長である。その判決は、たまたま小澤氏の控訴審判決の直前に言い渡されていた。

　小川氏は見識のある裁判官だが、すべての裁判官がそうとは限らない。

＊1　東電OL殺人事件：一九九七（平成九）年、東京電力に総合職として勤務していた女性社員が、渋谷区内のアパートで殺害された未解決事件。ネパール人のゴビンダ氏が出入国管理および難民認定法違反容疑で別件逮捕され、一審無罪、控訴審で無期懲役の有罪、最高裁で有罪が確定。ゴビンダ氏は横浜刑務所に収監されたが、獄中からの再審請求が認められた。検察は再審公判の段階になって、新たなDNA鑑定の結果を踏まえて無罪の意見を述べるに至り、東京高裁の小川正持裁判長は冤罪と認定して無罪判決を言い渡した。検察は上訴権を放棄して無罪判決が確定したが、ゴビンダ氏は再審請求が認められて刑の執行が停止されるまで、一五年以上も祖国の家族と引き離され、父親の死に目にも会えなかった。

＊2　右陪席：三人の裁判官が合議して審理する場合、法廷の正面中央に裁判長が座り、裁判長の左右に陪席裁判官が座る。裁判長の右手側に座る陪席裁判官を「右陪席」、左手側に座る陪席裁判官を「左陪席」と言う。

無罪と有罪を分けたポイント

　小澤氏が完全無罪を勝ち取った決め手は、村木さんの事件と同様に、当初から検察のストーリーに無理があったからである。

　他の政治家なら問題にもしないような収支報告書の単純な記載ミスを、ゼネコンを舞台にした大掛かりな疑獄事件であるかのように仕立て上げようとした、というのが実態だろう。

この事件は、政治資金規正法を恣意的に適用した一例だったと言える。

収支報告書の内容については、小澤氏の控訴審では「虚偽ではない」と裁判所が認定したが、石川氏や池田氏の裁判では「虚偽だ」と認定されて明暗が分かれた。

これはどちらの解釈も成り立つ。小澤氏からの借入金は、解釈によっては四億円だと言えるし、別の解釈をすれば八億円だと言える。土地の取得時期についても二つの解釈がある。

私たち弁護団の論理構成は、一審と二審とで基本的には変わらなかった。すなわち、「小澤氏は四億円を貸しただけで、あとのことは秘書たちに任せたので知らなかった」ということである。

それを裏付けるために、小澤氏はお金のことを秘書に任せきりだったこと、陸山会の経理の細部までいちいち指示していないこと、秘書からの報告はなかったこと、小澤氏には収支報告書の内容をごまかすメリットがないことなど、さまざまな事実を公判で示した。

結果として、「貸与した四億円がどのように使われ、土地の取得時期がどのように記載されたのかを石川氏や池田氏は知っていたが、小澤氏は知らなかった」という点が、明暗を分けるポイントとなった。

いずれにせよ、どちらの解釈も成り立つような問題について、一方の見方に立つ記載をしなかったからといって犯罪と決めつけ、逮捕・起訴するというのは明らかに行きすぎである。小澤氏を狙い撃ちにしたからこそ、このような無理なことをしたのである。

霞が関に負けた民主党政権

「西松建設事件」と「陸山会事件」は、〇九年八月の政権交代と前後して起こった。「村木厚子事件」もそうである（〇九年六月村木さん逮捕、七月起訴）。

村木さんの事件は民主党副代表だった石井一議員に繋がるものであり、「西松建設事件」と本件は民主党代表だった小澤氏に直結する。検察は、民主党の代表と副代表を標的にするという政治的意図をもって動いていたとしか考えられない。まさに国策捜査だ。

検察は、本件を「特捜部と小澤の全面戦争」と位置付け、政治資金収支報告書の記載ミスという軽微な形式犯[*1]で元秘書らを逮捕したうえ、内容虚偽の捜査報告書を作ってまで検察審査会を誤導して小澤氏の強制起訴を実現した。異様なまでの執念としか言いようがない。

検察にとって、小澤氏を失脚させることが至上命題だったことは間違いない。

それというのも、小澤氏が、政治信条として、「政策決定の政府一元化」「官僚支配の打破」を掲げていたからだ。そこには当然、検察を含む司法改革も含まれていた。

小澤氏が首相になれば、民主党が前々から必要性を主張していた捜査機関の取り調べの全面可視化が導入されるだろうし、検事総長の人事が国会の同意人事にされる可能性さえあった。検察組織がこれまでにない深刻な危機感を抱いていたことは想像に難くない。

さらに、発足直後の民主党政権は、マニフェストによる八ッ場《やんば》ダム（群馬県）建設事業の中止や事務次官会議の廃止など、従来の政治システムを一気に解体する勢いで改革に着手していた。それは、検察だけでなく、官僚組織全体にとっての「危機」だった。

その意味で、小澤氏摘発は霞が関の総意だったとも言える。

ところで、小澤氏は一〇年六月の幹事長辞任後、改めて九月の民主党代表選に出馬した。「脱小澤」の姿勢を鮮明にしていた菅直人《かんなおと》氏（六月の鳩山氏退陣後の首相）と代表の座を争い、国会議員票の獲得ポイントでは拮抗したが、党員・サポーター票で大差をつけられて菅氏に敗れた。

これについて小澤氏は、地元紙「岩手日報」の単独インタビューで次のように語っている（以下、小澤氏の談話はすべてこのインタビューによる。原文のまま）。

「僕が勝てる可能性もあったとは思います。ただ、あの時は検察の捜査というハンディを負っていましたから、最初から不利な戦いでした。あれで勝てたら民主党はなかなかのものだったでしょう（笑）」

菅内閣は、「脱小澤路線」を加速させ、小澤氏が幹事長時代に「脱官僚政治」を掲げて進めた改革を修正していった。一連の「脱小澤路線」について、小澤氏はこう語っている。

「国民から受けると思ったんでしょう。でも全然そうではなかった。官僚主導に戻ることになってしまったんだから、国民から受けるはずがないんです」

その後、小澤氏が強制起訴されると、民主党は、一一年二月、小澤氏に対して裁判で判決が確定するまで党員資格停止処分にすることを決定した。

「これもひどい話です。党則には『最長6カ月間』と書いてあるのに、無期限の党員資格停止処分になったんです。全くの党則違反です。（中略）検察の尻馬に乗って小沢批判をすれば支持率が上がるとでも思っていたんでしょう」

と、小澤氏は当時を振り返って憤慨している。

私も、民主党の小澤氏に対するこの対応は、間違いであり、ひどいと思う。党員が刑事事件で起訴された場合には、党としてその事件を十分に検討し、無実の可能性が高いと判断すれば不問に付し、むしろサポートすべきである。そうしなければ、政治家の弾圧を目的とした国策捜査を後押しすることになってしまう。当時の民主党幹部が、小澤氏に対する事件について、検察の謀略であり、国策捜査であり、当然無罪になるべきとの判断ができなかったとしたら、その判断能力のお粗末さにあきれるしかない。

この時の民主党は、党内の派閥争いから、反小澤勢力が中心となって、ろくな検討もせずに国策捜査の片棒を担いだ、と言って過言ではない。

その後、政権は菅から野田佳彦《のだよしひこ》へと代わり、中止されたはずの八ッ場ダム建設事業は再開（二〇二〇＝令和二年春に完成・運用開始）、廃止されたはずの事務次官会議も「各府省連絡会議」と名称を変えて事実上復活した（現在の名称は「次官連絡会議」[*2]）。

官僚主導に逆戻りした民主党政権は国民に見限られ、あっという間に力を失っていった。

他方で、民主党を離党した小澤氏は、事件前のような絶大な政治的影響力を保つことはなかった。

検察は、小澤氏の無罪確定という意味では完敗したが、当時の民主党幹部が片棒を担いでくれたおかげで、「小澤失脚」という当初の目的は達成した。

＊1　形式犯：法益（法律が守ろうとしている社会生活上の利益）を直接侵害するとはいえない、または侵害

する危険を生じさせるとはいえない犯罪行為のこと。法益を侵害するか侵害の危険を生じさせる犯罪は「実質犯」と言う。

＊2　事務次官会議の変遷：野田内閣退陣の後、二〇一二年一二月に発足した第二次安倍内閣は、当初、事務次官会議の復活を表明していたが、官僚主導の悪印象を避けるため、「各府省連絡会議」の名称を「次官連絡会議」に変更するにとどめ、その位置付けを「内閣の基本方針を徹底し、各府省間で情報共有する」ための会議と説明した。

同時期に複数の国策捜査事件を担当することに

政治的な目的のために刑事事件を作り上げ、ターゲットにした個人を逮捕・起訴して強引に〝犯罪人〟として追及するなどということは、人権侵害の最たるものだ。国策捜査は許されることではない。

だが、残念なことに国策捜査は後を絶たない。私自身、これまでいくつかの国策捜査と言える事件に携わってきた。

ことに二〇〇九～一二年にかけては、村木さんや小澤氏の事件のほかに、特捜事件の「ライブドア事件」[*1]（上告審から担当）や「防衛省汚職事件」[*2]、警視庁案件の「日本振興銀行事件」[*3]を担当していて、非常に忙しかった。その少し前には、後述する「鈴木宗男事件」（特捜事件）も担当した。

弁護士を長くやっていると、ある時期に同じような事件を続けて担当することがある。この時期、政界では民主党と自民党がせめぎ合い、検察は大きな危機感を持っていた。

それに加えて経済界では、規制緩和に乗じて大胆な企業経営をおこなう若手起業家や、法や制度の隙を突く経済行為に走る投資家らの「活躍」が既成勢力の反感を招き、特捜部は摘発対象の重心を、従来の政界汚職から経済犯罪、金融・証券犯罪に移そうとしていた。

こうした状況を反映して、ほぼ同時期に同種の事件が起こったのではないかと思う。

＊1 ライブドア事件：二〇〇六年一月、急速な事業拡大で注目を集めていたITベンチャー企業「ライブドア」の堀江《ほりえ》貴文《たかふみ》社長ほか同社幹部らが、証券取引法違反（風説の流布、偽計取引、有価証券報告書虚偽記載）容疑で東京地検特捜部に逮捕・起訴された事件。堀江氏の上告は二〇一一年、棄却となり、同種事件としては非常に重い懲役二年六ヵ月の実刑判決が確定。若手起業家の大胆な企業経営に対する既成勢力の反感を反映した量刑とも言われた。

＊2 防衛省汚職事件：二〇〇七年一〇月、守屋《もりや》武昌《たけまさ》前防衛事務次官が、在職中に自衛隊員倫理規定に反して防衛専門商社から装備品納入での便宜供与の見返りとして、夫婦で度重なるゴルフ接待などを受けていたことが報じられ、同年一一月、守屋夫妻は収賄容疑で東京地検特捜部に逮捕された。守屋氏は収賄罪と国会の証人喚問における偽証罪で起訴され、〇八年に東京地裁で懲役二年六ヵ月の実刑判決を受けた。控訴棄却、上告取り下げを経て、懲役二年六ヵ月、追徴金約一二五〇万円の実刑が確定。

＊3 日本振興銀行事件：二〇一〇年、金融庁の検査をメール削除等で妨害したとされた日本振興銀行の木村《きむら》剛《たけし》会長が、銀行法違反（検査忌避）容疑で警視庁に逮捕された。木村氏は大筋で起訴内容を認めたが、行員らに対するメール削除の指示方法など一部について争った。一二年に東京地裁は懲役一年・執行猶予三年の有罪判決を下し、木村氏は控訴せず有罪が確定。

「記憶違い」で済まされた捜査報告書虚偽記載問題

概して、検察官というのは、「自分たちは日本のために仕事をしているんだ」という意識を抜き難く持っているようだ。ことに特捜部の検察官は、自分たちで事件を探し出し、自分たちで立件するので、そのような意識が強いと言えるだろう。

事実、特捜部の公判担当検事は、普通の検事に比べてやる気満々に見える。自分たちが「育てた」事件なので、愛着もひとしおのようである。マスコミに注目されながら、国の行方を左右しかねない事件を扱うのだから、「そのへんの公判とはわけが違う」という感覚もあるだろう。

しかし、こうした「やる気」や、「日本のためにやっているんだ。強引な捜査をして何が悪い」という歪《ゆが》んだ正義感は、彼らを暴走させることにもなる。

本件で言えば、田代政弘検事による捜査報告書虚偽記載問題である。

この問題について裁判所は、「検察審査会の判断を誤らせるようなことは、あってはならない」と厳しく批判した。

だが、検察の捜査方法が妥当かどうかをチェックする第三者機関はない。強いて言えば、下では検察審査会、上では法務大臣がチェックすることはできるが、現実には難しい。

当時の法務大臣は、弁護士としての経験も豊富な小川敏夫《おがわとしお》氏だった。田代検事の捜査報告書の捏造に衝撃を受けた小川法相は、厳正な捜査をおこなうよう指揮権発動[*1]を決意したが、結局、この指揮権は、野田首相が賛成しなかったため、発動されなかった。小川法相は指揮権発動を決意して、二〇一二年六月五日に野田首相との面会の約束を取りつけたが、前日の六月四日、小川氏は「野田内閣改造」によって解任された。ちなみに、野田氏と小澤氏は前々から、消費税増税をめぐって対立していた（野田氏は増税派、小澤氏は増税反対派）。

一方、最高検察庁は、市民団体からの刑事告発を受けて、田代検事を有印公文書偽造の疑いで取り調べたが、虚偽の報告は田代検事の「記憶違いによる間違い」として、不起訴処分とした。村木さんの事件で証拠を改竄した大阪地検特捜部の前田恒彦検事をスピード逮捕した時の対応とは、際立った違いである。

証拠の改竄と違って、田代検事がやった程度のでっちあげは検察が普段からやっていることだ、という認識だったのだろう。また、大阪の場合は検察官個人の不正として処理できたが、本件の場合、強制起訴への誘導は組織ぐるみでおこなわれていたので、田代検事を起訴すれば他の検事たちも取り調べなければならなくなり、最終的には検察首脳まで責任が及びかねない。最高検の判断は、それを避けるための措置だとしか考えられなかった。

なお、田代検事は減給一〇〇分の二〇（六カ月）の懲戒処分を受けて検察官を辞職した（現在は弁護士）。ほかに、監督責任を問われた岩村修二《いわむらしゅうじ》検事正が厳重注意処分、捜査報告書のなかの小澤氏関与を疑わせる記載部分をアンダーラインで強調した佐久間達哉特捜部長が戒告の懲戒処分を受けた。

＊1　指揮権発動：検察に対する法務大臣の指揮権（検察事務や犯罪捜査について検察官を指揮監督する権限）発動は、国家の行方に深く関わる事案に限られている。これまでに発動されたのは、一九五四（昭和二九）年の造船疑獄事件において、犬養健《いぬかいたける》法相が佐藤栄作《さとうえいさく》自由党幹事長の収賄容疑での逮捕を回避させた一例しかない。

浅薄な議論で「小澤叩き」に終始したマスコミ

元秘書らが逮捕された当初から、マスコミは一貫して、陸山会の政治資金収支報告書の些細なミスを、一大疑獄事件であるかのように報じた。検察が、自分たちのストーリーに沿った情報を記者たちにリークするという、常套手段を使っていたからである。

マスコミは、読者や視聴者を喜ばせるために、バッシングの対象となる「悪人」を常に必要としている。小澤氏はそのターゲットにされた。

本件では、マスコミが報じたような「四億円は業者からの裏献金」などという証拠はまったく出てこなかった。小澤氏は公判で、四億円は父親（戦後、吉田茂《よしだしげる》・池田勇人《いけだはやと》両内閣で大臣を歴任した政治家の小澤佐重喜《さえき》氏）から相続した資産をはじめとする個人資産であることを詳しく説明した。

しかし、マスコミはそうした具体的事実を捨象して、「とにかくお金の問題で疑惑があるのはけしからん」として「小澤叩き」を展開し、小澤氏を窮地に追い込んでいった。

小澤氏が言葉少なであり、愛嬌を振りまくタイプの政治家ではないことも、バッシングに拍車をかけたように思う。国民の多くは小澤氏に対して、ぶっきらぼうで取っつきにくい印象を持っていただろう。「秘書に任せきりだった」「いちいち指示しない」といった小澤氏の主張に、反感を持った人もいたと思う。

しかし、私は裁判の打ち合わせなどで小澤氏の人柄に触れるなかで、なるほどこの人ならそうだろうと得心がいった。常に天下国家を考えている小澤氏にとって、銀行融資や不動産登記といった細かな事務手続など眼中になかったことは、間違いない。

東京高裁で完全無罪の判決が下された際も、マスコミの扱いは比較的小さく、判決への疑問を示すメディアさえあった。

マスコミは、本件を、「秘書が有罪なら小澤氏も有罪だ」という底の浅い議論で終わらせるべきではなかった。国策捜査ではなかったかという観点から、具体的な事実を取り上げて有益な議論ができたのではないかと、非常に残念に思うのである。

思い出・エピソード

小澤氏の「白子酒」

弁護人としてのお付き合いのなかで、小澤氏とは何度か一緒に食事をした。話題はもっぱら裁判のことで、政治について話したことはほとんどなかったと記憶している。酒が入っても小澤氏は寡黙だった。

公判中に、ふぐ料理屋で忘年会をした時のことである。

「ふぐを食べる時は、こうやって酒を呑むと美味《うま》いんだ」

小澤氏はそう言って、熱燗の日本酒を入れた器の中にふぐの白子を入れた。

「えっ」と思って見ていると、さらにそれをぐちゃぐちゃにかき混ぜてヨーグルトのようにして、うまそうに呑み干したのだ。

ひれ酒ならぬ白子酒……。こんな呑み方は知らなかった。

私にも勧めるので、「ひえーっ」と思いながら、真似をしておそるおそる呑んだ。興味深い味わいではあったが、その後は、もっぱら普通のひれ酒にしている。

鈴木宗男事件――二〇〇四年受任

事件の概要

特捜事件初の再審請求

二〇一九（令和元）年夏、鈴木宗男氏が参院選に当選して九年ぶりに国政復帰を果たしたことは、大きなニュースとなった。

鈴木氏は、一九八三（昭和五八）年の衆院選に保守系無所属で初当選。追加公認の形で自民党に入党して以降、防衛政務次官、外務政務次官、北海道・沖縄開発庁長官、内閣官房副長官、衆院議院運営委員長などを歴任。自民党においては、副幹事長や総務局長などの要職に就いた。

自民党で政治家として頭角を現すには、内閣官房副長官か党総務局長のいずれかを経験することだという。この二つのポストを経験し、四〇代で閣僚となった鈴木氏は、自民党における〝出世コース〟の王道を歩んでいたわけである。

政務次官時代に外務省に深く食い込んだ彼は、省内に強い影響力を持っていた。政界きってのロシア通として知られ、ロシアとの北方領土返還交渉や北方四島住民支援事業に尽力する一方で、アフリカ諸国の将来性に着目し、議員外交を積極的に展開。「唯一の外交族議員」を自負していた。

ところが、二〇〇二（平成一四）年、その自負は粉々に打ち砕かれた。外務省によりロシア・北方四島・アフリカ諸国を舞台にした数々の「疑惑」が持ち出され、政治の表舞台から排除されたのである。国策捜査のターゲットとなった鈴木氏は、同年六月から九月にかけて、二つの収賄事件を含む計四件の事件で立て続けに逮捕・起訴された。

鈴木氏は一貫して無実を主張したが、二〇一〇年九月七日、最高裁の上告棄却により実刑判決が確定。鈴木氏は衆院議員の職を失い、五年間の公民権停止となり、二〇一一年一二月六日に仮釈放されるまで、一年間服役することとなった。

私は控訴審から鈴木氏の弁護人となった。有罪確定後、私たちは二件の収賄事件と議院証言法違反の一部について、東京地裁に対して再審請求をおこなった。だが、請求は認められず、私たちは即時抗告[*1]した。二〇二一年一〇月末日現在、東京高裁の結論待ちという状況である。

本件には、村木厚子事件や小澤一郎事件と共通する「特捜事件特有の問題点」が多い。人質司法、供述への依存度の高さ、マスコミに情報をリークして、標的にした人物が悪者であるかのような世論を形成し、それをテコにして強引な捜査を進めていく手法などである。

それに加えて鈴木氏の事件は、特捜検察・政治家・官僚・マスコミの四者による「疑惑」の捏造《ねつぞう》、収賄事件の冤罪《えんざい》立証の難しさ、一審弁護のあり方、検察による「シナリオ尋問」など、実に多くの問題を内包している。

まずは、鈴木氏をめぐる数々の「疑惑」がどのように作り上げられたのか、というところから話を進めることにしよう。以下、登場人物の肩書は、すべて当時のものである。

＊1　抗告：裁判所の決定や命令に対する不服申し立ての一種。刑事訴訟における「即時抗告」は、裁判所の決定・命令を受けた日から三日以内におこなわなければならない（刑事訴訟法第四二二条）。これに対して、不服申し立て期間の定めがない抗告を「通常抗告」と言う。

「宗男・眞紀子戦争」の勃発

発端は、二〇〇二年に持ち上がった「NGO（非政府組織）排除疑惑」である。当時、鈴木氏は衆院議院運営委員長を務めていた。

一月二四日の衆院予算委員会の質疑で、外務大臣の田中眞紀子《たなかまきこ》氏は＊1、同年一月二一日に東京で開かれたアフガニスタン復興支援国際会議（以下、アフガン会議。日本政府主催、管轄は外務省）について、菅直人《かんなおと》議員（当時民主党幹事長）から、以下のような質問を受けた。

「田中眞紀子外務大臣、先日、アフガンの復興会議に一部の有力なNGOの関係者を会議から排除するということで、それを戻すようにという申し入れを大臣にさせていただきました。そのことに関連して、自由民主党の有力議員、具体的に言えば、鈴木宗男現議院運営委員長がそうしたNGOの出席をさせないようにという、いわば横やりを入れたんではないかと言われておりますが、そういったことがあったのかなかったのか」

菅氏の質問に対して、田中外相は「事務次官に電話で話をいたしましたならば、そうした名前があったということを私は確認をしております」と答え、鈴木氏の不当なＮＧＯ関係者排除があったとした。

これに対して鈴木氏は、その後、次のように反論し、田中外相と正面から衝突した。

当該ＮＧＯは、アフガン会議に関して、外務省予算である「草の根・人間の安全保障無償資金協力」からの補助を申請していた。しかし、この資金協力は、海外での個別プロジェクトにしか使用できないという条件があり、東京で開催される会議に使用すれば、目的外の予算の流用になる。本来、申請は認められないはずだが、なぜか外務省はＯＫを出す方向だった。そのため自分は外務省の担当者に抗議し、補助金申請の件は白紙に戻された。

当該ＮＧＯは、過去にも必要以上の補助金の交付を申請し、それが発覚して外務省に二〇〇万円を返金したことがあった。

日本のＮＧＯは、政府からの資金援助で活動するケースが多い。資金の原資は税金である。自分は当該ＮＧＯの代表理事と面談した際、二度にわたり税金の詐取を企図したことを強い言葉で非難したことはあったが、断じて「圧力」などかけていない——。

しかし、鈴木氏のこの主張は世間には受け入れられなかった。マスコミは、田中外相の「圧力発言」に飛びつき、「ＮＧＯを〝恫喝《どうかつ》〟して活動を妨害した鈴木宗男は、けしからん政治家だ」という世論が形成されていった。

＊1　田中眞紀子：一九七二年に日中国交正常化を実現させた田中角栄《かくえい》元首相の長女。九三年衆院選で初当選、翌年に一年生議員ながら村山富市《むらやまとみいち》内閣で科学技術庁長官として初入閣。二〇〇一年、小泉純一郎第一次内閣で外務大臣に就任。外相更迭後の〇二年夏、秘書給与横領で元秘書から告発され議員辞職

（不起訴処分）。翌年の衆院選に無所属で当選。後に民主党入りし、野田佳彦第三次改造内閣で文部科学大臣に就き通算三度目の入閣を果たすも、一二年の総選挙に敗れ議席を失った。

小泉首相と外務省の思惑

結局、「NGO排除疑惑」をめぐる問題は、田中外相の更迭と、鈴木氏の衆院議院運営委員長辞任（事実上の更迭）という「喧嘩《けんか》両成敗」で終結した。

その背景には、小泉純一郎内閣と外務省の政治的思惑があった。

小泉内閣（第一次）が発足したのは、「NGO排除疑惑」が起きた前年であった。田中眞紀子氏は、森喜朗《もりよしろう》首相の辞任を受けての自民党総裁選に「自民党をぶっ壊す」として出馬した小泉氏を応援し、同氏の当選に大きく貢献した。小泉内閣では自ら希望して外務大臣に就任し、省内改革・人事刷新に着手。事務方の秘書四人を交代させるなどして、外務官僚らと激しく対立した。「外務省は伏魔殿《ふくまでん》」などと歯に衣《きぬ》着せぬ発言を繰り返す彼女は、国民のあいだで圧倒的な人気を誇っていた。

小泉首相としては、田中氏の応援のおかげで自民党の総裁になり、首相の座に就けたという「義理」があった。他方で、経験も能力もない田中氏を外務省のトップに据えたため省内にさまざまな軋轢《あつれき》が生じていることは、看過できない事態であった。

しかし、人気絶頂の田中氏を更迭すれば、国民の反発や批判はもろに小泉内閣に跳ね返って

2001年6月27日、衆院外務委員会で、質問する鈴木宗男氏を見詰める田中眞紀子外相（写真提供：共同通信社）

くる。現に田中氏更迭後の小泉内閣の支持率は一時的に急落し、読売新聞の調べでは下げ幅が三〇・七ポイントに及んだ。この数字からも、当時の彼女の人気の高さがわかろうというものだ。

そこで、小泉首相は、「鈴木宗男vs.田中眞紀子」という構図を作り出したうえで、両氏を更迭することにした。鈴木氏を「悪役」に仕立てて一緒に更迭すれば「相討ち」の形になるので、国民の反発や批判を軽減できるし、田中氏に対する「義理返し」もできるという思惑が、小泉首相にはあったのである。

鈴木氏の手記によると、田中氏更迭の二日前に、小泉首相の秘書の飯島勲《いいじまいさお》氏がやってきて、「協力してください」と言ったという。要するに、「衆院議院運営委員長を辞めてくれ」ということだ。鈴木氏は、「国益のためなら」と応じることにした。

田中氏が外相を更迭された日の深夜には、小泉首相自身から電話があり、

「鈴木さん、すまん！　大変な借りをつくった。必ずこの借りは返す」

と言われたそうである。

この時の鈴木氏は、「次の組閣では、また大臣の席が回ってくるかな」くらいにしか考えていなかった。まさか、その先にやってくるのが「大臣の席」どころか東京地検特捜部による国策捜査であるとは、夢にも思っていなかった。

実のところ、小泉首相の狙いは、単に「田中眞紀子追い落とし」ということではなく、もっと深いところにあったと思われる。

小泉政権は、新自由主義と呼ばれるアメリカ流の市場競争原理を取り入れ、市場をアメリカに向けて開くという、いわば弱肉強食の市場主義社会を目指す政策を推し進めようとしていた。郵政民営化はその象徴であり、自民党内の反対派を「抵抗勢力」と呼んで、排除に努めていた。

弱者に目配りをしながら地元に公共事業を誘致する鈴木氏は、その抵抗勢力の代表的存在と目され、従来の自民党路線を歩む実力者だった。このようなタイプの政治家は、小泉首相にとって非常にけむたい存在だったに違いない。

実際、小泉首相は、郵政民営化関連法案に反対票を投じた自民党議員には総選挙の際に公認を与えず、その選挙区に次々と〝刺客〟候補を送り込んだ〝非情の人〟である。郵政民営化に真っ向から異を唱える鈴木氏を情け容赦なく切ることに、躊躇《ちゅうちょ》はなかったであろう。

小泉政権が発足して以来のこうした事情は、本件控訴審の法廷で被告人質問をおこなった時、鈴木氏に詳しく話してもらった。

一方、外務省にとっても、鈴木氏は非常に目障りな存在だった。北方領土をめぐって、外務省は従来の「四島一括返還」という方針を漫然と守るだけで動こうとしなかったが、鈴木氏は「二島先行返還」を視野に入れ、ロシアのエリツィン大統領に直接会って交渉していたからである。

田中眞紀子氏は外相に就任すると四島一括返還論を唱えて鈴木批判を先鋭化させたが、外務省にとっては、官僚の意のままにならない田中外相もまた、邪魔な存在であった。

小泉首相と外務省の思惑は、「鈴木・田中排除」で一致していたのである。

その結果として、マスコミが「ムネオ・眞紀子戦争」として騒ぎ立てた政争を利用して、両者をまとめて更迭するという裁定劇が演じられたのである。

「疑惑の総合商社」と言われて

衆院議院運営委員長を更迭されたあとの鈴木氏は、次から次へと「疑惑」をあげつらわれる形で、マスコミから強烈なバッシングを受けた。〇二年三月には国会（衆院予算委員会）で証人喚問[*1]され、数々の「疑惑」について連日追及された。

一連の「疑惑」のなかで最も有名なのは「ムネオハウス疑惑」であった。

北方領土の国後島《くなしりとう》には、「日本人とロシア人のための友好の家」（以下、「友好の家」）という宿泊施設がある。一九九九年に、日本政府が北方四島住民支援事業の一環として四億円以上の費用をかけて建設したもので、ビザなしで渡航した日本人の宿泊施設および地元島民の緊急避難施設として利用されている。この「友好の家」の建設の際、鈴木氏が「政治圧力」をかけて根室市の業者に受注させた、というのが「ムネオハウス疑惑」だった。

証人喚問で質問に立った日本共産党の佐々木《ささき》憲昭《けんしょう》議員は、疑惑の根拠として、「鈴木宗男議員が建設業者選定に関して圧力をかけた」との記述がある外務省の機密文書を示し、「この施設は、現地では『ムネオハウス』と呼ばれている」と追及した。

もともと、北方四島住民支援事業は北方四島の元島民が多い根室管内の業者を優先することが、外務省と根室市の間で取り決められていた。鈴木氏が「友好の家」の建設で「自分の後援者を押し込むために圧力をかけた」と言われても、彼には寝耳に水であった。

そもそも、「ムネオハウス」という名前からしておかしい。少し考えればわかるとおり、「ハウス」はロシア語ではない。また、ロシアでは建物に人名を付ける時、名前ではなく姓を付ける習慣があるという。「ムネオハウス」は、日本のマスコミが勝手に作り出した造語だったのである。

1999年10月、国後島の古釜布に建てられた「友好の家」の完成式に出席した鈴木宗男氏。後に、この施設は「ムネオハウス」と呼ばれ、日本のマスコミから激しいバッシングを受ける端緒となった（写真提供：共同通信社）

しかし、マスコミはこの疑惑を大々的に報じた。「ムネオハウス」のネーミングにはインパクトがあり、国民にとって非常にわかりやすい政治スキャンダルだったからである。鈴木氏は、「北方四島支援事業を私物化するあくどい政治家」として、激しいバッシングにさらされた。

次に出てきたのは、やはり北方四島支援に関わる「国後島ディーゼル発電施設疑惑」だ。国後島におけるディーゼル発電機供用事業の入札について、鈴木氏が三井物産に受注させるよう違法な便宜を図った、とされる疑惑であった。

鈴木氏によれば、「北方領土はロシアが不法占拠している状態」というのが日本の公式的な立場である以上、公共事業においては、国内のように入札で安くする経済原則よりも、現地でトラブルを起こさないことが優先され、経験豊かな企業を選ぶのが定石であるという。彼は、「北方領土の事情に通じた三井物産の選定は妥当だった」旨を主張した。

ほかにも「疑惑」は次々と噴出した。

たとえば、「ソンドゥ・ミリウ発電所（ダム）疑惑」。鈴木氏がＯＤＡ（政府開発援助）予算を使ってケニアに無用なダムを勝手に建設させ、自然を破壊したうえ、裏で建設業者からキックバックを受けたという疑惑だ。

このダムについては、建設当時に現地を視察した衆院外務委員長が、ケニア大統領から直接感謝の意を表され、「必要な開発援助事業」とする内容のレポートをまとめていた。鈴木氏は手記のなかで、「ダム建設＝無駄＝利権漁りという三段論法の決めつけを行い、すでに『悪役』となっていた私を追及し」たのだろうと述べている。

さらに、「疑惑」は鈴木氏の私設秘書だったムルアカ氏にも及んだ。コンゴ人のムルアカ秘書が、偽造した外交官用パスポートを使用していると、鈴木氏が国会で証人喚問を受けた直後に外務省が発表したのである。

ムルアカ氏は外交官ではないので、当然、外交官用パスポートは持っていなかった。彼が持っていたのは、コンゴ民主共和国が発行した「公用パスポート」だ。コンゴから外国に出て働くスポーツ選手や芸能人、学者などが使うもので、日本の当局も正式なパスポートとして認めていた。法務省に問い合わせればすぐに根も葉もない話だとわかる「疑惑」を、証人喚問直後のタイミングで発表したところに、外務省の強い「鈴木排除」の意図が窺《うかが》える。

こうした流れのなかで、辻元清美《つじもときよみ》衆議院議員は、証人喚問でテレビに映ることを意識して、テレビカメラに顔を向けながら、

「あなたは疑惑のデパートどころか、疑惑の総合商社ですよ！」

と言って、鈴木氏を激しく追及した。

マスコミもこれに追随して「七つの大罪」「三〇の疑惑」などと面白おかしく報じ、辻元議員が鈴木氏に向けて繰り返し言った「疑惑の総合商社」は、流行語にもなった。

さらに、外務省は鈴木氏の「疑惑」を裏付けるような〈極秘〉と銘打たれた内部資料を次々と共産党や民主党に流し、それを受け取った共産党議員らは、国会質問で鈴木氏を追及し、窮地に追い込んだ。

その結果、鈴木氏は自民党離党を余儀なくされたのである。

なお、後に、辻元氏は、「疑惑の総合商社」発言について謝罪した。外務省の画策についても、共産党の「鈴木宗男疑惑追及チーム」責任者だった筆坂秀世《ふでさかひでよ》元参院議員が、後に事実として認め、謝罪している。

国策捜査の罠

検察は〇二年四月三〇日、いわゆる「ムネオハウス」建設の入札に絡む偽計業務妨害（談合）容疑で、鈴木氏の公設第一秘書ら七人を逮捕した。

五月一四日には、「イスラエル学会疑惑」に絡む背任容疑で、対ロ外交で鈴木氏とつながりの深かった外務省の佐藤優《さとうまさる》氏を逮捕した。「イスラエル学会疑惑」とは、二〇〇〇年四月にイスラエルのテルアビブで開催された国際学会「東と西の間のロシア」に外務省職員六名と日本の学者七名を派遣した際、佐藤氏が外務省関連の「支援委員会[*1]」から、規定に反して派遣費用三三〇〇万円を支出させたとされる疑惑である。しかし、この派遣費用の支出は佐藤氏の独断でおこなわれたことではなく、外務事務次官をはじめとする複数の外務省幹部の決裁を受けたうえでおこなわれたことであった。

それにもかかわらず、検察は佐藤氏を逮捕した。そのうえで、検察は、マスコミが書き立てていたケニアの発電所事業や国後島の発電施設をめぐる汚職で鈴木氏を逮捕しようとして、血《ち》

*1 国会における証人喚問：国会の各議院は、議案等の審査や国政に関する調査のために証人を喚問し、その証言を要求することができる（憲法第六二条「議院の国政調査権」）。証人喚問権は衆参各議院の委員会が独立して行使できる（衆議院規則第五三条、参議院規則第一八二条二項）。宣誓した証人は、「議院における証人の宣誓及び証言等に関する法律（略称：議院証言法）」第四条が定める拒否事由がない限り証言を拒否できず、虚偽の証言をした場合は偽証罪により三ヵ月以上一〇年以下の懲役に処される（同法第六条一項）。

眼《まなこ》で捜査を続けた。

検察にとっての〝本命〟は、これらの「疑惑」だった。まず、鈴木氏に近い佐藤氏を「イスラエル学会疑惑」という別の案件で逮捕し、厳しい取り調べのなかで〝本命〟について鈴木氏の関与を認めさせようとしたのである。「背任で有罪になれば懲戒免職だ」と脅せば国家公務員の佐藤氏は震えあがり、「鈴木宗男の罪を認めれば不起訴にしてやる」という〝餌〟に飛びついて、簡単に落ちると考えていたようだ。

しかし、予想に反して、佐藤氏は、強く否認し、鈴木氏の関与も認めなかった。

「自分も鈴木氏も汚職などしていない。やっていないことは、やっていない」

と真っ向から検察に反論し、ブレることはなかった。

結局、検察の見立てはすべて外れた。〇二年六月に鈴木氏が逮捕された容疑は、マスコミが盛んに報じた多数の「疑惑」とはまったく関係のない、問題とされたこともないレベルの贈収賄事件（「やまりん事件」）だったのである。

「国後島ディーゼル発電施設疑惑」での鈴木氏逮捕を検察が断念した際、佐藤氏は、担当検察官からこう言われたという。

「これじゃ、あなたを捕まえた意味がない。こんな苦労をさせたうえ、鈴木さんとの事件が作れないのでは、申し訳がない。ぜひもう一件、我々のほうでいきたいと思っている」

せっかく逮捕したのに立件できないのは被疑者に申し訳ないから、別の事件をでっちあげる、と言っているのである。

また、佐藤氏は、検察官からこうも言われたと著書に記している。

略年表　鈴木宗男事件の推移と鈴木氏の動向

2001. 4.26	小泉純一郎氏首相就任
2002. 1	NGO 参加拒否問題で田中眞紀子外相と衝突 田中外相更迭　鈴木氏衆院議院運営委員長辞任 「ムネオハウス」など数々の「疑惑」浮上
3.11	国会証人喚問 → 偽証罪で刑事告発
3.15	自民党離党
5.14	佐藤優氏逮捕
6.19	やまりん事件で逮捕 → 7月起訴（あっせん収賄）
8.1	島田建設事件で再逮捕 → 8月21日追起訴（受託収賄）
9.13	議院証言法違反・政治資金規正法違反で追起訴
11.25	第2回公判　官製談合で 10 人処分
2004.11. 5	一審で懲役2年の有罪判決 → 控訴
2005. 8.18	「新党大地」結成
9.11	「新党大地」で衆院当選
2008. 2.26	控訴棄却 → 上告
2009. 8.30	「新党大地」で衆院当選 → 9月、衆院外務委員長に就任
2010. 9. 7	上告棄却 → 衆院議員失職 → 12月6日、収監
2011.12. 6	仮釈放
2012.11.29	やまりん事件・島田建設事件について再審請求
2017. 4.30	公民権回復
2019. 3.20	再審請求棄却 → 即時抗告
7.21	「日本維新の会」で参院選当選、9年ぶりに国政に復帰

「これは国策捜査なんだから。あなたが捕まった理由は簡単。あなたと鈴木宗男をつなげる事件を作るため。国策捜査は『時代のけじめ』をつけるために必要なんです。時代を転換するために、何か象徴的な事件を作り出して、それを断罪するのです」（『国家の罠　外務省のラスプーチンと呼ばれて』新潮社　287ページ）

鈴木氏によれば、佐藤氏は四月に検察官から事情聴取された際、「鈴木宗男をどう思うか」と訊《き》かれ、「日本に必要な政治家です！」と答えたところ、間もなく逮捕されたという。

その後、佐藤氏はイスラエル学会への派遣費用について、背任容疑で懲役二年六ヵ月・執行猶予四年の有罪判決を受け、最高裁まで争ったが、上告棄却で有罪が確定し、外務省を失職した。

こうした経緯や、右に挙げた検察官の発言からすると、本件は、「鈴木宗男を政界から排除するにあたり、対ロ外交で彼と長年チームを組んで活動してきた佐藤優も同時に排除した事件」と言えるだろう。

＊1　支援委員会：ソ連崩壊後、ロシアにおける改革を日本から支援するために、一九九三年に設置された組織。

受任の経緯

控訴審からの受任

鈴木氏は、二件の収賄事件と議院証言法違反、政治資金規正法違反で逮捕・起訴され、二〇〇四年一一月、東京地裁で懲役二年・追徴金一一〇〇万円の有罪判決を受けた。

私は、「控訴審の弁護を引き受けてもらえないか」と村上正邦《むらかみまさくに》氏（元労働大臣）から依頼され、鈴木氏にお会いした。

この当時、私は村上正邦氏の刑事弁護人の立場にあった。村上氏の事件については「KSD事件」（206ページ）に記すが、受託収賄容疑で東京地検特捜部に逮捕・起訴された村上氏は一貫して無実を主張しており、この事件も国策捜査との批判を浴びていた。

村上氏と鈴木氏は、自民党の有力政治家であったというだけではなく、経歴にも共通点が多かった。村上氏は、福岡で炭鉱労働者として働いた後、志を持って上京し、拓殖大学に学んだ後、政治の世界に入った。鈴木氏は、北海道の貧しい農家の出身で、両親が牛を売って作ってくれたお金で上京し、同じく拓殖大学に学び、その後政治の世界に入った。その経歴のせいか、どちらも、庶民感覚が豊かで、人情深く、志が高く、筋を曲げないタイプの政治家だった。

鈴木氏は、身の潔白を切々と訴えた。

検察は、「鈴木宗男排除」という政権の意図を忖度《そんたく》し、なんとかして自分を逮捕しようとした。しかし、マスコミが書き立てた何十という「疑惑」のどこからも不正を見つけられず、北海道の二つの会社から賄賂を受け取ったという事件をでっちあげて無理やり自分を逮捕した。「やまりん」という会社から受け取ったのは内閣官房副長官に就任した際のご祝儀であり、「島田建設」という会社から受け取ったのは政治献金だ。どちらも政治資金規正法に準じて正規に処理されている。これは冤罪だ――。

鈴木氏の事件は、マスコミで大々的に報道されていたこともあり、その真相に迫れるかもしれないということで大変興味深かった。それまでに、村上氏の事件に携わっていたので、鈴木氏の述べる検察の手口も理解できた。

また、後に受任した村木厚子さんの時と同様、鈴木氏の話しぶりなどから、「嘘をついていない」と感じたし、強い意志とともに、温かい人柄を感じた。

私は弁護を引き受け、控訴審裁判の弁護団を組むこととして、佐藤博史《さとうひろし》弁護士に声をかけた。佐藤弁護士は、広島の修道《しゅうどう》高校の三年後輩で、東京大学で刑法の藤木英雄《ふじきひでお》教授の助手を務めたこともある、優秀な刑事弁護士だった。佐藤弁護士とは、その前に、修道の先輩の医師が虚偽診断書作成罪で逮捕・起訴された時に、一緒に弁護活動をして、一審無罪を取ったこともあった。なお、佐藤弁護士は、足利事件[*1]の再審やPC遠隔操作事件[*2]などでも有名である。これに、私の事務所の弘中絵里弁護士と佐藤弁護士事務所の若手弁護士三名を加えて、計六名で弁護団を結成した。

受任するとすぐ、私たちは二件の収賄事件の舞台である北海道に飛んだ。中標津《なかしべつ》、網走《あばしり》などを回り、「やまりん」の関係者や島田建設の関係者らに会って話を聞いてまわった。その後も、幾度となく東京と北海道を往復することになった。

＊1　足利事件：一九九〇年五月、栃木県足利市で行方不明の女児が遺体で発見され、菅家利和《すがやとしかず》氏が誤認逮捕された。菅家氏は実刑判決が確定し服役したが、二〇〇九年に遺留物のDNA型が一致しないことが再鑑定で判明。一〇年に再審で菅家氏の無罪が確定した。

＊2　PC遠隔操作事件：二〇一二年に起きたサイバー犯罪。ネットの掲示板を介して他者のパソコンを遠隔操作し、犯罪予告などをおこなったとして、四人の男性が逮捕されたが、誤認逮捕が判明し、四都府県

の警察本部は四人に謝罪。その後、元IT関連会社員の男性Xが逮捕され、威力業務妨害など一〇事件について起訴された。Xは無実を主張したが、一五年に東京地裁は懲役八年の実刑判決を下した。Xは控訴せず地裁判決が確定し収監された。

1 やまりん事件

私たちは幾度も北海道へ出向いて、「やまりん事件」と「島田建設事件」の関係者から話を聞き、事件に関連する資料等を集めるなどして詳しく調べた。議院証言法違反の関係では、問題のやりとりをした民主党の原口一博《はらぐちかずひろ》議員らの話も聞いた。控訴審からの弁護活動で初めて判明した事実はかなり多く、検察ストーリーの不自然さがより一層鮮明になるとともに、一審の弁護活動における問題点が浮き彫りになった。

無理やり辻褄を合わせて

「やまりん事件」の端緒は、国有林での盗伐問題だった。

「やまりん」は北海道で林業を営み、自社で伐採した樹木や公売等で買い入れた木を、パルプ会社などに売っていた。

一九九八年、「やまりん」の従業員が林野官と結託して、国有林の樹木を無断で伐採した事実が発覚した。そのため同社は、同年六月に林野庁帯広営林支局から行政処分を受け、盗伐に関与した林野官も処罰された。「やまりん」に対する行政処分は、国有林公売等の入札参加資格を七ヵ月間停止するというものだった。これにより同社は、次の年の一月末まで、木を売ってもらえなくなった。

処分から二ヵ月ほど過ぎた頃、同社が地元の林野庁職員らと協議したところ、「もうそろそろ東京の林野庁にお願いすれば、行政処分で被った損失を取り戻せるのではないか」という話が出たため、「やまりん」の山田勇雄《やまだいさお》会長や関連会社の役員らは、あらためて、林野庁に謝罪するとともに、処分の緩和を要請して陳情しに行くことになった。

八月四日に上京した彼らは、当時、内閣官房副長官に就任したばかりだった鈴木宗男氏を訪ね、就任祝いとして、「やまりん」と、その役員および関連会社とで合計四〇〇万円の献金をした。もともと、「やまりん」の山田会長は、鈴木氏の長年の支援者だったからである。

鈴木氏の事務所では、その場で四〇〇万円の内訳の一覧表を「やまりん」側に提示してもらい、それに従って八つの個人・法人あてに領収書を渡した。正規の政治献金であり、やましいところは何もなかった。

この面談の際、「やまりん」の社長から、「他の代議士を介して、明日、林野庁の伴《ばん》さんという次長にお会いしてお詫びに行くことになっています」という話が出た。鈴木氏は、「それはよかった。それなら僕のほうからも口添えしておこう」と、伴次雄《つぐお》次長に電話をしたが、この時は不在であった。その後、伴氏のほうから電話がかかってきたので、鈴木氏は、「『やまりん』の役員が挨拶に行くことになっているようだから、ちゃんと対応してやってほしい」といった程度の話をした。

「やまりん」の会長や関連会社の役員らは、鈴木氏との面談を終えるとすぐに松岡利勝《まつおかとしかつ》[*1]代議士の事務所を訪れて、自民党の国有林野問題小委員会の委員長留任祝いという（まことに妙な）名目で二〇〇万円を献金した。松岡氏は数少ない林野庁出身の国会議員であり、「やまりん」からそれまでにも多額の献金を受け取っていた。鈴木氏は、それまでにも、「やまりん」の処分問題について、松岡氏から、「鈴木さんみたいな大物は前に出ないほうがいい。この件は自分がちゃんとやるから、あなたはタッチしないでください」と言われていたのである。

八月六日、林野庁内では「やまりん対策」が協議された。「やまりん」側の希望は、行政処分が翌年一月末に終わったあと、年度末までの間に、例年通りの一年分の木を買える（全量回復）ようにしてほしい、というものであり、このことは松岡氏を通じて林野庁に出されていた。

しかし、七ヵ月もの入札参加資格停止という重い処分を受けた企業について、その処分をなかったかのようにする「全量回復」などということができるはずがない。そこで林野庁側は、妥協案として、一二分の四を回復する案を作った。これは、停止の期間が七ヵ月なので、停止されなかった期間に見合う分の売り渡しを認めるというものであった。

林野庁と「やまりん」との間に立ってこの案件を実際に取り仕切り、この「一二分の四回復案」を作らせたのは松岡氏であった。松岡氏は、八月六日の午後四時ごろ、林野庁からこの案を示されて了承した。その上でその日の夜、松岡氏は鈴木氏に電話で、この案で解決したことを報告した。

松岡氏から「一二分の四案で話がついた」と電話で報告され、鈴木氏は、この件はこれでもう終わったと思っていた。

以上の経過については、その当時林野庁内部で作成された報告書という動かし難い証拠がある。これは、「帯広案件について（松岡議員に対する説明）」と題するA4判のペーパーで、日時が「平成一〇年八月六日　一五時五〇分〜一六時」、報告書の作成者が「日高業務部長　島田販売推進室長」と記載されている。そして、松岡議員の発言として、「要するに処分があけた段階の二〜三月分について最大限の配慮をすべきということ」と記載され、これに対する日高業務部長の発言として、「処分の期間が切れる二〜三月分については、処分以前の四〜五月分と合わせて配慮する考え。（全体の一二分の四を配慮するということ）」と記載され、これに対する松岡議員の対応として、「そういう説明であれば了解」と記されている。この書面は、「やまりん問題」の処理に関する林野庁の上司に対する内部報告書であった。林野庁の職員はこの報告書の写しを林野庁出身の松岡議員に渡し、さらに、松岡議員は鈴木氏に渡していた。

その年の秋、『やまりん』は、鈴木宗男氏ら数名の有力政治家に金をばらまいて、行政処分を軽くしようとしたのではないか」という疑惑が浮上し、釧路地検がこの問題を捜査したが、不正を裏付ける証拠はなく、釧路地検は立件を断念した。

これらはすべて一九九八年の出来事である。

ところが、東京地検特捜部は、それから四年も経った二〇〇二年になって、すでに落着済みの古い騒動を蒸し返した。同年六月、「やまりん」の損失を回復させるよう林野庁に口利きをして五〇〇万円を受け取ったとする斡旋《あっせん》収賄容疑で鈴木氏を逮捕し、七月に起訴したのである。

＊1　松岡利勝：国土庁、林野庁勤務を経て衆院議員。農林水産総括政務次官、同副大臣等を歴任。〇六年に

第一次安倍内閣で農林水産大臣に就任したが、賃料が発生しない議員会館に主たる事務所を置きながら巨額の事務所費や光熱費の支出を計上していると報じられ、「光熱費にはナントカ還元水が含まれる」との弁明で大きな批判を受けた。疑惑追及のさなかの〇七年五月二八日、衆院議員宿舎で首吊り自殺。現職閣僚の自殺は、現行憲法下では初めてのことだった。

不自然な検察ストーリー

検察の描いたストーリーは次のようなものだった。

「やまりん」から全量回復できるように口利きをしてほしいと依頼された鈴木氏は、林野庁幹部（伴次長）にその旨を働きかけ、見返りとして「やまりん」側から五〇〇万円を受け取った。

ところが、林野庁は八月六日に、全量回復ではなく、「一二分の四回復案」を決定したため、激怒した鈴木氏は伴次長を呼びつけ、「なぜ全量回復してやらないのだ」と伴氏を責めた。二人の間には、

「行政処分期間に受けた損失を全部取り戻すのは不正行為です。全量回復はできません」

「いろいろとやり方はあるだろう。それを考えろ」

といったやりとりがあり、鈴木氏は、暗に不正行為をするよう伴氏に迫った——。

なお、この検察ストーリーでは、「やまりん」からの「斡旋の見返り」は五〇〇万円になっているが、実際に鈴木氏が受け取った献金は四〇〇万円である。一審で鈴木氏は、「差額の一〇〇万円は検察のでっちあげである」と主張していた。

また、「やまりん」の会長や関連会社の役員らは、在京中に、中川昭一《なかがわしょういち》*1農林水産大臣にも

会って献金をしている。中川氏のところには鈴木氏を訪問した翌々日の八月六日に行き、そこでも行政処分の損失回復の話をしていた。

ところで、当初の検察ストーリーでは、鈴木氏がいつ伴氏を呼びつけたのか、日時がはっきりしていなかった。しかし、検察提出証拠を精査した結果、その日時は、林野庁が「一二分の四回復案」を決定した翌日、つまり八月七日の午後三時であることがわかった。

しかし、その日の午後三時よりも前に「やまりん」の役員らはすでに北海道に戻っており、地元の林野庁職員と会って、「一二分の四回復でいきましょう」と〝手打ち〟を済ませていた。これについては、「やまりん」の高信《たかのぶ》社長室長が当時作成していた日記風のメモという裏付けがある。このメモの八月七日の欄には「pm２：00　会長（「やまりん」の山田勇雄会長のこと）と支局長（絹川《きぬかわ》明《あきら》 林野庁帯広営林支局長のこと）の会談」における絹川支局長の言として「一年分くれと言ったので怒った　『現地局長に任せた』と言ってくれ　やまりんは情報が遅れてる」との記載があり、最後は「現地局長に任せることにした」という言葉で締めくくられている。午後二時の時点で、山田会長と絹川支局長とが面談して、円満解決したことは疑う余地がない。

ところが、検察ストーリーでは、そのあとも鈴木氏一人だけが粘って「全量回復しろ、全量回復だ！」と恫喝まがいに喚《わめ》いたことになっている。これは、どう考えてもあり得ない話である。

そもそも、当時の鈴木氏は内閣官房副長官であり、林野行政には直接関係がなかった。「一二分の四回復案」にも無関係だったことは、先に述べたとおりだ。八月六日の林野庁との会議でこの案を作らせたのは松岡議員であり、鈴木氏はこの会議に出席していない。それどころか、その日は「原爆の日」で、鈴木氏は広島での式典に参加しており、東京にいなかったのである。

検察の作り上げた筋書は、あまりにも不自然・不合理としか言いようがなかった。

しかし、一審の法廷において、伴氏は「鈴木氏に全量回復を迫られた」と証言し、「やまりん」の関係者らも検察ストーリーに沿う証言をしていた。後述するが、これらはすべて虚偽の証言であった。

一審で、鈴木氏側は、林野庁への働きかけは松岡議員によるものであり、伴氏や「やまりん」関係者の証言は不自然であると主張したが、裁判所は、「関係者の証言に不自然さはない。口利きについて松岡氏がまったく関与していないとは言えないが、松岡氏より政治的優位にあり地盤を北海道に置く鈴木氏が主体的に動いたことは間違いない」として鈴木氏側の主張を斥《しりぞ》け、二〇〇四年一一月、有罪判決を下したのである（裁判長　八木正一《やぎしょういち》、裁判官　松岡幹生《まつおかみきお》、裁判官　竹内大明《たけうちひろあき》）。

ここで、検察が「全量回復」にこだわった理由がある。鈴木氏は、当時、国有林の処分をめぐる問題について何の権限も有していなかった。だからこそ、鈴木氏は刑法第一九七条の四の「あっせん収賄罪」[*2]に問われたのである。あっせん収賄罪の成立要件の要旨は「他の公務員に職務上不正な行為をさせるように……あっせんをしたことの報酬として賄賂を収受すること」である。仮に、鈴木氏が「一二分の四案」でまとめて報酬を受け取っただけだとすると、「一二分の四案」は不正とは言えないので、収賄罪に問うことはできない。つまり、検察としては、不正な行為と言える「全量回復ゴリ押し」ということが、何がなんでも必要だったのである。

＊1　中川昭一：自民党に所属していた北海道選出の衆院議員（連続八期）。農林水産大臣、経済産業大臣、財務大臣、内閣府特命金融担当大臣を歴任し、自民党政務調査会長も務めたが、〇九年八月の第四五回衆院選で、小澤一郎氏の元秘書・石川知裕氏に敗れ落選。同年一〇月、自宅にて急死。鈴木宗男氏は、中川昭一氏の父・中川一郎《いちろう》氏の秘書だった。鈴木氏は、一郎氏の急死にともない、昭一氏と競う形で衆議院選に立候補した際、猛烈なバッシングを受けて、厳しい選挙戦を強いられた（共に当選）。

＊2　刑法第一九七条の四「あっせん収賄」条文：「公務員が請託《せいたく》を受け、他の公務員に職務上不正な行為をさせるように、又は相当の行為をさせないようにあっせんをすること又はしたことの報酬として、賄賂を収受し、又はその要求若しくは約束をしたときは、五年以下の懲役に処する。」

一審の弁護人を脅した検察

〇二年に「やまりん問題」が浮上し、メディアが連日取り上げるようになった頃、松岡氏は検察から事情聴取されていた。

前述したように、松岡氏は「一二分の四回復案」について鈴木氏に電話で報告し、林野庁作成の報告書も渡している。だが、松岡氏は、鈴木氏の逮捕後もその報告書を検察に対しては隠していた。検察ストーリーに松岡氏がまったく登場しないのは、報告書の存在を検察が知らなかったためである。

検察は、鈴木氏の起訴後に松岡氏を取り調べたが、「たいしたことはしていないですね」で終わりにしてしまった。

不可解なのは、「やまりん事件」の最大のキーマンである松岡氏を、一審弁護団が証人として法廷に呼ぼうともしなかったことである。

松岡氏が林野庁に口利きをして「一二分の四回復案」を作らせたことを示す前述の林野庁職員の報告書や、「やまりん」と地元の林野庁職員が直接〝手打ち〟をしたことを示す高信室長作成のメモなど、鈴木氏が事件とは無関係であることを示す客観的資料についても、一審の弁護団は軽視した。

一審の弁護活動には、問題があったと言わざるを得ない。

なかでも残念に思うのは、一審弁護団が検察の恫喝に屈し、事件関係者と弁護団との信頼関係が壊れてしまったことである。

一審弁護団のN弁護士は、国会で鈴木氏の逮捕許諾の議事が上がった際、贈賄側とされた「やまりん」関係者のもとに足を運び、彼らからの聞き取りをもとに、鈴木氏を逮捕しないよう求める上申書を国会に提出した。

ところが、検察側から「贈賄側と収賄側の両方を弁護することは問題だ。お前のやったことは捜査妨害だ。事務所にガサ入れ（家宅捜索）をかけるぞ」と脅されて、N弁護士はたちまち怯《ひる》んでしまう。捜索権、押収権、逮捕権、起訴権を持つ検察は、それだけ強いということでもある。結果的にN弁護士は、「今後は検察の捜査を妨害しません」という上申書を提出してしまった。

以後、N弁護士は手のひらを返したように「やまりん」関係者のもとに行かなくなり、連絡もまったくしなくなった。関係者のほうから連絡してもつかまらない。

「やまりん」関係者は、N弁護士に強い不信感を抱いた。彼らからすれば、「鈴木先生のために、きちんと事実を話そう」と思っていたのに、弁護士から見捨てられた形になったわけである。そのため気持ちが萎え、事情聴取で検察の言うままに供述調書を作られてしまった面もある。

控訴審から受任した私たちは何度も北海道に飛び、「やまりん」関係者からいろいろと話を聞いた。その結果、彼らが一審で証言したことのほとんどが、事実と違うことも判明した。検察官の脅しもあり、検察ストーリーに合わせた虚偽の証言をしてしまったのである。

鈴木氏が一審で有罪になったのは、弁護団の一部が検察の脅しに腰砕けとなり、「やまりん」関係者との信頼関係が断ち切られてしまったことが大きい。

検察は、それを狙っていたのだ。事件関係者と弁護人を分断し、関係者に恐怖感や絶望感を与えて、検察ストーリーに合うような調書や証言を無理やりに取る。「喋らなければ会社を潰す」「否認したら家族も呼ぶぞ」などと平気で脅しをかけてくる検察に、関係者はなかなか抗しきれるものではない。

ところで、検察官が弁護人相手に「事務所をガサ入れするぞ」と言うのは、恫喝そのものである。ことに特捜部は、すぐ喧嘩腰になってこういうことを言う。

私自身、「カルロス・ゴーン事件」(「事件ファイル②」第五章)でゴーン氏が中東レバノンに逃亡後、東京地検特捜部に事務所をガサ入れされた。

特捜部は、私が不在の時を狙って事務所にやってきた。事務所の弁護士たちが入室を拒否すると、鍵を破壊して入室し、連れてきた業者にキャビネットの鍵を開けさせ、ゴーン氏の面会簿を押収していった。私たちは、家宅捜索は違法であるとして、国家賠償請求訴訟を東京地裁に起こした。これについては「カルロス・ゴーン事件」で詳しく述べる。

「安部英《あべたけし》医師薬害エイズ事件」(「事件ファイル②」第一章)の時にも、私が安部氏の手帳を預かっていることを知った東京地検特捜部の高部道彦《たかべみちひこ》検事は、「すぐに手帳を出せ。出さないとガサをかけるぞ」と恫喝してきた。

こちらは手帳を預かっていたが、内容に不利な記載はなく、安部氏と相談のうえ、コピーを取ったうえでその手帳を特捜部に渡した。しかし、今から考えると、内容の有利不利に関係なく、断固として押収拒絶権を行使すべきであった、と反省している。

2 島田建設事件

「やまりん事件」だけでは弱いと思ったのか、検察は鈴木氏逮捕の一ヵ月半後、二〇〇二年八月に、別の収賄事件で鈴木氏を再逮捕した。

一九九七〜九八年に、網走市の島田建設が北海道開発局から受注した港湾工事(網走港の防波堤工事や紋別《もんべつ》港の浚渫《しゅんせつ》工事など)をめぐる「島田建設事件」である。当時、北海道開発庁長官だった鈴木氏は、同社に工事を落札させるよう北海道開発局職員に指示した見返りに六〇〇万円を受け取ったとされ、受託収賄容疑で逮捕・起訴された。

官製談合を背景とした受託収賄事件

「島田建設事件」の背景には官製談合があった。

当時、北海道では、役所（北海道開発局）が中心となって地元の建設業者に公共工事を割り振る官製談合が、半ば慣行化していた。もちろんこれは違法行為であるが、「地元の建設業者を等しく育てたい」という役所の考えと、「回り持ちでやっていこう」という建設業者の共存共栄の論理が、うまくマッチしていたわけである。

たとえば、港湾事業については、表面的には指名競争入札の形をとりながら、実際には工事を統括する北海道開発局の農水・運輸の担当次長が「本命業者」を挙げて、そのなかから港湾部長が業者を決定する仕組みだった。

島田建設は、北海道の地元の建設会社のなかで十指に入る優良企業（Aランク企業）であり、鈴木氏の地元選挙区の有力な後援会の一つでもあった。同社の島田光雄社長は、上京の折々に鈴木氏に会い、何度か政治献金をしていた。たとえば、何かの祝い事があればご祝儀として一〇〇万円、選挙の際には応援費用として一〇〇万円といった具合である。九八年には、それが年間で計六〇〇万円になった。いずれも、政治資金規正法に準じて処理された正規の政治献金だった。

しかし、検察はこの六〇〇万円を賄賂とみなした。検察のストーリーはこうだ。

九八年一月、島田建設では、受注したい工事をいくつも箇条書きにした「請託メモ」を作った。島田光雄社長は、鈴木氏を訪ねてそのメモを示し、「ここに書いてある工事が欲しいから取ってくれ」と口利きを頼んだ。

鈴木氏は、その場で、たまたま上京していた北海道開発局の港湾部長だった後藤七郎《ごとうしちろう》氏を呼びつけて、「このメモどおり島田に落札させろ」と指示し、官製談合で島田建設が有利になるよう圧力をかけた。

島田建設側は、その後「請託メモ」に書かれた工事を受注するたびに、見返りとして一〇〇万円を鈴木氏のもとに届けた。これらの賄賂が六〇〇万円の正体である――。

この「請託メモ」自体は発見されなかったが、検察は、島田建設から押収した山口《やまぐち》部長のパソコンにあった工事名を羅列したメモファイルを、「請託メモ」のデータであるとした。

刑事裁判では、「島田建設が落札できるように受注調整で便宜を図れと、鈴木氏から指示された」とする後藤氏の証言が、鈴木氏有罪の決め手となった。後藤氏は、法廷で官製談合の実態を明らかにしたうえで、「例の島田の件、頼むぞ」と鈴木氏から言われたと述べた。

鈴木氏側は、「後藤氏は受注調整に関与しておらず、また、私が圧力をかけた事実はいっさいない」と主張したが、裁判所に斥けられ、「島田建設事件」でも有罪判決を下された。

「請託メモ」の矛盾を検証

この検察ストーリーにも、不自然・不合理な点が多々あった。

そもそも、島田建設は北海道有数の優良企業だった。しかも、当時の北海道では官製談合をやっていたのだから、わざわざ鈴木氏に口利きを頼まなくても、仕事は十分に取れたはずである。

また、仮に、大臣である鈴木氏の口利きによって、まんまと何億、何十億という工事を受注したのだとしたら、そのお礼が一件一〇〇万円ということは常識に反する。しかし、検察の筋書きではそういうことになっていた。

さらに妙なのは、検察の言う「請託メモ」の内容である。このメモには、工事の場所だけ書かれていて工事名が空白だったり、港湾工事ではなく道路工事のことが書かれていたりした。鈴木氏が港湾部長を呼びつけて「この通りにしろ」と言って見せたメモに、工事名が空白だったり、港湾工事とは無関係の道路工事が入っているというのも、おかしな話である。

われわれが北海道に足を運び、山口部長に直接会って訊《き》いてみると、

「あれは請託用のメモではありません。島田社長はしょっちゅう地元の役所に行って営業活動をしていたので、その時の参考のために、会社としての『今年の営業活動目標』をメモにしておいただけです」

と話してくれた。

また、検察の描いたストーリーでは、鈴木氏から「請託メモ」を見せられた後藤港湾部長が受注の便宜を図ったことになっているが、われわれが後藤氏に会って話を聞いた結果、後藤氏は、そのメモを一目見ただけであって、コピーしたり、自分の手帳に書き写したりしていないこともわかった。

港湾工事は膨大な数があり、同じ港湾の似たような名称の工事がたくさんある。そのようにわかりにくい記述でたくさん書かれているメモを、一目見ただけで正確に暗記し、それに基づいて便宜を図ったなどとはとても考えられない。そもそも、大臣の指示に従って官製談合の割り振りを変更するのはもちろん悪いことだが、仮に、大臣に逆らえなくて従うのであれば、せめてその大臣の指示を正確に把握する必要がある。悪いことをしたうえに、大臣の指示に反する割り振りをして機嫌を損ねたのでは、何のためにやったかわけがわからなくなるはずだ。

検察ストーリーでは、島田建設が、普段は取れないような大口の工事を口利きのおかげで「請託メモ」どおりに次々と取れた、という話になっているのも疑わしかった。

私たちは、これらの点に着目し、「請託メモ」の内容と実際の工事、「贈賄」の時期などの関係を徹底的に調べることにした。当時、どのような工事が北海道でおこなわれたか記載されている資料はないかと探したところ、『北海道建設年鑑』（一年分約一五〇〇ページ）、『北海道建設新聞』（縮刷版一ヵ月分約二四〇ページ）、北海道通信社発行の『公共工事受注実績録』（一年分約九〇〇ページ）などがあることがわかった。これらの資料を突き合わせれば、道内の各建設会社が、いつ、どこで、どのような工事をしたかが、すべてわかる。

私たちは、当時の『北海道建設年鑑』『北海道建設新聞』『公共工事受注実績録』を集めて丹念に検討し、道内でおこなわれた港湾工事を徹底的に洗い出し、実際に島田建設が獲得・施工した工事と、「請託メモ」に書かれている工事とを照合していった。

これはかなり大変な作業であったが、その結果、実際に島田建設が受注した工事と「請託メモ」の内容は一致していないことが、これらの資料から判明した。実際には、島田建設は、「請託メモ」にあった工事のほとんどを受注していなかったのである。

また、島田建設が北海道開発庁から割り当てられた工事も、他社に比べて特にうまみのあるものは一つもなかった。

北海道開発庁長官だった鈴木氏の口利きで受注したという検察のストーリーに基づくならば、「請託メモ」に羅列されている工事は全部取れていなければおかしいし、開発庁からの割り当て工事も、他社より利益の大きな仕事が取れていてしかるべきである。しかし、そのような工事は皆無だった。

分厚い資料と「請託メモ」を逐一突き合わせるという地道な検証作業によって、検察の構図は根底から崩れた。

たとえば、後藤港湾部長の証言では、請託メモのなかでも最も重要な工事は紋別港の深さ一二mの浚渫工事であるとされ、この工事は新しく始まった工事（新規工事）であり、したがって継続が見込まれるので価値があるというものだった。しかし、島田建設が実際に受注したのは、同じ紋別港の浚渫工事でも深さ七・五mの工事で、しかも最終年度の工事であって継続性はない、というものだった。魅力的な一二mの新規浚渫工事は確かに存在したが、それは他の業者に割り当てられていたのである。表面的な工事名だけを比べれば、請託通りの工事を獲得したように見過ごされるところだが、詳しく調べると、まったく様相が違ったのである。

一審の弁護団は、この確認作業をしていなかった。

＊

結局、「やまりん事件」も「島田建設事件」も、従来の特捜検察のスタイルで関係者を東京まで呼びつけ、自分たちの筋書き通りの供述をするまでは北海道に帰さないぞと責め立てて、無理やりに取った調書に依存した事件であった。

そして、法廷における証人尋問では、林野庁の伴氏がＯＢである松岡氏を守るために、また、後藤元港湾部長は談合関係者を守るために、それぞれ、事実に反する証言を重ねたのである。なお、官製談合については、関係者は誰ひとり刑事処罰されることはなく、軽い行政処分で済まされた。

一審から客観的資料を重視して、しっかりした弁護をしていれば、鈴木氏は無罪になった可能性がきわめて高いと思う。

冤罪立証が難しい収賄事件

鈴木氏の事件にはもう一つ困難な点があった。それは、「収賄事件の難しさ」だ。

鈴木氏の事件は、基本的に村木厚子さんや小澤一郎氏の事件と構造は同じである。初めに無理なストーリーがあり、検察はそのストーリーをなんとか成立させようと、事件関係者への取り調べにおける脅迫、誘導、取引などで無理やり取った供述により立件した。

ただ、村木さんや小澤氏の事件と比べて、収賄事件は冤罪の立証が難しい。

公務員は社会全体の奉仕者だから、誰からもお金をもらってはいけないことになっている。しかし政治家の場合、政治資金規正法があることからもわかるように、支援者からお金をもらうことは認められている。与党議員であれ野党議員であれ、自分の政治団体が支援者から寄付を受けるのは、当たり前の話である。

その一方で、政治家の活動が特定の支援者の願望と重なる場合がある。

もともと、政治家と支援者とは、共通の考え方、共通の目的を持って共鳴し合っているわけだから当然のことでもある。また、政治家と支援者とは親密な人間関係にあるから、違法・不正なことでない限り、ちょっとした紹介ごとなど、支援者の要請を受け入れることは日常茶飯事である。

したがって、検察としては、政治家が支援者からお金をもらうことと、こうした活動とを結び付けて、「お金をもらったから、その支援者に有利になる活動をした」という収賄事件の筋書きを作ることは容易である。作ろうとすればいくらでも作れるだろう。

しかも、お金を与えた支援者から、その筋書きを認める供述書が取られた場合、裁判でそれを覆すのはなかなか難しい。政治資金としてきちんと届けていたとしても、である。

村木さんや小澤氏の場合は犯罪をおこなう動機が見当たらなかったが、鈴木氏のように収賄事件で立件された場合、動機は「お金がほしかったため」とすれば格好がつく。

政治家は、政治活動のために常に資金を必要としているので、動機はあると言えばある、ということになってしまう。収賄事件の冤罪立証が難しいのは、そのためである。

3 議院証言法違反

鈴木氏は、「やまりん事件」と「島田建設事件」のほかに、政治資金規正法違反と議院証言法違反でも起訴されて有罪判決を受けた。

前者は、管理団体の九八年度の政治資金収支報告書に収入と支出の記載漏れがあったとされた事件。後者は、〇二年三月の衆院予算委員会における証人喚問で、複数の偽証をしたとして告発された事件である。これらの事件にも問題があった。

特に、議院証言法違反については、以下のように大きな問題があった。

2002年3月11日、衆院予算委員会の証人喚問で、厳しい表情で質問を聞く鈴木宗男氏（写真提供：共同通信社）

❶検察判断で作り上げられた国会の告発

議院証言法を適用するには国会の「議院証言法違反として告発する」との議決が必要である（議院証言法第八条）。国会として問題ないと判断している証言について検察がむやみに介入することは不適当だからである。

ところで、鈴木氏に対しての告発の動きは、〇二年五月一〇日に民主党などから衆院予算委員会への動議としてなされたものであり、その内容は国後島のいわゆるムネオハウス建設工事受注について鈴木氏の秘書が関わったことを否定した証言についてであった。この動議は、議論の末、反対多数で否決されて終わった。

ところが、検察は、それとは全く違う「島田建設からの献金の違法性」「島田建設による秘書給与肩代わり」「モザンビーク共和国洪水災害国際緊急援助隊派遣に関する発言」の三点に関して、議会として告発することを求め、これを受けて衆院予算委員会は〇二年九月五日に告発の決議をしたのである。

しかし、そのときの予算委員会議事録に「法務当局から説明を聴取したところ、被告発人の上記各証言は、これまでに収集した証拠に基づく事実関係と相反する内容であるとの疑いがある旨の見解が示された。」とあるとおり、この告発は、専ら検察からの働きかけによるものであった。以前の告発以来の経緯からも、また時間的にも、国会として、これらの問題を独自に調査したことは考えられない。要するに、この告発決議は、国会が自身の調査で偽証と判断したものではなく、検察の説明を鵜呑《うの》みにしただけのものであった。

それが、そのまま起訴され、結果的に偽証が裁判所に認定されてしまったのだから、実にひどい話である。

❷言葉尻をとらえただけの国会の偽証告発

国会が告発した偽証は、いずれも証人喚問での鈴木氏の証言の言葉尻をとらえた、というレベルのものであった。

たとえば、「モザンビーク共和国洪水災害国際緊急援助隊派遣に関する偽証」である。

二〇〇〇年三月にモザンビーク共和国で洪水災害が発生した際、外務省職員が国際緊急援助隊（以下、援助隊と略す）を派遣することについて、アフリカ外交に影響力を持つ鈴木氏に、派遣前日になって報告した。鈴木氏は、強い口調で「前日の報告とは何事だ。俺は聞いてない。俺は認めない！」と言った。外務省職員の中に派遣を反対されたものと解釈した者がいたため、援助隊の派遣に遅れをきたした、とされている。この発言について、証人喚問で「そういうことを言ったのか」と質問された鈴木氏は、「私自身、そのときのことは正確には覚えておりませんが、ただ一つ言えますことは、今指摘のあった年の一月に、私は政府特使としてモザンビークの大統領の就任式に行っておりますから、その二ヵ月後の緊急支援だとか災害について、私が反対するだとか、私がどうのこうのと言うことは考えられないことであります」と証言した。それが偽証として告発されたのである。

公判で検察は、当時派遣予定だった医師やJICA（国際協力事業団、現・国際協力機構）職員、外務省のアフリカ第二課長や国際緊急援助室長らを駆り出して証言させ、「鈴木氏が援助隊派遣の中止を要請した」と決めつけ、証人喚問での証言は偽証であると主張した。

鈴木氏側は偽証を否定したが、裁判所は、「『私が反対するだとか、どうのこうの言うことは考えられない』との証言は、援助隊の派遣に反対したことを否定した趣旨であることが明らかであり、偽証である」として有罪の判決を下した。

鈴木氏からすれば、それまで自分はさんざん「早く派遣しろ」と言っていたのに動かなかった連中が、前日になって突然「派遣します」と言うので、「今ごろになって何を言っているんだ」という趣旨で厳しい言葉は述べたかもしれないが、自身の政治理念からして、人道的支援である派遣に反対するはずがなく、反対した憶えはまったくなかった。そのため証人喚問でも、「詳しいことは憶えていないが、自分が反対するとは考えられない」と、正直に言ったのである。

いったい、これが偽証と言えるのだろうか。

❸議院証言法そのものに大きな問題がある

私は、議院証言法[*1]は、法律そのものに問題があると思う。

裁判所での証人尋問であれば、自分の側の弁護士がそばにいる。裁判官もいる。問題があれば反対尋問もできるし、異議を述べることもできる。

しかし、議院証言法に基づく証人喚問では、証人には弁護人がつかない。証人の求めに応じて助言できる「補佐人」をつけることはできるが、補佐人にはほとんど発言権がなく、不適切な尋問に対しても異議を述べることもできない。

また、証人がうっかり言い間違えたり、質問の趣旨を誤解して答えたりしても、それを訂正する機会が与えられない。

さらに、証人喚問の場には、法廷と違ってテレビカメラが入ることが多い。質問をする議員は、テレビ放映されることを意識して、問題とまったく関係のない「演説」を長々と続けたりした挙句、「ところで」などと言って急に質問してきたりするので、いったい何を質問しているのか、よくわからないケースが多々ある。

訊《き》かれたほうは、質問の意味はわからないし、弁護人のようなアドバイザーはいないし、もちろんメモを見ることもできない。しかも、各質問者に割り当てられた時間は分単位で決まっていて、瞬時に答えることを求められるので、じっくり考えてから答えることも難しく、焦ってしまう。

政治家が証人の場合、テレビで地元の人が見ていると思うから、なおさら焦る。正当な理由を示せば証言を拒むこともできるが、テレビで放映され支持者が見ているなかで、びしっと答えないと、政治家生命が危うくなる。

その結果、とにかく、咄嗟《とっさ》に頭に浮かんだことを答えるしかなくなる。しかし、言い間違いに気付いて、「さきほどの答えは記憶違いで……」とあとから訂正しようとしても、「訊かれたこと以外は発言しないでください」と委員長に制されてしまう。

法廷の場合には、自分の側の弁護人から改めて質問してもらって「さきほどの証言は言い間違えたものである」と訂正することもできるが、その機会が国会の証人喚問にはない。いわば、主尋問のみ、言い直しなしの一発勝負で、即座に答えなければいけないわけである。

こうしておこなわれた証言をあとから活字にされると、「この質問に対してこう答えているのは整合性がないから偽証だ」とされてしまう。

そして、虚偽の証言をしたと裁判所が認定すれば、最長で懲役一〇年という非常に重い罰を科されるのである（議院証言法第六条一項）。

国会における証人喚問の具体的な様子は、「事件ファイル②」第一章「安部英《たけし》医師薬害エイズ事件」で述べる。私は、刑事裁判では安部英氏の弁護人を務め、他方で安部氏の補佐人として国会の証人喚問に出席した。その時、議院証言法というのは本当に怖いと実感した。

特に、野党議員に割り当てられた質問時間は一人六分程度などというように、きわめて短いので、「さきほどの質問のことですが……」などと証人が言おうとしても、「時間がない。もう次の質問に移りましたから」と言われてしまい、訂正するチャンスがまったく与えられないのだ。

議院証言法は改正すべきだと思う。たとえば、証人喚問の議事録を証人に見せて、どこか言い間違いがあれば訂正できるようにすればいい。「一発勝負の答えで言い間違えたら終わり」というのは、証人にとってあまりにも酷である。

＊1　議院証言法：正式名称は「議院における証人の宣誓及び証言等に関する法律」。全九条から成り、補佐

人の選任、宣誓・証言・書類提出の拒絶、宣誓・証言中の撮影・録音の許可、偽証に対する処罰などが規定されている。

愛娘の記事で揺さぶりをかける

〇二年六月一九日に「やまりん事件」で逮捕された鈴木氏は、東京・小菅《こすげ》の拘置所の独房に勾留され、連日一〇時間近くの取り調べを受けた。一一月までは弁護士以外との接見が禁止され、家族との面会はもちろん手紙のやり取りも禁じられた。

ある取り調べの時、検察官がスポーツ新聞を持ってきて、鈴木氏にちらりと見せた。そこには、カナダに留学中の鈴木氏の長女・貴子《たかこ》さんの写真が大きく載っていた。後に貴子さんは衆院議員となるが、当時はただの学生である。娘の顔写真が新聞にでかでかと載っているのを見て、鈴木氏はドキッとした。検察官は深刻そうな顔で新聞を見ながら、

「娘さん、カナダの留学先で心配しているでしょうね」

と、思わせぶりに呟く。

鈴木氏は、娘の身に何かあったのか、マスコミが「鈴木宗男の娘」というだけで追いかけ回してひどい記事を載せたのだろうかと動揺し、どうしていいかわからなくなった。

後日、その記事は「獄中の父を信じている」という趣旨の好意的なものであることがわかった。鈴木氏が長女を溺愛していることを知っていた検察官は、それさえ利用して鈴木氏に里心がつくように仕向け、「罪を認めなければいつまでもシャバに出られないぞ。可愛い娘にも会

えないぞ。もう白旗を上げろ」と、揺さぶりをかけたのだ。

それでも鈴木氏は踏ん張った。保釈申請は検察の反対でなかなか認められず、四度目の申請でようやく認められた。勾留期間はほぼ一年三ヵ月（四三七日）に及んだ。その間に裁判は始まっており、鈴木氏が五〇〇〇万円の保釈金を支払って自宅に戻ってきた時には、すでに検察側の証人尋問はすべて終わっていた。

これについて佐藤優氏は、鈴木氏との対談のなかで、「鈴木先生を檻《おり》の中に入れて、関係者たちに『鈴木は表に出てこないから、何でもしゃべっちまえ』とするための方策です」と述べている。

検察に「殺された」元秘書

人質司法の問題は本人だけの話ではない。家族や部下が、まさに「人質」に取られてしまうこともある。政治家が標的にされた場合、秘書も逮捕されるのが通例である。

鈴木氏が「やまりん事件」で逮捕されたあと、七月下旬に元秘書の佐藤玲子《さとうれいこ》さん（当時六六歳）が、政治資金収支報告書虚偽記載の容疑で逮捕された。〇二年三月まで、鈴木氏の事務所で政治資金の会計責任者を務めていた女性である。

佐藤さんは、一九九五年に乳がんの手術を受けていた。その後、がんは子宮に転移し、闘病のために鈴木氏の事務所を退職していた。佐藤さんは、逮捕の二ヵ月前に手術で子宮を全摘出し、逮捕当時は、他の臓器にがんが転移しないよう放射線治療中という大変な状況にあった。

それにもかかわらず、検察は佐藤さんを逮捕し、「鈴木先生からの指示は受けていない」と否認したため、鈴木氏と同じ小菅の拘置所の独房に勾留したのである。

その年の夏は記録的な猛暑だった。拘置所の房はコンクリートの打ち放しで、熱の逃げ場がない。もちろん冷房はなく、鈴木氏に言わせると「日中は燻蒸室《くんじょうしつ》で燻《いぶ》されている感じ」だったという。佐藤さんは、そのような状況下に置かれ、連日取り調べを受けた。

検察官から佐藤さんの逮捕を聞かされた鈴木氏は、検察はそこまでやるのかと、絶句した。大手術からわずか二ヵ月後、しかも放射線治療中で逃げも隠れもできないのだから、身柄を拘束する必要などないはずなのに……。検察は、鈴木氏に対して、「お前が罪を認めなければ、佐藤を拘置所から出さないぞ」と脅した。鈴木氏は怒りに震えた。

「彼女は病気なんだ。人道的に扱ってくれ！」

呻《うめ》くように懇願したが、検察官は「しかたありません」とそっけなく答えるだけだった。

自分だけならどんな厳しい取り調べにも耐えるが、このまま佐藤さんの勾留が続いて放射線治療が中断すれば、がんは転移し、生命にかかわる。ついに鈴木氏は、意を決して、弁護士を通じて、

「俺は有罪になってかまわない。嘘の内容でも認めていいから、検察官の言うとおりにして、とにかく早くここから出してもらい、病院に行け。命の問題だ！」

と、検察の言うとおりの供述調書にサインをするよう佐藤さんに伝えた。

佐藤さんは、これに従って、検察の用意した調書にサインをして、保釈された。その後、一審公判に出廷し、「事実と異なることを検察官に無理やり言わされました」と供述内容を覆す

証言をしたが、裁判では法廷証言よりも調書の信用性が高いとされてしまった。

逮捕翌年の九月、佐藤さんは、がんが転移して亡くなった。接見禁止がついていたため鈴木氏は見舞いに行くこともできず、結果として、元秘書と再会できたのはお墓の前であった。

人の弱みに付け込む検察

一般の感覚からすると、検察がそこまでして鈴木氏を落とそうとしたことが理解できないかもしれない。しかし、検察はターゲットを落とすためなら「何でもあり」である。被疑者の弱みを探し出し、どんどん付け込んでくる。被疑者にとって大切な人、近い人ほど、ひどい目に遭う。

小澤一郎氏の「陸山会事件」でも、東京地検特捜部は、石川知裕氏の女性秘書を押収品の返却と偽って呼び出し、取調室に押し込んで約九時間、事実上身柄を拘束して取り調べをおこなった。この女性秘書は「陸山会事件」とは何の関係もなかったのに。

彼女には五歳と三歳の子供がいた。押収品を受け取るだけだと思って出向いたのに、考えもしなかったことだが、夜になっても取り調べは終わらない。

「保育園に子供を迎えに行かなければなりません。せめて夫に連絡させてください」

と彼女が懇願しても、民野健治《たみのけんじ》担当検察官は電話一本かけることも許さず、パニック状態になった彼女に対して、

「そんなに人生、甘くないでしょ」

と言い放ったうえ、

「電話をかけたければ、早く認めろよ」

と、虚偽の供述をするように迫ったという。

もともと特捜事件は物証が薄く、供述に頼らざるを得ないため、こういうことになるのだ。小澤事件の証人尋問で、私たちはこの女性秘書に取り調べの様子を詳しく証言してもらった。人質司法《ひとじち》によるこのような不当な取り調べは、数限りなくおこなわれている。

特捜事件は、検察としても、いったん動き出したら、中止も方向転換もできない闘いだ。ことに国策捜査では、標的となるのはたいてい政財界の大物だから、「見立て違いでした」となれば、逮捕にゴーサインを出した検事総長のクビが飛ぶ可能性が高い。特捜検事としての意地とプライド、「何がなんでも罪を認めさせなければ」というプレッシャーが、彼らを暴走させることになる。

しかも特捜部は、自ら事件の発端を見つけて捜査し、被疑者や関係者を取り調べ、逮捕し、起訴するすべての権限を有している。捜査権・逮捕権・起訴権の〝一体化〟により、暴走を止めることがますますできなくなってしまうのだ。

逆の見方をすれば、〝一体化〟しているからこそ特捜部は強い、とも言える。被疑者は「特捜に目をつけられたら必ず起訴される」と、非常に恐れるからだ。〝一体化〟がうまく展開する時には強大な力を発揮する。

しかし、強大な権力を持つ特捜部をチェックする機関はどこにもない。自分たちのやった捜査の適否を自らで判断するしかないのだが、それはかなり難しい作業だと思う。

相次ぐ関係者の死

検察による非人道的な逮捕・勾留によって「殺された」佐藤玲子さんを含めて、この事件では関係者が相次いで亡くなった。

「やまりん事件」の最重要証人だった山田勇雄会長は、鈴木氏の公判開始前に亡くなっており、事件の真相解明に支障をきたした。

「島田建設事件」の島田光雄社長は、検察に調書を取られたあと、急性の脳梗塞で倒れた。懸命の治療により一命はとりとめたが、喋ることも身体を動かすことも困難で、昔のことを思い出すこともできなくなってしまい、法廷での証言は不可能となった。

当時は公判前整理手続制度が導入される前であり、取り調べの可視化も実現前であったため、どのような経緯で関係者の供述調書が作られたのかもわからなかった。のちに私たちが関係者に確認したところ、検察のやり方は実に過酷で、密室での取り調べと自白強要で検察が作った調書にサインするまで、関係者はとことん責め立てられていた。

島田社長は古くからの鈴木氏の支持者だったから、検察は自分たちに都合のいい供述調書を取るために、相当な無理をしたはずである。

検察は、島田社長が証言不能となったことを奇貨とし、一審で、島田社長の検察官作成供述調書を証拠として採用するよう裁判所に求めた。供述不能は明らかだったため、結果的に証拠として採用されてしまった。

弁護団の法廷戦術

「ケースセオリー」とは、ある事件について弁護側の主張が正しいことを説得する核となる「理由」であり、これを弁護側の主張する事実経過、すなわちひとつの物語として構成したものを「ケースストーリー」という。「ケースセオリー」と「ケースストーリー」を区別せずに「ケースセオリー」と呼ぶこともあるので、以下、区別せずにケースセオリーとして論を進める。

日本の刑事裁判においてケースセオリーが重視されるようになった背景には、裁判員裁判制度の導入がある。

職業裁判官であれば、弁護側と検察側が提出した証拠や事件記録などを総合的に検討し、最終的な判断を下すことができる。弁護人としては、被告人に有利な事実と、それを裏付ける証拠を提示し、「検察ストーリーのこの部分は事実に反する」「検察の言うような事実はなかった」などと主張すれば、職業裁判官が「疑わしきは罰せず」の原理原則に則《のっと》って、適切に判断してくれるはずである（実際にはすべての裁判がそうとは限らないが）。

しかし、裁判員裁判では、このような方法をとることが難しい。裁判員は法律に関しては素人だし、職業裁判官のように事実の全体を俯瞰《ふかん》して分析・検討・判断をする訓練を受けていないからだ。特定の事情に引きずられてしまうこともあるかもしれない。何よりも、いったい事実経過はどうだったのだ、ということを、一つの合理的な物語として受け止めるほうが納得がいく。

したがって、弁護人が裁判員を説得する場合には、検察側の主張を単に「事実と違います」

と否定するだけでは弱い。なぜ違うのか、事実はどうだったのかまで踏み込んで、「物語」として提示しないと、裁判員にはピンとこない。

そこで、弁護側は、検察から開示された証拠を検討・検分し、事件関係者からいろいろな話を聞き、関連する資料などを読み込んだうえで、それらを総合すると事件の真相はこうに違いない、これなら立証できるし、不利益な証拠も説明がつくという筋書きを構築し、裁判員に提示するわけである。

ケースセオリーは、弁護側の法廷戦術の基礎となるものだ。そのため、弁護人は早い段階からケースセオリーを意識した弁護活動をすることが大切だとされている。

鈴木氏の事件について私たち弁護団がケースセオリーを構築した時には、まだ裁判員裁判制度は導入されていなかったので、裁判員を意識してすべてのストーリーを厳密に示したわけではなく、いくつかの個別的な問題について、「事実はこうだった」と提示する形となった。その内容は、次のようなものである。

❶やまりん事件のケースセオリー

【鈴木氏は「やまりん」から何の依頼も受けていない】

・「やまりん」の会長や関連会社の役員らが上京して鈴木氏を訪ねる前に、すでに他の代議士を介して、林野庁職員との面会はセットされていた。つまり、「やまりん」側が、行政処分で受けた損失を回復できるよう取り計らってほしいと依頼した相手は、鈴木氏ではなかった。

・「やまりん」側が鈴木氏を訪ねたのは、林野庁への陳情の「ついで」であった。同社は以前から鈴木氏の支援者であり、鈴木氏が内閣官房副長官に就任した直後だったので、単にお祝いを言ってご祝儀を渡しただけである。「ついで」に訪ねた人物に、いきなり賄賂を渡して頼みごとをするなどということは、常識的にあり得ない。

・鈴木氏が林野庁の伴次長に電話をしたのは、「やまりん」役員らとの面談の際に、「東京へは何しに来たの？」「じつは林野庁へお詫びを言いに……」という話が出たからである。それを聞いた鈴木氏は、「じゃあ、僕からも伴さんに、ちゃんと話を聞いてやってくれという話ぐらいはしておくよ」と、伴氏に電話をしただけである。

【損失回復の件は松岡利勝議員に一任していた】

・林野庁職員（日高業務部長ら）が松岡利勝議員と面談した時のメモ（面談内容の報告書）が、一審の証人尋問の時に弁護側から提出された。その面談メモには、林野庁職員が「一二分の四回復案」を提示したこと、松岡議員が「それなら了解だ」と言ったこと、が記されている。

・この面会メモの内容から、「やまりん」の依頼を受けて林野庁に要請をおこなっていたのは松岡議員であり、鈴木氏が「やまりん」の損失回復の件を、すべて松岡氏に任せていたことが裏付けられる。

・一方、林野庁職員（伴次長）は鈴木氏と面談したことについては、そのような面談メモすら作っていない。このことからも、この鈴木氏との面談が、林野庁として、記録しなければならないような重要なものでなかったことが明らかである。

【鈴木氏は林野庁の伴次長を〝恫喝〟していない】

・検察の主張によれば、鈴木氏が伴氏を呼びつけて「全量回復しろ」と迫ったのは、八月七日午後三時とされている。しかし、「やまりん」の高信社長室長が当時記していたメモから、同日午後二時の時点で「やまりん」関係者は地元の林野庁職員（絹川支局長）と会い、支局長に任せるとして、いわゆる〝手打ち〟をしていたことがわかる。一連の経過からして、一二分の四回復での解決と推認できる。

・当事者が〝手打ち〟をしたあとの時点で、鈴木氏が伴氏を呼びつけて「全量回復しろ」など
と、〝手打ち〟の内容とかけ離れた要求をするはずがない。

❷島田建設事件のケースセオリー

・島田建設の島田光雄社長は、古くからの鈴木氏の支援者であり、所用で上京した折には、鈴木氏のもとを訪ねていた。ほかの用事で上京した際の「ついで」の面談であり、鈴木氏に会うことを主目的として東京に来たことは一度もなかった。

・島田光雄社長は、そのような訪問時に、一〇〇万円程度の献金をしていたが、その時期は、同社が北海道開発局から港湾関係の工事を受注した時期とは一致していない。開発局からの受注がなくても献金をしていたし、大きな受注があっても訪れることさえなく、もとより献金もしなかった。したがって、島田建設が受注のたびに「口利き料」として一〇〇万円ずつ鈴木氏に現金を渡していたとする検察の主張は、およそ事実に反している。

・そもそも、巨額のお金が動く港湾工事の「口利き料」が常に一〇〇万円というのは、非常におかしな話である。あまりにも安すぎる。これについては鈴木氏も、
「大臣の私が危ない橋を渡って何十億円という仕事を取ってやったというのなら、その謝礼

が一件一〇〇万円とは、どういうことなんだ」と、呆れていたほどである。

・請託の基礎となった「請託メモ」記載の工事と、その後に島田建設が受注した工事は、およそ一致していない。他の業者に比べて、島田建設が特に多額の受注をしたとか、うまみのある工事を受注したという事実もない。

自死した松岡利勝議員

私たちは以上のような事実を提示して、検察ストーリーの不自然さ・不合理さを指摘し、有罪を認定した原判決は誤りであると主張した。

他方で、私たちは「やまりん事件」のキーマンである松岡利勝議員に会って詳しい話を聞き、法廷で証言してもらうことになった。

しかし、二〇〇六年七月一三日に証言台に立った松岡氏は、事前に私たちと話していた時とは違って、非常に曖昧な証言に終始した。結局、罪はすべて鈴木氏に被せられる形となってしまった。

証言のあと、鈴木氏が「どうしてちゃんと事実を話してくれなかったんだ」と言うと、松岡氏は、「入閣目前だったので、ちゃんとしたことが言えなかった」として、鈴木氏に詫びた。詫びながらも、逃げ切ったのである。

その直後の〇六年九月二六日に、松岡氏は、目論見どおり、農林水産大臣に就任した。しかし、松岡氏は、就任直後から事務所の経費や献金に関して疑惑が次々と浮上し、地元の談合問題でも検察に調べられた末、〇七年五月に自殺した。念願の大臣の座に就いて、わずか八ヵ月後のことであった。

鈴木氏は、松岡氏の死の四日前に会食していた。事務所の経費問題でマスコミの集中砲火を浴びていた松岡氏は、非常に弱々しい印象だったという。帰り際、松岡氏は、

「『やまりん事件』はすべて鈴木先生におっかぶせてしまい、申し訳ありませんでした。私も一回、大臣をやりたかったので本当のことが言えず……すみません」

と、泣きながら土下座をして謝ったそうである。

松岡利勝農相（当時）が自死したことを報じる南日本新聞の号外（2007年5月28日付）

控訴審中のことであり、この言葉を録音でもしておけば裁判で有利になったかもしれないが、鈴木氏はそんなことを考えもしなかった。そういう人なのである。

松岡氏は「やまりん事件」では助かったと言えるが、最後は結局、自身の疑惑に対する検察の厳しい追及に耐え切れず、命を落とした。

事件の重要証人である「やまりん」の山田勇雄会長はすでに亡く、島田建設の島田光雄社長も重度の後遺障害で証言不能となっていた。ここに、さらに松岡氏が亡くなったことは、鈴木

氏にとって取り返しのつかない不利益であった。

〇八年二月、東京高裁は控訴棄却の決定を下した。ただちに上告したが、最高裁でも私たちの主張は斥けられて上告棄却となり、二〇一〇年九月七日、懲役二年・追徴金一一〇〇万円の有罪判決が確定した。

その間に鈴木氏は、民主党が政権交代を実現させることになった〇九年八月三〇日の衆院総選挙に、「新党大地」から出馬して当選した。「新党大地」は、民主党の統一会派「民主党・無所属クラブ」に参加して与党会派に入り、鈴木氏は同年九月、安全保障の中核を司《つかさど》る衆院外務委員長に就任した。刑事被告人が国会の常任委員長を務めるのは、初めてのことだったらしい。

しかし、有罪が確定したことで鈴木氏は衆院議員を失職。同年一二月六日、栃木県の喜連川《きつれがわ》社会復帰促進センター[*1]に収監され、丸一年間を刑務所で過ごしたのである。

*1　喜連川社会復帰促進センター：東日本初、全国では三番目の、民間企業が運営に一部参加する、PFI（Private Finance Initiative）方式による刑務所。一九九九（平成一一）年に廃止された黒羽《くろばね》刑務所喜連川刑務支所跡地に開設された。

再審請求

再審請求に至った経緯

本節の冒頭でも触れたように、鈴木氏の有罪判決確定後、私たちは「やまりん事件」と「島田建設事件」について、再審請求の手続をおこなった。特捜事件としては、再審請求は史上初のことであった。

再審請求は、原判決の証拠が偽造や虚偽であったことが判明した場合や、判決に影響を与えるような、重大な新しい証拠が発見された場合におこなうことが認められている。しかし、そのような新証拠を探し出すことはすぐにできるものではない。

そこで、まずは公判で偽証をした二人の人物に対して刑事告発や損害賠償請求訴訟を起こし、それにより原判決の証拠が虚偽であることを証明しようとした。

これは、刑事訴訟法第四三五条二号で、再審請求ができる場合として、「原判決の証拠となった証言(中略)が確定判決により虚偽であったことが証明されたとき」とあるのを、民事裁判で偽証が証明された場合も該当するはずと考えたことによる。右の条文は、一般的には「偽証罪で有罪となったとき」と解されているが、検察側の証人を偽証罪で検察が取り上げることなど期待できるはずがない、ということが根底にあった。

公判で偽証をした二人の人物とは、「やまりん事件」当時に林野庁次長だった伴次雄氏と、「島田建設事件」当時に北海道開発局港湾部長だった後藤七郎氏である。二人は、それぞれの事件における役所側の重要人物であり、公判では検察側証人として証言していた。

伴氏は、東京地検特捜部のストーリーに合うような証言をし、その後、林野庁長官に〝出世〟した。〇七年、鈴木氏は伴氏を「やまりん事件で偽証された」として告発したが、東京地検は不起訴とし、検察審査会も「不起訴相当」と議決した。

これを受けて一〇年一〇月、伴氏に対して三三〇〇万円の損害賠償を求める訴訟を東京地裁に起こし、鈴木氏自らも法廷で証言した。しかし、東京地裁は一二年八月に訴えを棄却。私たちは控訴したが、結果的に一四年に敗訴が確定した。

島田建設事件に関しては、一一年一二月に後藤氏に対して三三〇〇万円の損害賠償を求める訴訟を東京地裁に起こした。

後藤氏は、一審で「私は鈴木氏から頼まれたからやっただけ」と証言したが、それを裏付ける部下の動きなどは何も出てこなかった。検察側に有利な証言をした彼は、官製談合事件での摘発を免れている。私たちからすれば、むしろ後藤氏のほうが疑惑に満ちていたのだが、こちらも私たちの負けとなった。

民事の裁判官には刑事の裁判官への遠慮もあったようで、証言内容が客観的事実と明らかに矛盾していたり、きわめて不合理であることなどを指摘しても、時間の経過で記憶が曖昧になっただけなどとして、お茶を濁す形で踏み込んでくれず、これらの裁判では、はかばかしい展開はなかった。

しかし、民事裁判を進めるなかで、思わぬ収穫があった。以下に詳しく述べるように、検察官が証人尋問で事件関係者の証言を誘導するために作成した、「尋問シナリオ」の存在が明らかになったのである。

これなら再審も可能だと私たちは判断した。本来の目的は刑事裁判で無罪を獲得することだったので、民事裁判と並行して再審請求をすることになった。

検察が強いた虚偽証言

少し時間が遡るが、私たち弁護団は控訴審を受任した段階から、一審の弁護活動で分断されていた事件関係者との信頼関係の再構築に努め、「やまりん」や島田建設の関係者のもとに何度も足を運び、話を聞いた。

当初は皆、なかなか心を開いてくれなかった。ほとんどの関係者が検察の圧力に逆らえず、法廷で事実と異なる証言をしていたので、偽証罪で逮捕されることを恐れて慎重になっていたのである。

しかし、時間がたつにつれて、一人、二人と重い口を開きはじめた。偽証したことが心に引っかかっていて、「やはり本当のことを話したい」と考える人が少しずつ現れたのだ。

検察のシナリオの話が出てきたのは、「請託メモ」を作ったとされた島田建設の山口部長と面談している時だった。いろいろと話を聞いていくうちに、山口氏は、

「一審で私が証言したことは事実とぜんぜん違います。本当は、こういうことなのです」

と、事実を話してくれた。

「でも、あなたは証人尋問でそういうことは言っていませんでしたね」

と私が言うと、彼はこう答えた。

「あれは検察官の筋書どおりに喋っていたんです。証人尋問の前に検察庁に呼ばれて、尋問での問いと答えが詳しく書いてある〝想定問答集〟のようなものを渡されて、これを覚えてこい、法廷ではこのとおりに喋れと言われました。それで覚えたとおり喋ったのです」

彼は、保管していたその〝想定問答集〟つまり検察作成のシナリオを渡してくれた。照合してみると、シナリオに書かれている答えと証人尋問調書の答えは、全部一致していた。

さらに、「やまりん事件」の証人尋問でも検察のシナリオが使われていたことがわかった。「やまりん」の関連会社の社長だった赤堀《あかぼり》氏も、同様の検察作成の問答集をまだ持っていたのだ。

両事件とも、検察官は自分たちに都合のいい内容の〝想定問答集〟を作り、「こちらがこう質問するから、こう答えろ」と、法廷でシナリオどおりに話すよう証人に強要していたのである。

〝想定問答集〟はB４判、三八ページで、左側に法廷で予定される検察側の質問、右側に証人が証言すべき答えがワープロで記されていた。証言すべき内容は全部で二三九項目にもおよぶ。それらは当然、証人の記憶や経験したこととは違うので、検察官は「宿に帰って完全に覚えるまで復唱しろ」と、宿題でも出すように証人にシナリオを渡していた。

通常、検察官は、このような不正な資料をすぐに回収してしまう。本件でも、尋問が終わったあと、すべての証人にシナリオを返却するよう指示していたはずだが、結果として、山口氏と赤堀氏とは返さずに持ち帰っていたのである。よく、これを長年保管しておいてくれたと感謝した。

後日、私たちは再審請求したのちに、その余の尋問シナリオの提出を求めた。裁判所は検察側に対して開示命令を出してくれた。すると検察官は渋々それに従い、七つか八つのシナリオを出してきた。

「シナリオ尋問」の実態

以下に、赤堀氏が検察官から渡されたシナリオの一部を原文のまま紹介する。文中の「被告人」は鈴木氏、「会長」は「やまりん」の山田勇雄会長、「林野庁の次長」は伴次雄氏、「証人」は赤堀氏、「喪」とは「やまりん」が受けた行政処分期間のことである。

問い　被告人に対して、お金を渡すということについては、どうお考えでしたか。
答え　私、元々、鈴木代議士を支持していましたから、就任祝い金を出すということ自体については、異論はありませんでした。ただ、会長は、鈴木代議士にお願いをして、お金を渡すということでしたので、お願いの見返りということになってしまうと思って、そんなことまでするのかということで、抵抗はありました。
問い　そのお考え、これは、会長には話されたんですか。
答え　いいえ、会長のご判断ですし、その場で、そんなことを言い出すわけにはいきませんでした。
問い　証人、ただ今の会長の被告人へのお願い、これを聞いて、どう思われましたか。
答え　私、単なる就任祝だと思っていたんです。それが、喪が明けてから年度内というと2月と3月の2か月しかないわけで、その間に、例年並みの実績というのは無茶なお願いだと思いましたし、そんなお願いを、全員の前で、公然と、会長が口にしたことに正直驚きました。

（中略）

問い　被告人は、そのお願いに対して、どう応対してきたのですか。
答え　確か、すぐには、うんと言ってくれなかったんです。それで、会長が、そこを何とかとか言って、ねばったのを覚えています。
問い　結局、どうなったのですか。
答え　引き受けてくれたんです。鈴木代議士は、確か、「分かりました。やまりんさんのために尽力してみましょう。」と言ってくれたと覚えています。
問い　引き受けてくれたと、その後、どうなったんでしょうか。
答え　鈴木代議士が、すぐに、林野庁の次長のところへ電話を入れてくれました。
問い　証人は、林野庁の次長をご存じだったのですか。
答え　次長さんは、それまで、林野庁の業務部長をされていた方で、業界団体の集まりなどで、私も面識がありました。

赤堀氏は、こうしたやりとりを丸暗記するよう検察官に指示され、公判直前にはシナリオを見ずに証言する練習もさせられた。「覚えるのが大変でした」と赤堀氏は言っていた。シナリオの重要な箇所は、アンダーラインや☆印で強調されている。右に挙げたやりとりは、単なる祝儀が口利きの見返りだったと思わせるような言葉が並び、鈴木氏が「やまりん」のために、すぐ林野庁の伴氏に電話をしたことが強調されており、すべての問答にアンダーラインや☆印が付いている。検察にとって非常に重要な証言だったことが窺える。

このように、検察官が作った〝想定問答集〟に沿っておこなわれる証人尋問を、「シナリオ尋問」と言う。証人を誘導してはいけないのは刑事裁判の鉄則である。そのため、証人尋問の打ち合わせの時にも調書を見せないよう、厳しく制限されている。ところが検察は、誘導の最たるものであるシナリオ尋問を重ねていたのである。

私が弁護をおこなった「安部英医師薬害エイズ事件」でも、検察側の証人となった木下忠俊《きのしたただとし》医師がシナリオ尋問によって安部氏に不利な証言をした。その医師も、検察官から分厚いシナリオを渡され、丸暗記するまで練習させられていたことがわかっている。

険しい再審開始への道

二〇一二年一一月二九日、私たちは東京地裁に再審請求の手続をおこなった。特捜事件としては初の再審請求であった。

島田建設の山口部長は、シナリオの原本を提供してくれたほかに、シナリオ尋問を押し付けられたいきさつも含めた陳述書も書いてくれた。その一部を紹介しよう。

三月二五日に東京地検特捜部に行くと、担当の水野谷幸夫《みずのやゆきお》検事から、「こう質問するから、こう答えてくれ」と問答の書かれたシナリオを渡されました。このシナリオは、私が呼ばれていったら既にできあがっていたものであり、私と打ち合わせ等をして作られたものではありません。捜査段階で作成された私の供述調書をベースにして、検察庁側のストーリーに合うように、このシナリオが作られたのだと思います。先ほど述べたように、供述調書の内容や検察庁側のストーリーは私の記憶や体験と異なりますので、当然、このシナリオの内容も、私の記憶や体験と異なるものでしたが、この通りで間違いないか、何か違うところがあったら言ってほしいといった発言は検事からはなく、「こう質問するから、こう答えてくれ」ということでした。私も、取り調べを受けたときの経験から、既にストーリーができあがっていて、私がそれに反する話をいくらしても無駄だということはわかりきっていましたので、もう異論は差し挟みませんでした。

私はその日、北海道にシナリオを持ち帰り、ポイントを書き出したり、コピーして答えの部分を切り離したりして、シナリオの内容を暗記しました。

「こう答えてくれ」ということだったので、一生懸命暗記しました。質問事項がかなり多く、苦労しました。

これらは、裁判所に提出した八点の新証拠のなかでも大きな柱となった。

しかし、これだけの新証拠が出てきても、東京地裁の家令和典《かれいかずのり》裁判長は再審請求を認めてくれなかった。二〇一九年三月、私たちは東京高裁に即時抗告した。

東京地裁の決定が出るまでには六年半近くかかっている。なぜこんなに時間がかかるのかというと、再審事件は通常事件としてカウントされないからだ。再審事件を担当しても裁判官の評価にはつながらないし、刑事訴訟法で手続が規定されているわけでもないので、裁判所も不熱心だ。極端なことを言えば、放っておいてもいいわけである。

東京高裁の判断がいつ出るのかは、まったくわからない。しかも、高裁になると「地裁の決定がきわめておかしいかどうか」という基準で再審開始の適否が判断されるので、よけい厳しくなる。

鈴木氏は東京高裁に蹴られれば最高裁までいくつもりだが、そこでもだめだった場合、第二次、第三次と再審請求を繰り返すかどうかは、難しい判断になる。鈴木氏の事件は、財田川《さいたがわ》事件[*1]や松山事件[*2]のように科学的な鑑定によって原判決が覆る可能性のある事件ではないし、二〇二二年六月には鈴木氏の逮捕から二〇年が経過する。関係者の記憶は時とともに薄れていくし、証言をした人たちは次々と亡くなっている。検察のシナリオを提供し陳述書を書いてくださった山口氏も、重い後遺症に苦しんでいた島田光雄氏も、その後亡くなってしまった。

関係者の供述が中心となる事件の再審請求には、そういう難しさがある。

*

亡くなった山口氏の陳述書には、「真実を明らかにしたい」と記されていた。

関係者がこのような心境になり、一審と異なる新たな証言を集めることができたのは、私たちが熱心に関係者の声に耳を傾けたこと、村木厚子さんや小澤一郎氏の事件における検察の暴走が批判されていたこともあるが、最も大きな理由は、鈴木氏本人が一貫して無実を主張したことである。

検察官から「鈴木に味方してもろくなことはない」「お前を談合で挙げることもできるんだぞ」などと迫られれば、多くの関係者はその脅しに屈してしまう。さらに本人が罪を認めていれば、自分が損をしてまで真実にこだわる必要はない、という気になる。

しかし、鈴木氏が必死でバッシングに耐え抜き、むしろメディアに積極的に登場して無実を訴えている姿を見れば、「検察の脅しに屈したのは間違いだった」「目を背けてきた課題に向き合おう」という気持ちが生じ得る。

山口氏は、真実を打ち明けた時の心境を以下のように述べている。

「本当のことを隠したままでいるのは鈴木先生に申し訳ないという気持ちは、のどに刺さった骨のようにずっと胸の奥にありました。今回、刑務所勤めを終えられた鈴木先生から、本当のことを話してほしいといわれ、正直申し上げて、大変悩みました。取り調べや裁判で話したことと異なることを言った場合に、何か制裁があるのではないだろうかとか、もう二度と面倒なことに巻き込まれたくない、平穏な日々を送りたいという気持ちもやまやまだったのですが、他方で、やはり人として、事実と異なることを言ったままにしているのはよくない、本当のことを言うべきではないだろうかと思い、意を決して、本当のことをお話しすることにしたのです」

村木さんの事件にも言えることだが、本人がいかにくじけずに無実の主張を貫くかが、無罪判決や再審請求への道を開くカギになるのである。

＊1　財田川事件：一九五〇（昭和二五）年、香川県三豊郡財田村（現・三豊市）で男性が全身三〇ヵ所を刃物で刺され現金を奪われた事件の容疑者として、隣町で起きた強盗事件の犯人二人が逮捕された。一人はアリバイが成立して釈放されたが、谷口繁義《たにぐちしげよし》氏は拷問により自白を強要され起訴、五七年に死刑が確定。八一年に再審が開始され、自白調書と物的証拠（犯行時の衣服に付着していたとされる血痕）の疑わしさが認められ、八四年に無罪判決が下された。谷口氏の獄中生活は三四年近くに及んだ。

＊2　松山事件：一九五五（昭和三〇）年、宮城県志田郡松山町（現・大崎市）で起きた強盗殺人・放火事件

で、斎藤幸夫《さいとうゆきお》氏が別件逮捕ののち自白強要により再逮捕・起訴され、六〇年に死刑が確定。七九年に第二次再審請求が認められ、再審で自白強要が判明、証拠とされた布団の血痕は警察の捏造であることも判明した。斎藤氏は八四年に無罪判決を得たが、二八年七ヵ月の獄中生活を強いられた。

結果の社会的影響

検察庁の裏金疑惑

改めて鈴木氏の事件を振り返ってみると、田中眞紀子氏と鈴木宗男氏をまとめて排除したいという小泉政権の思惑のほかに、さまざまな政治的意図が見え隠れする。

まず、鈴木氏の逮捕の時期だ。検察は、逮捕のタイミングを見計らっていた節がある。

当時、検察庁には裏金疑惑が浮上していた。〇二年四月、大阪高等検察庁の三井環《みついたまき》[*1]公安部長（当時）は、検察幹部が年間五億円以上の調査活動費を私的な飲食やマージャン、ゴルフなど遊興目的の裏金にしているとして、テレビの報道番組などで告発したのち、衆院法務委員会の証人喚問で証言しようとしていた。

テレビ朝日の報道番組「ザ・スクープ」では、ジャーナリストの鳥越俊太郎《とりごえしゅんたろう》氏が三井氏に告発インタビューをおこない、ビデオ収録する予定になっていた。ところが、その収録当日の朝、三井氏は大阪地検特捜部に任意同行を求められ、不動産入手をめぐる詐欺容疑でそのまま逮捕された。

五億円超の裏金が国会で追及されれば、検察庁は崩壊してしまいかねない。危機的状況に陥った検察は、三井氏の逮捕により、内部告発を水際で阻止したわけである。この〝水際作戦〟には、のちに村木厚子さんの事件に絡む証拠隠滅問題で逮捕されることになる、大坪弘道大阪地検特捜部長も関与していた。

三井氏の逮捕劇は、あまりにも露骨な「口封じ」として、マスコミの厳しい批判にさらされる可能性があった。これを機に、東京地検特捜部は鈴木氏逮捕に向けた動きを急展開させ、三井氏逮捕から二ヵ月もしないうちに鈴木氏を逮捕した。

前後の状況から考えれば、検察の動きは、国民やマスコミの批判の目を裏金問題からそらし、関心を「鈴木宗男の一連の犯罪」へと転じさせる狙いがあったことが疑われる。

もう一つ、鈴木氏の有罪が確定した上告棄却の時期についても「疑惑」が残る。

最高裁が鈴木宗男事件の上告棄却の決定を出したのは、二〇一〇年九月七日だった。無罪が確実視されていた村木厚子さんの判決（九月一〇日）の直前である。

この時期が持つ意味を考えると、村木さんの無罪判決によって〝特捜神話〟は崩れ、検察の捜査に対する疑念と批判は当然高まる。そうなれば最高裁は、「国策捜査によって事件が作られた」という鈴木氏の主張を無視することはできなくなった可能性がある。

村木さんの判決が九月一〇日に出るとわかっていたから、最高裁は「どうせなら、それよりも前に上告棄却の決定を出してしまおう」と考えたかもしれない。これはあくまでも想像であり、実際には単なる偶然だったのかもしれないが、鈴木氏はこう言っていた。

「村木さんの判決が出て、特捜がいかにでたらめな捜査をやるかわかれば、最高裁も上告棄却するかどうかを考え直してくれたんじゃないだろうか」と。

他方で、この時期は、小澤一郎氏と菅直人氏が争った民主党代表選のさなかでもあった（投票日は九月一四日)。

代表選で小澤氏を支持していた鈴木氏の有罪が確定すれば「小澤潰し」が狙える、と考えた人たちがいたとしても、おかしくない。あるいは、その逆に、鈴木氏を衆院外務委員長に抜擢《ばってき》したのは小澤氏だったから、小澤政権が実現すれば鈴木氏の政治的影響力が強まって排除することが難しくなる、と危機感を募らせた人たちもいたかもしれない。

いずれにしても、上告棄却の決定が通常よりも早かったことに、さまざまの政治的意図を感じざるを得ないのである。

＊1 三井環：司法修習二四期。一九七二年検事任官。各地の地検検事、大阪高検検事、名古屋高検総務部長などを経て、九九年、大阪高検公安部長に。〇一年から裏金問題を内部告発。〇二年の逮捕後、収賄罪や公務員職権濫用罪で起訴され懲戒免職。一五回におよぶ保釈請求の末、逮捕から一一ヵ月後にようやく保釈。〇八年、懲役一年八ヵ月・追徴金約二二万円の実刑判決が確定し法曹資格を失い、大阪拘置所に収監された。

アメリカの圧力は本当にあるのか

国策捜査は、時代とのかかわりのなかでなされる。戦後史の表に現れた現象だけを見れば、アメリカから距離を置こうとした政治家、中国や北朝鮮やロシアなどに近付こうとした政治家は、相次いで摘発されてきた。

GHQ(連合国軍総司令部)の駐留予算を削減した石橋湛山《いしばしたんざん》が公職追放処分を受けたことをはじめ、日ソ国交回復を推進した鳩山一郎《はとやまいちろう》、日中国交正常化を実現させた田中角栄、中国・北朝鮮に近かった金丸信《かねまるしん》や加藤紘一《かとうこういち》、沖縄の普天間《ふてんま》飛行場移設は「最低でも県外」との発言で合衆国連邦政府から猛烈な反感を買った鳩山由紀夫ら、対米自立路線を模索した政治家たちは、何らかの形で政治の表舞台から引きずり降ろされた。

逆に、長期政権を誇ってきたのは対米重視派の政治家だ。

一九五一（昭和二六）年に日米安全保障条約を締結した吉田茂。「核抜き本土並み」を骨抜きにして沖縄返還を実現し、日米安全保障条約を自動延長させた佐藤栄作《さとうえいさく》。貿易摩擦等で悪化していた日米関係を修復・強化し、ロナルド・レーガン米大統領と個人的にも親密だった中曾根《なかそね》康弘《やすひろ》。新自由主義でアメリカに向けて市場を開き、中国・ロシアとの関係を悪化させてアメリカ一辺倒の外交を展開した小泉純一郎。在日米軍と自衛隊の一体化を目指し、「必要最小限度」を超えた集団的自衛権の行使を可能にするため憲法第九条を書き換えようとした安倍晋三。対米重視派のこの五人は、「歴代内閣総理大臣在任期間ランキング」で戦後のトップ5を占めている。

地政学的に見て、アメリカが日本を常に自らの制御下に置こうとしていることは間違いがない。アメリカからすれば、日本にあまり「自立」してもらっては困る、という判断があるだろう。

こうした観点から、鈴木氏や小澤氏が国策捜査の標的にされた背景として、アメリカの圧力を指摘する声もある。

鈴木氏が政界きってのロシア通であることは、前述の通りである。

小澤一郎氏は、鳩山由紀夫氏とともに「東アジア共同体構想」を掲げ、対米従属からアジア外交に力を入れようとした。〇九年一二月には、民主党議員一四三人を含む大訪中団を率いて中国を訪れ、胡錦濤《こきんとう》国家主席（当時）ら要人と会談して注目を集めた。小澤氏が、次代の実力者と目した習近平《しゅうきんぺい》国家副主席（現・国家主席）と天皇（現・上皇）との会見を宮内庁の反対を押し切ってセットしたことが、物議をかもしたこともあった。

アメリカが鈴木氏と小澤氏を警戒すべき政治家と見ていたことは、間違いないだろう。

思い出・エピソード

親しみやすさとしぶとさ

東京駅前の新丸ビルの中に、北海道各地の港から魚が直送されてくる寿司屋「たる膳」がある。そこが鈴木氏の行きつけで、私も何度か一緒に食べに行った。鈴木氏の顔は広く知られているので、行く先々で人が寄ってくる。新丸ビルをエスカレーターで上がっていくと、「ワーワー、キャーキャー」言いながら大勢の人が集まってきた。鈴木氏はニコニコして皆と握手する。寿司屋にたどり着くまでにかなり時間がかかった。

控訴審、上告審を闘っているころ、女満別《めまんべつ》空港の中には「宗男グッズコーナー」があり、鈴木氏の似顔絵を使った「ムネオくん」という人形や、キーホルダーなどのグッズがたくさん売られていた。空港でキャラクターグッズコーナーが設けられている政治家というのは、ほかにいないと思う。

こうした親しみやすさの一方で、鈴木氏には非常なしぶとさがある。

どんなバッシングにも耐え抜き、逮捕されても自分は間違ったことはしていないという信念から、議員バッジを外さなかった。拘置所内では検察官との消耗戦に備えて、朝昼一〇分ほど放送されるラジオ体操を一日も欠かさず続け、時間を見つけては腕立て伏せと腹筋運動をやった。そして今は政治家として復活し、再審請求も最高裁までやり抜く気でいる。

その精神的な強さはどこからくるのか。彼は拘置所での日々を次のように語っている。

——自分の住んでいた足寄《あしょろ》の家は、昭和三六（一九六一）年まで電灯がなくランプ生活、零下三〇度を超す寒さのなかを薪ストーブで過ごした。それに比べれば拘置所はずっと暖かくて暮らしやすかった。食事も、子供の頃に麦四・米六の真っ黒なご飯を食べていた私にとって、まずいはずはなかった。

彼はまた、オフィシャルブログのなかでこうも言っている（原文のまま）。

——厳しい自然環境、生活環境が根性とかやる気とか優しさ、思いやり、みんな助け合って生きていく心が養われた。

喜連川社会復帰促進センターに収監された鈴木氏に私は何度か面会に行き、「みんな助け合って生きていく」姿を目の当たりにした。

当時から刑務所に収監されている者のなかには高齢者が非常に多く、身体の具合が悪い人もいた。鈴木氏は刑務所で、そういう人たちの世話を担当させられていた。身体が思うように動かないお年寄りを風呂に入れたり、下の世話をしたり。それを嫌がらずに、相手のことを考えながら、本当に一生懸命になって介護をしていたのである。

私は胸を打たれた。大事なことだと思った。

苦労人の彼は、そういうことを厭《いと》わない。だから、刑務所でも皆に尊敬されていた。

家族や友人との強固な結束が支えに

精神的にタフな鈴木氏も、四三七日におよぶ勾留期間中、終始闘う姿勢を維持できていたわけではない。取り調べ検察官が「保釈」をちらつかせながら、「(議員) バッジを外したほうがいい」と迫ってきた時、一度は政界引退を考えた。

その時、弁護人を通じて鈴木氏にメッセージを届けて励ましたのは典子《のりこ》夫人だった。

「悪いことをしていたなら、バッジを外して、政治家を辞めなさい。でも悪いことをしていないなら、信念を持って闘ってください」

「あなたがいない間、私が後援会も事務所も守ります。だから安心して」

二人は職場結婚だ。鈴木氏は大学在学中から中川一郎[*1]氏に仕え、やがて筆頭秘書となった。典子夫人も中川氏の元秘書である。私は何度も典子夫人にお会いしている。非常にしっかりした方で、政治のこともよくわかっていた。拘置所の夫がいちばん心配しているのは、後援会組織と事務所のことだということも。

娘の貴子さんは、留学中のカナダからメールを送ってきた。鈴木氏は、そのプリントアウトを読みながら目頭が熱くなったという。

「お父さん、自分の歩んだ過去は絶対、否定しないでください。自信を持って、信念を持って主張してください」

鈴木氏と、ご家族、秘書らの結束は非常に固い。

そして友人。シンガーソングライターの松山《まつやま》千春《ちはる》氏は、鈴木氏と同じ足寄町出身で、同じ高校の先輩後輩の仲である。松山氏は、鈴木氏の初当選時から選挙を応援してきた。鈴木氏が代表を務める地域政党「新党大地」の名付け親でもある。一連の「宗男バッシング」の際には、鈴木氏を擁護したため自身のラジオ番組に批判の声が殺到したが、「宗男擁護」を貫いた。

ちなみに、小澤一郎氏の事件で逮捕された石川知裕氏も足寄町出身だ。石川氏は起訴後に民主党を離党したのち、一二年一二月の第四六回衆院総選挙に「新党大地」から出馬して当選したが、自身の裁判で一審に続き控訴審でも有罪判決が出たことを受け、「上告審に専念したい」として一三年五月に議員辞職し、鈴木氏の娘の貴子さんが繰り上げ当選した（その後、石川氏は鈴木氏の同意を得て「新党大地」を離党）。

北海道出身の八角《はっかく》親方（元横綱北勝海《ほくとうみ》、現・日本相撲協会理事長）とも鈴木氏は親しい。

鈴木氏が収監される前、支援者の会合が開かれたことがあった。その席で松山千春氏は、こう挨拶した。

「一億二〇〇〇万人の国民が鈴木宗男を悪いと言っても、オレは一人でも鈴木宗男をかばうぞ。彼はそんな汚いおカネをもらう人間ではない。みんなが鈴木宗男に石を投げるなら、その投げられた石の一つひとつ、オレが全部受け止めてやる」

普通に考えれば、世間から「極悪政治家」のごとく見られていた鈴木氏を応援して、友人や支援者が得をすることはない。鈴木氏は、地域との密着を大切にする〝情の人〟である。それが同郷の友人や支援者との固い結びつきを支えているのだと思う。

こんなこともあった。鈴木氏の収監後、資金集めのパーティーが都心のホテルで開かれた時のことである。私もスピーチをするよう頼まれていたが、その日は台風が関東地方を襲い、夕クシーがつかまらなかった。豪雨と強風で傘もさせず、全身ずぶぬれになって会場まで歩いた。こんな日にパーティーを開いても、誰も来ないだろうと思っていた。

ところが、到着してびっくりした。なんと、会場は満員だったのだ。

飛行機も電車も止まっているのに、みんなどうやってここまで来たのだろう。しかも、当の鈴木氏は獄中で参加できないというのに――。鈴木氏の人柄のなせる業だと思った。

＊1　中川一郎：農林水産大臣、科学技術庁長官等を歴任した自民党タカ派議員。八二年に自民党総裁選予備選に立候補するも票は集まらず、翌八三年、札幌のホテルで自殺。中川昭一氏の父。

同種事件

KSD事件　二〇〇〇年

「参院のドン」と呼ばれていた自民党の村上正邦元労働大臣が、受託収賄容疑で東京地検特捜部に逮捕・起訴された事件である。他に、多くの政治家の関与も取沙汰《とりざた》された。

村上氏の容疑は、「ものつくり大学」の設置を目指すKSD（ケーエスデー中小企業経営者福祉事業団、現・あんしん財団）の元理事長から頼まれて、参院本会議で同大学の設置に有利となる代表質問をおこない、その報酬として現金五〇〇〇万円を受け取った、というものであった。しかし、五〇〇〇万円の供与は問題となった代表質問の半年以上もあとであることから、村上氏を標的とした国策捜査との批判もある。

村上氏は一貫して無実を主張したが、〇三年に東京地裁で懲役二年二ヵ月・追徴金約七三〇〇万円の実刑判決を受け、ただちに控訴。私は控訴審から村上氏の弁護団に入った。

一審の証人尋問で贈賄を認めていた元理事長は、控訴審では全面的否定に転じ、虚偽の証言をした理由も詳しく説明した。だが、東京高裁はその信用性を認めず控訴棄却となり、村上氏は上告。〇八年三月、最高裁は上告を棄却し、有罪が確定した村上氏は刑務所に収監された。

服役を終えた村上氏は再審請求をしたが棄却され、抗告。抗告審（裁判所が抗告の当否を審理すること）の決定を待っているさなかの二〇二〇年九月に死去した。

第二章
政治の季節

東大安田講堂に立て籠もる学生たちに放水する機動隊（写真左）。東京大学経済学部前で衝突する過激派学生たち（写真上）

（写真提供：共同通信社）

マクリーン事件——一九七〇年受任

驚愕の大法廷判決

ひどい大法廷判決をもらってしまった。

一九七八（昭和五三）年一〇月四日、最高裁大法廷は、在日米国人英語教師のロナルド・アラン・マクリーン氏に対して「本件上告を棄却する。上告費用は上告人の負担とする」との判決を下した。いつももらう三行半《みくだりはん》の判決ではなく、九ページにわたっての判断が示されていた。後述するように、ひどい内容の判決であった。団藤重光《だんどうしげみつ》、環昌一《たまきしょういち》、本林讓《もとばやしゆずる》などの敬愛する裁判官も含めての全員一致の判決であった。

その八日後の一〇月一二日には、有楽町の日本外国特派員協会[*1]（以下、外国特派員協会）で特別の記者会見が開かれた。外国人記者は、この判決の意味や今後の影響について、熱心に私たちに質問を浴びせてきた。

なにしろ、この判決は、日本に滞在する大勢の外国人記者にとっても、とんでもなく重要な意味を持っていたからだ。法務省入国管理局（以下、入管。現在の出入国在留管理庁）の警備課調査係は、マクリーン氏を監視し続けて、法務省として許せない彼の行動を記録してレポートとして裁判所に提出したが、そのなかには、マクリーン氏が『毎日デイリーニューズ』読者欄に本名で投稿したことも挙げられていたのである。新聞への投書によるベトナム戦争非難や日本の入管行政に対する批判も、デモ参加と同様に、法務省から見ればきわめて好ましくない行動であり、在留期間更新を認めずに日本から追い出す必要のある行為とされたのである。

そして、このことにお墨付きを与えたのが、この大法廷判決であった。実際、最高裁判決では、集会やデモ行進への参加と新聞への投書との間に何の区別も設けられていない。

「この最高裁大法廷判決は、入管のレポートに基づいて、「上告人（＝マクリーン氏）の右活動のなかには、わが国の出入国管理政策に対する非難行動、あるいは（中略）日本国とアメリカ合衆国との間の相互協力及び安全保障条約に対する抗議行動のようにわが国の基本的な外交政策を非難し日米間の友好関係に影響を及ぼすおそれがないとはいえないものも含まれており、被上告人（＝入管）が、（中略）上告人の右活動を日本国にとって好ましいものではないと評価し」て在留期間更新を認めないことは、違法ではない、と結論づけたのである。最高裁は、デモとかビラ撒《ま》きとかの行動形態ではなく、わが国の政策に対する非難とか米国によるベトナム戦争への抗議の表明といったマクリーン氏の表現の内容そのものを問題視したのである。

したがって、この判決は外国人記者たちにとっては、ひどく衝撃的であった。

外国人が（この判決には「外国人のくせに」というニュアンスが多分にあった）、新聞に日本の政策批判やベトナム戦争への抗議を内容とする投書をすることが「悪いこと」なら、日本の政策批判やベトナム戦争への抗議を内容とする記事を掲載したり、それを本国に送る外国人記者の行為も、同じく、「悪いこと」になるはずである。彼らにとって、マクリーン氏が受けた弾圧は決して他人事《ひとごと》ではなかったのである。

マクリーン判決は、「日本に在留する外国人に対しても日本国憲法による基本的人権の保障がおよぶことを認めた判決」と理解される面があるが、それは、在留期間更新を心配しなくていい一部の外国人に限ってのことにすぎない。それ以外の外国人にとっては、基本的人権、とりわけ表現の自由の保障がないことを明らかにした判決と評価すべきなのである。

＊1　日本外国特派員協会：一九四五年、太平洋戦争の終結にともない日本に着任した新聞社、通信社、雑誌社、ラジオ局に勤務する外国人ジャーナリストや写真家らが、取材拠点として創設した記者クラブ。国内外の首相・大統領、政治家、経済人、文化人、重要事件の関係者らの記者会見が頻繁におこなわれている。

学生たちの反乱

一九六〇年代後半をひとことで表現すれば、「政治の季節」と言えるだろう。

フランスでは六八年五月、パリ市内の学生街カルチエ・ラタンで多くの大学生が教育政策への不満を爆発させ、暴動を起こした。これを機に、フランス全土で労働者や市民による反政府運動が巻き起こり、ド・ゴール大統領退陣のきっかけとなった（五月革命）。

カルチエ・ラタンの暴動は日本にも飛び火し、学園闘争の炎は瞬く間に全国の大学に燃え広がった。私の母校・東大でも、多数の学生が安田講堂などいくつかの建物に立てこもったが、一九六九（昭和四四）年一月、機動隊との激しい攻防戦の末に安田講堂は〝陥落〟。その余波で、東大の入学試験は中止になった。

一方、アメリカではベトナム戦争が泥沼化していた。ベトナム戦争に反対する市民運動は、学生運動と結びつき、世界的な広がりを見せていった。

こうした政治的反乱は、第二次世界大戦後、経済発展至上主義をとってきた国際社会が、大きな曲がり角を迎えたことを示唆していた。戦後、高度経済成長の坂を上り続けてきた日本では、公害や薬害などの深刻な社会問題も生じ、これらを批判する世論も高まっていた。従来の体制が疲弊し、さまざまな問題が顕《あら》わになってきたのだと思う。

事件の概要

強制送還の危機に瀕した米国青年

本件は、日本における反戦活動等の表現行為が政治活動に該当するとして、在日米国人英語教師のロナルド・アラン・マクリーン氏が在留期間更新を不許可にされた事件である。在留期間更新について、法務大臣に大幅な裁量権を認めたとんでもない判決である。それにもかかわらず、日本に在留する外国人に対しても、日本国憲法による基本的人権が保障されることが、最高裁大法廷判決として初めて確立したものと位置づけられて、すべての憲法の教科書に重要判例として載ることとなった。

弁護士バッジをつけてまだ四ヵ月目の私は、同期の秋山幹男《あきやまみきお》弁護士と二人でこの裁判に取り組んだ。我々がマクリーン氏から依頼を受けたときの状況は、以下のとおりである。

ロナルド・アラン・マクリーン氏

マクリーン氏は、一九三五年にアメリカ合衆国カリフォルニア州ヴァレオで生まれた。彼の父はスコットランド、母はドイツの出身で、カリフォルニアには父母のほか妹が一人いる。マクリーン氏は、ハワイ大学美術科を卒業したが、在学中から日本の古典芸術に傾倒して、日本の古典音楽、特に琵琶と琴の音色の美しさに魅了され、ハワイで二年間琴の勉強をした後、東洋音楽の専門家になることを目指して、琵琶と琴の修練をするために六九年四月に来日した。当時独身だった。

彼は、日本での生活の糧《かて》を得るために英語教師としての在留資格を得て一年間の就労ビザで来日し、琵琶と琴を専門家に師事して熱心に学ぶかたわら、ベルリッツ英語学校で授業をしていた。しかし、同校の教育方針や授業システムに疑問を持ち、一七日後に退職。職場をエレック英語学校に変え、英語教師の仕事を続けることとなった。

ところで、その当時、ベトナム戦争は激しさを増していた。日本でも、朝霞《あさか》や横須賀などの米軍基地から毎日のように米軍が出動し、そのなかでベトナム反戦の気運も高まり、ベ平連[*1]のような市民運動も盛んになっていた。在日外国人も、主にアメリカ人を中心とした「外人べ平連」というグループをつくって反戦運動に取り組むようになり、マクリーン氏もビラ撒きやデモに加わったり、朝霞基地にいる米兵に向けて残虐な戦争はやめるよう呼びかける「反戦放送」に参加したりしていた。

来日から一年後の一九七〇年五月一日、引き続き日本で英語教師をしながら琵琶や琴を学びたかったマクリーン氏は、日本の入管に対して、一年間の在留期間更新許可を申請した。すると入管は、八月一〇日に、「出国準備期間（日本からの出国を促すための期間）として、同年五月一〇日から九月七日まで一二〇日間の在留期間更新を許可する」という処分をおこなったのである。

この処分は、退去強制（いわゆる強制送還）命令は出さずに、形としては在留期間の更新を認めている。しかし、要するに、日本から出て行く準備をするためにだけ在留を認めるという話であり、実質的には「在留期間の更新は不許可」と同じ扱いだ。しかも、この処分がなされた八月一〇日時点で、出国準備期間として許可された在留期間は、すでに残り一ヵ月を切っていたのである。

＊1　べ平連：「ベトナムに平和を！市民連合」の略称。一九六五年四月、米軍の北ベトナム爆撃に反対する作家・小田《おだ》実《まこと》らの呼びかけにより発足したベトナム反戦の市民運動。徹夜ティーチイン、『ニューヨーク・タイムズ』への反戦広告、定例デモ、反安保の共同行動など多彩な行動を展開。多くの市民や学生が参加し、地名や大学名を冠したべ平連、女性有志による「レディべ平連」、外国人有志による「外人べ平連」などもあった。一九七三年のパリ協定調印により米軍がベトナムから全面撤退したことを受け、七四年一月に解散。

一年生弁護士vs.法務大臣

マクリーン氏から我々に依頼があったのは、一九七〇年八月中旬であった。在留期間の更新が実質的に不許可とされた時点である。

マクリーン氏からの相談は、直接的には、秋山幹男弁護士が当時所属していた法律事務所に持ち込まれた。普通ならベテランの先輩が担当すべき事案だったが、たまたま他の先生方が忙しかったのか、「やってみたらどうか」と言われて、秋山弁護士が、私を誘ったのである。

私と秋山弁護士は大学時代からの友人で、年齢も同じ。一緒に司法試験に受かり、この年（一九七〇年）の四月に一緒に弁護士になったばかりだった。

私たちは、司法修習生のときに出入国管理法（入管法）の勉強会をやっていた。当時は修習期間が二年間あったので、暇にまかせていろいろな勉強会をしていたのだ。その一つが入管法で、入管行政の法律の構造や運営は、ある程度頭に入っていた。

秋山弁護士の先輩は、おそらくそのことを知っていて、「やってみたら」と彼に声を掛けたのだと思う。血気盛んな私たちは、日本国法務大臣を相手に闘うのは面白そうだという興味もあり、すぐに「やろう、やろう」ということになった。以後、一年生弁護士が二人だけで、この事件に取り組むこととなったのである。

マクリーン氏に会ってみると、ちょっとシャイで、明るく気立てのいい、要するにいい奴であった。背も鼻も高く、髪は茶色で、長髪をポニーテールにして、ズダ袋のような鞄を抱えて半ズボンで歩き回るような感じだった。ヒッピー[*1]のような外見をしていたが、柔和でまじめであり、東京でも最大の英語教育機関であるエレックは、マクリーン氏が仮放免の立場になった後も、彼を常勤上級教師として雇用し続けた。琵琶や琴の師匠にも可愛がられていたようで、裁判が始まると、「ぜひマクリーンを日本にいさせて下さい」という嘆願書を師匠たちからもらったりもした。裁判の打ち合わせでは、彼のおぼつかない日本語と、こちらのおぼつかない英語で何とか打ち合わせをおこなったが、法廷での証言や書面作成のときには通訳を頼んでいた。

マクリーン氏を支援する人たちも多数いた。外人べ平連のダグラス・ラミス氏（政治学者）や、べ平連の鶴見《つるみ》良行《よしゆき》氏（人類学者）、マクリーン氏と一緒に朝霞の反戦放送やデモなどの活動をしていた清水《しみず》知久《ともひさ》氏（アメリカ史研究家、日本女子大学教授）、和田《わだ》春樹《はるき》氏（歴史学者、東京大学教授）らであった。彼らは、弁護団会議にも時々出席してくれたり、通訳を探してきてくれたりした。

＊1　ヒッピー：既存の制度・習慣・価値観を拒否して脱社会的行動をとったり、自然回帰をめざしたりする人々や、その運動。長髪や奇抜な服装が特徴。一九六〇年代後半にアメリカの若者のあいだに生まれて世界的に広がり、日本でも同調する若者が多く見られた。

裁判の経緯

新たな手法で勝負

（1）不許可処分の効力停止を申し立てる

私と秋山弁護士は、まず八月二七日に、マクリーン氏の在留期間の再更新を申請した。先の出国準備期間の期限は一九七〇年九月七日までだったので、ぐずぐずしていると時間切れになってしまう。それを懸念して、同年九月八日から一年間の再更新を申請したのだが、入管は九月五日に、この申請を不許可処分とした。

マクリーン氏に残された出国準備期間は、わずか二日間という切迫した事態になってしまった。そこで私たちは、品川の入国管理事務所へ出向き、不許可の理由を担当の黒田《くろだ》衞《まもる》係長に尋ねた。

「無断で職場を変わったからだ」

これが黒田係長の説明だった。就労ビザで日本に入国する場合は特定の企業に就職することが前提であり、その企業が発行した就職証明書を提出してもらって入国を許可している。マクリーン氏は、ベルリッツという英語学校に就職するということで入国を許可したのに、すぐにエレックという英語学校に職場を変えた。就職先を勝手に変わられたら、こちらは管理ができない。あくまでも職場が変わったことが問題なのだ、と。

マクリーン氏から反戦活動に関わっていることを聞いていた我々は、

「そうではなくて、実際には外人べ平連などの反戦デモや反戦放送に参加したことが、政府として面白くなくて不許可にしたのではないか」

と質したが、黒田係長は、「いやいや、そういう問題はまったく関係ない」と言い通した。

そこで我々は、東京地裁に対して、①在留期間更新不許可処分の取り消しを求める行政訴訟を起こすとともに、②不許可処分の効力そのものの停止を求める申し立てをおこなった。

ここでポイントになるのは②である。

本件のような事件の場合、日本からの退去強制命令が出された段階（入管施設への収容令書や退去強制令書が発布された段階）で、その取り消しを求めて提訴するとともに、処分の執行の停止（退去強制令書による強制送還の停止）を申し立てるのが通例であり、判例もそのようなものしかなかった。

マクリーン氏の場合は、在留期間の更新を不許可にされたに過ぎない段階であり、彼を国外に追い出すための退去強制命令は、まだ出ていなかった。しかし、入管が出国準備期間の限度としてきた九月七日を過ぎても彼が日本から出て行かなければ、不法残留を理由に退去強制命令が出されてしまう。そうなれば、マクリーン氏は本国に強制送還される前に、すぐに入管の収容施設に収容され、日本での自由な活動ができなくなり、琵琶や琴の勉強も続けられなくなる。

私と秋山弁護士は、退去強制命令が出るまでのあいだに在留期間更新不許可処分を争い、かつ、不許可処分の効力そのものを停止させるという、それまで用いられたことがないような方法をとることにした。これは、秋山弁護士が考え出した手法だった。

行政事件訴訟法の第二五条「執行停止」二項に、「回復の困難な損害を避けるため緊急の必要があるときは、処分の効力停止を申し立てることができる」という旨が記されている。処分の効力停止とは、行政処分の効力そのものを暫定的に停止させ、処分がなかったに等しい状態にすることである。

行政処分というのは、公定力[*1]があるので、こちら側が何もしないと、裁判を起こしただけでは手続はどんどん進んでしまう。だが、この条文に基づいて在留期間更新不許可処分の効力そのものを止めさせれば、本訴（在留期間更新不許可処分の取り消しを求めた行政訴訟）の判決が出るまでは、マクリーン氏は収容や強制送還をされずにすむ。

「そうか、この手があったんだ！」と納得して、すぐに処分の効力停止を申し立てた。

本訴と同時に効力停止の申し立てをしたのは、行政事件訴訟法第二五条二項の冒頭に、「処分の取消しの訴えの提起があった場合において」とあるからだ。この項でいう「執行停止」は、本訴を起こしたうえでないと、できないことになっている。

この点が普通の民事訴訟とは違う。普通の民事訴訟なら、仮処分の申し立てだけ先に起こすことができるが、行政訴訟ではそれができないので、効力停止の申し立てと同時に本訴を起こしたわけである。

行政処分の効力の停止は、執行の停止よりも重大であり、裁判所に決定してもらううえでもハードルが高い。

東京地裁では、裁判長から、「その申し立てに利益はあるのか」と質問を投げかけられたが、私たちはマクリーン氏が収容されることの不利益をさまざまな形で主張した。

＊1　公定力：違法な行政行為であっても、それが権限のある機関（たとえば裁判所など）によって取り消されるまで、有効なものとして通用する力。

処分の理由を一変させた法務省

結果的に、東京地裁は我々の主張を認め、申し立てから一週間後の七〇年九月一四日に、在留期間更新不許可処分の効力の停止を決定してくれた（裁判長　渡部吉隆《わたなべよしたか》、裁判官　園部逸夫《そのべいつお》、裁判官　渡辺昭《わたなべあきら》）。

この決定は、すぐに『判例時報』（六〇五号）に掲載された。おそらく、同期の弁護士のなかでは〝判例時報掲載第一号〟であったのではないかと思う。

慌てた法務省は、東京高裁に即時抗告（裁判所の決定または命令に対する不服申し立ての一種。137ページ＊1参照）した。

入管を管轄する法務省は、それまで、マクリーン氏の在留期間更新を不許可にした理由を、「勤め先を変えたことが問題」と言い続けていたが、地裁において不許可処分の効力停止が決定するや、一変して、「外人べ平連に所属して反戦運動に参加したり、出入国管理法案に反対するハンガーストライキを支援するビラを配ったりするなど、政治活動をしたからだ」と言い出した。

そして法務省は、効力の停止を免れるために、マクリーン氏を実際に収容する予定はないと言明した。形のうえでは退去強制命令を出しても、マクリーン氏を必ず仮放免（在留許可はないが身柄拘束を受けない処分）にして、自由な活動を認めるので、何の弊害もない。地裁が決定した効力の停止は行き過ぎである、と。

法務省がそう言い出したこともあって、東京高裁は、マクリーン氏が収容されないのであれば効力停止の必要性はないと判断し、七一年五月一〇日に、在留期間更新不許可処分の効力停止を取り消して、退去強制（強制送還）の執行停止とする決定を下した（裁判長　多田貞治、裁判官　豊水道祐《とよみずみちすけ》、裁判官　上野正秋）。

先に述べたように、効力の停止はもともとハードルが高い。そのハードルの高さゆえに、ワンランク落とした形で、退去強制の執行停止になったのだ。

私と秋山弁護士にとっては必ずしも満足のいくものではなかったが、マクリーン氏は、収容されることなく、仮放免を受け、それまでどおりの日本での自由な生活が確保されることとなった。

(2) 在留期間更新不許可処分の取り消しを求める行政訴訟

このように、法務省が即時抗告してから約八ヵ月間、東京高裁では、「地裁が決定した不許可処分の効力停止が維持されるのか、それともされないのか。されないとしても、少なくとも強制送還の執行停止は取れるのか」ということが争われた。

その間に、東京地裁では、本訴(先に挙げた①在留期間更新不許可処分の取り消しを求める行政訴訟)の審理がおこなわれた。つまり、地裁と高裁で同時に裁判がおこなわれるという状況になったのである。

本訴において法務省は、在留期間の更新をするかしないかについては行政の裁量の幅が極めて広いと主張するとともに、当初は無断の職場変更のみを処分の理由としていた姿勢を、ここでも一変させた。形勢不利と見るや、処分の本当の理由は、マクリーン氏のおこなった政治活動にあると言い出したのである。

その結果、政治活動と表現の自由とはどのような関係になるのか、選挙などの政治活動が外国人に認められないとしても、表現の自由は国籍を問わず誰にでも認められる権利のはずでは

略年表　マクリーン事件

1969. 4.21	マクリーン氏、1年間の就労ビザで来日
1970. 5. 1	1年間の在留期間更新を申請
8.10	入管、出国準備期間として120日間（実質1ヵ月弱）の在留許可
8月中旬	受任
8.27	在留期間再更新を申請
9. 5	入管、不許可処分
9. 7	不許可処分の効力停止申し立て、並びに提訴
9.14	効力の停止（東京地裁決定）→ 国が即時抗告
1971. 5.10	強制送還執行停止（東京高裁決定）、仮放免
1973. 3.27	処分取り消し容認（東京地裁判決）→ 国が控訴
1975. 9.25	東京高裁判決：原判決を取り消し → 上告
1978.10. 4	最高裁判決：上告棄却
10.31	マクリーン氏、退去強制

ないか、といったことが本訴の主たる争点となった。

表現の自由は在留外国人にも当然保障される、というのが我々の主張であった。これを立証するために、国際法学者の宮崎《みやざき》繁樹《しげき》明治大学教授に依頼して、意見書を出していただいた。

宮崎教授の意見書は、当時の日本ではまだあまり知られていなかった国際人権規約の内容にも言及していた。国際人権規約は、世界人権宣言の内容を基礎として条約化したもので、人権諸条約のなかで最も基本的かつ包括的なものと位置付けられている。一九六六年の第二一回国連総会で採択され、一九七六年に発効したが、この裁判がおこなわれていた頃、まだ日本は批准していなかった（日本の批准は一九七九年）。

宮崎教授の意見書は、表現の自由は同規約で国際的な権利として保障されており、それは政治的な表現と一線を画している、といった内容であった。

前述の鶴見良行氏、和田春樹氏、清水知久氏らにも、マクリーン氏の行動が表現の自由の範囲内のものであったことを明らかにするために、証言をしてもらった。

判決の内容

全面的に認められた主張

こうした法廷闘争の結果、一九七三年三月二七日に東京地裁（裁判長　杉山克彦《すぎやまかつひこ》、裁判官　加藤和夫《かとうかずお》、裁判官　石川善則《いしかわよしのり》）が下した判決は、「被告（法務大臣）が一九七〇年九月五日付でおこなった原告（マクリーン氏）の在留期間更新の不許可処分を取り消す」というものであった。

以下は判決の主旨である。

・表現の自由は在留外国人にも保障がある。

・マクリーン氏の転職を理由に在留期間更新を不許可としたことは、社会観念上著しく公平さ、妥当さを欠く。

・在留期間更新の許否については、法務大臣が広範な裁量権を有するが、この裁量権にも憲法その他の法令上、一定の制限がかかるのは当然である。

・マクリーン氏の日本における政治的活動を理由に在留期間更新を不許可とするには、その政治活動が日本国民や日本国の利益を害するおそれがあると認められる必要がある。そのような事由もなく不許可処分としたことは、法務大臣の裁量の範囲を逸脱しており、社会観念上著しく妥当性を欠く。

・日本の出入国管理法制や入国者収容所の待遇は、在留外国人にとっては直接の利害関係がある。したがって、マクリーン氏がおこなった入管法案反対ハンスト支援ビラの配布や、横浜入国者収容所に対する抗議運動は、日本の政治に対する干渉というより、自身の身分上の利害に関して日本政府や日本国民に善処を訴えた行為というべきである。これらの行動は、日本国民の政治的選択に不当な影響を与えたり、日本の政策遂行に支障を与えたりするものでもなく、マクリーン氏の在留が日本国民や日本国の利益を害するおそれがあったとはいえない。

我々の主張を全面的に認めてくれた判決で、私たちは非常に大きな達成感をおぼえた。そのときの私は、国がこの裁判の焦点をぼかす姑息《こそく》な手段を弄してくるとは、予想もしていなかったのである。

逆転敗訴

国は控訴し、東京高裁での控訴審では、もっぱら入管行政における法務大臣の自由裁量権の幅を争点にしてきた。

一審の主な争点は、在留外国人に表現の自由を含めた基本的人権が保障されるかどうかであったが、国は、それではまずいと思ったらしく、行政処分の裁量性に問題のポイントを移したのである。そのため二審では、行政の裁量権をめぐるせめぎ合いになった。

国は証人として、青山農（入管資格審査課長）、沼沢米吉《ぬまざわよねきち》（入管警備課）、亀井靖嘉《かめいのぶよし》（入管資格審査課）、柴田博一《しばたひろかず》（入管参事室）の各氏を申請し、裁判所はこれを採用した。青山・亀井・沼沢の各証人は主にマクリーン氏のデモ参加や転職の問題について述べたが、柴田証人は「日本は国土が狭く人口が多いので、もともと外国人の受け入れは非常に少ない」として、どのような場合に外国人を受け入れるかについて、法務大臣は広範な裁量権を有すると述べた。そのうえで、外国人の入国は在留資格と在留期間とを定めて認めるが、所定の在留期間内に在留目的は達成するのが原則である、したがって、在留期間の更新というのは法務大臣が「特に必要である」と認めたときにのみおこなわれるものであり、その場合には過去の在留状況を斟酌《しんしゃく》することは当然である、と証言した。

学生気分がまだ抜けていなかった私たちは、一審では、大学時代に芦部信喜《あしべのぶよし》*1先生に習った表現の自由のことばかり純粋に議論していた。そこへ行政裁量の問題を持ち込まれ、入管行政の実情云々と言われても、あまりピンとこなかった。私も秋山弁護士も、修習生時代の勉強会で入管行政の法律の構造や運営などは学んでいたが、専門的な業務のことまで勉強したわけではなく、なんだかよくわからない議論に引っ張り込まれてしまった感があった。

もちろん、相手側の証人に反対尋問をして論理のほころびを突こうとはしたが、なかなか難しかった。今思えば、入管の行政裁量に詳しい人の力を借りていれば、もっと踏み込んだ議論ができ、反論反撃もできたのかもしれない。

こうして一九七五年九月二五日、東京高裁（裁判長　浅沼武《あさぬまたけし》、裁判官　園部逸夫、裁判官　加藤宏《かとうひろし》）

の判決が下された。
それは、原判決を取り消す判決であった。以下は判決の主旨である。
・いったん適法に在留を許可された外国人は、在留期間内には退去強制事由に該当しない限り、原則として自由に活動でき、人権、人種、信条、性別により差別されることはない。思想、信教、表現の自由などの基本的人権も、日本国民とほぼ同様に保障される。
・しかし、このような外国人に対して在留期間の更新を許すか否かは別問題である。更新の申請に対して法務大臣は、更新を適当と認めるに足る理由があるときに限り許可することができ、その理由の有無については、法務大臣の自由な裁量による判断に任されている。
・法務大臣は、在留期間更新の許否の決定に当たって、申請事由の当否だけでなく、その外国人の在留期間中の行状、国内の政治・経済・労働・治安などの諸事情や、当面の国際情勢、外交関係などいっさいの事情を斟酌し、高度の政治的配慮のもとにこれをおこなう。
・このように広範な裁量権を前提にすれば、日本在留中にマクリーン氏がおこなった一連の政治活動を考慮に入れた法務大臣が、マクリーン氏に在留期間の更新を認めるに足る理由があると判断しなかったとしても、やむをえないことである。

表現の自由という日本国憲法が定める基本的人権の大原則が、入管業務の特殊性といった問題に矮小化《わいしょうか》され、一審判決がひっくり返されたのである。

この判決には本当に落胆した。「高裁の裁判官はだらしない。この問題の何が重要か、わかっていない」という思いが大きかった。

＊1　芦部信喜：憲法学の権威。日本公法学会理事長、全国憲法研究会（護憲派憲法学者の団体）代表、国際人権法学会理事長などを歴任。一九九三年文化功労者。著書『憲法』（岩波書店）は累計一〇〇万部を超えるロングセラー。一九九九年死去。

入管行政の強化につながった判決

我々はただちに上告したが、三年後の一九七八年一〇月四日に下された最高裁大法廷判決（裁判長　岡原昌男《おかはらまさお》、裁判官　江里口清雄《えりぐちきよお》、同　大塚喜一郎《おおつかきいちろう》、同　高辻正己《たかつじまさみ》、同　吉田豊《よしだゆたか》、同　団藤重光、同　本林讓、同　服部高顯《はっとりたかあき》、同　環昌一、同　栗本一夫《くりもとかずお》、同　藤崎萬里《ふじさきまさと》、同　本山亨《もとやまとおる》）でも控訴審判決の主旨が引用され、上告は棄却された。

要するに、裁判としては負けたのである。

それでも、外国人が日本に在留している期間中は日本国憲法の基本的人権が保障されると認めさせたことは、一つの成果ではあった。

その判示は、以下のとおりである。

「思うに、憲法第三章の諸規定による基本的人権の保障は、権利の性質上日本国民のみをその対象としていると解されるものを除き、わが国に在留する外国人に対しても等しく及ぶものと解すべきであり、政治活動の自由についても、わが国の政治的意思決定又はその実施に影響を及ぼす活動等外国人の地位にかんがみこれを認めることが相当でないと解されるものを除き、その保障が及ぶものと解するのが、相当である。」【A】

だが、判決にはこのあと、入管行政の裁量に関して次の文言が続いている。

「しかしながら、前述のように、外国人の在留の許否は国の裁量にゆだねられ、わが国に在留する外国人は、憲法上わが国に在留する権利ないし引き続き在留することを要求することができる権利を保障されているものではなく、ただ、出入国管理令上法務大臣がその裁量により更新を適当と認めるに足りる相当の理由があると判断する場合に限り在留期間の更新を受けることができる地位を与えられているにすぎないものであり、したがって、外国人に対する憲法の基本的人権の保障は、右のような外国人在留制度のわく内で与えられているにすぎないものと解するのが相当であって、在留の許否を決する国の裁量を拘束するまでの保障、すなわち、在留期間中の憲法の基本的人権の保障を受ける行為を在留期間の更新の際に消極的な事情としてしんしゃくされないことまでの保障が与えられているものと解することはできない。在留中の外国人の行為が合憲合法な場合でも、法務大臣がその行為を当不当の面から日本国にとって好ましいものとはいえないと評価し、また、右行為から将来当該外国人が日本国の利益を害する行為を行うおそれがある者であると推認することは、右行為が上記のような意味において憲法の保障を受けるものであるからといってなんら妨げられるものではない。」【B】

これらの判示を噛み砕いて言えば、次のようになる。

在留外国人にも日本国憲法の基本的人権は保障されているから、在留期間中は日本人とほぼ同様に表現の自由を行使してよい（右【A】）。

ただし、在留期間の更新というのは新たに行政処分をすることなのだから、その際には、これまでの在留中の行為等さまざまなことを考慮して判断する。その判断は行政庁の権限の範囲である（右【B】）。

これが大法廷判決の論理である。

この論理でいけば、在留期間を無制限に認められている外国人は、在留期間の更新が認められるかどうかを心配する必要がなく、日本人と同様に表現の自由を享受できる。だが、在留期間が一年とか二年とかに限られている外国人はどうだろうか。

在留期間が終われば日本から出ていくつもりならば、その間に表現の自由を大いに行使し、伸び伸びと生活できるだろう。一方、更新してほしいという希望のもとに日本で生活している外国人は、自らの行動によって更新が認められなかった場合を考えて萎縮してしまい、表現の自由を行使することをためらうであろう。

それはおかしいのではないか――と最高裁の判例を批判している人もいるし、私自身もそう思う。

また、大法廷判決は、在留期間の更新の許否が法務大臣の裁量による（右【B】）と言っているが、裁量の範囲を逸脱する可能性が絶対にないとは言い切れないし、裁量の範囲をあらかじめ線引きするのも難しい。在留期間の更新を望んでいる側からすれば、どこからどこまでが裁量の範囲なのかわからないため、「こういうことをしたら更新が認められないのではないか」とますます萎縮し、結果的に行動が制限されることにもなってしまうだろう。

このように大法廷判決には、在留外国人に基本的人権が保障されることを最高裁レベルで確立したという正の側面と、入管行政に広範な裁量幅を認めるという負の側面があった。

当時、この判決はかなり大きく報道され、『ジャパンタイムズ』にも記事が載った。それらの報道にも、正の側面に光を当てたものと、裁判所は結局マクリーン氏の主張を認めず日本から退去させることを指示したという負の側面に光を当てたものの両方があったのである。

マクリーン氏の陳述

マクリーン氏は、裁判所に宛てた陳述書のなかで、次のように述べていた。

「私は、時々参加する合法かつ平和的活動に何らやましいところを感じていません。結局、私の国の政府がヴェトナム戦争でとっている残酷で倫理上非難すべき政策に対し、合法的・平和的に抗議するためできる限りのことをするというだけなのですから。私のしてきた活動は、一般的に言えば、日本政府に対してではなく、ヴェトナム戦争に反対してのものなのです。」と。

また、マクリーン氏は別の陳述書のなかで次のようにも述べた。

「言論の自由と思想の自由な交流は民主政治の基本条件の一つであり、これに制限を加えようとするのは、民主主義国家ではなく、独裁国、専制政治体制の国にのみ見られることである。日本は米国と同様、立憲民主国たらんと努めている国であろう。したがって、私は、法務省、入管当局その他の日本政府機関が専制国家に見られるような外国人の言論の自由を制限する政策を採用するなどとは考えてみたこともなかったのである。もしこのような制限政策が日本のみならずすべての国々で採られるならば世界中のすべての国民は思想と事実の交流を著しく制限されるだろう。たとえば日本の新聞記者、学者、学生が外国に行っても、その国の政府や政策に対する批判と受け取られることを怖れて質問を発することを避けざるを得なくなるだろう。そしてその結果、真実や重要な事実を学ぶ能力すら自ら制限せざるを得なくなる。（中略）もし日本に居住を望む外国人が、自分の言ったことを法務省や入管当局の誰かによって友好国政府への批判であると判定されて退去させられると知れば、彼は誰にも真実を語ることを怖れるようになり、たとえ嘘であれ、日本政府、自国政府を喜ばすことしか口にしなくなるか、意見を述べることを避けるようになるだろう。外国人にとっては真実を口にするのは危険なことになるだろう。」

しかし、最高裁大法廷は、結局、マクリーン氏のこのような懸念をいっさい無視したのであった。

違憲と断じた泉徳治論文

元最高裁判事の泉徳治《いずみとくじ》弁護士は、二〇二〇年四月一一日発行の『判例時報』（二四三四号）に、「マクリーン判決の間違い箇所」と題した長い論文を発表した。そのなかで、大法廷判決は「外国人に対する憲法の基本的人権の保障は、外国人在留制度の枠内で与えられているにすぎないとしているが、これでは「法務大臣は憲法の拘束を受けずに在留に関する処分を行うことができる」と判示することになり、「明らかに誤りである」と断じたのである。

そして泉弁護士は、「法務大臣の入管法に基づく処分も、憲法に従う必要があり」「外国人の人権を制約する場合には、民主的社会における法と必要性に適合していなければならない」「（マクリーン氏に対する在留期間更新不許可）処分の目的は、本邦における政治活動の継続を阻止すること、換言すると、憲法で保障された表現行為の継続を阻止することであった」「国家の在り方に対する批判を許容することは、民主主義の根幹である。したがって、本件処分は、その目的において正当性を欠いている」として、法務大臣の処分は、「マクリーンの表現活動を抑制することを目的としたものであり、(中略)憲法21条に違反するものであることが明らか」と結論づけたのである。

大法廷判決から四二年目にして、職業裁判官出身である元最高裁判事が、かくも痛烈かつ明快に、その誤りを指摘したことに、私としても、改めて得心した次第であった。

結果の社会的影響

大法廷判決の光と影

マクリーン判決は、大法廷判決であるので、法律と同様の効果がある。したがって、この判決の明の部分も暗の部分も、現在の在留外国人をめぐる問題に大きな影響を与えている。

明の部分としては、たとえば、基本的人権は日本人と同等に保障されるという原理原則を貫けば、外国人労働者の使い捨てなど、許されない話になるはずである。その他の場面でも、人権という側面から闘える可能性は十分あるはずである。

他方で、暗の面として、判決が認めた入管行政における広範な裁量権を理由にして、在留資格の解釈や在留期間の更新、在留資格の変更など、あらゆる面で恣意的あるいは不合理な運用をすることが罷り通っている。その結果、在留外国人の立場はきわめて不安定なものになっている。

泉徳治弁護士が、判決から四〇年以上経って、「マクリーン判決の間違い箇所」という大論文を発表したのも、この「暗の面」をこれ以上放置できないという思いからだと思われる。泉弁護士の問題提起が浸透することを願わずにはいられない。

自己評価・エピソード

新米弁護士の底力

マクリーン事件は私にとって、生まれて初めて取り組んだ、国を相手にした本格的な行政裁判であった。非常にやりがいがあったし、高揚感もあった。「国なんかには絶対負けない」という自負心もあった。

この裁判を自己評価すると、マクリーン氏に対して退去強制命令が出される前の段階で、在留期間更新不許可処分の効力の停止を求める争いを開始し、入管施設への収容や強制送還などの被害をなるべく発生させないように工夫した点が、方法として新しかったと思う。

また、在留外国人の表現の自由を裁判所に認めさせるために、国際人権規約を援用したり、国際法の学者の協力を得たりしながら、それなりの主張を繰り広げることもできた。その結果が、憲法教科書に載るような判例につながったと思っている。

宮崎繁樹氏、鶴見良行氏、和田春樹氏、清水知久氏といった学者が、この裁判を一生懸命バックアップしてくださったことも心強かった。

弁護士一年生の私と秋山弁護士は、生意気にも、こうした方々をつかまえては、「国際人権規約とは何だ」などと無我夢中で議論していた。この裁判を通して、それまでの人生でしたことのないような経験ができたのであった。

ハッピーな結末

マクリーン氏は、最高裁判決から四週間後の七八年一〇月三一日、午後九時発のパンナム八三〇便で日本を飛び立つことになった。

結果的には裁判に負けて強制送還されたわけだが、彼は一度も収容されることなく、裁判を起こしてからも「外人べ平連」の活動を続け、約八年間にわたって日本で自由な生活を送り、琵琶と琴にもすっかり習熟し、奥伝を認許したとして「桜藍《おうらん》」という雅号をもらったうえに、日本女性のKさんとの恋も実らせて、婚約をしたうえで、日本を離れることとなったのである。個人的には、かなりの満足度を得たと言えそうである。

一〇月三一日の成田空港には、マクリーン氏を見送るために、私と秋山弁護士、それにアムネスティの西川氏、そしてもちろんK嬢が集まった。マクリーン氏はK嬢と陽気にキスを交わし、錦琵琶を握りしめてパンナム八三〇便に乗り込んだ。ガラス越しに滑走路の見渡せる空港内レストランの窓際の席に移動した我々四人は、ゆっくりと滑り出したパンナムのジャンボ機を見ながら、マクリーン氏の前途を祝してビールで乾杯した。時計は定刻の二一時を指していた。

奇遇にも、彼の結婚相手のK嬢は私たちの友人の姉さんだった。

私と秋山弁護士は、学生時代に「東京大学法律相談所」というサークルに入っていた。法学部の学生が市民からの法律相談を無料で受けたり、五月祭で模擬裁判を上演したりするサークルで、今はかなりの数の学生が入っているようだが、私たちの頃は一学年三〇人ぐらいだったと記憶している。

そのサークル仲間のK君の姉と、マクリーン氏は退去強制後に海外で結婚したのである。といっても、彼はその関係で私たちに弁護を依頼したのではなく、二人が親しくなったのは裁判の途中。まったくの偶然だった。

その後、マクリーン氏は、いろいろなツテを頼って再来日した。もともと彼は、琵琶や琴を習うために来日するような自由人だから、大きく稼ぐような仕事には就かず、アルバイト的なことをして自分なりのライフスタイルを楽しんでいたようだが、一九九〇年頃に心臓発作で亡くなってしまった。Kさんは、今もお元気で、ときどき手紙をいただいている。

ちなみに、マクリーン氏の裁判で私と秋山弁護士が受け取った弁護料は、〝労役による支払い〟だった。当時の彼は、あまりお金を持っておらず、弁護料を払うことができなかったのだ。そこで秋山弁護士と図って、「英語学校の先生なんだから英会話を教えてよ」と持ち掛け、弁護料の代わりに、タダで英会話のレッスンを何時間かしてもらったのである。ただし、私どものほうの熱意不足で、あまり効果は上がらなかった。

在留外国人の現状

二〇一九（平成三一）年四月一日、改正出入国管理及び難民認定法（改正入管法）が施行され、これにともない同日、出入国管理局は廃止され、新たに法務省の外局として「出入国在留管理庁」（以下、入管庁）が設置された。

二〇一九（令和元）年末における在留外国人数は二九三万三一三七人で過去最高となったが、入管庁の発表によると、二〇二〇年末時点で日本に在留する外国人数は、前年比一・六％減の二八八万七一一六人で、八年ぶりに減少した。この背景には、新型コロナウイルス感染拡大の影響で、新規入国者数が大幅に減少したことなどがある。

また、厚生労働省が外国人雇用状況の届出制度によって把握した外国人労働者の数は、二〇二〇年一〇月末で過去最高の一七二万四三二八人となり、国別では、全体の約二六％を占めるベトナムが四四万三九九八人で最多、次いで中国四一万九四三一人、フィリピン一八万四七五〇人と続いた。ベトナムは近年、「技能実習」や留学資格での入国者が急増中だ。ほかに、ネパール国籍の労働者も増加している。

このような状況のなか、ヘイトスピーチに代表される人種差別問題や、劣悪な労働環境・給料の未払い・使い捨てなど、在留外国人をめぐる労働問題が多発している。

これまで日本政府は、外国人労働者を「専門的・技術的分野」に限定し、いわゆる〝単純労働者〟は受け入れないという建前であった（実際には、「技能実習」などの名目で多くの〝単純労働者〟を受け入れていたが）。改正入管法では、深刻な人手不足に対応するために、〝単純労働〟の分野での外国人労働者の受け入れが正式に可能となった。そのため、コロナ禍がいちおうの終息を見た後は、さらに大幅な外国人労働者の増加が予想されている。

多発する収容所の問題

私と秋山弁護士が、マクリーン氏に対する在留期間更新不許可処分の効力停止を求めたのは、彼を収容施設に入れさせないためであった。修習生時代の勉強会で入管の実情や収容施設の実態を多少は知り、いかにひどいものか、わかっていたからである。

今は違うかもしれないが、当時は収容施設に入れられると、家族と面会するときでも母国語を使ってはいけないことになっていた。外国人に対して母国語を使うなとは、いったいどういうことなのか、理解に苦しんだ。

マクリーン事件のあと、私は、似たような事件を引き受けたことがある。台湾国籍の人だったと記憶しているが、収容施設に入れられていたのは子供だった。しかも、かなり長く入れられていた。

収容というのは退去までの準備のようなものなので、強制送還されるまでは、仮放免を取らない限り収容施設に入れっぱなしにされるのだ。入管の職員は「外国人に基本的人権の保障などない。どういう取り扱いをしてもかまわない」という姿勢であり、「外国人など、煮て食っても焼いて食ってもいいんだ」と公言していたような時期だったのである。

現在でも入管庁の姿勢は基本的に変わらない。むしろ入管庁の収容施設では、仮放免の申請を拒絶された外国人が自殺や自傷行為におよぶ事件や、収容者が健康を悪化させるケースが増えている。

収容者の健康問題に関して言えば、入管には医療刑務所に相当する施設がなく、身体の不調を訴えても、医師の診察を受けることは容易でないという。仮放免不許可などの処分に抗議してハンガーストライキをしていた収容者が、持病を悪化させても満足な治療を受けられずに死亡したり、餓死したりする事件も起きている。

入管施設の過酷な実態は、国内外から非難を浴びている。残念ながら、外国人に対する入管の姿勢は、マクリーン事件大法廷判決から四〇年以上が過ぎた現在も、基本的に変わっていないと言わざるを得ないのである。

送還拒否者に刑事罰を科す入管法改正案

入管に収容されている外国人のなかには、母国に退去させられれば内戦や迫害などにより生命・身体の安全や自由がおびやかされるなど、切羽詰まった事情から強制送還を拒む人もいる。ところが法務省は、そうした外国人の人権を守るどころか、入管制度をより厳格化し、「犯罪者」として処罰しようとしているのである。

二〇二一年二月に政府が閣議決定した入管法改正案には、

・オーバーステイなどで退去強制令書を発付された外国人が日本から退去しない場合、刑事罰（退去強制拒否罪）を科す

・同じ内容の難民認定申請を三回以上おこなった申請者については、申請中であっても強制送還できる

といった内容が盛り込まれていた。在留期間を超えた外国人を刑事罰で脅し、帰国を強制するという姿勢なのである。

この改正案では、非正規滞在者に対する収容に代わる措置として「監理措置」制度を新設し、親族や弁護士などを「監理人」とすることにより、収容施設外での生活も可能としていたが、「監理措置」を適用するかどうかを判断するのは入管庁であり、どのような場合が対象となるかの基準は明確ではなかった。また、被収容者が収容施設から出られたとしても、就労は認められず、生活手段を確保できないなど、多くの問題点が指摘されていた。

この改正案は、二一年の通常国会に提出され、四月に衆院で審議入りした。ところが、三月に名古屋出入国在留管理局に収容されていたスリランカ人女性が施設内で死亡する事件[*1]が起きたことから、野党が改正案の採決に猛反対。結局、政府は、改正案を強行採決すれば次期衆院選や東京都議選に悪影響を及ぼすとの判断から、同国会での成立を五月に断念した。しかし、政府・与党は、次回以降の国会に再提出する可能性も示している。

国は、「外国人労働者の受け入れ拡大・外国人との共生」を高らかに掲げる一方で、それとまったく逆行する入管政策を推し進めようとしているわけである。

しかし、安易に刑事罰を導入したところで、難民認定率一%前後という現状や、強制送還忌避《きひ》者の増加といった問題の根本的な解決にならないのは明白である。

＊1　名古屋入管スリランカ女性死亡事件：亡くなったウィシュマ・サンダマリさん（当時三三歳）は、留学生として一七年に来日し日本語学校で学んでいたが、実家からの仕送りが途絶えて通学不能となり、滞在資格も失った。二〇年八月に不法滞在で拘束され、名古屋入管の施設に収容された。ウィシュマさんと面会を続けていた支援団体によれば、彼女は二一年一月頃から身体のしびれや食欲低下を訴え、体重が激減。嘔吐を繰り返し、吐血もしたが、入院などの措置はとられず、施設内での適切な治療も受けることができないまま、収容から半年以上が過ぎた三月六日、脈のない状態で職員に発見された。八月一〇日、入管庁は、この問題についての最終報告書を公表。名古屋入管局の当時の局長ら幹部職員四名を処分し、上川陽子《かみかわようこ》法相と佐々木聖子《ささきしょうこ》入管庁長官が謝罪した。しかし、同報告書では、収容施設における医療・介護体制や職員教育などに不備があったことを認めたものの、ウィシュマさんに対する仮放免（一時的に身柄を解放すること）を不許可としたのは「不当とはいえない」、ウィシュマさんの死因について「特定は困難」と結論付けていたことから、遺族側は「責任逃れの内容」「これで最終報告書と言えるのか」と反発。また、日本政府は当初、ウィシュマさんが施設に収容中の監視カメラ映像の開示に難色を示していたが、八月一二日に映像の一部を遺族に開示した。しかし、その映像はウィシュマさんの死亡前二週間の映像を約二時間に編集したもので、開示には遺族側弁護士の立会いを認めなかった。開示後の記者会見で遺族側は、「二週間分すべての映像を開示し、データを引き渡してほしい」と訴えたが、入管庁は「保安上」などの理由で全映像の開示や複製映像を含めた映像データの提供を拒否。一一月、遺族は、事件当時の名古屋入管局長ら幹部に対する殺人容疑の告訴状を名古屋地検に提出した。

同種事件

ジェーン・フォンダ入国拒否事件　一九七一年

アメリカの女優ジェーン・フォンダ氏が、反戦芸術家組織「自由劇団」の一員として来日。フォンダ氏は反ベトナム戦争運動を盛んにおこなっており、「反戦女優」と呼ばれていた。法務省羽田入管事務所は、フォンダ氏が日本で〝反戦ショー〟を開催する可能性が強いとして、いったん入国を拒否したが、当時アメリカの施政権下にあった沖縄に出国するまでの三日間に限り、日本滞在の許可を与えた。

私は、この裁判を少し手伝ったことがある。世界のあちこちで反戦運動や平和運動が盛り上がり、その一方で日本の入管行政は従前どおりに外国人の出入りを厳しく規制するという軋轢《あつれき》のなかで、こうした事件がいろいろと起きた時代であった。

刑事公安事件——一九六九年〜一九八〇年

東大闘争

マクリーン事件は弁護士になって四ヵ月目に受任した事件であったが、私にとってマクリーン氏は初めての依頼人ではない。じつは、弁護士になる前から引き受けることが決まっていた裁判があった。東大裁判である。

これは、一九六〇年代後半に東京大学で起きた学園闘争の最終段階において、多数の学生が安田講堂などいくつかの建物に立て籠もって最後の抵抗を試みた事件の刑事裁判である。事件が起きたのは一九六九（昭和四四）年一月のことであった。

つまり、私にとって初めての依頼人は、東大闘争に関与した人たちなのだ。そのなかには、大学時代の友人や先輩後輩もいた。

自分と同世代の人たちが巻き起こした事件なので、この裁判にはもともと大きな関心があったし、被告人たちの主張に共感する部分も多々あった。一緒に弁護士になった「東京大学法律相談所」（詳細は後述）の同期生のなかにも、同じように感じていた者が多数いた。そんなことで、司法研修所にいた頃から、弁護士になったら、この事件の弁護人になろうということが自然と決まっていた。

さらに、その後、この東大裁判の弁護人となったことの流れで、それ以外の学生運動に関連するいくつかの刑事公安事件も担当することとなった。

これには時代背景が大きく関係している。当時の社会情勢については、マクリーン事件の冒頭でも簡単に触れた。半世紀以上前の話であり、その時代の空気は、今とはまったく違っていた。若い読者にとって、その頃に起きた事件は教科書でしか知らないことばかりだろうし、当時の若者の意識について理解しがたい点もあるだろう。

そこで、もう少し詳しく、当時の社会情勢や、学生運動に突き進んでいった若者たちの意識について述べてみたい。

官僚を蹴ってなぜ弁護士になったか

個人的な話から入らせてもらうと、私が東京大学（文科一類、主に法学部に進学するコース）に入学したのは一九六四年、東京オリンピックが開催された年だった。「社会正義の実現」などという立派な目的があったわけではなく、なんとなく法学部へのコースである文科一類を選んだ。

一、二年の駒場キャンパスでの教養課程では、哲学、文化人類学、教育学、宗教学などの授業が面白かったが、法学の授業は学問としての興味をそそられることがなく、あまり面白いとは思わなかった。もともと私は絵を描くことが好きで、というか美術部の何の縛りもない自由な雰囲気が好きで、高校時代から美術部に属し、広島県高校美術連盟（略称「高美連」）の中心メンバーとして、合同美術展の開催などを通じて広島の他の高校の生徒ともよく遊んでいた。そこで東大に入ってからも、すぐに美術部（東大では「美術サークル」という名称だった）に入って、美術部仲間と一緒に遊んでいた。美術部にいた先輩は強者《つわもの》揃いだった。ある法学部の先輩は、学期末試験の時に、何かみんな試験中に変な本を開いて堂々とカンニングしているのに驚いたそうだが、実はその本は「六法全書」であった。法学部の試験は六法全書を手元に置いて試験を受けることをあとから知った、という剛の者であった。

こうして駒場キャンパスでの教養課程を終える頃、一つの転機が訪れた。「専門課程に入ったら、法律をちゃんと勉強しないと困るぞ。美術部で遊んでばかりいてはだめだ。本郷キャンパスには〝法律相談所〟というサークルがあって、真面目に勉強している。そこに入ったほうがいい」と、美術サークルで知り合った法学部同学年の川端和治《よしはる》氏から言われたのである。

なるほどと思い、専門課程に入ってから「東京大学法律相談所」（以下、「法律相談所」）にも顔を出すようになった。

このサークルは、一般市民からの法律相談を受ける活動を中心にしているが、一方で司法試験や国家公務員試験を意識した勉強もしていた。その頃は司法試験用の塾やセミナーなどなかったから、仲間内で議論しながら勉強するスタイルだった。そして、ひとしきり議論すると、呑みに出かけたり麻雀をしたりすることが多かった。そうした勉強は楽しかったし、議論を通じてさまざまな視点でものごとを見ることもできるようになる。一人で暗い顔をして六法全書とにらめっこするよりも、よほど実のある勉強だったと思う。

当時、「法律相談所」のメンバーは、在学中に司法試験と公務員試験の両方を受験し、半分くらいは両方に受かっていた。皆、どちらに進むか迷うので、司法研修所（裁判所法第一四条に基づいて最高裁判所に設置された研修機関）に修習生採用選考申込書を提出する一方で、役所の面接も受け、就職を決めていた。

私も、国家公務員採用Ⅰ種試験（現・国家公務員採用総合職試験）と司法試験を受けて合格し、国家公務員になるか、弁護士になるか迷った。裁判官や検察官になろうという気は、はなからなかった。最初は役所に行こうと思って、合格通知後の面接を受け、大蔵省（現・財務省）と通産省（現・経済産業省）に合格し、最終的に通産省に行くことにして、新入省員歓迎会にも出席した。さらに、その後に予定された通産省の「法律相談所」出身者の歓迎会にも出席の予定だった。

ところが、その歓迎会の直前になって、一緒に通産省に行くことになっていた「法律相談所」の久保田康史《やすふみ》氏が、「やっぱり通産省に行くのをやめて弁護士になろう」と言い出したのだ。当時の通産省は面白そうなところだったので、私はどうしようかと迷ったが、結局、司法研修所に行くことにした。「法律相談所」出身者の歓迎会の数時間前に二人で通産省に行き、「すみません、やっぱりそちらに行くのはやめました」と断ったものだから、通産省にいたサークルの先輩から、あとで怒られた。歓迎会の当日になって新入省員が誰も居なくなったのだから、怒られて当然ではあった。我々の世代というのは、ある意味、非常に無責任で生意気だったのである。

こうしたいきさつで私は司法修習生になったわけだが、一方で、それ以前から、父からはなんとなく「弁護士になれ」という無言の圧力があった。亡くなった父方の祖父が弁護士だったことが大きい。父はサラリーマンだったが、「会社や役所になんか勤めるもんじゃない」と私にしょっちゅう言っていた。どうやら宮仕えが面白くなかったようだ。

そんな父の影響も多少はあったと思うが、弁護士の道を選んだ理由は、「時代の流れ」という要素が強い。

私が大学を卒業して司法研修所に入ったのは一九六八年で、反ベトナム戦争の市民運動が活発であり、多くの市民がべ平連のデモにくっついて「戦争反対！」を叫ぶという熱気に溢れた雰囲気があった。

司法研修所に入ったところ、当時は青法協（青年法律家協会）[*1]の活動が盛んで、クラスの六割くらいが入っていた。私も青法協に入って、人権問題の委員になり、当時話題になっていた「教科書裁判」（家永三郎《いえながさぶろう》氏が教科書検定を違法であるとして争った事件）のシンポジウムを開催したりしていた。

機関紙のニュース委員にもなったが、意見の相違から青法協本部を批判する記事を機関紙にどんどん書いたため、全国から集まった活動家に吊し上げを食うこととなった。この背景にあったのが、東大などでの学生運動である。これが活発になるにつれて、民青（日本民主青年同盟。共産党系の学生運動）と全共闘（全学共闘会議。非共産党系の学生運動）との対立が激しくなり、全共闘系の活動にシンパシーを感じていた我々は、民青寄りの青法協を出て、司法研修所同期三〇人くらいで「反戦法律家連合」というグループを作った。

当時は、何をするにも枕詞《まくらことば》のように「反戦」と付けることが流行していたのだ。我々は「反法連」と略していたが、この略称には「法律に反する」というイメージがあるため誤解を招き、周囲からは「法に背く輩《やから》の集団とはなにごとだ」と叱られた。しかし我々は意に介すことなく、勉強会をしたり、デモに参加したりしていた。

私も、研修所時代に、この反戦法律家連合のメンバーと一緒に、ベ平連のデモに何度か参加した。だが、ヘルメットをかぶったことも、石を投げたこともない。火炎瓶など触れたこともなかった。デモに参加する若者がすべて過激だったわけではない。むしろ、私のような人間のほうが多かったのではないかと思う。

一方、この時期は学園闘争も一気に高揚した。

話は多少遡るが、東大医学部では前々からインターン制度廃止を求める紛争が起きており、六八年一月、インターン制度に代わる登録医師制度[*2]に反対する学生や教職員が、無期限ストに突入した。

その影響で、安田講堂でおこなわれるはずだった私たちの大学の卒業式は流れた。式当日に突然中止と決まったため、本郷キャンパスに集まっていた学生の父母たちは、肩を落として帰っていった。

大学医学部におけるインターン制度廃止運動は、古くから続いてきた権力構造や社会的システム、それを支えてきた権威的な考え方が時代に合わなくなってきたことの、一つの象徴であった。

当時の若者の多くは、「どうせ上のやつなんて、たいしたことはできないんだから、俺たちで社会を変えていくしかないだろう」という考えだったと思う。

私もその一人で、こういう時代だからこそ弁護士として意義あることをやってみたいと考え、国家公務員になるのをやめた。初めから、かなりポジティブな意識のもとに弁護士の道を選んだわけである。

＊1　青年法律家協会：一九五四年に、憲法の擁護や平和・民主主義・基本的人権を守ることを目的に、若手の法律研究者や弁護士、裁判官らが設立した団体。現在は司法修習生や法科大学院生も参加し、人権活動と情報ネットワークの場となっている。

＊2　インターン制度に代わる登録医師制度：当時の医学部卒業生には一年以上の診療実習（インターン教育）が課された。その間は無給で、診療実習を修了しないと医師国家試験を受験できなかったためインターン制度廃止運動が巻き起こり、厚生省と文部省の諮問機関は、これに代わる制度として登録医師制度を答申した。この答申案は、医学部卒業と同時に国家試験を実施し合格者には医師資格を与えるが、二年間（インターン期間の倍）は指定病院で研修を受けて厚生省に登録し、その間はきわめて安い月給しか支払わないとするもので、さらなる反発を招いた。

東大安田講堂の攻防

東大医学部ストに端を発した学園闘争は、燎原《りょうげん》の火のごとく、全国津々浦々の大学や高校に広がっていった。「大学解体」「要求貫徹」「砦の上に我らの世界」などと大書された立て看板、大学建物の占拠、街頭での機動隊との衝突など、古い権威をぶち壊そうとする若者のエネルギーに日本中が包まれ、もうすぐ革命が起こるのではないかと錯覚しそうなほどであった。

東大では、一九六八年六月一五日に医学部の学生が安田講堂を占拠した（第一次占拠）が、その二日後に大河内一男《おおこうちかずお》総長が警視庁機動隊の出動を要請し、学生を排除。全学の学生の反発が高まり、七月二日に安田講堂はバリケード封鎖された（第二次占拠）。

七月五日には東大全共闘[*1]が結成された。全共闘は、全国の大学等で学部やセクトを超えて組織された闘争組織の一つだ。それまで東大闘争は医学部の学生や一部教職員、各セクトがそれぞれに動いていたが、東大全共闘の結成により、今まで学生運動に関心のなかったノンポリ（ノンポリティカル）の学生も巻き込み、一体となって戦う方向に進んでいった。秋までには、文学部、教養学部、法学部も無期限ストに突入した。

こうした動きを受けて、一一月一日に大河内総長が辞任し、加藤一郎《かとういちろう》法学部長が総長代行となった（のち総長に就任）。同月一二日には、学生側が大学当局との交渉を打ち切って全学封鎖を宣言した。全学封鎖をめぐっては学生同士の対立や乱闘もあったが、結局、封鎖は継続された。

翌六九年一月一六日、加藤総長代行は、機動隊に対して本郷キャンパスのバリケード撤去を要請。同月一八日午前七時頃から、いわゆる安田講堂の攻防戦が始まり、その様子はテレビで逐一中継された。

機動隊は安田講堂に向けて催涙弾を放ったが、地上七階建の講堂には下からの催涙弾では効き目がなく、講堂の真上にヘリコプターを旋回させてドラム缶のような容器から催涙液を流し落としたり、放水を繰り返したりした。立て籠もった学生たちは、上部階から投石や火炎瓶で応戦。その映像はまさに〝戦争〟であった。

下宿でテレビ中継を観ていた私は、「これは大変だ。ぜひこの目で見なければ」と思い、電車に乗って本郷キャンパスに向かった。半分野次馬のようなものだが、母校はどうなっているのかと案ずる気持ちもあった。しかし、本郷三丁目駅を出ると機動隊員に制止され、キャンパスに近づくことはできなかった。

一月一九日午後四時近く、機動隊員が安田講堂に突入して三階の大講堂を制圧し、五時四六分、屋上で抵抗を続けていた学生九〇人を検挙。ついに〝安田砦〟は陥落した。のちの報道などによれば、この二日間に投入された警察力は、機動隊員延べ一万三五〇〇人、警備車七〇〇台、ヘリコプター四機、エンジンカッター二三、削岩機四、消火器四七八、はしご車一〇、ガス弾四〇〇〇発であったという。これだけの数を投入した結果、逮捕者の総数は約七〇〇人に及んだ。

翌一月二〇日、佐藤栄作首相は坂田道太《さかたみちた》文相とともに本郷キャンパスを訪れ、加藤総長代行の案内で荒廃した構内を視察した。政府が東大入試の中止を最終的に決定したのは、その日の夜であった。

---

*1　東大全共闘：東大闘争全学共闘会議の略称。議長を務めた山本義隆《やまもとよしたか》は東大理学部物理学科卒、同大学院中退。日大全共闘議長の秋田明大《あきたあけひろ》とともに全共闘を象徴する存在だった。山本は、一九六九年一月の安田講堂事件前に警察の指名手配を受け地下に潜伏したが、同年九月、日比谷での全国全共闘連合結成大会の会場で逮捕された。

若者からの問題提起

私が大学に入った頃、日本の経済は年平均一〇%を超える急テンポの右肩上がりの高度成長を続けていた。大半の人は、食べることや仕事を貰うことについては何の心配もしておらず、「明日は今日よりいいに決まっている」と思っていた。そういう能天気な時代だったから、ヒッピーなどというものも生まれてきたわけである。

そのような余裕をもって社会を眺めると、従来の社会システムにはあちこちに歪《ひず》みや矛盾がある。たとえば、大学の医学部におけるインターン制度の問題だ。医学部卒業生を丁稚奉公《でっちぼうこう》のごとく扱う古い体質の不自由さ、不合理さが、市民生活に余裕ができるとともに広く知られるようになった。「これはけしからん」という若者の正義感が反発心と結びつき、旧弊な権威主義との闘い、すなわち学園闘争が全国の大学でほぼ同時期に起こり、高校にまで広がりを見せていた。一部の過激派学生だけでなく一般学生も巻き込んで、各学部やクラスでストライキ宣言などが採択されていたのである。

もう一つ、ベトナム戦争はあまりにもむご過ぎる、という意識も若者のあいだにあった。戦後の日本は平和を謳歌《おうか》していたが、ベトナム戦争が始まると、在日米軍基地から同じアジアのベトナムへ〝人殺し軍団〟が次々と出ていくようになり、戦争と無縁ではいられなくなった。米軍はベトナムで、ナパーム弾による焦土戦術[*1]やソンミ村大量虐殺事件[*2]など、かなりひどいことをしていた。それに対する反対運動が、日本だけでなく世界各国、当事国であるアメリカのなかにも起こり、「反戦」は世界的スローガンとなっていた。

当時の学生運動や反戦運動は、時代の変わり目にさまざまな矛盾が噴出していることを敏感に察知した若者たちからの、問題提起だったと言えるだろう。そうでなければ、あれだけ広範な運動にはならなかったはずである。

それを、「一部の過激な学生が無茶なことをした」と言ってしまうのは、ちょっと違うのではないかと私は思っている。以下に記すのは、そんな思いで弁護を担当した事件である。

＊1　ナパーム弾による焦土戦術：ナパーム弾は油脂性の焼夷弾《しょういだん》で、米軍は第二次世界大戦から使用していた。日本本土空襲では比較的小型のものが使われたが、ベトナム戦争では四〇〇kg内外の大型弾が空爆による焦土戦術に使用され、国際世論の非難を浴びた。

＊2　ソンミ村大量虐殺事件：一九六八年三月一六日、ベトナム中部のソンミ村（現・ティンケ村）で、米軍部隊が無抵抗の村民五〇四人を虐殺、家を焼き払った。犠牲者の大半は女性、子供、高齢者で、六九年秋に米誌などが報じて世界に衝撃を与えた。

受任の経緯

修習生時代に東大裁判を受任

ここで取り上げるのは、東大裁判（安田講堂その他の立て籠もり事件）、大菩薩峠《だいぼさつとうげ》事件、明治公園爆弾事件および松江相互銀行米子支店強盗事件（以下、米子銀行強盗事件と略す）である。

最初に引き受けたのは東大裁判で、本節冒頭で述べたように、弁護士になる前から担当することが決まっていた。前述の「反戦法律家連合」に属していた司法修習生は、弁護士になったら刑事公安事件を担当しようということになっており、各人がどの事件をやるか選んだ結果、私を含めて同期から五〜六人が東大裁判を受任することになったのだ。

その東大裁判で私が担当した公判グループの一つである熊谷法廷（熊谷《くまがい》弘《ひろむ》裁判長の法廷）のなかに、赤軍派[*1]に所属する被告人が何人かいた。彼らは、どうも私のことを見ていたようで、新米弁護士なら頼みやすいと思ったのか、それとも、お人よしのようだから使えると考えたのか、

「先生、もう一つ頼みたい事件がある。そっちのほうも手伝ってくれないか」

と言う。それは、赤軍派に属していたM1君、M2君の街頭デモについての凶器準備集合事件だった。ところが、M1君とM2君は赤軍派の中堅幹部であり、大菩薩峠事件でも起訴されていた。

大菩薩峠事件は、東大安田講堂事件の一〇ヵ月後に起きた事件で、当時、弁護士として二年先輩の三上宏明《みかみひろあき》弁護士、兼田俊男《かねだとしお》弁護士の二人が弁護人としてついていたが、マンパワーが不足して弁護人を探していた。そんなことで、凶器準備集合事件を受任してまもなく、ついでに大菩薩峠の事件もやってほしいと言われることになった。こちらも若くて好奇心旺盛だから「なんだ、なんだ」と興味を持ち、大菩薩峠事件を受任することにした。

当時の私は弁護士になりたてでエネルギーもあったし、事件に対する興味もあった。

これらの事件と並行して、マクリーン事件や、東大裁判、小西《こにし》事件（299ページ参照）などがあり、当然のことながら当時所属していた堂野《どうの》法律事務所の事件もかなりの数担当していたので、駆け出しとはいえ、かなり忙しかった。

余談になるが、司法修習を終えたばかりで顧客も経験もない新人弁護士は、法律事務所に何

年間か勤め、その間に実務経験を積む。こうした弁護士を「イソ弁（居候《いそうろう》弁護士の略）」という。私が司法修習を修了した頃は、今と違って完全な売り手市場だったため、私を含む反法連のメンバーは「刑事公安事件を自由にやらせること」を条件に、それを受け入れてくれるところから事務所を選ぶという強気の就職活動をして、私は堂野法律事務所のイソ弁になった。

堂野事務所では、私より四年先輩の堂野尚志《たかし》弁護士（所長の堂野達也《たつや》弁護士の子息。堂野達也弁護士は私の在所中に日本弁護士連合会の会長にもなった著名な弁護士であった）も、その当時、学生事件の弁護をしていたので、堂野事務所は刑事公安事件に寛大であった。

ところが、それからが大変だった。刑事訴訟法の勉強をしていなかったからだ。

現在の司法試験では民事・刑事両訴訟法が試験科目になっているが、私たちの時は選択制で、どちらかを選べばよかった。そこで公務員試験向けにも使える民事訴訟法を中心に勉強して、刑事訴訟法の勉強をほとんどしなかったのである。

そのまま弁護士になったが、なったとたんにいきなり東大裁判などの刑事弁護をしなければならず、あわてて刑事訴訟法を勉強しなおすというていたらくであった。

＊1　赤軍派：共産主義者同盟赤軍派の略称。一九六九年に結成された新左翼グループの一つ。世界同時武力革命を主張し、大菩薩峠事件（一九六九年）や「よど号」ハイジャック事件（一九七〇年、日本初のハイジャック事件）を起こし、のちの連合赤軍や日本赤軍の母体ともなった。

1　東大裁判（公判開始時期：一九七〇年）

事件の概要は先に詳述したとおりである。東大闘争で安田講堂などいくつかの建物に立て籠もり、投石や火炎瓶などで機動隊に抵抗して逮捕された学生約七〇〇人のうち、起訴されたのは四六五人で、建造物侵入罪、不退去罪、凶器準備集合罪、公務執行妨害罪などに問われた。

裁判の経緯

荒れる法廷

当時は公判前整理手続《こうはんぜん》（「村木厚子事件」39ページ参照）がなく、すぐに裁判が始まった。東大裁判は世間の耳目を集めていたので、その様子は新聞、テレビなどで詳しく報道されていた。司法修習生であった私も、法廷に行って、傍聴席からその裁判を傍聴したこともあった。

当初、東大弁護団は、被告人である四六五人の学生全員を一つの法廷で審理する「統一公判」を要求した。しかし、五〇〇人近くの被告人を一つの法廷で審理するなどということは、物理的にも、裁判官の認識能力という意味でも、裁判所が受け入れるわけがなかった。そこで弁護団側は、「場所がなければ日比谷公会堂で裁判を開け」との提案をした。それに対して東京地裁は、被告人を三七のグループに分割する案を出してきたが、弁護団側はあくまでも統一公判を要求し、裁判所と激しく対立した。

公判は、見切り発車的に一九六九（昭和四四）年五月から順次始まったが、刑務所や拘置所では「分割公判粉砕」を叫ぶ被告人が出廷を拒み、出廷した者も野次やシュプレヒコールを連呼し、傍聴人がそれに呼応して全員が裁判長から退廷命令を受けたりした。

裁判所の指示を無視して「統一公判要求」を繰り返す弁護士たちは、裁判官忌避[*1]を申し立てたり、集団退廷したり、逆に法廷から強制的に排除されるなど、ひどい混乱が続いた。

数人の弁護士は、裁判所から監置の制裁を科されたりした。

監置とは、法廷の秩序維持と裁判の威信保持を目的とする「法廷等の秩序維持に関する法律」による監置場への留置のことだ。同法に基づく制裁のなかで最も重く、監置期間は最長二〇日間である。

裁判所は弁護士会に対して、監置の制裁を科した弁護士を懲戒処分にするよう請求した。

弁護士に対する懲戒の種類は、次の四つである(弁護士法第五七条)。
・戒告：弁護士に反省を求め、戒める。
・二年以内の業務停止：弁護士会が申し渡した期間内は弁護士業務を禁止する。
・退会命令：弁護士の身分を失い、弁護士としての活動はできなくなるが、弁護士となる資格は失わない。
・除名：弁護士の身分を失い、弁護士としての活動ができなくなるだけでなく、三年間は弁護士となる資格も失う。
後日、裁判所は、前述のような法廷での言動を理由にして、東大弁護団の中心メンバー数人について、弁護士会に懲戒請求した。私はそのうちの一人について懲戒請求事件の弁護人となり、「懲戒にするのは不当である」との論陣を張ったが、結局、懲戒となった。なお、懲戒請求された弁護士たちは、退会命令や除名のような重い処分にはならず、一ヵ月程度の業務停止に処されたと記憶している。

被告人・弁護人と裁判所との激しいぶつかり合いは、約一年間も続き、「荒れる法廷」と言われていた。

＊1　裁判官忌避：裁判官をその事件の審理から排除すること。刑事訴訟法第二一条には、裁判官が不公平な裁判をするおそれがある時などに、検察官または被告人、弁護人が裁判官忌避の申し立てができる旨が規定されている。忌避申し立てがなされると、それに対する判断が別の裁判官によってなされる。判断が下されるまでの間は、審理がストップする。ただし、訴訟を遅延させることが目的の忌避申し立てであると判断されると、他の裁判官の判断を待たずに、直ちに却下されて、審理は続行となる。

分離公判

そうこうしているうちに、被告人のなかから、「こんなことばかりやっていてもしかたがない。もっときちんと裁判をやりたい」という声が出てきた。

その結果、被告人は、あくまでも統一公判を要求し続けようとする「貫徹派」と、被告人側の立証をきちんとやって自分たちの運動の正当性を明らかにしようとする「転換派」とに分かれ、「転換派」の被告人八五人は、新たに弁護団を構成することとなった。

私が加わることになったのは、「転換派」グループの弁護団（新東大弁護団）であった。新東大弁護団は、杉本昌純《すぎもとしょうじゅん》弁護士を団長とする二〇人ほどの弁護士で構成された。翌年弁護団に加わった弁護士のなかには、のちに民主党政権で内閣官房長官や法務大臣などを務めた仙谷由人《せんごくよしと》氏（司法修習二三期。二〇一八年死去）もいた。

なお、私は、一九六八年七月から一〇月までの四ヵ月間、東京地方裁判所で刑事裁判修習（300ページ「コラム1　私の修習生時代」参照）をしていたが、配属された部に、杉本弁護士が弁護人についていた刑事公安事件があった。杉本弁護士の法廷での話し方や尋問のやり方はじつにみごとで、それまで見た他の弁護士とは比べものにならず、すっかり魅せられた。書記官なども、「やはり杉本さんは違う」と言っていた。傍聴したその事件が無罪になったことを、修習後に知った。

我々弁護団が東京地裁と交渉した結果、「転換派」に属した被告人については、すでに結審したことになっていた被告人についても公判を再開して、被告人側の立証を認めることとなった。こうした経緯で、一九七〇年三月三日から新東大弁護団による裁判が始まったのである。

学生たちが目指した裁判闘争とは

「転換派」の被告人は五～六のグループに分かれた。私は、そのなかの医学部中央館グループ（東大医学部学生が被告人。牧圭次《まきけいじ》裁判長の牧法廷）と安田講堂グループ（安田講堂に立て籠もった学生が被告人。熊谷法廷）を担当することとなった。

弁護人と被告人である学生たち（ほぼ全員保釈になっていた）、さらに救援対策を担っていた学生も含めて頻繁に弁護団会議を開き、熱海の旅館などでの合宿も繰り返したりして、弁護方針や冒頭陳述書の内容、証人申請などについて、ああでもない、こうでもないと議論を重ねた。

我々弁護士と学生たちとの合作である冒頭陳述書は、二〇八ページにおよぶ分厚いものとなった。主な内容は以下のとおりである。

第一章　東大闘争の意義（運動の正当性）
第二章　一・一八、一九闘争に至る東大闘争の経過（「一、医学部闘争」から始まり、闘争の背景事情や過程が詳細に述べられている）
第三章　一・一八、一九闘争（立て籠もり学生に対する退去命令の不当性、違法性など）
第四章　東大闘争に対する弾圧（機動隊による催涙弾・催涙液攻撃が科学的側面からもいかに非人道的だったかなど、国家権力による弾圧の実態と不当性）
第五章　刑法第二〇八条の二（凶器準備集合罪）の違法性

前半では、なにゆえに東大闘争は始まったか、医学部の問題はどこにあったかなど、事件の背景事情や経過をかなり詳しく論じ、後半では、加藤一郎総長代行（当時）が機動隊導入を決定したことの不当性や、被告人たちが建造物侵入、不退去、凶器準備集合、公務執行妨害などの罪に問われたことの違法性などを糾弾する構成である。なかでも、闘争の背景事情と過程は裁判の主たる争点となった。

なお、救援対策を担っていた学生を中心として、冒頭陳述書とは別に『東大裁判闘争』という資料も作った。まだワープロのない時代だったから、いずれもすべて手書きのガリ版刷りで、印刷した紙を一枚一枚折って簡易な製本をした。なにもかもが手作りであった。

初公判では、冒頭陳述書の前半を弁護人たちが、後半は被告人たちが、それぞれ分担して二

○八ページをまるまる朗読した。

冒頭陳述とは、刑事訴訟の公判において、証拠調べ手続のはじめに、証拠により証明しようとする具体的事実を明らかにすることである。当時は、通常の裁判では主に検察官のみがおこなっていたが、被告人・弁護人も裁判所の許可を得れば冒頭陳述をおこなうことができた。ただ、実際にはそういうことはあまりなく、ましてや、弁護人と被告人が分担で冒頭陳述書を朗読するというのは当時かなり珍しかった。概して東大事件は弁護人と被告人との垣根が低く、皆でワイワイやっていた感がある（なお、現在の裁判員裁判では、検察官の冒頭陳述のすぐあとに弁護人の冒頭陳述がおこなわれている）。

被告人である学生たちは、機動隊に向かって石を投げた事実があるかどうかなどはどうでもいい些末《さまつ》な問題だと、一貫して主張した。被告人が「石を投げて何が悪いか」と言っているのだから、石を投げたか投げないかを証拠で証明することは意味のないことだと考えていた。また、皆、量刑のことはまったく気にしておらず、ましてや「無罪を取ろう」という気など最初からなかった。

たしかに我々は石を投げたかもしれないが、それは投げるに至った背景事情があるからだ。背景事情とは、大学の在り方の問題、さらには日本の社会体制・政治体制の問題であり、裁かれるべきはそちらのほうだと彼らは主張し、「そもそも日本の社会体制は……」「そもそも日本の医療システムは……」「東大医学部の問題点は……」などと、延々と弁舌を振るった。

このように被告人が法廷から社会に向けて思想的アピールをするのは、学生運動関連事件の裁判の大きな特徴で、その後、私が担当した事件でも、たびたび見られたことである。

文部大臣、警視総監、東大総長らを証人尋問

東大闘争の正当性を明らかにし、国家権力の不当な弾圧を糾弾するために、加藤一郎東大総長、大河内一男前東大総長を含む多数の教授、紛争当時の東大の医学部長や附属病院長、さらには坂田道太前文部大臣、秦野章《はたのあきら》前警視総監をはじめとする警察幹部など多数を弁護人申請の証人として申請し、裁判所はこれらの申請を認めた。背景立証のために文部大臣や警視総監を証人尋問するなど、今ではとうてい考えられないことだと思う。

(1) 現職助教授と総長が法廷で対決

加藤総長や大河内前総長を証人申請したのは、安田講堂立て籠もり事件に至るまでの経緯や、当時の東大内部の実情を明らかにするためである。この証人尋問には、東大の内情に通じた人物を特別弁護人に立てる必要があった。

特別弁護人とは、ひとことで言えば「職業的弁護士ではない素人の弁護人」である。刑事訴訟法第三一条二項[*1]には、裁判所の許可があれば、弁護士資格を持たない者を弁護人にすることができると規定されている。一般的には、専門領域が問題になる事件などにおいて、弁護士に加えて専門家を弁護人にするような場合である。

この裁判で我々は、運動的見地から、①東大闘争の必然性を把握しており、②被告人らとともに東大という支配・抑制機構の中で闘い、③秘密主義に包まれた教授会・学部長会議・評議会などの内情に通じている、との三条件を挙げ、折原浩《おりはらひろし》東大教養学部助教授をはじめとする複数の学部の助手や講師、山本義隆東大全共闘議長の計六人を特別弁護人として申請した。

これに対して裁判長は、③の条件を認め、特別弁護人として折原助教授を許可したが、他の五人については不許可とする決定を下した。我々は、六人全員の許可を求めて抗議したが容《い》れられず、結局、折原助教授のみが特別弁護人として加藤総長などの証人尋問に加わることになった。

折原助教授は、東大紛争において一貫して大学当局に批判的な立場をとり、学生の側に立つ「造反教官」の代表的存在だった。安田講堂立て籠もり事件の前後には、全共闘系学生の集会に参加して大学批判を展開し、その後、東大教養学部が授業再開を決めた際には、授業の再開や教授会への出席を拒否。駒場キャンパスで独自の自主講座をおこなうなど、加藤執行部とことごとく対立していた。それでも大学を去らず、のちに教授になっている。

加藤総長の最初の証人尋問は、一九七一年三月一七日の公判でおこなわれることになった。

その日、加藤総長は東京地裁前に多数集まった傍聴学生を避け、いつ、どこからとも知れず、ひっそりと地裁庁舎に入った。翌日の新聞が「忍者のように」と形容したほどだ。

加藤総長の初証言ということもあり、トラブルを恐れた東京地裁は、傍聴人にコートやバッグなどを法廷に持ち込むことを禁じ、厳しく所持品チェックをした。我々弁護団は、「正常な人間が正常なかたちで傍聴できないのは、裁判の公開の原則を保障した憲法に反する」と抗議し、こうした警備措置の撤回を求めたが、裁判所は我々の要求を認めなかった。そのため、折原助教授を含めた弁護人と被告人は退廷。結局、この日の証人尋問は中止された。

加藤総長の初証言は、三月二二日、別の被告グループを審理している法廷でおこなわれた。安田講堂立て籠もり事件に機動隊を導入したいきさつについて、加藤証人は、

「入試を実現させるためには機動隊を入れないほうがよかったと思うが、ニトログリセリンが持ち込まれたとの噂が流れるなど、危険が迫っていたため、導入は必要だった」

などと証言し、傍聴学生から激しい野次が飛ぶ一幕もあった。

折原助教授による加藤総長への証人尋問が実現したのは、四月になってからである。内部事情に通じた折原氏の尋問には、やはり加藤証人もかなり緊張していた。

私自身は、医学部中央館グループの公判において、加藤総長や紛争当時の東大医学部長の豊《とよ》川行平《かわこうへい》氏、附属病院長だった上田英雄《うえだひでお》氏らを尋問した。

(2) 被告人学生が前文相を尋問

一方、安田講堂グループの公判では、加藤総長のほかに、坂田前文相や秦野前警視総監の証人尋問もおこなわれた。私は両者への尋問は担当しなかったが、秦野証人は、

「東大側から出動要請がなくても、不測の事態が起これば出動しなくてはいけないと考えていた。大学に治外法権はない」と述べた。

印象に残っているのは、弁護団による尋問のあと、逮捕起訴された三人の学生が坂田前文相への質問に立ったことである。刑事裁判では、被告人が証人に対して質問することも認められているのだ。[*2] この尋問では、次のような問答もあった。

被告人学生「当時、我々は、医学部の処分を撤回せよなど七項目の要求を出したが、この要求はその後、東大でどう活かされているのか」

坂田証人「大学自身が、このままではダメだと考えるようになった」

被告人学生「これではダメだと考えるようになったのは、我々が先じゃありませんか」

坂田証人「いや、私も考えていた」

すると被告人席や傍聴席から、

「じゃあ一緒に東大闘争やれよ！」

と野次が飛び、法廷内に笑いが起こった。東大裁判は、一連の紛争や問題提起など背景事情を積極的に主張・立証したので、逮捕起訴された学生たちとしては、その一環として、団交の続きのような雰囲気で、この尋問をおこなったものと思う。

「転換派」の公判は、「荒れる法廷」とは一転して、裁判所と激烈にやり合うことはなかったが、それでも時にはこのように野次が飛んだり、裁判長から退廷命令が出たり、逆にこちらが自主的に法廷から出て行ったりすることがあった。

医学部中央館グループの公判で元医学部長の豊川氏を証人尋問した時には、牧裁判長から「尋問は今日中に終えるように」と言われ、「今日中なら何時まででもいいんだな」と、夜九時まで尋問をしたこともある。今では、裁判所が夜九時まで証人尋問を認めることはないと思う。この夜九時までの尋問の際には、一部の被告人から「バイトに遅れてしまうから困る」との泣き言が出たが、「ダメだ」と一喝して、尋問を続けた。

きちんと裁判をやろうとした「転換派」も、裁判所との意地のぶつかり合いは、けっこうあったのである。

一日がかりの公判が終わると、時に、我々は裁判所の玄関に集まり、被告人ら学生たちと肩を組んで革命歌「インターナショナル」を合唱した。そういう時代だったのだ。新米だった私は、「なるほど、刑事弁護とはこういうことをやるものなのか」と感心したものだった。じつはそれが稀有《けう》な例だということは、あとになって知った。

なお、この合唱後に、裁判所の玄関前で被告人らと警備員とがぶつかって、被告人のリーダー格だった今井《いまい》澄《きよし》氏（東大事件の時の安田講堂防衛隊長。後に医師から国会議員）が逮捕され、私は丸の内警察まで接見に出向くこととなった。

＊

医学部中央館グループに対しては、七二年四月一四日に判決が出た。

安田講堂グループ熊谷法廷のほうは、同年の四月二五日に判決が出た。

どちらも被告人のほとんどが執行猶予となったため控訴はせず、これで東大裁判における私の任務は終了した。

＊1　刑事訴訟法第三一条二項：「簡易裁判所又は地方裁判所においては、裁判所の許可を得たときは、弁護士でない者を弁護人に選任することができる。ただし、地方裁判所においては、他に弁護士の中から選任された弁護人がある場合に限る。」

＊2　被告人による証人への質問：刑事訴訟法第一五七条「当事者の立会権、尋問権」三項で、検察官・被告人または弁護人が証人の尋問に立ち会った時は、裁判長に告げたうえで、その証人を尋問することができると規定されている。

思い出・エピソード

生意気なイソ弁

「転換派」の被告人は一〇〇人弱であったが、それでも人数が多いため、毎週のように法廷があった。そのため私は、所属していた堂野法律事務所にほとんど顔を出せない時期もあった。

「弘中君はどこに行っているんだ」

と堂野所長が誰かに訊《き》くたびに、

「いやぁ、朝から裁判所で戻ってきません。明日も同じです」

という答えが事務局から返ってくるような始末。それで所長から文句を言われた私は、

「公安事件を自由にやらせるというのが就職の条件だったでしょう。なんでいけないんですか？」

と言い返す、生意気なイソ弁であった。

2 大菩薩峠事件（公判開始時期：一九七〇年）

東大裁判とほぼ並行する形で、私は大菩薩峠事件の弁護もしていた。先述のとおり、東大裁判で私の担当する公判グループにいた赤軍派の学生から別件の依頼を受けたことに始まる。

大菩薩峠事件は、一九六九（昭和四四）年一一月三日に、赤軍派の学生五三人が山梨県の大菩薩峠にある山小屋「福ちゃん荘」に集まり、山中で武闘訓練をしていたところ、同月五日早

朝に全員が逮捕された事件である。

事件の概要

「武装蜂起」を掲げた赤軍派

逮捕された学生たちは、一一月中旬に予定されていた佐藤栄作首相の訪米[*1]を阻止する目的で、鉄パイプ爆弾や火炎瓶などで武装して首相官邸を襲撃することを企て、大菩薩峠の山中に集まって武闘訓練をしていた。

しかし、赤軍派学生の計画はとっくのとうに警察当局に察知され、尾行されていた。その情報はマスコミにも筒抜けで、某大手新聞社は特ダネを狙って「福ちゃん荘」に記者を投宿させていたという。三日目の早朝に大菩薩峠に警視庁と山梨県警合同の機動隊が大量にやってきて、その場にいた若者たちを根こそぎ逮捕したのである。

大菩薩峠の赤軍派を急襲
"軍事訓練"53人を逮捕
パイプ爆弾、硫酸など押収
訪米阻止闘

大菩薩峠にある山小屋に集まっていた赤軍派学生を大量検挙した、いわゆる「大菩薩峠事件」を報じた1969年11月5日の毎日新聞夕刊

押収された武器は、鉄パイプ爆弾一七本、登山ナイフや小刀約五〇本などだった。だが、鉄パイプ爆弾一七本のうち警察が内容物を鑑定して爆弾と判断したのは一本だけで、ほかは未完成の"爆弾もどき"だった。小刀は剞小刀《くりこがたな》という刃渡り一〇センチほどの短いナイフで、竹を削ったり、木工細工で曲面を削ったりする時によく使われるもの。たいした武器にはならない。

しかし、彼らは爆発物取締罰則違反に問われ、ほかに殺人予備、凶器準備集合及び結集[*2]の罪にも問われた。

＊1 佐藤栄作首相の訪米：訪米の目的は、翌七〇年に期限切れとなる日米安全保障条約の継続協議と沖縄返還交渉だった。全共闘・新左翼諸派は、これを阻止すべく訪米前日の一一月一六日に羽田空港周辺各所で機動隊と激突し、一七日も含めて全国で二〇九三人の逮捕者を出した。佐藤首相は予定どおり一一月一七日に羽田空港を出発。翌年六月に日米安保条約は自動延長となった。七一年六月には沖縄返還協定が調印され、沖縄は七二年五月、日本に復帰した。

＊2 凶器準備集合及び結集：他人の生命、身体、財産に対し共同して害を加える目的で凶器を準備または準備があることを知って集合した場合は凶器準備集合罪、集合させた場合は凶器準備結集罪となり、後者の場合は前者より刑が重い（刑法第二〇八条の二）。

裁判の経緯

延々と続く被告人意見陳述

この事件で逮捕された赤軍派学生五三人のうち、未成年者などを除く三四人が起訴された。私が弁護を依頼されたのは、幹部クラスの一六人の公判だった。弁護士になる直前の七〇年三月に公判が始まり、二年先輩の三上宏明、兼田俊男弁護士と一緒に彼らを弁護した。

なお、当然のことながら、一六人の組織上の地位や役割については様々の差異があり、当然利害が反する面もあったので、今なら、もっといくつかに分離し、弁護人も別々に就くことになると思われるが、当時は、一六人まとめて弁護人となることについて何の迷いもなかった。

公判の冒頭、起訴状に対する被告人の罪状認否があるが、被告人たちは意見陳述と称して演説をした。支援者がいる傍聴席に向かって一礼すると、彼らは自分たちの主義主張を喋り出した。その内容は、世界同時革命の話に始まり、「銃を持て」「爆弾を投げろ！」などという内容だった。

一六人の被告が、次々と各人半日から一日をかけ、全部で約半年かけて、こうした過激な演説を延々と続けたのである。今の裁判ではとても考えられないことかもしれない。

のちに彼らは、この意見陳述をまとめて単行本として出版した。本のタイトルは、『蜂起貫徹戦争勝利』である。

公判のさなかに大事件が起こった。一九七〇年一一月二五日、作家の三島由紀夫《みしまゆきお》と彼が主宰する「楯の会」の会員数名が、東京市ヶ谷の陸上自衛隊で総監を人質にとり、三島は「憲法改正、再軍備」の演説をしたあと、割腹自殺したのである。いわゆる三島事件[*1]だ。

「楯の会」は、内戦や革命に備えるために三島が組織したもので、軍事訓練と称して自衛隊への体験入隊、遊撃戦の講習の受講、空手・剣道・居合の稽古などをしていた。

もともと、被告人たちは「軍事訓練の何が悪いんだ」という主張を展開していた。

「三島も『楯の会』として軍事訓練をしていたではないか。同じことをやって、なぜ我々だけ逮捕されるのだ」と。

後日談になるが、三島事件に加わった「楯の会」会員三被告人の初公判は、先に述べた東大裁判における加藤一郎東大総長の初証言の翌日（一九七一年三月二三日）に、同じ東京地裁で開かれた。当時は、右も左もかなり騒然とした時代だったのである。

＊1　三島事件：三島由紀夫らは陸上自衛隊東部方面総監を人質にとり、自衛隊員約一〇〇〇人をバルコニー前に集めた。三島は拳《こぶし》を振りかざして演説し、クーデターを扇動したが失敗し、総監室に戻ると短刀で割腹。三島を介錯した「楯の会」会員の森田必勝《もりたまさかつ》も自決した。

爆発物取締罰則は合憲か違憲か

本件の争点はいくつかあったが、ここでは「爆発物取締罰則が違憲であるかどうか」について述べる。これは、学生運動関連事件で常に問題になったテーマである。

なぜ問題になったかというと、爆発物取締罰則（略称「爆取《ばくとり》」）というのは、国会で審議されて成立した法律ではなく、明治時代初期に太政官《だじょうかん》が公布した法令（太政官布告）だからである。太政官とは、一八六八（慶応四）年に設置された最高官庁で、今の内閣にあたる。一八八五（明治一八）年の内閣制度の制定と同時に廃止された。

爆発物取締罰則は、太政官布告により一八八四（明治一七）年に公布された。「治安を妨げ、人の身体財産を侵害する目的で爆発物を使用した者は、死刑または無期、もしくは七年以上の懲役または禁錮に処す」（第一条要約）、「同様の目的で爆発物を使用未遂の場合は無期もしくは五年以上の懲役または禁錮」（第二条要約）、といったことが規定されている。

この法令が制定された背景には、当時、加波山《かばさん》事件や秩父《ちちぶ》事件[＊1]などの過激な民権運動が続発し、軍や警察に対して民衆が爆発物を使用したことがあった。

大日本帝国憲法発布（一八八九＝明治二二年）後も、爆発物取締罰則は法律と同様の効力を持つものとして扱われていた。太平洋戦争後も、日本政府は旧治安維持法の代わりとして爆発物取締罰則を使って、政府に批判的な社会運動を取り締まった。最高裁判例では、「日本国憲法の下においても法律としての効力を保有する」とされている。

しかし、爆発物取締罰則が制定されたのは、明治維新からわずか一七年後、鹿鳴館で舞踏会がさかんに開かれていた頃のことである。

そういう時代の遺物のようなものが法律とみなされ、いまだに通用しているのは憲法違反であると、我々は主張した。つまり、被告人たちが問われた爆発物取締罰則違反の合憲性が、争点の一つとして議論されることになったのである。

＊1　加波山事件や秩父事件：いずれも明治一七年に勃発。加波山事件は、政府要人の爆殺計画に失敗した自由党急進派が茨城の加波山で蜂起し、数日で鎮圧された事件。秩父事件は、埼玉の秩父地方を中心に起きた大規模な農民蜂起で、負債の減免などを求める数千人の農民が警察・軍と衝突、約一〇日後に鎮圧された。

判決の内容

「爆取は違憲」の主張

「爆発物取締罰則の制定過程や全体の内容は、現行の憲法、刑法、刑事訴訟法の体系や、民主主義社会下における法感情とはまったく異質である。この罰則が、封建主義社会や戦前の治安体制下の理念に基づくものであることは明らかで、違憲・無効と言うべきである」

東京地裁で我々はこのように主張した。

しかし裁判所（裁判長　新関雅夫《にいぜきつねお》、裁判官　高木実《たかぎみのる》、裁判官　安廣文夫《やすひろふみお》）は、最高裁判例に基づいて、「同罰則は現行憲法下においても法律としての効力を持つ」と判断し、被告人に対して、同罰則第三条のなかの爆発物所持罪と、第四条のなかの爆発物使用共謀罪を適用した。

爆発物取締罰則第三条では、「爆発物もしくはそれを使用するための器具を製造・輸入・所持・注文した者は、三年以上十年以下の懲役または禁錮に処す」旨が規定されている。

また、同第四条では、「爆発物使用の罪を犯そうとして脅迫・教唆《きょうさ》・扇動した者や共謀した者は、三年以上十年以下の懲役または禁錮に処す」旨が規定されている（いずれも、第一条にある「治安を妨げ、人の身体財産を侵害する目的」であることが前提）。

地裁は被告人一六人に有罪判決を下した。

我々は控訴し、主に以下のことを主張した。
・爆発物取締罰則は、憲法第一九条「思想及び良心の自由」、同第三一条「法定の手続の保障」、同第三六条「拷問及び残虐刑の禁止」などに違反し、全体として違憲・無効である。
・仮に、同罰則が全体として違憲でないとしても、第四条のなかの爆発物使用共謀罪の規定は、〝行為をした者を処罰する〟という現行刑法の原則に反している。なぜなら、共謀というのは、内心の問題にとどまるものだからである。
・共謀という内心の不法性によって人を処罰するのは、明らかに思想そのものを処罰することであり、とうてい容認できない。
・これらのことから、爆発物取締罰則を合憲・有効として同罰則第三条・第四条を適用した原判決（東京地裁判決）は違法である。

だが、我々の主張は、控訴後の東京高裁（裁判長　岡村治信《おかむらはるのぶ》、裁判官　小瀬保郎《こせやすろう》、裁判官　南三郎《みなみさぶろう》）でも認められず、上告審（裁判長　環昌一、裁判官　横井大三《よこいたいぞう》、裁判官　伊藤正己《いとうまさみ》）においても斥《しりぞ》けられてしまった。

最高裁の判断の主旨は、以下のとおりである。

・爆発物取締罰則が、現行憲法施行後の現在も法律としての効力を有していることは、当裁判所の判例とするところであるから、同罰則を無効とする上告趣意には理由がない。

・同罰則の定める刑は残虐な刑罰とはいえない。また、法定の手続は立法政策の問題であって、憲法に適《かな》うか否かの問題ではない。したがって、同罰則が憲法第三一条、第三六条に違反するという上告趣意には理由がない。

・同罰則の第一条にいう「治安を妨げ」の概念は、曖昧なものとはいえない。また、同罰則は、各条に定める〝行為をした者を処罰する〟ものであって、思想・信条そのものを処罰しようというものではない。したがって、憲法第一九条、第三一条に違反するという弁護人の主張は前提を欠いており、適法な上告理由にあたらない。

・同罰則第四条が、憲法第一九条、第三一条、第三六条に違反するという主張は、適法な上告理由にあたらない。なぜなら、①法定の手続は立法政策の問題であって、憲法に適うか否かの問題ではなく、②同罰則第四条の構成要件、特に共謀の概念は不明確なものとはいえず、③この第四条は、爆発物を使用するために脅迫・教唆・扇動・共謀という〝行為をした者を処罰する〟ものであり、思想信条自体を処罰するものではないからである。

爆発物取締罰則に関する主張のほかに、我々は、本件の逮捕・捜索・証拠品押収の各手続が違法であること、量刑が不当であることなども主張した。これらのうち、証拠品押収の合法性に関しては、後述する米子銀行強盗事件にも共通するテーマなので、詳細はそこで述べることにする。

結果的に、我々の主張はいずれも認められなかった。上告は棄却され、被告人一六人全員が有罪（うち九人は執行猶予付き）とされたのである。

結果の社会的影響

赤軍派幹部の迷走

大菩薩峠事件で主要メンバーを含む五三人が逮捕された赤軍派は、大きな打撃を受けた。事件後の捜査によって幹部の多くに逮捕状が出されるなか、赤軍派の最高指導者である塩見《しおみ》孝也《たかや》[*1]議長は、海外にも運動拠点と同盟軍を持つべきだという「国際根拠地論」を唱えて、ハイジャックを計画した。

塩見議長は、ハイジャック計画実行寸前の一九七〇年三月一五日に逮捕されたが、逮捕を免れた幹部は、予定どおり計画を実行した。「よど号」ハイジャック事件である。同年三月三一日、赤軍派軍事委員長の田宮高麿《たみやたかまろ》ら九人は日航機「よど号」を乗っ取り、朝鮮民主主義人民共和国に亡命した。

　また、幹部の重信房子《しげのぶふさこ》らは、「国際根拠地論」に基づいて中東パレスチナへ出国し、パレスチナ解放人民戦線（ＰＦＬＰ、イスラエルの占領に反対する武装組織）に合流、のちに「日本赤軍」を名乗るようになった。

　一九七二年五月には、岡本公三《おかもとこうぞう》ら赤軍派の日本人男性三人がイスラエルに渡り、ＰＦＬＰが主導したテルアビブ空港乱射事件に国際義勇兵として参加した。彼らは、テルアビブ近郊にあるロッド空港（現・ベン・グリオン国際空港）でイスラエルの警備隊と撃ち合いになり、一般市民ら一〇〇人以上が巻き添えとなり死傷した。

　日本政府は、イスラエルへ特派大使を派遣して謝罪し、弔慰金一五〇万ドルを支払った。この事件により、日本の過激派に対する国際的な批判が高まり、日本国内でも、「諸外国で〝何をしでかすかわからない日本人〟と風評が立つのでは」と懸念する声が上がった。

　一方、日本に残った赤軍派幹部の森恒夫《もりつねお》らは、日本共産党（革命左派）神奈川県委員会（通称・京浜安保共闘）と合流して「連合赤軍」を形成し、京浜安保共闘の幹部・永田洋子《ながたひろこ》とともに

連合赤軍のメンバー５人が立て籠もった長野県軽井沢町「あさま山荘」の周辺を包囲する警官隊（1972年2月23日、写真提供：共同通信社）

リーダーとなった。

東大裁判や大菩薩峠事件の公判中だった一九七二年二月に「あさま山荘」事件が起こった。警察に追われた連合赤軍のメンバー五人が、長野県軽井沢町の保養施設「あさま山荘」に逃げ込んで、管理人の妻を人質に立て籠もった事件である。

長野県警、警視庁、警察庁[*2]の警察官約一五〇〇人が出動して山荘を包囲したが、五人はライフル銃などを発砲して抵抗し、断続的な銃撃戦が続いた。

籠城一〇日目、警察側は実力行使に転じ、ガス弾や高圧放水による攻撃に加えて、クレーンで吊った重さ一・七tの鉄球で山荘の外壁を破壊し、突入。二一八時間ぶりに人質を無事救出し、五人を逮捕した。その間に、警察官二人、民間人一人が射殺され、二十数人が負傷した。

この様子をNHKは計一〇時間以上にわたって生中継し、民放各社も含めた合計視聴率は約九〇%に達したという。ちなみに、この事件の際に警察庁から派遣され現場を統括したのは、東大安田講堂事件で機動隊を指揮した佐々《さっさ》淳行《あつゆき》であった。

その後、逮捕者の供述から衝撃的な事実が明らかになった。連合赤軍内部で起きていた、リンチ殺人事件である。

山岳アジトを転々としていた彼らは、意見が対立する者や逃亡のおそれがある者に〝自己批判〟を強制し、〝総括〟と称してリンチを加えたうえ殺害し、遺体を山中に埋めていたのだ。犠牲者は計一四人におよび、そのなかには妊娠八ヵ月の女性もいた。

仲間同士の凄惨な殺し合いに人々は戦慄し、左翼運動を見る目も冷ややかになった。それとともに、運動そのものも尻すぼみになっていったのである。

＊1 塩見孝也：京都大学文学部在学中に活動家となり、大学中退後に赤軍派を結成し議長に就任。逮捕後、爆発物取締罰則違反、「よど号」ハイジャック事件の共謀共同正犯、破防法違反などで起訴され、懲役一八年の判決を受け収監された。二〇一七年死去。

＊2 警察庁：国家公安委員会の管理下にある機関。警察制度の企画立案、国の公安に関わる事案についての警察運営、警察活動の基盤となる通信・鑑識等に関する事務、警察行政に関する調整などをおこなう。

思い出・エピソード

おおらかだった司法界

大菩薩峠事件の地裁公判には、今も印象に残る出来事が多い。裁判長は新関雅夫裁判官だった。

たとえば、この裁判では、「よど号」ハイジャック事件の首謀者として逮捕されていた赤軍派のトップ、塩見孝也氏も証人として出廷した。

この証人尋問の途中、何かのきっかけで傍聴人が騒ぎ出して法廷が荒れたため、裁判長が「全員退廷」を命じ、審理が一時中断した。やがて審理が再開すると、証人席の塩見氏が裁判長に向かって声を上げた。

「ただいまの裁判所の訴訟指揮[＊1]について、自分としても言いたいことがあるので、意見を言わせていただきたい」

要は、「裁判長の退廷命令について意見を述べたい」と言い出したのである。

今ならそんなことはなかなか認められないと思うが、新関裁判長は気持ちに余裕があったのか、「なるべく簡潔に」と認めてくれたため、塩見氏は証人席で数十分間、傍聴人退廷の訴訟指揮を批判する弁を振るった。

また、被告人のなかには偶然にも私の高校の先輩がいた。広島の修道高校で一年先輩だったUさん（当時、京都大学医学部）である。塩見氏に次ぐ赤軍派のナンバー2で、この大菩薩峠事件の首謀者でもあった。彼は、意見陳述で英語の文献を駆使して世界情勢を語るなど、きわめて格調の高い演説をした。

赤軍派の面々は、このようにさまざまな形で過激な意見陳述を延々と続けたが、裁判所は特に制限もせず、何日も何日もかけて意見陳述することを基本的には認めていた。

裁判所が寛容なので、Uさんは一度自分の意見陳述を終えたのに、その後、「別のテーマについて喋る」と言い出した。裁判所はこれも認めてくれて、彼は二度目の意見陳述をしたのだった。

法廷で黙禱《もくとう》をしたこともある。東京・板橋区内の派出所で警察官から銃を奪おうとした青年が逆に射殺された事件（上赤塚派出所襲撃事件＊2）の直後で、被告人のY君が立ち上がってそのことを問題にし、「非常に残念なので今から黙禱したい」と発言したのだ。

「黙禱！」と彼が呼びかけると、被告人一六人と傍聴席にいた支援者が全員立ち上がり、一分間の黙禱を捧げた。裁判長は、黙禱中に二回ほど「やめなさい」と軽く制止しただけだった。

黙禱が終わると、裁判長はY君に「もうしませんか？」と声を掛け、彼が「しません」と答えると、「わかりました。では続けましょう」と、何事もなかったかのように審理を続けていった。Y君のとったような行動は「法廷等の秩序維持に関する法律」で処罰されることが多いのだが、何のお咎《とが》めもなかった。裁判長は彼を見逃してくれたわけである。それにしても、黙禱を繰り返すなど考えられないことだから、「もうしませんか？」との問い掛けにどのような意味があったのか、謎であった。

大菩薩峠事件には全国の大学から赤軍派学生が集結し、五三人も逮捕されたので、共犯者の立場にあった証人も各地に分散していた。そのため、京都地裁に出張して証人尋問をしたことがあった。

このような場合、手続としては公判ではなく、準備手続となるので、裁判は公開されず、傍聴も認められない。しかし、支援者は当然、傍聴を望んでいる。そのため、京都地裁に出向いた支援者と裁判所のあいだで、「傍聴させろ」「いや、だめだ」と押し問答になった。そこに被告人が一六人もいるものだから、あちこちで被告人と警備員とが乱闘する事態になった。

収拾がつかないので、我々弁護団が「裁判の公開を認めないのは不当である。裁判官を忌避する」と言ったところ、新関裁判長は、「忌避申し立てがなされたので、その決定が出るまで手続を中止します」と述べて、その日の証人尋問は中止となってしまった。やることがなくなった我々は、しかたがないので広隆寺《こうりゅうじ》に出向いて、弥勒《みろく》菩薩の像をじっくり見てから東京に帰った。

その後、裁判所と収拾策を協議すると、「準備手続を公開するわけにはいかないから、何か理屈をつけてくれ。たとえば被告人B君の保釈に尽力している友人とか、その程度の関係性があることにすれば傍聴を認める」と言われた。支援者ならその程度の理屈はいくらでもつく。

結果的に、傍聴したい人はすべて傍聴できることになり、騒ぎは収まったのである。

この裁判で我々は、大菩薩峠で被告人たちが寝泊まりしていた山荘「福ちゃん荘」での警察の捜索や証拠品の押収に、非常に問題があるということも主張していた。「福ちゃん荘」での捜索は、Uさん（前述した私の高校の先輩）に対して、半年前の東京の明治大学における公務執行妨害で出された逮捕状執行の名目で、早朝いきなり多数の警察官が「福ちゃん荘」に乱入して、寝間着姿の五三名全員を屋外に拘束し、「福ちゃん荘」を徹底的に捜索して、いくつかの剣小刀を見つけ、それを理由とする凶器準備集合罪で、改めて全員を逮捕したものである。

私はその問題について担当していて、逮捕状で捜索できる範囲について、『判例タイムズ』に載っていた米国の論文などを引用して、ここまで過大な捜索は許されるはずがない、と論じたのである。しかし、法廷でそれを主張するだけでは机上の空論なので、「ちゃんと現場を見てほしい」と現場検証[*3]の申請をしたところ、裁判所はそれを認めてくれた。だが、そのうちに、裁判所は一六人もの赤軍派の被告人と一緒に山の中に行くことがさすがに怖くなったらしく、結局、最後まで現場検証はおこなわれなかった。

そうは言っても、我々の言い分に耳を傾けるという風潮が、当時の裁判所にはあったのだ。今なら、この事件で山に行っての現場検証をやろうなどとは言わないだろうと思う。

＊

裁判官との打ち合わせは、裁判官室内で行われた。打ち合わせの冒頭、新関裁判長がたばこを取り出して咥《くわ》えると、すかさず三上弁護士がライターでそれに火をつけてあげるということが多く、なんとも和やかな雰囲気であったことが思い出される。

当時の世相を反映して、司法界は今からでは想像できないほど、おおらかだったと思う。過激派を取り締まる警察は必死だっただろうが、裁判所も検察庁も弁護団も、そして被告人たちも、ある意味、のんびりしていたのである。

＊1 訴訟指揮：訴訟の適正・迅速な処理と完全な審理を期すためになされる裁判所の行為。訴訟指揮の権能は、刑事訴訟法と民事訴訟法にそれぞれ規定されている。刑事訴訟では、特別の規定がある場合を除いて裁判長に権能があり、その権限はきわめて広範で、訴訟を秩序づけ、合理的に進行させるために必要ないっさいの事柄におよぶ。民事訴訟における訴訟指揮の権能は原則として裁判所にあり、特別の規定により裁判長・受命裁判官が裁判所を代表して行使する場合と、裁判長が独立して行使する場合とがある。

＊2 上赤塚派出所襲撃事件：一九七〇年一二月一八日、京浜安保共闘のメンバー三人が、拳銃を奪うために東京都板橋区志村警察署上赤塚派出所を襲撃し、襲撃メンバーの一人（当時二四歳）が応戦した警察官に射殺された事件。

＊3 現場検証：裁判所がおこなうほかに、捜査機関により捜査活動の一環としておこなわれることもあるが、この場合には強制処分の一種として、裁判官があらかじめ発する令状に基づくことが原則的に必要（刑事訴訟法第二一八条）。現場検証がなされると調書が作成される。裁判所または裁判官の作成した調書は当然に、捜査機関の作成した調書は一定の条件のもとに、公判で証拠とされうる。

家族会の支え

大菩薩峠事件では、被告人たちの家族が家族会をつくり、弁護費用の工面や、身柄引受書の作成・提出といった保釈申請の協力等で中心になって動くなど、裁判に非常に協力してくれた。ある被告人の父親（元国会議員）は、弁護側の証人として出廷してくれた（岸信介《きしのぶすけ》内閣における日米安保条約改定[*1]をめぐる国会審議での強行採決の実態など、民主主義の原則が踏みにじられてきたことが事件の背景にあるとの立証）。

家族の方々からは「世間体が悪い」といった意識は感じられず、皆で子供を支えていこうとしていた。大菩薩峠の山中で武闘訓練をしただけに終わり、一般人には何の迷惑もかけていなかった、ということも大きかったと思う。

早期に保釈になった被告人たちは、公判中に次々と結婚した。配偶者も伴って日比谷公園に集まり、皆で和気藹々《あいあい》とお弁当を食べたりしたこともあった。今思えば、じつに牧歌的な時代であった。

＊1　岸信介内閣における日米安保条約改定：安保改定は一九六〇（昭和三五）年二月より国会で審議されたが、国民的な反対運動の激化で審議が難航し、五月二〇日未明、衆院本会議で強行採決された。改定に抗議するデモ隊は国会周辺に集結。六月一五日に全学連主流派が国会突入を図って警官隊と衝突し、東大生・樺美智子《かんばみちこ》が死亡。改定安保条約は、約三三万人のデモ隊が徹夜で国会を包囲するなか、六月一九日午前零時をもって自然承認された。

3　明治公園爆弾事件・米子銀行強盗事件（公判開始時期：一九七二年）

私はこれまでたくさんの被告人の弁護を引き受けてきたが、そのなかで強く印象に残り、今も忘れられない人物がいる。明治公園爆弾事件および米子銀行強盗事件で逮捕起訴されたS君である。

S君は、高校三年生の時、赤軍派の前身である共産主義者同盟に加入して以来、いわゆる

〝赤軍兵士〟として活動した。大菩薩峠事件でも検挙されたが、当時は未成年で、赤軍派のなかで序列が下だったこともあり、執行猶予付きの判決を受けていた。

ところが、その執行猶予期間中に、明治公園で機動隊に向かって爆弾を投げるという事件を引き起こし、それからひと月余のうちに、今度は米子で銀行強盗をしたのである。当時、二一歳であった。

彼は無期懲役を求刑されたが、私は、同期の川端和治《よしはる》弁護士と二人で、担当弁護士として可能な限りの手を尽くして上告審まで争い、結果的に彼の刑は懲役一七年となった。

学生運動関連事件で逮捕起訴された学生たちとは、当時、年齢が近かったこともあり、私は裁判後も顔を合わせたり、年賀状や電話などで近況を伝えてもらったりしたこともあった。しかし、このS君とは、裁判が終わってから一度も会っていない。彼はとっくに出所しているはずだが、出所の連絡もなかった。今でも何かの折に、ふと、あれからどうしているのだろうか、と思うことがある。

事件の概要

機動隊に投げられた爆弾

一九七一（昭和四六）年六月、沖縄返還協定の調印式が東京とワシントンで同時におこなわれ、その模様は宇宙中継でテレビ放送された。

しかし、その合議内容は、いわゆる〝核抜き本土並み〟とほど遠かったため、沖縄では抗議集会が開かれ、東京でも沖縄返還協定阻止を叫ぶ学生や市民の抗議行動が展開した。そのさなかに起きたのが、明治公園爆弾事件である。

同年六月一五日から一七日にかけて、東京・渋谷の明治公園では沖縄返還協定に対する抗議集会が開かれ、一七日には集まった若者たちが機動隊と激しく衝突した。

そこへ赤軍派のメンバー二人がやってきて、機動隊に向けて鉄パイプ爆弾を投げ込み、三七人の機動隊員に重軽傷を負わせて逃走した。そのうちの一人がS君であった。

米子で銀行強盗

同年七月二三日、S君は鳥取県に現れ、仲間三人とともに松江相互銀行米子支店に押し入り、猟銃や登山ナイフで行員を脅して六〇〇万円を奪った。四人は三方に分かれて逃走した。当時は、赤軍派が活動資金を確保するために金融機関を襲う事件が多発していた。「M作戦」といわれたもので、この事件もその一つである。

結果的に、逃走したメンバーはすべて逮捕されてしまった。

S君は、奪った現金をアタッシュケースとボウリングバッグに詰め、もう一人のメンバーと一緒にタクシーで逃走していたところを、岡山県警の緊急配備検問で止められたが、職務質問に黙秘を貫き、バッグを開けることも拒み続けた。

そこで警察官は、S君らの承諾がないまま無理やりバッグを開けた。ボウリングバッグのチャックを開けると、大量の紙幣が見えた。続いて、鍵のかかったアタッシュケースにドライバーを差し込んでこじ開けたところ、被害銀行の帯封付きの札束を含む大量の紙幣が見つかった。

S君らは強盗犯人として緊急逮捕され、ボウリングバッグ、アタッシュケース、現金などを差し押さえられた。

警察のメンツをかけた逮捕

翌七二年六月にS君は起訴された。赤軍派の関係者からS君の弁護を依頼された私は、司法修習同期の川端和治弁護士とともに、この事件に取り組むことになった。弁護士三年目のことである。

ところで、S君は米子銀行強盗事件で逮捕後の七一年九月に、一度は明治公園爆弾事件の容疑者として警視庁に逮捕されている。だが、この時は証拠不十分で不起訴となった。

しかし警察側には、米子銀行強盗事件だけで先にS君を起訴しようという気は、まったくなかった。

なぜなら、警察側にとっては、大勢の仲間が負傷させられた明治公園爆弾事件のほうが、はるかに重大だったからである。

ありていに言えば、警察のメンツにかけて仲間の仇討ちをしなければ気が済まない。事件当初から、警視庁は血眼になって目撃者や証拠を探しまわり、その様子は新聞でも報道されていた。

その後、新たな証拠が出てきたため、S君は七二年五月に明治公園爆弾事件の容疑者として再逮捕された。そして、その一ヵ月後に、明治公園爆弾事件および米子銀行強盗事件で起訴されたのだった。

裁判の経緯

打ち切られた被告人意見陳述

東京地裁（裁判長　船田三雄《ふなだみつお》、裁判官　杉山伸顕《すぎやまのぶあき》、裁判官　井深泰夫《いぶかやすお》）で公判が始まるにあたり、我々弁護人は、S君から「自分のやったことは正しかったと主張してほしい」と言われた。爆弾を投げたり、銀行強盗をしたのだから「正しい」と言う理屈を考えることは難しかったが、被告人の依頼なので、私と川端弁護士は、法廷で、「目的は正当であり、方法は相当であった」と主張した。

また、S君は、「冒頭の意見陳述で自分がしたことの正当性を思うぞんぶん喋りたいから、そのための時間を確保してほしい」とも言った。

船田裁判長からその約束をなんとかとりつけた。ただし、意見陳述は二時間と制限された。意見陳述にあたり、S君はきちんと原稿を用意していた。

S君は制限時間を守るために原稿を読み進める形で意見陳述をしていったが、少しだけ時間が足りなくなってしまった。あと数ページ読めば終わるというところで、裁判長はこう言った。

「はい、制限時間がきたのでそこで終わり」

裁判長が意見陳述を認めたのは立派だったが、内容を聞く気はまったくなかったのだ。

これには我々弁護人も傍聴人もあっけにとられ、いくらなんでもそれはひどいではないかと抗議したが、船田裁判長は聞く耳を持たなかった。

S君は、「とにかく裁判の最初に意見を言わせてくれれば結構だ。量刑はどうでもいい」と言っていたが、そうはいっても刑事裁判だから、私と川端弁護士は証拠をすべて精査し、量刑を含めて、争うべきことはどんどん争うつもりだった。

なお、S君は、東京地裁における意見陳述の原稿を含む自らの思想や逮捕時の様子などを、『6・17明治公園爆弾斗争報告』という小冊子にまとめて発行している。発行年は記されていないが、内容からすると、一九七五年に一審判決が出たあと発行されたようである。

二段組三五ページにわたるこの小冊子の最後には、「おわりに——判決批判」と題した項があり、そのなかの一部には次のように記されている（原文のまま）。

「ともすれば、機械的、一方的に斗いの必然性と正当性を主張するばかりで、実際『裁判』の土俵に背を向けがちであった私の手を引いて、裁判所をジワジワ追い詰めてきて下さった川端・弘中両弁護士と、この長丁場を、私欲を顧みず支援の手を差しのべてきて下さった同志達、友人達に感謝しなければならないと、思っている。」

これを読む限り、S君も一応は、我々弁護人のことを気に掛けていてくれたようである。

こうした事実も、私は最近になるまで知らなかった。本書を執筆するにあたり、初めてこの小冊子の存在を知った次第である。

職務質問の許容範囲はどこまでか——米子銀行強盗事件の争点

公判の舞台は東京地裁だったが、鳥取県の米子で銀行強盗をしたので、検察官申請の証人も米子近辺の人がほとんどだった。当時の東京—米子間はまだ時間的に遠く、証人の便宜も考えて、証人尋問の大半は鳥取に出張して、鳥取地裁の法廷でおこなわれた。

私と川端弁護士は、京都から山陰線に乗って、日本海を眺めながら公判の前の晩に鳥取のビジネスホテルにたどり着き、翌日朝から証人出張尋問をおこなうということを、延々と続けた。松江相銀の行員、S君らを乗せたタクシー運転手、職務質問や逮捕にあたった警察官などが主な証人であった。

鳥取は、居酒屋は多いが、観るところとしては砂丘くらいしかない。尋問が早く終わった日に砂丘に出向いたところ、初めて砂丘を観た川端弁護士は、「なんだ、単なる砂浜じゃないか」と苦笑していた。砂丘からの帰りがけに、裁判官の一行とばったり出会ったりもした。

この裁判の大きな争点は、「職務質問に付随しておこなう所持品検査の許容限度」である。米子銀行強盗事件は、S君らに対する職務質問の際、開披《かいひ》を拒んでいる鞄を警察官が無理やり開けたのは「合法か、違法か」ということが上告審まで議論され、のちに、この問題の代表的最高裁判例となった有名な事件だ。この点について我々は、東京地裁で以下のように主張した。

・職務質問には強制力がなく、相手方の承諾を前提とする手段として許容されるものであり、職務質問に付随しておこなわれる所持品検査も同様である。

・したがって、本件のように相手方の承諾なく、意思に反して勝手にバッグを開けた行為は違法であり、違法に収集した証拠に基づく逮捕も違法である。

しかし、船田法廷は、それまでの職務質問の許容範囲を大きく拡大して、警察官によるバッグ開披行為を合法とする判決を下した。

われわれは、控訴して、重ねてこの問題を論じた。

・被告人が拒否したにもかかわらず、ボウリングバッグを開けて捜査したのは違法捜査である。また、鍵のかかったアタッシュケースをこじ開けたのは、令状なく捜索をしたものである。これらは、日本国憲法第三五条（住居の不可侵）一項[*1]、第三一条（法定手続の保障）などに違反する。

・令状もなく、被告人らの承諾もない違法な捜索によって発見・押収された証拠物件は、証拠能力を欠く。したがって、これらを本事件の事実認定資料として採用した東京地裁の判決は違法である。

しかし、これらの主張は斥けられて、控訴審でも、一審判決に違憲・違法性はないとの判決が下されてしまった。

＊1　日本国憲法第三五条一項：現行犯逮捕の場合を除き、正当な理由に基づいて発せられた、捜索する場所や押収する物を明示する令状がなければ、住居、書類、所持品について侵入、捜索、押収を受けない権利が保障される旨が規定されている。

量刑は弁護側の作戦勝ち――明治公園爆弾事件の争点

一方、S君の量刑については、無期懲役の求刑に対して、東京地裁は懲役一七年という比較的軽い刑を言い渡した。我々は、この量刑の部分については弁護が成功したと思っている。

明治公園爆弾事件では警察官三七人が重軽傷を負ったため、検察は当初から、負傷した警官一人ひとりについて、怪我の部位や程度などが書かれた医師の診断書を証拠として裁判所に提出していた。その診断書は、受傷直後の診察に基づくものであり、我々はすべて証拠として採用されることに同意した。

ところが検察は、結審直前になって新しい診断書を出してきて、実際には最初の診断書よりも非常に重傷だったとか、当初はわからなかったがひどい後遺症がある、などと主張したのである。

いくつか例をあげてみよう。矢印の上は最初の診断書の内容、下は新しい診断書の内容、傍線を付した部分は新たな診断書で訂正や追加などがされていた箇所である。

・A巡査長　加療約一年を要する両側大腿および左足関節盲貫創《もうかんそう》、左腓骨《ひこつ》神経麻痺　↓　加療約四年一ヵ月を要する両側大腿および左足関節盲貫創、左腓骨神経麻痺（後遺症を残す）

・B巡査部長　加療約一年を要する腸管破裂、右下腿挫創等の傷害　↓　加療約二年七ヵ月を要する腸管破裂、右下腿挫創、血清肝炎の傷害

・C巡査　加療約一一ヵ月を要する右大腿盲貫創、右大腿瘢痕性癒着《はんこんせい》　↓　加療約三年一ヵ月以上を要する（今後なお加療に要する見込不明）右大腿盲貫創、同部瘢痕部神経炎

このように、新たな診断書では、加療に要する期間が大幅に増え、「後遺症を残す」という所見が加わったり、なかには最初の診断書に書かれていなかった傷害が加えられたものもあったのだ。しかし、我々はこの新たな診断書についても証拠として採用されることに同意した。

そして、最終弁論で、次のように主張した。

「新旧二つの診断書にある怪我が同一の原因によるものだとは、新しい診断書のどこにも書かれていない。新たに診断された負傷者の傷害やその程度が、被告人の行為によるものだという立証は何もなされていないのだから、新しい診断書の記載内容は本件とは何ら関係がない」

我々が、負傷直後の診断書についても、また結審直前の診断書についても、あえて、同意書証として採用されるようにしたのは、この主張をするための作戦だったのだ。

裁判所は我々の主張を認め、量刑の判断では最初の診断書にあった軽い怪我を前提とした。そのため、求刑は無期懲役だったにもかかわらず、一審で懲役一七年とされたのである。

判決の内容

所持品検査は合法――無念の最高裁判決

量刑が軽かったため、検察はあわてて控訴し、控訴審で何人もの医師を証人申請してきた。新旧の診断書のつながりを全部立証しなければならないからだ。

それに対して我々は、「刑事訴訟法第三八二条の二によれば、やむを得ない事情がある場合を除いて、一審で調べ得た証拠は、控訴審で調べることはできないとされている」と主張した。一審で、新しい診断書を書いた医師を証人として呼べなかった特別の事情などあるはずがなかった。

控訴審の裁判所（裁判長　寺尾正二《てらおしょうじ》、裁判官　佐野精孝《さのきよたか》、裁判官　田尾健二郎《たおけんじろう》）はこれを認め、検察側が出してきた証人申請をすべて却下した。こうして量刑は一七年に確定した。

検察からすれば軽すぎる量刑だから、もちろん不服だったに違いないが、自分たちのうっかりミスのようなものだから、どうにもならなかった。多数の警官を負傷させた被告人を是が非でも重罪にしたいという検察と警察の思惑が空回りし、墓穴を掘った、とも言えるかもしれない。

一方、米子銀行強盗事件の争点である所持品検査の許容限度については、控訴審でも我々の主張が認められなかったため、上告審までもつれ込んだ。だが、最高裁の判断を整理すると、次のようなものであった。

「職務質問に付随しておこなう所持品検査は、所持人の承諾を得ておこなうのが原則であり、状況を問わず常に許容されるわけではない。

しかし、捜索に至らない程度の行為は、強制的でない限り、

・所持品検査の必要性や緊急性

・所持品検査によって侵害される所持人の個人的な法益（法律によって保護される利益）と、保護されるべき公共の利益との均衡

など考慮したうえで、具体的な状況に照らして相当と認められる範囲内であれば、たとえ所持人の承諾がなくても、許容される場合がある」

米子銀行強盗事件の場合、緊急性がきわめて高かったことなどを考慮すると、被告人の法益

が侵害される程度はさほど大きいものではなく、経過に照らせば所持品検査は相当と認められる、と最高裁（裁判長　江里口清雄、裁判官　天野武一《あまのぶいち》、裁判官　高辻正己、裁判官　服部高顯、裁判官　環昌一）は判断したのだ。

そして、この判断に基づけば一審、二審の判決は正当であるということで、上告は棄却されてしまったのである。

結果の社会的影響

職務質問・逮捕押収の許容範囲が拡大

無期懲役の求刑を懲役一七年にしたことは、弁護人としての成果の一つではあった。しかし、社会的影響という観点からすれば、米子銀行強盗事件の捜索・押収が違法であると最高裁で認められなかったことのほうが、はるかに大きい。

この判決は、所持品検査の許容限度に関して直接判示した最初の最高裁判例だった。

判例というのは、それ以後の判決に拘束力を持ち、影響をおよぼす。似たような事件や訴訟が起きた時、裁判官によって判決が異なるのは不公平だとする「法の公平性維持」という考え方があるからだ。一九九八年の改正民事訴訟法によって、ある判決が判例に反する場合は上告などの理由になるとされたため、判例の拘束性はさらに増大した。

また、判例は警察官の実務上、参考にされることもある。

米子銀行強盗事件の最高裁判例によって、職務質問や逮捕押収の許容範囲が拡大解釈されるようになったことは問題だし、弁護人として残念なことだと思っている。

思い出・エピソード

ゆとりのあった裁判所

私が担当した学生運動関連の裁判は、いずれも知的高揚をおぼえるものであった。被告人の多くは、知的レベルが高く、ものごとを真面目に考えるタイプで、それぞれに当時の社会問題を真剣に考え、熱心に研究して、法廷で問題提起をしていた。しかも、証人尋問では、現役の東大総長、前文部大臣や前警視総監など社会の中心にいるような人物を呼び、とことん尋問する。普通はなかなかできることではなく、貴重な経験をさせてもらったと思っている。

知的高揚をおぼえたのは、裁判官も同様だったようだ。

東大裁判では、他大学医学部学生の被告人が意見陳述で当時の医療問題について喋り出すと、熊谷弘裁判長は「そういう話が聞きたいんだ」と言って詳しく聞きたがり、午前午後を通じてその被告人だけに喋らせたことがある。

赤軍派の被告人が「世界は三つのブロックに分かれていて、それぞれが革命をする必要がある。それを同時にやるから世界同時革命だ」と法廷で演説した時には、熊谷裁判長は興味深そうに「その三ブロックとは何ですか？」と質問した。

また、東大裁判の裁判官のなかには、「統一公判」を主張して出廷を拒む被告人に、わざわざ自分のほうから出廷するよう手紙を送る浦辺衛《うらべまもる》裁判官のような人もいた。その手紙は「雁《かり》の便り」といって、切々と出廷を促す内容だったそうである。

被告人を応援する人も多く、東大裁判では教授クラスも含めた教職員が、「学生らの言っていることはもっともだ」と声を上げたりしていた。皆、純粋だったのである。

私自身も若かったから、自由で楽観的で活動的で、「怖いものなし」という感覚で弁護に取り組み、裁判が済んでからも、被告人だった方々と〝同窓会〟をやったこともある。今でもたまに、電話をしてきてくれる人もいる。

当時の裁判に一種のロマン的な雰囲気があったのは、裁判所に対する縛りが比較的弱く、裁判官に余裕があったからだろう。今の裁判所は処理件数が上がらないと評価が下がるが、たぶん昔はそういうことがなかったのだと思う。

その意味では、日本はわずか五〇年ほどのあいだに、ものすごい勢いで管理社会になってしまった、とも感じている。

リンチ大量殺人事件が転機に

私が学生運動関連事件を担当したのは、内ゲバやリンチがほとんどない時期だった。

しかし、学生運動はどんどん過激化して内ゲバ事件が頻発するようになり、純粋な若者が正義感からおこなう運動とはまったく異質のものになっていった。

そして、連合赤軍によるリンチ大量殺人事件が起こるにいたった。リンチ大量殺人事件の犠牲者の一人は、東大裁判の時に赤軍派の救援対策担当として、被告人と弁護人のあいだでいろいろと動いてくれた女性Tさんだった。

私はTさんが殺されたことに大きな衝撃を受けた。この事件を機に、「仲間を殺し合うような事件にはついていてはいけない」という気持ちが大きくなった。

公判中だった東大裁判や大菩薩峠事件、そのあとに受任した赤軍派のS君の裁判については、内ゲバ殺人とはまったく性質が違う事件だから、そのような気持ちにとらわれたことはない。明治公園爆弾事件で大勢の警察官が負傷したのは気の毒だったが、それでS君の弁護をすることに後ろめたさを感じることもなかった。

しかし、S君の裁判を終えてから、私は学生運動関連事件の弁護をしていない。もちろん、そうした事件を担当する弁護士はその後もたくさんいたし、立派だとも思う。けれど、私としては、事件に向き合う気分がそれまでとは大きく変わってしまった。

同種事件

H田事件　一九七一年

初めて私一人で担当し、控訴審で逆転無罪を取った思い出深い事件である。

東京大学理学系大学院物理学博士課程に在籍していたH田氏は、一九七一(昭和四六)年六月一七日の夜八時過ぎ、渋谷の宮下公園で開かれた沖縄返還協定反対集会を見物していた際、歩道橋上の機動隊員に投石したとして、公務執行妨害で現行犯逮捕された。だが、彼は活動家との接点が何もなく、一貫して「石など投げていない」と主張した。

東大裁判の関係者から弁護を依頼された私は、同裁判の弁護人二人とともにこの事件を担当したが、一審は有罪（裁判長　阿蘇成人《あそしげひと》）。H田氏は、私以外の二人の弁護士には控訴審の依頼はせず、私一人だけで控訴審を担当することになった。

この裁判のポイントは、現場にいた機動隊員の証言内容が、あまりにも不自然に詳しすぎたことである。私は証人尋問を徹底的にやり、証言の不自然さを浮き彫りにすることに努めた。「〝一回目の投石はステップを踏み込んで卵大の石を右手で投げた〟とか〝二回目は大きくモーションをつけて投げ、石は弧を描いて機動隊のほうへ飛んできた〟などと証言にあるが、夜の八時過ぎなのに、そんな細かなことまで見えるわけがないではないか」と、弁論や控訴趣意書で論じた。

これが勝因となり、逆転無罪となった。幸運なことに、高裁は、無罪判決を出すことを厭《いと》わない三井明《みついあきら》裁判長の部であった（陪席は石崎四郎《いしざきしろう》裁判官と杉山忠雄《すぎやまただお》裁判官）。三井裁判長は、私の指摘した「警察官証言の不自然さ」を認めてくれたのである。

気をよくした私は、東京都を相手に誤認逮捕の賠償請求訴訟も起こした。一審では、これも勝訴した（裁判長は、当時、六価クロム事件〈372ページ参照〉の裁判長であった土田勇《つちだいさむ》裁判官だった。陪席は鷺岡康雄《さぎおかやすお》裁判官と石原直樹《いしはらなおき》裁判官）。この種の事件では珍しいことであり、H田君も「これは快挙ですね」と喜んでくれた。しかし、東京都に控訴されて、控訴審では負けてしまった（裁判長　大内恒夫《おおうちつねお》、裁判官　新田圭一《にったけいいち》、裁判官　真栄田哲《まえだてつ》）。もともと、無罪判決から国賠（国家賠償請求訴訟）勝訴までは、かなりハードルが高いのである。

無罪が確定したH田氏は、この事件のため大学院を中退し、その後、医科系の大学に入り直して歯科医になった。彼とは今日にいたるまで交流がある。

小西事件　一九六九年

東大裁判のほかにもう一つ、修習生の時から受任が決まっていた事件である。

七〇年安保闘争を目前にした一九六九（昭和四四）年、航空自衛隊の小西誠《まこと》三等空曹が、自衛隊の治安出動訓練に反対し、佐渡《さど》分屯《ぶんとん》基地内に大量の反戦ビラを貼り出したうえ同訓練を拒否し、自衛隊法違反で逮捕・起訴された。自衛隊と自衛隊法の違憲性を問う憲法裁判として大きな注目を集め、一〇〇人以上の弁護団が編成された。私もそのなかの一人だったのだ。

新潟地裁（裁判長　藤野豊《ふじのゆたか》）の判決は憲法判断を回避し、「検察側の証明不十分」で無罪。東京高裁における控訴審では、審理不十分として新潟地裁に差し戻しとなった。差し戻し審でも憲法判断は回避され、一九八一年、「小西氏の行為は言論の自由の範囲内」として無罪。検察は控訴せず、無罪が確定した。小西氏は命令違反などを理由に懲戒免職処分を受けていたため、東京地裁に免職取消・原隊復帰を求める提訴もしていたが、一九九七年、訴えは却下された。

なお、私は、この裁判を一審の途中で離脱してしまった。当時、新潟地裁まで通うのがかなり大変（新幹線などなく片道四時間かかった）だったことと、弁護団が巨大すぎて、自分の居場所が見つけられなかったためである。

column 1

私の修習生時代

国家公務員並みの「給料」が支払われていた当時の司法修習生

一九六七（昭和四二）年一〇月、私は司法試験に合格し、東京大学卒業後の六八年四月から二年間、東京都千代田区紀尾井町《きおいちょう》にあった司法研修所で、司法修習を受けた。昭和四三年度入所の私たちは二二期である。

それから現在に至るまでの間に、司法修習制度はいくつかの点で変遷した。

修習生の人数は、私たちの頃はおおむね五〇〇人台であった（二二期は五一二人）が、現在はその三倍ほどになっており、一時期は二〇〇〇人を超えたこともあった。修習期間は戦後ずっと二年間だったが、五三～五九期（平成一一～一七年度入所）は一年半となり、その後、さらに短縮されて、現在は約一年間となっている。

また、司法修習生になると給料（給付金）が出るが、この点でも大きな変化があった。

私たちの頃は、「国家公務員並み」ということで、給料のほかにボーナスも支給された。それらをならすと、今の金額に換算して月二五万円ぐらいはもらっていたと思う。

その後、裁判所法の改正により、六五期（平成二三年度入所）から給与支給が廃止され、代わって一〇年間無利息で「修習資金」を貸与する制度が導入された。財政負担の増大が理由だったようだが、修習期間中の副業やアルバイトは禁止されているので、修習生の経済的負担は大きくなり、法曹志望者の減少という問題も指摘されるようになった。

そのため、再び裁判所法が改正されて給費制度が復活し、七一期（平成二九年度入所）から「修習給付金」が支給されている。基本給付金は月額一三万五〇〇〇円で、ほかに、いわゆる住居手当として、「自ら居住するため住宅を借り受け、家賃を支払っている場合」という条件を満たせば、月三万五〇〇〇円が支給される（金額は二〇二一年一〇月現在）。

ただ、それらを合わせても、現在の修習生がもらえる給付金のレベルは、私たちの頃よりも低い。「なんとか食べてはいけるが、生活はカツカツ」というのが現状であろう。

大学の一〇年先輩と同級生に

私の修習生時代は半世紀も前のことであるが、昨日のことのようによく憶えている。じつに気ままな二年間であった。

学生気分が抜けぬままに研修所入りした状態で、「君たちは給料をもらうのだから勉強をする義務がある」という鈴木《すずき》忠一《ちゅういち》所長の入所式の訓辞も、「悪い冗談だろう」くらいにしか受け止めていなかった。

同期の修習生のなかには、私より一五歳以上年上の人もいた。司法試験に何度も何度も挑戦して司法研修所に入ってくる人は、今も昔も多い。しかし、同期全体からすれば年齢が極端に離れていたわけではなく、平均すると二十七、八歳ではなかったかと思う。

二二期は、一クラス五〇人くらいいて、私は四組となった。女性の数はとても少なく、四組には二人（約四％）しかいなかった。そのうちの一人は、入所するとすぐ妊娠して休学したため、途中から女性のクラスメートは一人になった。

クラスでの席順は、入学したての小学生のように苗字の「あいうえお順」で、一人ひとりに小さい椅子と机が用意されていた。私の隣は、同じ「は行」の浜口臣邦《はまぐちしげくに》氏で、東大の一〇年先輩だったため、何かの時には「先輩！」と呼んでいた。浜口氏は碁が非常に強く、また、大学での学年は一〇年上だが、好奇心が旺盛で何にでも興味を持ち、研修を終えてから何十年間も同窓会で常に司会をやるような、元気で面白い人だった。

すぐ後ろの席は、馬淵顕《まぶちあきら》氏で、奇遇にも、私と同じ広島の修道高校出身だった。馬淵氏は六、七年先輩だったため、私はいつも、「あにい、あにい」と呼んでいた。

同級生ながら年上の浜口氏と馬淵氏には、奢《おご》ってもらったこともある。お二人とも弁護士になられたが、馬淵氏はすでに亡くなられ、浜口氏も体調を崩して同窓会にも出席されなくなったことが残念である。

武藤春光先生との出会い

司法修習は、法曹三者（弁護士・裁判官・検察官）として必要な能力を身に付けるための研修である。私たちの頃は、研修期間の最初の四ヵ月を「前期修習」と言い、紀尾井町の教室で、民事裁判、民事弁護、刑事裁判、刑事弁護、検察という科目の講義を受けた。

前期修習は、その後に控えている実務修習のための「ならし期間」のようなものだ。なにしろ、それまで教科書しか見ていないメンバーばかりだから、実践に即した教材を使って、判決の書き方、訴状の作り方など、実務の基本的なことを習っておかなければならない。教官は、民事・刑事の裁判官、検察官、弁護士が出向してきた。

私たちのクラス担任で民事裁判の教官だった武藤春光《むとうしゅんこう》先生は、講義が面白いだけでなく、非常に人望のある優れた裁判官であり、修習生からの人気がダントツに高かった。武藤先生は、後に「安部英医師薬害エイズ事件」（「事件ファイル②」第一章）の弁護活動に私を誘ってくださり、安部氏の弁護団長を務めた。

司法研修所の教官は三年ほどで交代するのが普通だったが、武藤先生の教官歴は他に例を見ないほど長く、通算すると十二、三年におよんだ。どの期からも慕われ、尊敬されていて、武藤先生が七七歳になった時には、教え子たちが喜寿のお祝いパーティーを開き、同時に記念出版としての本も作った。私はもちろん幹事となり、その本に論文も書き、諸々の取りまとめもやった。パーティーには教え子たちがこぞって参加し、大盛況であった。

なお、研修所の教官は玉石混交で、武藤先生のように講義が面白く皆から敬愛されている先生もいれば、あまり人気のない教官もいた。当時は、つまらない授業には出ないというのが当たり前で、櫛《くし》の歯が抜けたような教室で、教官が「少し真ん中に集まれ」などと言ったりしていたものである。

実務修習の合間にベトナム反戦デモに参加

実務修習は、教員をめざす学生にとっての教育実習のようなものだ。当時の司法修習は、二年間のうち一六ヵ月間が実務修習で、民事裁判（民裁）、刑事裁判（刑裁）、検察、弁護の四分野について、それぞれ四ヵ月ずつおこなわれていた（現在も分野は同じだが期間は各二ヵ月間）。

民裁や刑裁の実務修習では、まず、実際の法廷で裁判官のかたわらに座り、法廷を傍聴し、裁判官による訴訟指揮のありようを間近に見る。それが終わると、裁判官室で合議（裁判における双方の主張をどのように判断すべきかの、裁判官同士の話し合い）の様子を見学する。その後、「起案《きあん》」と言って、判決の下書きのようなものを書いたりもする。証拠を見られるし、証人尋問も傍聴しているので、修習生にも判決のまねごとのようなものは書ける。もちろん、実際の判決は、裁判官がそれを大幅に直してのものである。

検察修習では、実際の犯罪事件について、検事の指導の下、検察官と一緒に公判に出向いたり、被疑者・参考人に対する取り調べを体験したりする。

弁護修習では、配属された法律事務所に机を与えられ、昼間はそこの弁護士と一緒に行動する。指導係の弁護士と一緒に法廷に立ち会ったり、クライアントとの打ち合わせに参加したりするほか、訴状などの下書き（起案）をしたりもする。

二二期修習生は、全国各地の地裁や地検、弁護士事務所に配属された。私の実務修習は東京でおこなわれた。東京での実務修習は、約一〇〇人が四つの班に分かれておこなわれ、私は東京二班であった。

最初の修習は刑裁であった。裁判長が途中から病気になったこともあり、事件は少なく、起案は一件のみだった。久里浜《くりはま》の少年院での出張尋問時には、なぜか裁判官も書記官も全員水着を持参していて、午前中に尋問を終えると昼からそのまま三浦《みうら》海岸に直行して海水浴に興じることになったのが印象に残っている。

こうした光景があった一方で、当時は、「刑事公安事件」（第二章）で述べたように学園闘争の時代でもあり、刑裁修習中に「新宿駅騒乱事件」が起こった。六八年一〇月二一日、ベトナム戦争への抗議を呼びかける「国際反戦デー」に合わせて、過激派学生らが国鉄（現・JR）新宿駅の構内や周辺各所で機動隊と衝突し、野次馬も含めて七〇〇人以上が騒擾罪《そうじょうざい》（現在の騒乱罪）で逮捕された事件である。たまたま、その翌日、刑裁修習で所長代行との懇談会があり、代行から、「君たちもああいうのに興味があるかね？」と訊かれた。「じつは、仲間と一緒に〝反法連〟の旗を持ってデモに行っていました」と言うわけにもいかず、冷や汗をかいた。

その次は弁護修習であった。配属されたのは、年配のボス弁と二年目のイソ弁の事務所であったが、とにかく暇そうで、弁護士は昼から二人で碁を打ってばかりいた。しびれを切らして「何か起案するものないですか？」と尋ねると、「弱ったな、何もないなぁ」との答えが返ってきた。

三番目は民裁修習であった。証人尋問のおこなわれていた法廷で、裁判長の横に座っていたところ、尋問中に同期の三人組が「麻雀のメンバーが一人足りない」と呼びに来た。さすがに困ったが、一人足りないのならやむを得ないと決断し、「ちょっと急用ができたので失礼します」と丁寧に挨拶をして、目を丸くしている裁判長を後に法廷から飛び出していった。

最後の検察修習の思い出は、取り調べ修習を拒否したことである。

各地検に配属された修習生は、被疑者の取り調べをやらされる。修習生のなかには、世間から「悪人」とみなされている被疑者を、「どうだ、この野郎」とぎゅうぎゅう追及して自白させることに、一種の快感をおぼえる人もいたようだ。取り調べ修習には、ある意味で、人間の権力欲を満足させる側面がある。一度そういう快感を味わうと、やめられなくなってしまうのではないかと思う。

しかし、考えてみると、司法修習生は単なる学生である。まだ法曹資格のない一介の修習生に、「模擬取り調べ」ではなく実際の取り調べをやらせて、被疑者あるいは被告人を追及させるというのは、違法ではないか——。

研修所に対するこのような問題提起は、以前から司法修習生のあいだに細々とではあるが続いてきたものであり、その後も私たちの後輩に受け継がれて何年か続いた。社会全般に反権力志向が強かった時代であったことも、かなり影響していたと思う。

二二期では、取り調べ修習拒否が続出し、私の属した東京二班では、二七名中私を含めて九名もの拒否者がいた。それでも私は指導の検察官にはひどく可愛がられて、呑み歩いたうえ、自宅に泊めてもらったこともあった。

検察当局からは、「取り調べ修習を拒否するなら卒業させせない」などと脅かされたが、それならそれでしょうがないと思っていた。

「取り調べ修習は違法である」と確信していた私は、同クラス同班で同じ考えの河合弘之《かわいひろゆき》君と一緒に、クラスの検察教官や裁判教官の自宅を次々と訪問して、いかに取り調べ修習が違法かを説いて回ったが、すべて説得失敗に終わった。なお、後に河合弁護士とは、「痴漢冤罪事件」の「K教授事件」で、ともに闘うこととなった（「事件ファイル②」第四章参照）。

修了試験は、「喫煙組」と「非喫煙組」で分かれて受験

研修所生活の最後の四ヵ月間は、紀尾井町の教室に戻っての「後期修習」であった。修習生には、それまで一六ヵ月間現場を見てきた経験があるので、前期修習の時よりはだいぶ「まし」になっていたのではないかと思う。この時期になると、任官（裁判官か検察官になること）希望者は、急に起案に熱心になった。

司法修習が終わりに近付くと、修習生には、研修所の教官や先輩の裁判官・検察官から、任官の誘いがある。ただ、当時は反権力志向という時代的風潮もあり、修習生の多くは弁護士を志望していた。検察庁や裁判所としては、それぞれの仕事に向いている優秀な人材を採りたいので、「これは」と目を付けた修習生に声掛けをして、弁護士志望から検察官志望や裁判官志望に変えさせようとするわけである。

逆に、採用したくない修習生については、任官の希望があっても任官させない。これが「任官拒否」の問題であり、二二期でもその問題が起こった。私自身は、大蔵省や通産省に行くのをやめて、「弁護士になる」と決めて研修所に入った時点で選択を終えていたので、任官の気持ちはまったくなかった。「任官拒否」が問題になった時、その言葉を「教官から任官の誘い

があっても毅然として断る正しい態度」と誤解していたほどである。そんな調子だったせいか、私のところに任官の勧誘はこなかった。

後期修習の最後には、「二回試験」と呼ばれる修了試験がある。法曹三者になるための一回目の試験が司法試験、二回目の試験が修了試験、ということなのだろう。

二回試験は、正式には「司法修習生考試」と言われる国家試験で、民事裁判、刑事裁判、検察、民事弁護、刑事弁護の五科目である。各科目とも、まず実際の記録に基づいて作成された教材を読み、それを読み終えてから設問に沿って判決や訴状を書いたりするので、一時間や二時間ではとても終わらない。一科目に四〜五時間かかるため、一日一科目、五日間にわたっておこなわれる。

この試験に合格しないと、弁護士・裁判官・検察官になれない。私たちの時代には、合格しなければ留年となり、また一年間勉強のやり直しであった。

今では考えられないことだが、当時の二回試験は「喫煙組」と「非喫煙組」に分けられていた。私自身はほとんど煙草を吸わなかったが、友人が多かったので「喫煙組」に入ったところ、教室が一日中ものすごい煙で、後悔したものである。

当時は、二回試験のあとに口述試験もあった。ある一つの事件を設定して、その事件について教官から、「事実認定上の問題点は何か」「どういう見地で弁護をするか」「どういう犯罪として起訴するべきか」といった質問を受け、それに答えるという内容であった。

修了式をサボって新婚旅行へ

二回試験に合格すると、めでたく修了式を迎えることとなる。

だが、もともと私には、「研修所でしっかり勉強しなければいけない」とか「二回試験に絶対にパスしなければならない」という意識は希薄であり、修了式には興味もなく、「別にどうでもいいものだろう」と思っていた。

そこで、修了式はサボることとし、この休暇を利用して新婚旅行に出かけた。

こうして私の研修所生活は終わり、一九七〇年四月、堂野法律事務所のイソ弁として、弁護士人生がスタートした。

第三章

医療被害と向き合う

東京・霞が関をデモ行進して提訴に向かうクロロキン全国統一訴訟原告団

（写真提供：共同通信社）

クロマイ薬害事件
クロロキン薬害事件

——訴訟提起：一九七五年

高度経済成長のひずみ

高度経済成長期の日本では、公害や薬害による健康被害が深刻な社会問題となり、企業や国の責任を問う訴訟が次々と起こされた。なかでも、四大公害訴訟[*1]、サリドマイド訴訟[*2]やスモン訴訟[*3]は有名である。

公害や薬害は経済発展にともなう社会のひずみと言える。さらに薬害の場合は、国民健康保険制度の確立（一九五八〈昭和三三〉年に改正国民健康保険法公布、六一〈昭和三六〉年に全国市町村で国民健康保険事業開始）により、医薬品を「誰でも、いつでも、どこでも、大量に」使えるようになったという事情もあった。

薬害の多くは、世界的に発生した。動物実験や少数の被験者による治験では、稀にしか起こらない副作用は見つけにくく、その薬が広く使われるようになるまでわからない。製薬会社や監督官庁はそうした危険性を重要視していなかったため、薬害が起きても対応が遅れるという構図が全世界的に共通していた。

クロマイとクロロキンの薬害事件も、こうした背景のなかから起こったのである。

薬害訴訟は、医療事故訴訟と違って、同様の被害が広範囲で同時に発生する。このため、集団訴訟となることが多い。また、同じ集団訴訟でも、公害訴訟と異なり、地域の限定性がないので、全国で、さらには全世界で被害が発生する。そこで、他の地域や他国での被害状況、他国での国や製薬会社の対応の経過、先行する裁判の状況など、さまざまの情報を集める必要が生じる。また、投与した医師・病院よりも、製造・販売した製薬会社および国に大きい責任があるのが一般である。

＊1　四大公害訴訟：有機水銀による水質汚染が原因の新潟水俣病（新潟県阿賀野川流域）および水俣病（熊本県水俣市不知火海沿岸）、硫黄酸化物による大気汚染が原因の四日市ぜんそく（三重県四日市市）、カドミウムによる水質汚染が原因のイタイイタイ病（富山県神通川流域）の被害者やその家族が一九六〇年代後半に原因企業を次々と提訴し、因果関係や過失責任などを追及。一九七三年までにすべての訴訟で原告側が勝利した。

＊2　サリドマイド訴訟：西ドイツ（当時）で開発されたサリドマイド系の睡眠剤などを服用した妊婦から、手足や耳などに形態異常をもつ子供が出生。一九六一年、西ドイツからの警告で欧州諸国はすぐにサリドマイド系剤を製造停止・回収したが、日本では製造販売が継続されて被害が拡大し、被害者は約一二〇〇人におよんだ。被害児とその家族は、全国計八地裁に国と製薬会社を提訴。一九七四年に和解が成立した。

＊3　スモン訴訟：一九五〇年代後半に下肢の麻痺や視力障害などの患者が多発し、六四年に症状（亜急性脊髄・視神経・末梢神経症）の英名の頭文字からスモン（ＳＭＯＮ）と命名。七〇年に原因がキノホルム製剤（整腸剤）とされるまではウイルス性伝染病が疑われ、患者は差別による精神的苦痛や生活上の困難を負い、多くの自殺者が出た。国と製薬会社は海外からの警告を無視して大量販売を続け、日本で特

に多くの被害者が発生（約一万二〇〇〇人）。被害者やその家族は全国二七地裁に国と製薬会社を提訴、一九七九年に和解が成立した。

1 クロマイ薬害事件

本件は、抗生物質クロラムフェニコール（商品名クロロマイセチン、通称クロマイ）を投与されて再生不良性貧血を発症した被害者（計五家族）が、国や製薬会社、医師を被告として東京地裁に提訴した事件である。

事件の概要

薬害で命を奪われた少女

クロラムフェニコールは、一九四九年にアメリカの製薬会社で開発され、発疹チフスに優れた効果があったことを契機として大量生産され、「クロロマイセチン」の名で市販された。だが、再生不良性貧血による死亡例や血液障害が相次いで報告されたため、FDA（米国食品医薬品局）は一九五二年に、効能書に副作用の警告を表示するよう指示し、軽い疾病への使用を規制した。ところが、日本ではクロマイが〝万能薬〟のように扱われ、耳鼻科、眼科、外科、婦人科などで広く使用され、軽い病気でも投与する医師が多かった。

被害者の一人である井上千華《いのうえちか》ちゃん（原告の次女）は、幼い時から結膜炎や咽頭炎、怪我などの治療のため医師からクロマイを投与されていた。一九七二年（小学校二年生）の夏に貧血症状が出はじめたため入院し、再生不良性貧血と診断された。

当時、再生不良性貧血の死亡率はきわめて高く、年齢によっては発症後半年で五〇％が死亡していたため、「白血病より怖い病気」と言われていた（現在は免疫抑制療法の改善などで生存率は向上している）。日本では一九七二年に難病に指定されている。

この病気は、体内の造血機能全般が損なわれ、血液中の赤血球、白血球、血小板がすべて減少する。赤血球が減少すると体内の酸素が欠乏し、動悸・息切れ・倦怠感・めまいなどの症状が出る。白血球が減少すると、肺炎などの細菌感染症を起こしやすくなる。血小板が減少すると出血しやすくなり、皮下出血斑・歯肉出血・鼻出血などが起こる。

これらすべての症状が出てくるので、最期は非常に厳しい。「こんな苦しそうな子供の死に方をほかに知らない」と表現する医師もいたほどだ。

千華ちゃんは、約一年間の闘病を続けた末、一九七三（昭和四八）年八月、全身の痛みと出血、四〇度を超える発熱、嘔吐などに苦しみながら亡くなった。わずか八歳であった。

「ママ、千華を助けて……」

母親の和枝《かずえ》さんにこう囁《ささや》くように訴えたのち、一日たたずに、目をかっと見開いたまま亡くなったそうである。

和枝さんは、一六歳の時に長崎に落とされた原爆で家族のほとんどを失い、自らも被爆していた。そのため当初は、被爆の影響が娘に出たのではないかとずいぶん悩んだが、やがて娘を死に至らしめた病の真の原因を探るために動き始めた。大手新聞社で記者をしていた経験を活かし、千華ちゃんの出生時の記録から、亡くなるまでにかかったすべての病院のカルテや薬の処方箋などを集めて内容を調べるという、大変な作業を始めたのである。

千華ちゃんの入院時に、同じ病気を持つ子の母から、クロマイが発病原因になるという話がある、と聞いたことから、主治医の御子《みこ》柴《しば》明子《あきこ》医師に尋ねたところ、「海外ではクロマイが原因として指摘されている」との言が返ってきた。そこで、クロマイと再生不良性貧血に関するさまざまなデータや学術論文などを求めて、国内はもとより、クロマイ薬害の研究が進んでいるアメリカにも協力を求めた。

その結果、一年後、ついに千華ちゃんの死はクロマイの薬害によるものだと確信するに至った。こうして、井上夫妻は、日本初の〝クロマイ訴訟〟に踏み切ることを決意した。

受任の経緯

ボランティアに支えられた提訴

井上夫妻から依頼を受けたのは、私より一〇年ほど先輩で、サリドマイド訴訟も担当した内《うち》田《だ》剛弘《たけひろ》弁護士（二〇一八年死去）だった。内田さんの事務所には、マクリーン事件を一緒に担当した秋山幹男弁護士がいたので、私は事務所によく出入りし、内田さんとも顔見知りだった。それで私に「一緒にやらないか」と声をかけてくれたのだ。

内田さんを団長とする弁護団は、霜島晴子《しもじまはるこ》・糠谷秀剛《ぬかやしゅうごう》・浜田俊郎の各弁護士と私の五人でスタートし、途中から森谷和馬《もりやかずま》弁護士、川端和治《かわばたよしはる》弁護士（「米子銀行強盗事件」を私と一緒に担当した）が加わった。霜島弁護士は薬学部出身で薬害問題のエキスパートであり、自身も医薬品の副作用の被害者になった経験がある。糠谷弁護士は米国留学の経験があり、英語が堪能だった。

井上夫妻にお会いすると、二人とも非常にクレバーな方で、和枝さんからはかなり行動的な印象を受けた。当初、夫妻は裁判費用のことを心配していたが、和枝さんが千華ちゃんの半生と死に至るまでの闘病記録を本にして出版したところ大きな反響があり、その印税で提訴が可能になった。その本のタイトルは、千華ちゃんの最期の言葉、『ママ、千華を助けて』であった。

こうして一九七五年八月一日、東京地裁に訴状を提出した（第一次提訴）。原告は、井上夫妻と長女（千華ちゃんの姉・龍子《りゅうこ》さん）の三名。被告は、監督官庁でありながらクロマイの危険性を放置してきた国と、千華ちゃんに投与されたクロマイを製造販売していた製薬会社二社（三共製薬と日本化薬）、千華ちゃんにクロマイを投与した医師四名である。同時に、三共製薬および日本化薬の社長らを刑事告訴したが、その後、検察庁の要請もあって、刑事告訴は取り下げた。

民事訴訟は、その後四被害家族が加わり、一九七五年一〇月に第二次提訴（三家族）、同年一二月に第三次提訴（一家族）をして、計五家族が原告となった。被害者は一八歳の女性一人と六歳以下の子供四人で、すでに死亡した方が三人、当時まさに再生不良性貧血に苦しんでいた方が二人だった。これらの訴状のほとんどは私が書いた。当時、私は後述するクロロキン薬害事件にも着手していて、薬害事件がどういうものか多少はわかっていた。

原告が五家族というのは薬害事件としては少なく、訴訟に使えるお金には余裕がなかった。重要な証拠となる諸外国の文献類の翻訳を専門家に頼むと、大変な出費になってしまう。和枝さんは、提訴前の一九七五年一月に、朝日新聞の投書欄に「私の薬害告発に力を貸して」と題して、「薬害訴訟に必要な欧米の資料の翻訳を好意的に（中略）手伝って下さる方はいませんか」との投稿をしたところ、たちまち三〇〇人以上から協力の申し出があった。そのうち、医師、薬剤師、医学生、プロの翻訳家など一〇〇人ほどにボランティアで翻訳をお願いした。

裁判の経緯

因果関係を証明する難しさ

クロマイに再生不良性貧血を引き起こす有害作用（我々は「副作用〔side effect〕」と言うのはおかしいので「有害作用〔adverse reaction〕」と表現していた）があることは、アメリカでは定説のようになっていたし、ＦＤＡが使用範囲を制限した歴史的事実もあった。

そのため、この裁判は比較的簡単に勝てるのではないかと考えていたのだが、被告から猛烈な抵抗に遭い、裁判の決着がつくまでに、じつに一四年の歳月を要することとなった。苦戦の理由は、クロマイの使用と再生不良性貧血の発症について因果関係を証明することの難しさにあった。クロマイは本当に再生不良性貧血を引き起こすのかという一般的因果関係の点でも、個別の再生不良性貧血がクロマイによるものと言えるかという個別的因果関係の点でも、ハードルが高かった。再生不良性貧血の原因としては様々な化学物質が挙げられていたのである。

まず、一般的因果関係である。クロマイによる再生不良性貧血の発症率は低く、発症の科学的メカニズムも解明されていなかった。次に個別的因果関係である。クロマイを投与されても即時に再生不良性貧血を発症するわけではなく、一週間〜数ヵ月後に発症することが多い。しかも、この病はじわじわと身体を蝕《むしば》んでいくので、診断が遅れることもある。つまり、被害者が何ヵ月も前に投与された特定のクロマイによって再生不良性貧血になったと断定するのは、非常に難しいのだ。

薬害などの裁判では、相手に過失があることと、その過失と被害発生との間に因果関係があることを、原告が証明しなければならない。ここで言う過失とは、すでにクロマイが再生不良性貧血を引き起こすことが十分知られていたのに、何も手を打たずに使用し続けたという事実になる。

このことを立証するために、内外の多数の文献を裁判所に証拠として提出した。また、クロマイ問題に関するアメリカ上院聴聞会の証言記録、アメリカのクロマイ裁判の証言記録、FDAが出した警告文書、スウェーデンの薬害統計等々も出した。これらの海外文献のほとんどは、和枝さんがアメリカの研究者やジャーナリストらに協力を仰いで集め、ボランティアの人たちが翻訳してくれたものだった。

国の猛烈な抵抗

裁判が始まってしばらくは、双方の主張を記した準備書面（第一章「村木厚子事件」85ページ＊2参照）や、それを裏付ける証拠書類の提出が続いた。そして、それに基づく争点整理[*1]がひととおり終わると、いよいよ証人尋問となった。

被告側の証人は、青木國雄《あおきくにお》氏（名古屋大教授、専門は疫学）と高久史麿《たかくふみまろ》氏（自治医大教授、専門は内科・血液学）の二人。いずれも国が立てた証人で、高久氏は一九七二年に発足した厚生省の「再生不良性貧血研究班」の代表であり、青木氏はその研究班の疫学部門の責任者であった。

こちらにとって厳しかったのは、国（厚生省＝当時）が、一九七二年頃から裁判中までずっと血液障害関連の研究班をつくっていたことだった。国は、「クロマイが再生不良性貧血を引き起こすという説は誤りである」との観点から、全国の学者や医師を動員して、「再生不良性貧血研究班」「特発性造血障害に関する調査研究班」「再生不良性貧血の成因と治療、予防に関する研究班」といった研究班を毎年次々と立ち上げて、「クロマイ原因説は間違い」という主張を延々と展開していたのである。

このため、日本の医師・研究者はことごとく国側に組み込まれてしまい、こちら側の証人になってくれる医師がほとんどいなくなってしまった。国は、なんとしてでもこの裁判に負けたくなかったようである。

被告側証人の高久氏と青木氏は、異口同音に、

「研究班の最新の研究調査の結果、クロラムフェニコールが再生不良性貧血の原因の一つであることは証明されなかった」

という趣旨の証言をした。

高久氏は、裁判前に我々が会った時には、原告側に同調するようなことも言っていた。ところが、裁判の途中から方針をがらりと変えて完全に国側の主張に移行して、

「（クロラムフェニコールが再生不良性貧血を）起こす証拠がない」

「本当にその副作用がないのならば、クロラムフェニコールというのは非常に有用な薬ですか

ら、積極的に使ってもいいんじゃないか、という風に考えております」

などと証言した。彼は、この裁判の途中で自治医大教授から東大教授となり、のちには日本医学会会長の座に就いた。階段を上り続けたのである。

一方、原告側が立てた証人は次の方々であった。

鈴木哲也《すずきてつや》氏（臨床薬理学者、開業医）、高橋晄正《たかはしこうせい》氏（東京大学講師、薬害及び推計統計学の専門家）、吉村功《よしむらいさお》氏（名古屋大工学部助教授、応用物理学・推計統計学の専門家）、山田兼雄《やまだかねお》氏（小児科血液学者・再生不良性貧血治療の場面での千華ちゃんの主治医、聖マリアンナ医大教授）。

鈴木氏には、クロマイや薬剤全般について、単なる理論だけでなく、現場の臨床状況を踏まえた証言をしてもらい、高橋氏と吉村氏には、諸外国での研究状況並びに疫学的な立場からクロマイ原因説を検証してもらうなどして、被告側の主張に対抗した。

＊1　争点整理：訴状やそれに対する被告の答弁書の内容を踏まえて、争点を整理していくこと。一般的な進行順序は、①原告・被告が主張する事実の確定、②確定した事実のうち、争いのない事実と争いのある事実の区別、③争いのある事実を立証する証拠の整理。

渡米して世界的研究者に証言を依頼

薬害裁判や医療裁判には高度な専門知識が必要なので、もともとハードルが高い。そのうえ被告である国は、研究班を次々と立ち上げてクロマイ原因説を強く否定する。国がこれだけの権力を使った研究に対抗するのは非常に困難だったため、こちらは海外の研究者にも証言を依頼することとした。

マイアミ大学医学・生化学教授のアーデル・A・ユニス氏と、カリフォルニア大学教授でアメリカ血液学会前議長のラルフ・O・ウォーラーシュタイン氏だ。

二人を日本に呼べば旅費や滞在費などでかなりのお金がかかるが、原告にはその余裕がない。そこで、後述する自由人権協会という団体（333ページ参照）からお金を借り、私と川端・糠谷両弁護士の三人が和枝さんとともに渡米し、ユニス氏には国際司法共助[*1]による嘱託尋問[*2]を、ウォーラーシュタイン氏には陳述書の作成を、それぞれ依頼した。一九八三年一月のことである。すでに裁判が始まって八年が経過していた。

事前に二人に手紙を書いて証言を依頼し、原告側に協力してもらえる見通しがあることを確認したうえで、まず、ロサンゼルス経由でマイアミに飛んだ。

ユニス氏は、クロマイと再生不良性貧血の問題に関する世界的権威だった。我々は、ユニス氏が書いた論文はもとより、裁判所に提出した膨大な翻訳文献を事前にできる限り読み込んで勉強したうえで彼との会見に臨んだ。

マイアミ大学でユニス氏に会って打ち合わせをしたうえで、彼のクロマイと再生不良性貧血に関する英語の論文でこれまで未入手のものを十数編もらってホテルに帰った。三人の弁護士でそれらを分担して読んで議論したあと、嘱託尋問用の質問事項を英文で作成した。とりまとめた質問事項は一〇〇以上になり、完全な徹夜作業になった。

翌日、完徹明けで再びマイアミ大学に行きユニス氏と会った。作成した質問事項に沿って、それに対する彼の答えを確認したうえ、改めて、嘱託尋問のこと、つまり、東京地裁からマイアミの裁判所に嘱託をして、連邦検察官による尋問をおこなう形になることを説明した。そして、マイアミの裁判所での証人尋問ではこの質問事項に沿って質問されることになるから、今日のように答えてほしいとお願いした。

我々は、そのあとサンフランシスコに移動し、ウォーラーシュタイン氏に会って、質問をし、議論をしたうえで、日本に帰ってから原案をまとめて郵送するので、それをベースにしてクロマイと再生不良性貧血に関する医学的陳述書を作成してほしいと頼んだ。彼は、これを了承してくれたうえで、不思議そうな顔でこう言った。

「なんで今さらクロマイと再生不良性貧血の関係を議論するんだ？　関係あるに決まっているじゃないか。アメリカではとっくに規制しているよ」

「日本では厚生省がいろいろな研究班をつくり、関係あるとは言えないと主張しているのです」

と答えると、

「なんのためにそんなことをやるんだ？」

と、呆れ顔で言われた。

帰国後、裁判所にユニス氏の嘱託尋問を申請した。その後の嘱託尋問で、彼は、クロマイは再生不良性貧血の原因になることを明確に述べ、その根拠を理論立てて詳しく証言してくれた。

ウォーラーシュタイン氏から聞いた話は、録音テープを何度も聞いて英文の陳述書案にまとめて送った。ウォーラーシュタイン氏は、それをベースにして陳述書を完成させ、サインして送り返してくれた。パソコンのない時代であり、タイプライターと郵便による作業であった。

ウォーラーシュタイン氏は、陳述書のなかで、「カリフォルニア州内の血液病による死亡者

不良性貧血により死亡する」と結論し、「この考えを修正せざるを得ないような研究報告には、今日まで出会ったことも、聞いたこともない」と述べてくれた。

＊1　国際司法共助：民事・刑事の手続に関する各国の司法機関・捜査機関相互間の国際的な協力・補助。民事訴訟法では、条約または個別的取り決めに基づき、相互協力関係のある国のあいだで、訴訟書類の送達と証拠調べの実施に関して国際協力がおこなわれる。

＊2　嘱託尋問：裁判所外で証人尋問をしなければならない時、証人の現在地の裁判所の裁判官に嘱託しておこなう尋問。民事訴訟法第一八四条「外国における証拠調べ」、同第一八五条「裁判所外における証拠調べ」に規定がある（当時の民事訴訟法では第二六四条、二六五条）。

証人尋問終了までに六年を費やす

日本の法廷に出頭した各証人は、主尋問と反対尋問[＊1]を合わせて少ない人で二回、多い人は四回、東京地裁の法廷で証言台に立った。

この証人尋問がすべて終了するまでに六年を要した。

当時は、刑事でも民事でも、裁判に五年や一〇年かかるのは当たり前と考えられていた。私はある医療事故の裁判で、一人の証人だけを三年がかりで尋問したこともある。スピード感においていささか常識離れともいえるが、裁判に時間的余裕があったともいえる。

現在の裁判は時間に非常に厳しくなっていて、刑事でも民事でも予定をこなすことが優先され、むしろ証人の話をじっくり聞く時間が足りないように感じる。

＊1　主尋問と反対尋問：主尋問は証人を請求した当事者がおこなう尋問。反対尋問は相手方がおこなう尋問。

和解の内容

裁判官の相次ぐ交代

一九八七年一〇月に原告本人の尋問が終わり、最終準備書面[＊1]を出したあと、裁判官が交代し、同年一二月に和解の勧告があった。

ちなみに、民事裁判の場合には、一般的にも和解勧告されることが多い。これは、当事者にとって和解のほうが望ましいケースが多いこともあるが、裁判官が一年間の裁判の処理件数で評価されることとも関係する。処理件数が前年より減ると評価は下がり、増えれば評価は上がる。和解にすれば判決より早く裁判が済むので、結果として年間の処理件数は増え、裁判官の評価が上がることになるわけだ。

クロマイ裁判の場合は、被告である国が多額の予算を使って、いくつもの研究班をつくり、「クロマイ原因説」を猛烈に否定したので、裁判所としては簡単に原告を勝たせるわけにいかなかったものと思われる。そうかといって原告敗訴にするのも容易ではないということで、和解を勧告したともいえる。

和解は、原告・被告双方の代理人が代わるがわる裁判官執務室横の小部屋に呼ばれ、裁判官から和解条件についての考え方を訊《き》かれたり、それに対する相手方の意向を伝えられたりする。

しかし、和解交渉はなかなか進まず、そのうちに裁判長が交代した。新しい裁判長は、準備書面や書証[*2]を読んでもよく理解できなかったようで、「どういう証拠があり、どういう主張をしているのか、口頭でわかりやすく説明してほしい」と双方に求めた。一〇年以上かけて提出してきた専門的な文献類や準備書面を、一〜二ヵ月で全部読んで理解しろというのは確かに無理と思われたので、そのための期日を設けてもらって、要約した書面を準備したうえで、口頭でわかりやすく説明した。

ところが、しばらくするとその裁判長も交代した。次の裁判長も「わかりやすい説明を」と同じことを言う。「前の裁判長にもそう言われたんですがね。もういなくならないでしょうね」と念を押して説明のための期日を設けてもらったが、結局、その裁判長もまた交代してしまった。

彼らは、これまでの裁判記録をきちんと読み込んでいなかった節がある。ある裁判長の時には、書証類が紐《ひも》で縛ったままの状態で和解室に置いてあり、目を通すどころか開いてもいないことが原告にわかってしまった。

こうしたこともあったが、一九八八年一〇月、井上さん以外の四原告は和解に応じた。

＊1　最終準備書面：証人尋問と当事者尋問（原告及び被告への尋問）を終えた時点で、原告・被告それぞれが、証人尋問で明らかになった事項を引用するなどして、主張を総まとめする内容の、最後に提出する準備書面。

＊2　書証：民事訴訟で争いのある事実を立証するための証拠調べとして、裁判所に文書の形で提出し、その外観および記載された意味内容で必要な事項を立証すること。実務上、その文書のことも書証という。

「絶対に納得できない」と両親は嘆いた

井上夫妻はなかなか和解に応じなかった。裁判所から提示された和解金の額、ことに逸失利益の計算方法に納得がいかなかったこともある。

逸失利益とは、事故などで死亡したり後遺障害を負ったりした被害者が、被害がなければ将来得られたはずの収入のことである。被害者が職業に就いていれば、被害が発生した時点での年収が計算のベースとされるが、子供の場合は年収がないので、統計数値に基づく計算によることとなる。女性は、男性より統計上の平均賃金が低いため、女の子の逸失利益は男の子に比べてかなり低くなる。女の子の親としては、同じ歳の子供なのに男と女でどうしてこんなに違うのかと、納得できない。こうした問題は、子供の交通事故をめぐる訴訟でもよく起こる。

八歳で亡くなった千華ちゃんは、女子一般の平均年収をベースに逸失利益が計算されていた。千華ちゃんの姉の龍子さんは、東大法学部卒で司法試験と国家公務員上級試験に合格し、農林水産省に入省して男性と同じ給料で働いていた。井上夫妻は、千華ちゃんも生きていれば姉と同程度の生活能力があったと考えていた。

裁判所の提示額を見て、井上夫妻は激怒し、「絶対に納得できない。和解はせず、判決を望む」と回答した。

そのあとまた裁判長が代わり、陪席裁判官（裁判長以外の裁判官）も何名か交代した。新しく判決を書く担当になった瀧澤泉《たきざわいずみ》裁判官は、和解の席で、証拠によって得た心証を詳しく説明して、

「このまま判決まで進んでも、原告が勝訴するのは法律的には難しい。しかし、原告敗訴ということになれば、クロマイが今後も乱用される恐れがあります。それはどうしても避けたい。だから、ここで和解しませんか」

という趣旨の話をした。瀧澤裁判官とのやりとりの結果、彼が裁判記録を十分読み込んでいたことがわかった。

瀧澤裁判官の言葉に心を動かされた井上夫妻は、ついに和解を決意した。その際、和解調書に「原告の提訴の理由（請求原因の骨子）」を書き加えることを条件にした。

なぜなら、証人尋問調書などの裁判記録は永久に保存されるわけではなく、一定期間保存されたのち廃棄されるからだ。井上夫妻は、ゆくゆく書類が破棄されれば提訴の理由が何も残らなくなり、和解の事実だけが残ることを危惧して、この条件をつけたのである。

こうして一九八九年一一月二八日、東京地裁民事第三三部和解室において、三共製薬が二二〇〇万円の和解金を支払うことで和解が成立した。

結果の社会的影響

クロマイ訴訟提起の社会的意義

クロマイ薬害事件は、訴訟を起こした時に新聞で取り上げられ、和枝さんの呼びかけで翻訳ボランティアも大勢集まるなど、それなりの反響があった。

また、提訴直後の一九七五年一二月、厚生省はクロマイの使用を腸チフスなど特定の疾患に制限した。この使用制限により、日本におけるクロマイの生産量は、それまでの一九四トンから一挙にゼロ近くになった。また、使用制限後三年間の再生不良性貧血による死者数は、規制前の一九七四年と比べて六一四人減となった。

総括

クロマイ裁判は、このようにして、三共製薬が一定の責任を認めるというだけの形で終わった。井上夫妻は、この薬害事件の裁判闘争を一冊の書籍にまとめ、和解の一一年後に刊行した。『〈ドキュメント〉〝クロマイ裁判〟14年4か月　次女・千華（8歳）の薬害死をめぐる闘いの日々』と題されたその本は、証人尋問記録や主要な証拠の掲載も含めた一〇〇〇ページを超える大著であった。

我々弁護団は、クロマイを製造販売した製薬会社だけでなく、それに対して承認を与えた国にも責任があるという論理で国家賠償訴訟も提起したわけだが、概して国というのは訴えられると非常にムキになり、強大な権限を用いて闘いを仕掛けてくる。前述した「特発性造血障害に関する調査研究班」のような組織を作り続けることは、国にしかできない。

こうしたことから、製薬会社だけを相手にしたほうがよかったのかもしれない、という反省が私のなかには残った。

東京電力との原発被害訴訟

私は二〇二一年現在、東京電力福島第一原発の事故で避難指示区域となった福島県南相馬市小高《おだか》区の住民ら約三〇〇人が東京電力を相手に起こした損害賠償訴訟（小高区避難者訴訟）[*1]の、原告側弁護団長を務めている。

提訴にあたって「国も訴えようか」という話もあったが、クロマイ薬害訴訟での苦い経験があるため、「国を訴えると話がどんどん大きくなり、過失を認めさせるだけでも大変だから、それはやめよう」と提案し、結局、東電のみと争うことになった。裁判の影響というのは、時としてこういうところにも出てくるものなのである。

＊1　小高区避難者訴訟：原告は、福島第一原発事故による避難で「小高に生きる利益」を奪われ精神的損害を受けたとして、東京電力に一人当たり約三三〇〇万円、総額約一一〇億円の損害賠償を求めた。東京地裁判決で一人当たり一律三三〇万円、計約一一億円の支払いが命じられたが、双方が控訴。東京高裁の控訴審判決では、一審判決から大幅減額の一人当たり一一〇万円の支払いが命じられたが、双方とも判決を不服として上告。二〇二一年一〇月現在、最高裁で係争中。

思い出・エピソード

マイアミでのつかの間の休暇

マイアミ大学のユニス氏に嘱託尋問を依頼するために、マイアミの地に初めて降り立った我々は、夕食をとろうとして歩き回っているうちに、日本でもなじみのファミリーレストラン

「デニーズ」を見つけて入った。

まず、ビールを呑もうと、この店ではどんなビールがあるかと尋ねた。そうしたら、「ハリケーン（ビール）」との答えが返ってきた。我々は「じつにマイアミらしい」と感心して、すぐにそれを頼んだ。

ところが、運ばれてきたのは、日本でもなじみの「ハイネケン（ビール）」であった。要は、ヒアリング能力の問題である。

*

徹夜でユニス氏との尋問事項を作り、打ち合わせを終えた我々は、つかの間の息抜きを求めて、レンタカーを借りてキーウェストへのドライブをした。運転は、米国での運転免許を持っていた糠谷弁護士がもっぱら担当した。

大西洋とメキシコ湾に挟まれた海の中の道を突っ走るドライブは快適ではあったが、なにせ徹夜明け。糠谷弁護士が居眠り運転をしないようにと、私と川端弁護士とで、絶え間なく糠谷弁護士の頬や首をつついたりの、とても危険なドライブだった。

のちの「三浦事件」に役立った米国での射撃経験

サンフランシスコでウォーラーシュタイン氏との打ち合わせを終えたあと、帰国までの時間を持て余した私たちは、パンフレットをいろいろと見ているうちに、実弾射撃ができる射撃場を見つけ、「射撃をして帰ろう」と射撃場に行った。

そこにはさまざまな種類のピストルや、ウィンチェスター銃やスコープつきのライフル銃もあった。私たちは騒音遮断のためのヘッドフォンを付け、生まれて初めて銃を手に取り、的に向かって次々と撃った。

この実弾射撃の経験は、のちに一連の「三浦和義事件」（第四章参照）を担当した時、非常に役立った。「ピストルとはこういうもの、ライフルとはこういうもの」ということが、実感としてわかっていたからである。

証人尋問中に裁判官が居眠り

原告側の証人である統計学者の高橋暁正氏と吉村功氏には、クロマイの使用と再生不良性貧血の発症は統計学的・疫学的に関係があるとの意見書を書いてもらったうえで、証人尋問をおこなった。

この尋問を進めるには、「疫学とはなんぞや」という〝そもそも論〟から入らなければならない。これは非常に大事なポイントなのだが、なにしろ内容が難しく、延々と難解な統計学の話が続く。そのため私が高橋氏を尋問した時は、法廷で居眠りをしてしまう人が続出した。裁判官も寝ている、被告側の弁護士も眠っている、こちらの弁護士まで眠っていた。

後日、左陪席（第一章「小澤一郎事件」124ページ＊2参照）の綿引万里子《わたひきまりこ》裁判官に、たまたま共通の知人の弁護士の結婚式で会ったので、「尋問中に居眠りしちゃ困るじゃないですか」と苦情を言ったところ、「だって眠くなりますよ、あの尋問は」と言われてしまった。大事なポイントなのに法廷で居眠りするとはけしからんと思ったが、原告側の弁護士も居眠りしてしまっていたので、それ以上は文句を言えなかった。

薬害や医療事故などの訴訟では、それくらい専門的で深く入り込んだ話をするのである。

和解金からの寄付と渡米費用の返済

和解後、井上和枝さんは、アメリカから多くの文献やデータを送ってくれた『ワシントン・ポスト』紙の記者モートン・ミンツ氏（著書『治療の悪夢』でクロマイ薬害を取り上げた人物でもある）に、和解金のなかから謝礼を送った。そのお金は、アメリカの記者支援のファンドに寄付されたそうである。

弁護士三人の渡米費用として三〇〇万円を貸与してくれた自由人権協会には、原告全員で和解金から費用を返済した。当時、渡米費用は飛行機代とホテル代を合わせて一人三〇万～四〇万円ほどだったはずだから、自由人権協会は他の費用も含めた額を貸してくれたのではないかと思う。和枝さんは、同協会に三〇万円の寄付もしている。

なお、自由人権協会は、日本国憲法が施行された一九四七年の一一月に、アメリカ自由人権協会の影響を受けて、日本の弁護士や学者らが中心となり設立した団体である。現在の会員数は約四五〇名で、「人権を守る」という一点で活動し、政治的な（党派的な）活動はいっさいしていない。

同協会の活動の一つには裁判支援があり、重要な人権事件に対する金銭的援助やノウハウの援助をする。その一環としてお金を貸してくれたのである。サリドマイド訴訟も同協会が中心に取り組んだ事件である。クロマイ薬害訴訟の原告弁護団長の内田剛弘《たけひろ》弁護士は、同協会の代表理事を務めたことがあり、のちに私も事務局長や代表理事を務めた。

＊

千華ちゃんの遺族が和解に応じてから、三〇年以上の歳月が流れた。

父の明氏はすでに亡くなられたが、母の和枝さんは健在である。姉の龍子さんは農水省で活躍したのち、二〇一七年に弁護士登録し、現在、弁護士として活躍されている。

2 クロロキン薬害事件

一九七五（昭和五〇）年、腎炎などの治療でクロロキン製剤を投与され視力視野障害（クロロキン網膜症）を発症した被害者とその家族が、国、製薬会社、医師を被告として東京地裁に提訴した。一審判決では我々原告側が全被告に一応勝利したが、結局は上告審まで裁判が続き、足かけ二〇年を超える長い闘いとなった。

事件の概要

失明の恐怖に怯える被害者たち

クロロキンは一九三四年にドイツで初めて抗マラリア薬として合成されたが、毒性が強いため実用化が断念された薬剤である。その後、太平洋戦争中の一九四三年に、アメリカが抗マラリア薬として独自に開発した。当時、戦場となっていた南方の島々ではマラリアに罹患《りかん》する兵士が非常に多かったが、当時の治療薬キニーネは、その産地の太平洋の島々が日本軍に押さえられていたので、別の抗マラリア薬を作ることが緊急の課題だった。このため、アメリカは、刑務所の囚人を使い膨大な人体実験を繰り返して、マラリアの特効薬としてクロロキン製剤をつくり太平洋戦争を有利に進めようとしたのである。なお、抗マラリア薬として用いる場合の投与は短期間のものであった。

戦争が終わると、マラリア以外に、リウマチやループスエリテマトーデス（皮膚の紅斑をはじめ全身にさまざまな症状が現れる自己免疫疾患）にクロロキンの用途が拡大されていった。これらの疾患への投与は、マラリアの場合と異なり、長期に連用するものであった。

日本では、一九五五年に吉富製薬が、リウマチなどの治療薬としてクロロキン製剤レゾヒンを発売した。その後、神戸大学の辻昇三《つじしょうぞう》教授が「クロロキンは腎炎にも効くと思われる」という内容の研究論文を近畿地方学会で発表。この情報はあっという間に製薬各社に伝わり、吉富製薬は論文発表のわずか二ヵ月後に、クロロキン製剤レゾヒンの適応症に腎炎やネフローゼを加えた。リウマチやループスエリテマトーデスの患者数と比べて、腎炎の患者数は圧倒的に多いので、腎炎に適応を拡げれば大きな儲けが見込まれたからである。

一九六一年には、本件被告製薬会社の一つ小野薬品が、新聞広告やテレビコマーシャルを用いての大宣伝をして、「慢性腎炎の特効薬」と称してクロロキン製剤キドラの大量販売を開始。科研薬化工（のちの科研製薬）、住友化学ほかの製薬会社も追随し、類似医薬品が次々と売り出された。折しも、国民健康保険制度の確立期と重なったことと、腎炎にはほかに治療薬がなかったため、これらの薬は爆発的に売れた。

しかし、クロロキンを腎炎の治療薬として認めた国は、世界中で日本以外にはどこにもなかった。そして、腎炎に用いたことが、日本における被害を拡大させる結果となったのである。

日本で初めてクロロキン網膜症の症例が報告されたのは一九六二年であった。その後、六六年までに計二四件の症例が報告され、また、クロロキン網膜症に関する海外の論文も数多く紹介された。

クロロキンという物質は、身体の中でも網膜のメラニンに非常に親和性が高い。そのため、全身に滞留したクロロキンが時間とともに網膜に蓄積されて有害作用は眼に現れる。網膜血管が細くなり、まず視野の一部に暗点(見えない部分)が生じる。暗点はしだいに繋がって輪状になり、その輪が太くなっていく。輪の中心と外側は見えても、輪の部分は何も見えない。つまり、新聞の上にドーナツを置いて文字を読むような状態になる。この視野障害が次第に進行し、暗点が次第に増大して、最後は完全に失明してしまう。

クロロキン網膜症には治療法がなく、薬の服用をやめても視野障害の進行を止めることはできない。これは、身体のさまざまの箇所に蓄積されたクロロキンが、少しずつ親和性の高い網膜に集まってきて、症状が重篤化していくためである。被害者たちは、近い将来の失明の恐怖に怯える日々を強いられた。

アメリカではこのようなクロロキンの有害性が一九四〇年代から報告されており、日本でクロロキン製剤の大量生産が始まった頃には、すでにFDAが製薬会社に対して、薬の効能書にクロロキン網膜症の副作用を記載し、全米の医師に警告文書を配布するよう指示していた。

一方、日本では一九六九年末になってようやく、厚生省（当時）が薬の効能書にクロロキン網膜症の副作用を記載するよう指示を出した。海外で報告や警告があったにもかかわらず、厚生省が適切な対応を怠ったため、被害は拡大し、被害者の数は全国で推定二〇〇〇人におよんだ。

一九七二年に被害者の会が結成され、製薬会社四社との自主交渉を開始した。被害者の会は、クロロキン製剤の製造販売中止や賠償を求めて三年間交渉を続けたが、企業側は自分たちに都合の良い補償案を提示するのみで、最後は「裁判を起こさないなら一〇〇万円の見舞金を出す」との懐柔策にまで出た。交渉は決裂し、被害者たちは提訴を決意するに至ったのである。

受任の経緯

計一〇〇〇回に及んだ弁護団会議

被害者の会が結成された頃、私は、偶然にも、イソ弁をしていた堂野法律事務所で、一人のクロロキン網膜症被害者の訴訟を担当していた。

この訴訟の結末は370ページ「関連事件」で述べるが、被害者のTさんは大学生で、腎炎の治療でクロロキン製剤を投与されて失明寸前になり（大学卒業後に完全に失明）、両親が堂野法律事務所に来訪したのである。訴状は事務所のボスである堂野達也弁護士が作成したが、そのあとは私が引き継ぎ、文献調査や書面書き、証人尋問まで、すべて一人でやることとなった。弁護十三年目のことであった。

そのTさんの訴訟のさなかに、被害者の会が製薬会社と自主交渉を開始したのである。被害者の会から、Tさんに対しても「被害者の会に入って一緒に交渉をしないか」との打診があった。しかし、こちらはすでに裁判を始めていたので、自主交渉には加わらないこととしたが、被害者の会と情報交換をして協力体制はとることとした。

その後、自主交渉が決裂して集団訴訟が必要になった時、集団訴訟の原告弁護団長の後藤孝典《ごとうたかのり》弁護士から、「弁護団には私以外にうちの事務所のイソ弁二人（私より二期下の山口紀洋《やまぐちとしひろ》弁護士と、五期下の藤沢抱一《ふじさわほういつ》弁護士）しかいない。弘中さんも入ってくれないか」と声をかけられた。せっかくクロロキンについて取り組んできたのだから、集団訴訟に加わってその経験を活かしたいと考え、弁護団に加わることにしたのである。

第一次訴訟の原告となった被害者七一名は、北は北海道から南は鹿児島まで全国に少数ずつ散らばっていたため、各地でそれぞれ訴訟を起こすのではなく、東京の弁護団が全国各地の被

1975年9月21日、東京・共済会館で開かれたクロロキン全国統一訴訟原告団結成総会（写真提供：共同通信社）

害者をまとめて東京地裁に訴訟を起こす「全国統一訴訟」という形にすることとなっていた。四人の弁護団（一年後に助川《すけがわ》裕《ゆたか》弁護士が参加して五人になった）は、毎週土曜日の午前九時半から、後藤弁護士の事務所で弁護団会議を開き、あれこれと議論することになった。

遅刻防止のために「九時半に一分でも遅れたら一〇分ごとに一〇〇〇円の罰金を科す」というルールもつくった。大きなガラスの瓶に罰金を入れて、年末にはその瓶を壊して忘年会の費用にした。

この会議を、最高裁判決が出るまで二〇年以上、ほぼ一週も欠かさずに計約一〇〇〇回続けた。一回の会議時間の最長記録は二〇時間。訴状を出す直前だったと思うが、朝九時半から始めて翌日の朝六時近くまで延々と続いた。また、弁護団会議の連続記録は一四日。最終準備書面をまとめるために、米国のハーバード大学内ファカルティクラブに泊まって長期合宿をした時のことである。

東京地裁に提訴したのは一九七五年一二月二二日。原告は、被害者七一名、家族を含めると二三一名で、被害者の七〜八割は腎炎の患者、残りがリウマチやループスエリテマトーデスの患者であり、一人だけてんかんでクロロキンを投与された人もいた。

被告は、国、製薬会社六社、医師一四名。医師については、原告にクロロキン製剤を処方・投与した人をすべて訴えると大変な数になってしまうので、クロロキン問題が日本でも十分わかってきた一九七〇年以降も投与を続けた医師だけに絞った。

陳述書作成で全国行脚

原告が全国に散らばっていたので、弁護士の担当を地域ブロック別にした。これは、被害者の会が節目節目の集会をそれぞれの地域でおこなっていた（ブロック会議と称した）こともある。

私の担当は中国・四国地方と大阪であったが、途中から（いったん弁護士が五人になったが、途中から助川弁護士が辞任して、また四人になったため）東京の一部も加わった。中国地方は岡山と広島の人が多く、山口県出身で広島育ちの私とフィーリングが合う気がした。四国は岡山近くの直島《なおしま》（香川県）の人のほか、高知の人が二人だった。

一審の裁判の終盤の段階で各原告の陳述書を作成することになった時には、中国地方の山中（横溝正史《よこみぞせいし》の『八《や》つ墓村《はかむら》』の舞台となったあたり）や直島など、これまで行ったこともない場所にもでかけた。各地の原告のお宅を一軒一軒訪ねて、原則としてご自宅に一晩泊めてもらいながら、被害者や家族の話をじっくり聞いて陳述書にまとめていった。

陳述書の内容は、クロロキン製剤を飲むようになった経緯、いつ頃からどんな症状が出てきたか、クロロキン網膜症と診断された経緯などのほかに、職歴や収入、ほかにどんな薬を使っていたか、先祖や親族に眼疾患をもつ人はいたかどうか、さらに眼障害のために日常生活・社会生活がいかに悲惨な状況になっているか、などである。

あらかじめ弁護団で陳述書に盛り込む項目を決めてあったので、これらの項目を一つひとつ埋めていくために、とにかくいろいろな話を聞いた。当時はまだワープロがなかったため、陳述書はすべて手書きであり、一人に一〇時間、一五時間と時間をかけて、話を聞いては書き、聞いては書きの繰り返しだった。

クロロキン薬害の被害者は、子供から老人まで年齢層は幅広く、職業もさまざまである。眼の障害のために職場を解雇された人、学業を断念した人、就職や結婚を諦めた人、家庭内がぎくしゃくしてきて離婚に至った人など、それぞれに悲劇を抱えていた。被害者を支える家族の労苦も非常に大きく、前途をはかなんで自殺した人もいた。

原告の口から、明るい話が出てくることはなかった。怒りや怨念、家族の無念を受け止めながら話を聞くうちに、家庭内の深刻な事情もすべてわかってしまう、かなり厳しい作業であった。

その後も、裁判の節目ごとに何度か各地の原告の自宅を訪問した。

また、裁判所に提出するクロロキン網膜症の診断書についても、あらかじめ弁護団がフォームを決めて「統一診断書」という形にした。被害者が診てもらう病院はさまざまなので、個別に診断書をもらってばらばらの様式になると裁判所が困るだろうと考えたからだ。この統一診断書は、診断書と意見書とが合わさったようなスタイルで、眼科医と交渉して、必要な事柄をそこにすべて書き込んでもらった。

製薬会社に繋がる大学教授

陳述書の作成のほかに、膨大な数の国内外の医学論文、薬学書、医学書などを読み込むほか、厚生省が出した種々の通知や規則、各製薬会社のパンフレットや能書、他の薬害事件の訴訟資料、さらには問題の薬剤の特許公報まで、さまざまの資料を集めて分析、検討していった。こういった作業を進めるうちに、問題の核心が見えてきた。それらを整理すると以下のようになる。

①クロロキンを腎炎の治療薬として使用したのは、世界中で日本だけである。当時の日本には、クロロキンが腎炎に効くという論文がやたらと多かった。

②しかし、海外にはクロロキンが腎炎に効くという論文はほとんどなく、むしろ腎炎に害があるとする報告がいくつもあった。

③日本でクロロキンが腎炎の治療薬として使われるきっかけとなったのは、神戸大の辻昇三教授が有効説を唱えた論文である。

ところが、この論文にはたいした根拠がなく、いわば「思いつき」のようなものだったのである。

辻教授がおこなった試験は、わずか一〇人の腎炎患者にクロロキン製剤を飲ませてみただけで、対照群（その薬を飲ませていない群）さえ置いていなかった。投与群と対照群の比較をしなければ、薬の正しい効果は判定不可能である。だが、辻教授は科学性が担保されていないこの試験の結果から、「クロロキンが効いた、効いた」と結論付けた。

ちなみに辻教授は、クロロキン製剤を「慢性腎炎の特効薬」と大々的に宣伝して販売した小野薬品の社長の友人で、同社がこの薬の製造許可を厚生省に申請した際には、辻教授に連なる四人の学者の臨床試験結果を添付していた。

④その一方で、「対照群を置いてもっと厳密に効果を調べるべきだ」と、辻教授の不適切な実

験方法に苦言を呈する学者もいた。しかし、こうした良識派の声は、製薬各社が展開する宣伝合戦の喧騒にかき消されてしまい、消費者には届かなかったのである。

ネーミングが得意な後藤弁護団長は、クロロキンが腎炎に効くと書かれた論文（つまりインチキ論文）を「キクキク論文」、眼に深刻な有害作用があり危険だとする論文を「アブナイアブナイ論文」と命名した。「キクキク論文」は内科系の専門雑誌、「アブナイアブナイ論文」は眼科の専門雑誌に主に出ていた。

それらを含めた書証は膨大で分野も多岐にわたり、甲号証《こうごうしょう》、乙号証《おつごうしょう》*1という区別ではわかりにくいということで、内容別に「あいうえおかきくけこ……」と平仮名の五十音順に文字を付けて区別する工夫をした。このように整理した書証は、「あ」から始まって「ま号証」にまでおよんだ。「あ号証」は各原告の収入証明や診断書などの個人別資料、「い号証」は自主交渉の時の資料、「か号証」は国内のクロロキン眼障害についての論文、「き号証」は海外のクロロキン眼障害についての論文、「く号証」は眼科などの一般的医学文献、「け号証」は薬物療法についての文献、「こ号証」は腎障害についての医学文献、「さ号証」は厚生省のさまざまの通知や医薬品再評価の資料類、「し号証」はクロロキン製剤の製造承認の申請書類、「た号証」はクロロキン製剤の各社の広告類、「ち号証」はサリドマイドなど他の薬害事件関係、「な号証」はＮＤ（New and Non-official Drugs：米国Medical Associationの医薬品集）、ＰＤＲ（Physicians' Desk References：米国の医師用机上便覧）、ＳＥＤ（Side Effects of Drugs：The Excerpta Medica Foundationによる医薬品副作用集）などの著名な薬理書、「に号証」はＦＤＡの書簡など、「ぬ号証」は米国上院の聴聞記録、「は号証」はクロロキン製剤の特許公報、「ひ号証」は小野薬品の社内報、「ふ号証」は被告製薬会社の有価証券報告書、「ま号証」はインフレ算入論（詳細は後述する）関係とした。

そのうえで、各号証で「甲あ1号証」「甲あ2号証」……と順に番号をつけた。

＊1　甲号証、乙号証：民事裁判の場合、原告が提出する証拠を甲号証、被告が提出する証拠を乙号証という。それぞれ甲1号証、乙1号証から始まり、証拠が増えるごとに番号が増えていく。この番号に上限は特にない。裁判所に書面等の証拠を提出する時は、紙面の上部に「甲1号証」「甲2号証」などと筆記するかスタンプを押す。

あえて故意責任を主張

この訴訟で、私たちは、製薬会社と医師に対しては民法第七〇九条（不法行為による損害賠償）[＊1]に基づき、国に対しては国家賠償法第一条一項（公権力の行使に基づく損害の賠償責任）[＊2]に基づいて損害賠償を請求した。

この二つの法律で損害賠償責任が発生するのは、「故意又は過失」によって他人の権利や利益を侵害したり、損害を与えたりした場合だ。

交通事故でも、医療事故でも、わざと人を傷つけるということは、きわめて例外的である。しかも、一般的に、わざとやったということを立証するのは容易ではない。また、刑事事件であれば、故意か過失かで刑罰が大きく異なるが、民事損害賠償請求事件では、損害賠償額は被った被害の大きさが基本となるので、故意か過失かでそれほどの金額の差が生じない構造になっている。したがって、これまでの薬害事件では過失責任を問うのが普通であった。

このため、かなり迷ったが、議論の末、過失ではなく故意責任を主張することにした。つまり、クロロキン薬害の場合には、被告はうっかりミスをして（過失で）薬害を引き起こしたのではなく、クロロキンの害を知っていながら、わざと（故意に）薬害を引き起こしたと主張したのである。

これは、提訴時においては、米国などと比べて、日本での副作用対策（眼障害の能書やパンフレットへの記載、薬事法に基づく規制の実施など）があまりに遅く、他方で、日本だけ、さしたる根拠もないのに腎炎にクロロキン製剤の投与を認め、しかも「特効薬」などと大宣伝して売りまくったということが主たる理由であった。

その後、訴訟の進展にともなって、この決断が正しかったことを裏付ける資料がいくつも出てきた。

たとえば、被告製薬会社の一つの科研薬化工は、裁判で「クロロキン網膜症のことは一九七〇年末まで知らなかった」と言い張った。ところが、同社が一九六三年に売り出したクロロキン製剤の発売予告広告に、「従来のクロロキン製剤には網膜症などの副作用が高率に現れるが、この薬は稀に胃障害を認めるにすぎない」旨の文言があったことが判明したのだ。この広告に最初に気付いたのは、反薬害運動にたずさわる市民だった。

「稀に胃障害を認めるにすぎない」という文言自体もデタラメだが、それより何より、一九七〇年までクロロキン網膜症を知らなかったという会社が、七年も前にこのような広告を出せるわけがない。科研薬化工は、クロロキンの害を知っていながら、それを逆手にとった宣伝をして、この薬を売り出したのである。

また、後述する厚生省豊田課長の証言も、国や製薬会社が、古くからこのクロロキン眼障害のことを知っていたことを裏付けるものであった。

＊1　民法第七〇九条条文：「故意又は過失によって他人の権利又は法律上保護される利益を侵害した者は、これによって生じた損害を賠償する責任を負う。」

＊2　国家賠償法第一条一項条文：「国又は公共団体の公権力の行使に当る公務員が、その職務を行うについて、故意又は過失によって違法に他人に損害を加えたときは、国又は公共団体が、これを賠償する責《せめ》に任ずる。」（公務員が職務上、故意または過失により他人に損害を与えた場合は、国や公共団体に損害賠償責任がある、ということ。本裁判では、これが最後まで大きな争点となった）

制裁的慰謝料

刑事事件であれば、故意か過失かで刑罰が大きく異なるのに、民事損害賠償請求事件では、損害賠償額は故意か過失かでそれほどの金額の差が生じないとされてきた。しかし、被害者とすれば、わざと失明させられたのと、何かの不注意で失明させられたのとでは、怒りの程度はおよそ異なる。その不法行為に対する社会からの非難の大きさも、およそ異なるはずである。

そこで、私たちは、制裁的慰謝料の考えを用いることとした。米国では、古くからこの理論が受け入れられてきて、「懲罰的賠償」とか「制裁的慰謝料」という名で、故意での不法行為など悪質性が高い不法行為の場合には、通常の慰謝料の数倍の金額を認める判例が多くあった。後藤孝典弁護士は、米国の判例文献を徹底的に研究して、その理論を構築していった。

あえて故意責任を追及することと、この制裁的慰謝料を請求することとは、表裏一体の関係にあった。その趣旨を明確にするために、事件名も「クロロキン薬害制裁慰謝料等請求事件」とした。訴状や準備書面などの書面には、事件名を記すことになっていて、通常であれば、単に「損害賠償請求事件」とするところを、あえてこのようにしたのである。

しかし、この原告のつけた事件名に拘束力はないので、判決では「損害賠償請求事件」と記されてしまった。

インフレ算入論

失明など人身損害の場合の損害賠償額は、慰謝料のほかに逸失利益、介護費などが主要な内訳となる。

この計算方法は、被害に遭ったときの年収が六七歳頃まで続くと仮定して積算し、ただし将来の年収分を現在一度にもらうので、それを手元に置いておくと利息分が毎年増えていくという理屈になるため、その分を逆に差し引くという計算をするのである。これを「中間利息控除」と呼ぶ。

この利息は法定利息（当時は年五％。二〇二〇年の民法改正により現在は年三％）とされる。単利計算するのをホフマン式といい、複利計算するのをライプニッツ式という。当然、ホフマン式よりもライプニッツ式のほうが控除率は高く、したがって、逸失利益は安くなる。介護費も同様に、現在必要な介護費を死ぬまで毎年受け取るとして、その総額から中間利息控除をするのである。

一見、合理的だが、じつは、かなり被害者に不利にできている。一つは、被害時の年収がそのまま続く、つまり増えることはないとの前提である。もう一つは、手元にまとまったお金を受け取ると毎年五％ずつ利息として増えていくはずとの理屈である。

現実はどうであろうか。銀行預金の利息が年五％ももらえた時代は、インフレの時代であり、物価も毎年上がり、年収も毎年上がっていた。他方で、デフレ時代になってからは、年収はあまり上がらないが、銀行預金の利息はほとんどゼロである。現在、手元のお金を確実に毎年五％ずつ増やしていくなどという方法は、まず見つからない。

ところが、損害賠償の世界では、年収は上がらないが、手元のお金は確実に毎年五％ずつ増えていくというのである。まったく現実離れしているし、そんな計算をすれば逸失利益も介護費もうんと安くなるに決まっている。

このクロロキン訴訟を提起した頃は、インフレのまっただ中であった。そこで、見かけ上の銀行預金の利息は年五％あるかもしれないが、インフレによる貨幣価値の下落によってほとんど相殺《そうさい》されるに決まっている、したがって、中間利息控除をすべきではない、という主張をしたのである。

これを「インフレ算入論」と呼ぶ。我々は、中央大学の川口弘《かわぐちひろし》教授や東京大学の浜田宏一《はまだこういち》教授（いずれも経済学者）にインフレ算入論の妥当性について鑑定書を書いてもらい、また、川口教授には法廷での証言もしてもらった。

反対尋問で官僚を追い詰める

国(厚生省)もクロロキンの害を知りながら薬害を放置してきたことが明らかになった。提訴から約二年後におこなわれた証人尋問において、被告側証人である厚生省のエリート官僚の口から、それを認める衝撃的な証言が飛び出したのである。

その証人は、厚生省がクロロキン製剤の製造を承認した時に薬務局製薬課長だった豊田勤治《とよだきんじ》氏だ。この職位は、医薬品の製造許可を与える権限と、安全性を守る義務の両方を持つ。

豊田氏の反対尋問を担当したのは私だった。

豊田氏を追い詰めて原告に有利な証言を引き出すために、私は事前に厚生省薬務局が出している「通達集」を入手し、過去にどんな薬害が、どういう順序で起き、厚生省が何をしたかを分析していった。

すると、一九六〇年代半ばに起きた「アンプル入り風邪薬事件」に行き当たった。即効性を謳《うた》ったドリンク状の風邪薬を飲んだ人たちが、成分の吸収が早すぎたために次々とショック死した事件だ。厚生省は製薬会社に対して製品回収・全面販売禁止の厳しい指導をしたが、巨額の損害を出した製薬業界から猛反発を受け、「指導が厳しすぎたために非常なご迷惑をかけたことを深くお詫びする」と、業界との懇談会で陳謝していたのである。

私は法廷で懇談会の記録を豊田氏に示し、

「アンプル入り風邪薬事件と同じ頃に被害が確認されていたクロロキンについて、厚生省が何一つ手を打たなかったのは、業界の猛反発を受けているさなかだったからではないか」と迫った。「だからクロロキンの規制を甘くし、積極的に黙認したのだ」という印象を際立たせるためだ。いわば、これが〝作戦1〟である。

この問題をめぐって豊田氏とひとしきり激しいやりとりをしたあと、私は一転して口調をやわらげ、テーマを変えた。相手の本丸に迫る〝作戦2〟の開始だ。

エリート官僚の口から衝撃の事実が

私は、まず、前回の法廷で豊田氏に対しておこなわれた主尋問の内容について、質問を始めた。当時は主尋問と反対尋問を同じ日にやらず、主尋問を終えてから二ヵ月ほどあとに反対尋問をおこなっていた。以下は、私と豊田氏のやりとりである。問いと答えの部分は裁判所の尋問調書をそのまま再現したものである。

問　前回の証言についてお伺いしますが、証人自身もクロロキンをお飲みになったことがあるということですね。

答　はい。

問　何という薬ですか。

答　「レゾヒン」（吉富製薬のクロロキン製剤の商品名）です。

問　いつからいつまで飲んだわけですか。
答　たぶん、昭和三九（一九六四）年の九月の終わり頃からだと思います。
問　いつまでですか。
答　……翌年の四月頃まででですね。
問　その間ずっと継続的に飲まれたわけですか。
答　そうです。
問　どうして「レゾヒン」を飲むのをやめたのですか。
答　眼の障害が……重篤な副作用があるということを、リウマチ学会でそういう発表があったということを、福地言一郎《ふくちげんいちろう》さんから聞きました。それで、どうもやはり急激に目が見えにくくなったような気がしたもんですから……やめました。
問　要するに、そういう眼の副作用ということが心配になって、やめたということですね。
答　はい。

ここで、豊田氏が口にした「福地言一郎さん」とは、某製薬会社の重役で、当時、製薬業界の副作用情報を収集する「安全性委員会」の委員長であった。

法廷内の空気はこわばった。傍聴席で尋問を見守る原告たちの胸中には、「この役人は、クロロキンで眼の障害が起こることを知らされて、自分だけ薬を飲むのをやめたのだ。我々には何も教えずに……」「ひどい、そんなバカな」という思いが渦巻いていたはずである。

豊田氏はハンカチで額をぬぐったが、みるみる顔色が変わるようなことはなかった。「煮ても焼いても食えない」という印象で、自分の証言が原告に大きな衝撃を与えたことをどれほど感じ取ったのか、うかがい知ることはできなかった。
しばしの沈黙ののち、私は尋問を再開した。

問　いいですか。あなた、とんでもないことをおっしゃっているんですよ。自分だけは眼のことを心配して、薬をやめた、こういうことですね。国民には黙っていたわけですね。

答　いや、国民に黙っていたというより……。しかし、学会で発表ということは、お医者さんもご存じのことだし……

豊田氏の発言はしどろもどろで要領を得なくなった。私は一気に畳みかけた。

問　あなたは自分がどういう立場にあったのかわかっているんですか。

答　……

問　自分だけ一人やめたと、そういうことですね。

答　はい。

問　詳しいことは別にして、製薬会社から知らされた副作用は、端的に言うとどういうものだと思ったわけですか。

答　重篤で、回復不能の眼障害ということです。

厚生省で薬事行政の中心にあった人間が、製薬会社の重役からクロロキンの深刻な害に関する情報を得たにもかかわらず、国としての安全対策を何一つ講じていなかったという事実が、こうして明らかになったのである。

尋問の流れをイメージし、計算をめぐらす

豊田氏自身がリウマチの治療のために一時期クロロキン製剤を服用していたこと、しかし自分はやめたということは、前回の主尋問で彼自身が口にしたことだった。

私は、主尋問を録音したテープを聞き返して、この発言に着目していた。

なお、普通は、法廷内での録音は認められない。しかし、この裁判の原告はクロロキン網膜症の被害のため、書面で証人尋問の内容を確認することができない。それでは反対尋問の準備に支障があるので、特例として証人尋問では法廷内にテープレコーダーを持ち込んで録音することを認めてほしいと裁判所に申請したところ、裁判所は認めてくれたのだった。

反対尋問まで時間があったので、主尋問の録音を聞き返しているうちに、

「厚生省の製薬課長が、それまで飲んでいたクロロキン製剤を飲むのをやめた——。これはどういうことなのか?」と、ひっかかった。

主尋問では、飲むのをやめた理由までは言っていなかったが、「誰かにクロロキンの害を教えてもらったのでは?」とひらめき、これを反対尋問での本丸とした。

本丸を落とすためには、「アンプル入り風邪薬事件」に関して厳しく尋問し、そのあと穏や

かな口調にするほうが効果的だろう。そうすれば相手は気が緩み、とんでもない秘密をポロッと言ってしまうかもしれない。この流れでいこう——と決めた。

厚生省と製薬業界の癒着

豊田氏は、福地言一郎氏からクロロキンの深刻な害を聞いたあと、国民に警告するどころか、事実関係を調べることすらしていなかった。彼がしたことといえば、クロロキン製剤を飲むのをあわてて止め、自分一人だけ薬害から逃れたことだ。薬のほうは放置され、その後もクロロキンを投与された人が大勢いたのだから、とんでもない話である。

しかも、クロロキンには腎炎を治す効果などなかったのである。

腎炎に効果のないことは、豊田氏に対する反対尋問がおこなわれた時には、すでに判明していたことであった。クロロキン製剤の再評価は一九七二年秋に始まり、本件提訴から約半年後の一九七六年七月に、「認可されているクロロキン製剤の有効性と副作用を対比した結果、有効性よりも副作用のリスクがはるかに大きく、腎炎に対しての有効性はない」という判定結果が発表され、クロロキンは「日本薬局方《にほんやっきょくほう》」というリストから削除された。

被害者たちの怒りは大きかった。クロロキン製剤で腎炎が治った、あるいは治療として意味があったというのならまだしも、もともとの病気には効き目がないうえに、失明に至る病を新たに背負わされたのだから、当然である。

さらに彼らの怒りを増幅させたのは、製薬会社の対応だ。製薬各社は、再評価の作業がおこなわれている間にクロロキン製剤の製造をようやく中止したが、すでに販売したものは回収せず、その後も被害の発生が続いたのである。

豊田氏がクロロキンの害を聞かされた一九六五年の時点で適切な対応をしていれば、クロロキンの再評価はもっと早くおこなわれただろうし、新たな被害も防げたはずだ。

怒り心頭に発した原告は、のちに豊田氏を含む厚生省の官僚と製薬会社の責任者らを傷害罪で刑事告訴した。しかし、検察庁はこの告訴に対して消極的で、結局、一九八四年四月に不起訴処分となってしまった。

原告らがただちに検察審査会（第一章「小澤一郎事件」92ページ参照）への申し立てをしたところ、過失どころか「未必の故意[*1]があった疑いが充分」として「不起訴不当」との決定が下された。しかし、検察官は、これに対して、捜査らしい捜査もせずに、再び不起訴とした。当時は、今のような強制起訴の制度がなかったので、ここで刑事責任の追及は終わってしまった。なお、その後、この豊田氏は、東京医薬品工業協会の常務理事に天下りし、製薬企業団体のドンとして高給を食《は》むこととなった。

厚生省と製薬業界のこうした馴れ合いは、当時、同省が育成する企業に大企業があまりなかったことも関係していたと思う。通産省や建設省と違って、厚生省が監督する企業のなかで成長産業といえるのは製薬会社ぐらいしかなく、国民の健康より企業の利益を優先する役人と業界との癒着が、罷り通っていたのである。

＊1　未必の故意：自分の行為によって犯罪にあたる事実が必ずしも発生するわけではないが、発生すればそ

れはそれでいいと思っていること。これに対して「確定的故意」は、自分の行為によって犯罪にあたる事実が発生すると確実に思っていること。

判決の内容

勝訴するも不満が残った地裁判決

提訴から六年以上が過ぎた一九八二年二月一日、東京地裁（裁判長　近藤浩武《こんどうひろたけ》、裁判官　大澤巌《おおさわいわお》、裁判官　瀬木比呂志《せぎひろし》）の判決がようやく出た。

全国から集まってきた原告たち（この時点で被害者原告の数は八八人になっていた）の前で裁判長が読み上げた判決主文は、原告全員がすべての被告に勝訴したことを告げるものであった。判決は、分厚い判決書が第一分冊から第六分冊までの六冊に分かれたもので、持ち運びも大変であった。以下は判決の要旨である。

・クロロキンには腎炎などを治療する効果はなく、副作用は重篤であり、腎炎の薬として販売されるべきではなかった。
・被告製薬会社はいずれも、クロロキン製剤の大量販売を始める以前からその副作用を知っていたのに、無警告、あるいは不適切で時機を失した注意を効能書に付したに過ぎず、薬害を助長した。全被告製薬会社に責任があるので損害賠償を認める。
・厚生省はクロロキン薬害の発生を知りながら規制せず、薬害防止の義務を怠った。よって、被告国には責任がある。

・医師は必要最小限の調査さえせず、長期間漫然とクロロキンを投与した。すべての被告医師に責任がある。

1982年2月1日、東京地裁前で、クロロキン訴訟「勝訴」の報告に拍手する原告団と支援者（写真提供：共同通信社）

しかし、私たちが主張していた次の三点に関しては、いずれも認められなかった。

①被告の故意責任：被告はクロロキンの害を知りながら故意に薬害を引き起こした、とする主張。

②制裁的慰謝料：利潤追求のために故意に薬害を引き起こした製薬会社は、通常の損害賠償請求額よりも高額な慰謝料を原告に対して支払うべきである、とする主張。制裁的慰謝料には一種の罰金と同じような効果があり、薬害の再発防止にもつながると、我々は考えていた。

③インフレ算入逸失利益：逸失利益を算定する際には、将来のインフレで目減りする分を算入すべきである、とする主張。

制裁的慰謝料やインフレ算入を認めた判例は、海外ではすでにいくつもあり、後者については中間利息とインフレ算入分を相殺する方式が定着しつつあったが、日本の裁判では、いずれも初めて提起された主張だった。私たち弁護団は、これらの主張を認めてもらうことで、より多くの賠償金を勝ち取ろうと意気込んでいたのだが、それは成らなかったのである。

賠償金はどのように支払われるか

前項で述べた三つの主張は認められなかったが、被告の賠償責任は認められたため、仮執行の宣言[*1]に基づいて、すぐに賠償金を強制執行して取得することが可能になった。ただ、仮執行が認められたのは、認容額全額ではなく、損害として認められた額の三分の一だけであった。なお、仮執行をするためには、仮執行のできる金額を原告ごとに計算して、裁判所の執行官に頼まなければならない。この計算作業が大変だった。

判決でそれぞれの原告に認められた賠償金額（認容金額）にそれぞれの遅延損害金[*2]の額を加算して算定しなければならない。遅延損害金をいつから計算するかは、それぞれの被害の発生時期が異なるので、一律ではない。その合計額の三分の一が仮執行できる金額になる。

今ならパソコンの計算ソフトを使って簡単に計算できるだろうが、当時は電卓による手計算だったため、判決当日は会計事務所に頼んで二〇人近くの人を出してもらい、人海作戦で一挙に計算し、すぐに執行の申請をして現金に対する強制執行をおこなった。現金は動産なのですぐに執行がおこなわれて完了するからである。

どこへ行くかというと、郵便局である。国はこの種の事件の時、必ず事前に訴訟代理人を通じて、「仮執行をするのであれば、○○郵便局に行って下さい」と連絡をしてくる。東京の場合は、東京中央郵便局が多い。他方で、こちらは、とりあえず賠償金を保管してもらう銀行を選んで、そこに依頼して現金輸送車を出してもらい、その郵便局まで行ってもらう。

この時の仮執行金額については、こちらで、国からは三億円、製薬会社からは残りの十何億円と割り振り、製薬会社に対する仮執行は、被告から指定された銀行の支店でおこなうことになった。現金輸送車は一台で足りた。

現場で、うずたかく積まれた現金が確かにあるかどうか、こちらの銀行員に確認してもらい、現金を運び出して輸送車に積み込むのを確認し、銀行から預かり証をもらった。そこで我々の仕事はようやく終了。

これらのことを、判決が出たその日のうちに済ませたのだった。

＊1 仮執行の宣言：財産権上の請求権に関する判決について、裁判所が必要を認める場合には、判決の確定前でも、その判決に基づいて仮の強制執行が可能な旨を宣言できる（民事訴訟法第二五九条一項）。本来、判決は確定したあとに執行力が発生するが、日本の民事訴訟は三審制で判決確定までに時間がかかり、その間は一審で勝訴した者の権利がまっとうされないため、勝訴者の不利益を避ける目的で判決に仮執行宣言を付すことができる。仮執行の宣言を付した判決は、強制執行が可能となる。

＊2 遅延損害金：債務の履行が遅滞した場合に支払われる損害賠償金のこと。損害の発生日から賠償金の支払い日まで法定利率に基づいて計算され、裁判所が認めた賠償金額に付加される（民法第四一九条「金銭債務の特則」）。

弁護士を無視して和解を迫った裁判長

仮執行宣言で賠償金の一部は支払われたものの、認容金額は我々が請求していた額よりかなり低く、前述した三つの主張も認められなかったため、我々は地裁判決のあと、すぐに控訴した。被告の国、製薬会社、医師もすべて控訴してきた。

控訴審を担当することになった裁判長の鈴木潔《すずききよし》氏は、交通事故訴訟の裁判長歴が長かった人で、損害賠償法についてそれなりの見識を有していると思われた。東京高裁での審理は一九八二年一一月に開始され、八五年九月の第一六回法廷で結審し、判決はそう遠くないものと私たちは考えていた。

ところが、思いもかけないことが起こった。鈴木裁判長が、判決書きを目前にして急死してしまったのである。

新しい田尾桃二《たおとうじ》裁判長は和解をするように迫ってきた。「被告の責任は一審判決で認められたのだから、賠償金は和解金としてもらったらどうか」「死亡者や老齢の原告にとっては、そのほうが有利だろう」などと執拗に言った。

当然、こちらは和解などする気はない。原告だけでなく被告側も、「すでに控訴審の審理は終えており、今さら新たな主張はなく、証人を立てるつもりもない」と明言した。

すると裁判長は、法廷で我々弁護団を飛び越し、傍聴席の原告たちに直接呼びかけた。

「和解を希望する者がいれば、法廷終了後、裁判官室に来るように」

もう弁護士はどうでもいいから、君たち、和解したまえ――ということだ。弁護士制度を無視したとんでもない発言である。我々はただちに発言の撤回を求めて裁判長に抗議した。むろん、「和解します」と裁判官室に行った原告は一人もいなかった。

ついに裁判長も和解を諦め、一九八八年三月一一日に次のような判決を下した（裁判長　田尾桃二、裁判官　仙田富士夫《せんだふじお》、裁判官　増井和男《ますいかずお》）。

・被告製薬会社には過失責任があり、損害賠償を認める。
・一部の被告医師や医療機関について、過失責任および損害賠償を認める。
・国の責任は認めない（国には責任がない）。
・原告被害者のうち、もともともっていた腎不全などの疾患が労働能力に影響していると考えられる者は、賠償金を減額する。
・制裁的慰謝料とインフレ算入逸失利益は、ともに認めない。

我々は判決を不服としてただちに上告した。しかし、いつまでも被害者に賠償金の不足分（仮執行時に三分の一を受け取っていたのでその残り）を渡さないわけにはいかないので、被告製薬会社六社とは、控訴審判決後に交渉を続けて、判決に基づいた賠償金に若干上積みをした金額を支払ってもらうという形で、裁判外の和解を成立させた。

そのうえで、国および一部の医師を相手に、純粋な理論闘争という目的で上告審を争うこととなった。

最高裁も国の責任を認めず

上告審で大きな争点となったのは次の二点である。

①厚生大臣がクロロキン製剤を「日本薬局方」へ収載し、製造の承認などをしたことは、国家賠償法第一条一項（346ページ＊2参照。以下、国賠法一条一）の適用上、違法かどうか。

②厚生大臣が薬事法（一九七九年に改正される前のもの）上の権限を行使して、副作用による被害の発生を防止するために、クロロキン製剤の「日本薬局方」からの削除や、製造承認の取消しなどの措置をとらなかったことは、国賠法一条一の適用上、違法かどうか。

しかし、一九九五年六月二三日に第二小法廷において下された最高裁判決（裁判長　中島敏次《なかじまとしじ》郎《ろう》、裁判官　大西勝也《おおにしかつや》、裁判官　根岸重治《ねぎししげはる》、裁判官　河合伸一《かわいしんいち》）の要旨は、以下のとおりであった。

①厚生大臣がクロロキン製剤を日本薬局方へ収載し、製造承認などをした一九六〇～六四年には、副作用であるクロロキン網膜症に関する報告が内外の文献に現れはじめたばかりで、その報告内容も、クロロキン製剤の有用性を否定するものではなかった。また、当時、日本で報告されたクロロキン網膜症の症例は少数だった。

こうした事実関係に照らせば、厚生大臣の行為は国賠法一条一の適用上、違法ではない。

②原告被害者がクロロキン網膜症に罹患した当時の医学的・薬学的知見では、クロロキン製剤の有効性を否定するまでには至っておらず、副作用を考慮してもなお、腎炎に有効な薬

として臨床現場で使われていた。

また、厚生大臣は一九六七年以降、クロロキン製剤を劇薬・要指示医薬品に指定し、製薬会社に使用上の注意事項を効能書に記載させるよう行政指導をするなどの措置を講じており、その行為には一応の合理性があった。

したがって、厚生大臣がクロロキン製剤の日本薬局方からの削除、製造承認の取消しなどの措置をとらなかったことは、国賠法一条一の適用上、違法とは言えない。

これらのことから最高裁は原審（控訴審）判決を支持し、「上告棄却」の判決を下した。結局、我々は国の責任を認めさせることができなかったのである。

結果の社会的影響

反対尋問の録音を使いキャンペーン映画を製作

クロロキン薬害の問題をマスコミが最初に取り上げたのは、一九七一年秋に一人の被害者が副作用の苦しみを厚生大臣に直訴した時である。このことが朝日新聞で大々的に取り上げられると、全国から続々と被害者が名乗り出た。半年後には被害者の会が結成され、一般市民もさまざまな形で協力してくれるようになった。被告製薬会社の一つ科研薬化工が出した、「従来の薬にはクロロキン網膜症の副作用があるが、うちの商品は大丈夫」というインチキ広告を最初に見つけたのが市民だったことは、先述したとおりである。

私たちも、クロロキン薬害の問題を広く世間に知ってもらうために、『薬に病む——クロロキン網膜症』という映画を作った（小池征人《こいけまさと》監督／青林舎・クロロキン原告弁護団製作）。この映画には、反対尋問の時に録音した私と厚生省の豊田氏とのやりとりが、そっくりそのまま使われている。法廷内でのやりとりをそのまま使った映画は、おそらくほかにはないと思う。

なお、裁判で私たちが主張した制裁的慰謝料は、別の裁判で「日本にそぐわない」との最高裁判例が出され、結局その後も日本では定着しなかった。

インフレ算入逸失利益については、一九八〇年代初めに私が担当した交通事故訴訟で認めさせたことがある（「事件ファイル②」193ページ参照）。しかし、その後は経済状況がデフレに転じたため、インフレ算入論はそもそもの意味をなさなくなった。

薬で儲かる仕組み

日本で薬害がたびたび起きてきた要因は、いくつかあると思う。

一つは、薬の適応症を広げたことだ。クロマイの場合は重症感染症やチフスから皮膚炎・中耳炎・結膜炎などへ、クロロキンの場合はマラリアからリウマチや腎炎へと、しだいに適応症が拡大されていった結果、被害が拡大した。このような経緯は、スモンにも当てはまる。

薬の研究開発には莫大な費用がかかるが、ほとんどは途中で失敗するので、製薬会社としては、製品化に成功した数少ない薬をできるだけたくさん売りたい。そのためには適応症の範囲が広ければ広いほどいいし、一般用医薬品として大々的に宣伝できれば、なおいい。薬の原価自体はたいした額ではないので、一発当てれば大儲けできるからだ。しかし、薬というのは使い方を誤ると〝毒〟にもなる。ある疾患に使用が限定されている間は安全とされる薬でも、使用範囲が拡大すれば、当然使用方法も変わるので、薬害は起こり得るのである。

もう一つの要因は、病院や開業医が薬で儲かるような仕組みになっていたことだ。

医師が処方する薬は、昔はたいてい院内薬局で売っていた。類似薬が多数出てくると、製薬会社は競争に勝つために、薬の卸価格を安くして病院や医師を懐柔しようとする。たとえば、仕入れ値八〇〇円の薬を患者に一〇〇〇円で売れば、病院の収入は二〇〇円だが、その薬を三〇〇円で仕入れれば収入は七〇〇円になり、差額の五〇〇円は丸々病院の儲けになる。その薬を使えば使うほど病院は繁盛するので、卸値を安くしてくれる製薬会社と離れられなくなる。本来は薬で利ザヤを生じさせてはいけないのだが、昔はこのようなケースがいくらでもあった。

こうした〝儲けの構造〟を、当時の厚生省が事実上見過ごしていたことは大きな問題だが、薬を利用する側にも問題がまったくなかったわけではない。

日本人はもともと〝薬好き〟なのか、「暖かくして寝ていなさい」などと言う医者はダメな医者、山ほど薬を出してくれる医者は良い医者、と考える風潮があった。あちこちの病院でたくさんの薬を出してもらい、作用の似た薬の重複や飲み合わせの問題から副作用が引き起こされるケースも、おそらくあったのではなかろうか。

現在では、病院で医師が処方する薬のほとんどは院外薬局で販売され、薬の重複や飲み合わせをチェックするための「お薬手帳」も配布されている。「医者が薬で儲けるのは邪道」「薬の出しすぎは危険で、医療費の無駄でもある」という市民感覚になりつつあるのは、これまでに起きたさまざまな薬害が、一つの教訓となっているからかもしれない。

思い出・エピソード

ハーバード大学での弁護団合宿

この事件での思い出として、ハーバード大学での合宿がある。

弁護団長の後藤孝典弁護士が、一九七九年から約一年間、米国ハーバード大学に赴くことになった。後藤弁護士は水俣病事件に精力的に取り組んでいたことで、ハーバード大学のアジア研究所から注目されて招かれた、というような話だったと思う。東京地裁のクロロキン薬害裁判には、その都度日本に戻ってくるということで、原告団にも了承してもらった。

そういう流れの中で、七九年の八月に弁護団会議をハーバードでおこなうことになったのである。パソコンもない時代なので、紙の記録ファイルを何十冊も鞄に詰めて持って行った。

大学内のファカルティクラブに泊めてもらい、連日、後藤弁護士のアパートで会議をおこなった。制裁的慰謝料論とインフレ算入論の話が中心だった。毎朝、起きるとハーバード大学近くのチャールズリバーの川端の道を、朝飯用のパンを買いがてらジョギングしたり、夜には、繁華街へ出向いたりすることもあった。

会則とニュース

クロロキン薬害被害者・原告は全国に散らばっており、体調の関係で東京の裁判所に来ることのできない人も多かった。被害者の会は、組織づくりやその維持に工夫をするとともに、情報伝達にも努めた。

まず、被害者の会は、一九七二年三月二四日に会則を作った。そこに掲げられた会の主な活動は、各会員の闘う力を高めるための情報宣伝と学習活動、クロロキン全国統一訴訟の裁判を勝利に導くための出廷・傍聴体制の確立、弁護団との緊密な協力体制の保持、資料の整備・公判記録の伝達、広く世論を喚起するための宣伝活動、加害者への抗議活動、クロロキン被害者を支援する人々や他の薬害・公害・医療被害者等との緊密な連携活動などであった。

この会則では、会長以下さまざまな役職が設けられ、東京と大阪で交互に開かれる総会で選出されることとなったが、特に会長と事務局長とは大変な激務で、体調を崩したりして何度か交代することになった。私たち弁護団は総会に必ず出席し、各地で開かれる支部集会にも、その地域担当の弁護士が毎回参加した。

また、さまざまのニュースも発行された。私の手元に残っているだけでも、創刊号から計八八号の会報、事務局ニュース計三四号、創刊号から計一三〇号の弁護団ニュースなどがある。弁護団ニュースは我々が書いた。裁判の状況や問題点の説明、各地の会員・原告の様子など、これらを開くだけで、その時々の裁判の状況が今もはっきりと目に浮かぶ。

二〇年にわたる裁判で関係者が次々と死去

クロロキン薬害事件の裁判のあいだには、多くの関係者が世を去った。裁判所では、前述したように鈴木潔裁判長が控訴審判決を目前に死去。被告側では、国の代理人だった楠本安雄《くすもとやすお》弁護士が亡くなった。楠本弁護士が著した損害賠償理論の本は、我々にとっても参考になったため、それを書証として裁判所に提出したら、彼はたいへん嫌がっていた。非常にまじめな人だったが、裁判中に一人で冬山に登り、遭難死してしまった。小野薬品や科研薬化工の訴訟代理人も亡くなった。

原告側の証人では、岡山・広島の原告を診療してくれた眼科医の那須欣爾《なすきんじ》氏が、証人としての出廷直前に、脳出血のために急死してしまった。那須氏は非常に優秀なクロロキン網膜症の研究家だっただけに、我々にとって大きな衝撃だった。

何より残念だったのは、原告が次々と亡くなっていったことである。被害者には重い腎炎で人工透析をしていた方もかなりいたし、被害者家族を含めて高齢者も多かった。そのため、裁判が終わる頃には、原告の人数が三分の二ぐらいに減っていた。

改めて振り返ると、二〇年という歳月の重みと非情さを感じざるを得ない。

イソ弁から独立へ

一九七五年の一二月に、私はクロマイとクロロキンの薬害集団訴訟のほかに、六価クロム職業病の集団訴訟（372ページ「関連事件」参照）の三件の訴状を提出した。クロマイは二次訴訟であったが、ほかの二つは初めての訴訟であった。

提訴日は、六価クロムが一二月一日、クロマイが一一日、クロロキンが二二日。三週間の間に三つの集団訴訟を提訴するとは恐ろしいことをしたものだと今では思うが、当時の私は弁護士になって六年目で、気力・体力ともに十分あり、ほかの人からは「弘中の三クロ訴訟」などとからかい半分に言われながらも、それぞれの事件に取り組んでいた（なお、クロマイの略称はCP、クロロキンの略称はCQ、クロムはCRというふうに、三クロは略号も固まっていた）。ただ、三件の集団訴訟を抱えていると、調査や会議で土日もなくなってしまう状態だったため、イソ弁として担当できる事務所の事件は激減した。

ちょうどその頃、クロマイ薬害事件で述べた自由人権協会が港区・愛宕《あたご》に新しい事務所をつくることとなり、協会のメンバーであった秋山幹男弁護士が、「そこに常駐する専属弁護士にならないか。家賃はいらない」と声を掛けてくれた。

独立してタダで開業できるというのは非常に魅力的な話だ。これはいいと思い、事務所のボスの堂野さんに、

「先生、ちょっとお話が……」

と切り出したら、

「ああ君、独立か！　いつうちを辞めるのかね？」

と言われた。まったく引き留めようとされなかった。それどころか、何やら嬉しそうである。当時の私は、事務所から給料をもらっているのに事務所の事件をほとんど担当していな

かったので、堂野さんとしては、「やれやれ、独立してくれるのか」という気持ちだったのだろう。

こうして私は、年度替わりの三月を待たず、一九七五年の一二月（つまり三クロ訴訟を起こした月）のうちに、自由人権協会が新しく開設した事務所に移った。

同種事件・関連事件

長崎大学クロロキン薬害訴訟　一九七二年

337ページ「受任の経緯」で述べた、大学生Tさんのクロロキン薬害訴訟で、事務所のボスの堂野達也弁護士は、国を訴えた。Tさんが国立長崎大学医学部附属病院でクロロキン製剤を投薬されていたからだ。したがって、国と言っても、医療機関としての国であり、厚生省という趣旨ではない。

堂野さんからこの事件を任された私は、その後、製薬会社も訴えるべきだと考え、Tさんに投与されたクロロキン製剤のメーカーである小野薬品（クロロキン薬害全国統一訴訟の被告製薬会社の一つ）に対して追加提訴した。

その後、小野薬品とは一九七五年一二月に和解した。ちょうど、クロロキン薬害の全国統一訴訟が始まった頃である。Tさんの事件は、一九七八年九月には東京地裁の判決で被告の国に勝訴して、東京中央郵便局に行って賠償金の支払いのために強制執行したが、国は控訴した。

ところが、この控訴審の園部《その べ》秀信《ひでのぶ》裁判長という人が無能というか、非常に変わった人だった。控訴審の場合、何が事件の争点で、何が争えない事実なのかは、一審で議論が尽くされているので、原告側も被告側もよく理解している。しかし、この裁判長だけは何も理解しておらず、「まずクロロキン網膜症の診断書を出してもらいたい」と、わけのわからないことを言うのだ。

そんなことばかりで嫌になった私は、「こんなひどい裁判長で裁判をやることはない。もうやめよう。一審どおりでいいじゃないか」と国の代理人の藤村啓《ふじむらさとる》訟務検事を説得したところ、彼も「確かにあの裁判長はひどい」と言って、一審どおりで終わらせることに同意してくれた。つまり、Tさんが勝ったわけである。

和解の合意ができたことを告げると、裁判長は、嬉しそうに和解期日を設け、わざわざ法廷に和解用の場所をつくらせて、「えー、本日は、めでたく……」と何か喋り出したが、こちらはそっぽを向いていた。

小野薬品との和解金と国からの賠償金とを合わせると、かなりの金額になった。

この裁判では、図書館で見つけた論文の執筆者の桑島《くわじま》治《じ》三郎《さぶろう》東北大学教授（眼科学）に、仙台まで出向いて頼み込んで、証人になってもらった。また、国が証人として出してきた腎臓学会の大島研三《おおしまけんぞう》、眼科学会の中島章《なかじまあきら》という学界の巨頭にも臆せず、一人で尋問をおこなった。

法廷で、大島教授が、医師は論文のすべてに目を通せるものではない（だから眼障害の論文が出ても気づかないのはやむを得ない）という趣旨で、「一ヵ月外国旅行をしますと、幅五尺、縦二尺ぐらいの私の机の上は、ほとんど印刷物で埋まる程度に（論文などが）送られてきます。どうもこれを適当に選り分ける方法がなく……」と証言したのが、実感がこもっていて、また、なんだ専門家と言ってもその程度かという感じで、妙に印象的だった。

六価クロム職業病集団訴訟　一九七五年

クロマイとクロロキンの薬害訴訟と同時期に、私も弁護団に参加した事件である。

一九七五年夏、東京都江戸川区内の土地が大量の六価クロム鉱滓《こうさい》（鉱石を溶解・精錬する際に出る混合酸化物のかす）に汚染されていることが、新聞報道により明らかになった。

六価クロムは、メッキなどに使われるクロム化合物で、毒性が非常に強い。皮膚や粘膜に付着したままにすると皮膚炎や腫瘍《しゅよう》になり、骨膜に達すると末梢神経麻痺をもたらす。六価クロムの粉塵や蒸気を吸い込むと鼻粘膜に炎症が起こり、徐々に鼻中隔穿孔《びちゅうかくせんこう》（左右の鼻の穴を分けている鼻中隔に孔《あな》が開く状態）を引き起こす。また、がんの原因にもなる。

汚染されていたのは日本化学工業小松川工場の跡地で、以前から同社の工場では、六価クロムによるこれらの健康被害が続発していたが、工場側は何ら対策をとっていなかった。健康被害を受けた従業員とその家族は、一九七五年一二月に日本化学工業を被告とする「六価クロム職業病集団訴訟」を起こし、翌年秋までに延べ三次の訴訟が提起された。

一九八一年秋には、東京地裁（裁判長　土田勇《つちだいさむ》）が日本化学工業に対して、原告一〇二人に計一〇億五〇〇〇万円の賠償金の支払いを命じ、双方控訴せず判決が確定。原告側の勝利となった。

なお、汚染された江戸川区内の土地は、東京都の指導のもと、汚染者負担の原則に基づいて、日本化学工業の費用と責任によって恒久処理がおこなわれている。

この訴訟の中心は、同期の久保田康史弁護士のボスであった斎藤驍《さいとうたけし》弁護士（四期先輩）であった。斎藤弁護士は堂野尚志《たかし》弁護士（ボスの堂野達也弁護士の子息）と親しかったことから、堂野達也弁護士が弁護団長になった。クロロキンの場合とは異なり、弁護団には三〇名近くの弁護士が加わった。この訴訟は堂野事務所のメンバー全員が参加したので、私も安心だった。弁護士の数が多いので、任務をいくつかに分担して、私は訴状作成を担う「訴状班」に属した。

医療過誤事件

一九六九年〜一九九二年

私と医療過誤事件

私にとって、医療過誤事件は、長い間、報道問題と並んで弁護士活動における重要なテーマだった。報道問題と医療問題とは何の繋がりもないように見えるが、自由人権協会で一緒に活動した山田卓生《やまだたかお》教授は「メディア　アンド　メディカル」と称してくれた。私は、この呼称が気に入って、相当長い間、刑事事件のほかには「メディア　アンド　メディカル」で行こうと思っていた。どちらも、法律としては、民法第七〇九条の不法行為責任が問題になるだけで、法律の勉強よりも事実関係の究明が中心のところも気に入っていた。

医療過誤事件の場合、一人で受任することは少なく、かといって大勢の弁護士で弁護団を組むことも少なく、ほとんどの場合、誰かもう一人と組んで二人で受任していた。前半は、司法研修所同期の中井眞一郎《なかいしんいちろう》弁護士と組むことが多く、後半は、以前所属していたミネルバ法律事務所で一緒だった加城千波《かじょうちなみ》弁護士と組むことが多かった。ミネルバ法律事務所は、後述する三《み》浦和義《うらかずよし》氏（第四章）や安部《あべ》英《たけし》氏（「事件ファイル②」第一章）の事件でともに弁護活動をした加城弁護士や喜田村洋一《きたむらよういち》弁護士らと、「いつも一緒にやっているのだから」ということで開設した事務所だ（編集部註：二〇二〇年六月二四日に巨額の負債を抱えて破産した弁護士法人東京ミネルヴァ法律事務所とはまったく関係がない。同事務所は消費者金融会社への過払い金返還請求を手掛け、派手なテレビ広告などを展開していた）。その後、弘中絵里弁護士と組んだ医療過誤事件もいくつかあった。

しかし、「薬害エイズ」と言われた安部英帝京大教授の刑事弁護を引き受けて、そのために、長年にわたり活動に携わってきた「医療事故研究会」や「医療事故情報センター」（412ページ参照）を辞めざるを得なくなった。このいきさつについては、「事件ファイル②」第一章の「安部英医師薬害エイズ事件」で詳述するが、その結果、私は、医療事故の事件からも次第に離れていくこととなった。

医療過誤事件の特異性

原告の勝訴率はわずか一七％

医療過誤による被害に遭うことは、ある日突然、誰にでも起こり得る。

しかも、個人にとっては防ぎようのないことが多い。車に乗る時なら「事故に気を付けよう」と注意することもできるが、手術台に乗せられたら、「気を付けよう」と思ってもどうにもならない。本人は麻酔を打たれて意識もないし、手術室のなかには家族もいないのだ。

本人も家族も「簡単な手術だからすぐ元気になって家に戻れる」と思っていたのに、不幸にも命を落としたり、深刻な後遺症を負わされたりする悲劇が起こる。被害を受けた患者やその家族は、とうてい納得できず、裁判を起こす。

しかし、医療過誤訴訟には専門的かつ高度な医学知識や知見が必要なため、裁判に決着がつくまでに時間がかかるうえ、被害者が勝訴するのはかなり難しい。

最高裁判所の事務総局が毎年公表している司法統計によると、二〇一九（令和元）年に第一審で裁判が終了した「医療行為による損害賠償事件」の総数は八二一件であった。

そのうち判決になった事件は二四七件で、原告（被害者）の損害賠償請求が認められた事件は四二件、請求が棄却された事件は二〇三件だった。判決になった場合の原告の勝訴率は、わずか一七％程度に過ぎないのだ。しかも、原告が勝訴しても、請求額のほんの一部しか裁判所に認容されないこともある（医療行為については過失が認められず、説明義務違反のみ認められた場合など）。

一方、前記八二一件のうち、判決ではなく和解になった事件は四七三件で、全体の五割以上を占めた。相手側（医師や病院など）に重大な過失がある場合は、医師側から「和解してください」と言ってきて、すぐに和解で終わるケースもある。

私は、薬害エイズ安部医師の事件を担当する以前には、一〇〇以上の医療過誤事件を被害者側の代理人として担当し、そのうちの七割ぐらいは判決なり和解なりで何かしらを得たが、賠償金も和解金もゼロという事件も三割近くある。医療過誤訴訟で被害者側が勝つのは、当時も今も、それくらい難しいのである。

被害者側弁護士の役割

一般に、被害者から医療過誤訴訟を受任した弁護士は、まず被害者からの話を聞いたあと、被害者である患者のカルテなどの医療記録を入手して検討するとともに、関連する医学文献を探したり、専門分野の医師・研究者からの意見聴取などをおこなう。不幸な結果になった医学的原因がどこにあるのかを分析するためだ。

民事訴訟では立証責任が原告側にあるので、被告（医師や病院）の処置が医学的に間違っていたことを証明するうえで、カルテの分析は非常に重要だ。昔は被告側によるカルテの改竄《かいざん》や廃棄の可能性もあったため、カルテの証拠保全[*1]が必須だった。

証拠保全の申し立てを裁判所が認めると、相手がカルテを書き直したり隠したりできないよう、裁判官と共に、事前連絡なしでいきなり病院に乗り込み、カルテを出すよう要求する。その際、カメラマンも同行する。現物を押さえるわけではなく、出させたカルテをカメラマンに全部撮影してもらうのだ。撮影には時間がかかるので、けっこう手間のかかる作業だ。コピー機を持ち込むこともある。

病院がカルテの証拠保全に応じる理由はいくつかある。

一つは、診療記録には最低五年間の保存義務があることが医師法第二四条二項に定められているからだ。病院としては、「カルテを作っていません」とか「廃棄しました」と言えば医師法違反になるので、そんなことは言えない。また、証拠保全は裁判所の提示命令を受けておこなわれるので、いったん「ありません」と言ったものを、裁判が始まってから「ありました」

と言い直すわけにもいかない。

もう一つの理由は、医療事故の裁判では、被告である医師・病院側も正しい治療をしたことを主張し、立証したいからである。カルテがないと言ってしまうと、裁判で自分たちの正当性を立証できなくなり、自分で自分の首を絞めることになってしまう。

ただ、最近はカルテの証拠保全はあまりおこなわれなくなっているようだ。

それは、患者には診療記録の閲覧権があるという考えが確立し、わざわざ裁判所に証拠保全の申請をしなくても、患者が病院に要求すると、たいていはカルテのコピーをくれるようになったからだ。

また、大学病院や大規模病院では、電子カルテを導入して、診療記録を永久保存し、磁気タイプの診察券を導入するところが多くなっている。電子カルテは、いつ、どの部分を誰が直したかなどの記録が全部残るので、改竄が判明してしまう可能性が高い。磁気タイプの診察券には、患者の通院期間、どの診療科のどの医師にかかったか、手術時期や入院期間などが記録されるので、「カルテはありません」と言うわけにいかない。そのため、カルテの証拠保全をする必要そのものが減っているのである。

＊1　証拠保全：裁判などに用いる証拠を確保すること。民事および刑事訴訟事件で、あらかじめ証拠を調べて集めておかないと、その証拠を裁判で使用することが困難になる事情がある場合、所定の手続を経て証拠保全をおこなう。詳細は、民事訴訟法第四章第七節「証拠保全」、刑事訴訟法第一編第一四章「証拠保全」参照。

見過ごされていた「医療ミス」

医療過誤事件は、弁護士の仕事のなかでも非常に特殊な分野とされているようであるが、医療過誤事件を専門にやっている弁護士もいる。私もかつては、同時期に二〇件ぐらいを抱えていたことがあった。要する労力も考えると、医療過誤事件が取り扱い事件の多くを占めていたと言える。

私が医療過誤事件に取り組んだきっかけは東大裁判であった。

第二章で述べたように、東大裁判で私が担当した被告人には、医学部紛争に関わった学生が多かった。一九六六（昭和四一）年には、同じような志を持つ全国の若い医師により、「青年医師連合」（略称「青医連」）という組織も結成されていた。

「青医連」東大支部は、インターン制度の廃止を掲げて医学生や若い医師の権利を確保するための運動を展開する一方で、当時の社会構造のなかで「東大医学部」が一種の特権階級になっていることへの反省から、患者の立場に立って医療事故などの問題を解決していこうとする運動も始めた。東大闘争に加わった学生のなかには、〝エリートとしての自分〟を見つめ直し、社会的弱者の存在に目を向ける若者がかなりいたのである。

当時は、「医療ミスではないか」と疑いをもっても、どこへ相談に行けばいいかわからず、医師に相談しても味方になってくれないため、泣き寝入りするしかない人が多かった。

東大裁判の時に、「42（昭和四二年度卒業の意。以下、数字は卒業年度を表す）青医連」の大淵辰雄医師に証人になってもらったところ、それが終わったあとで、「相談に乗ってほしいことがある」と言われた。これは、通称「大久保病院事件」と呼んでいたが、都立大久保病院で看護師の就労闘争に参加した数名の医師・看護師が懲戒処分を受けた事件であった。処分を受けた医師らには、大淵医師のほか、「40青医連」の小島武医師、「41青医連」の入江健二医師など青医連の中心メンバーが含まれていた。中井眞一郎弁護士らとともに、この懲戒処分取消訴訟を受任して、一緒に議論を重ねたりしているうちに、彼らとかなり親しい関係になった。そのうち、「患者さんのために、医療事故問題に取り組みたい。一緒にやらないか?」と声を掛けてくれるようになった。私は彼らと一緒に活動することを決めた。中井弁護士ほか医療事故に関心のある数名の他の若い弁護士たちも、この活動に加わった。

我々は、東大病院内で定期的に医療事故相談を始めた。弁護士と医師が一緒になって相談にやって来た患者や家族の訴えを聞き、必要があれば法的措置をとったり、医療的なアドバイスをしたりした。

やがて、「青医連」のメンバーで東大医学部附属病院内科医の本田《ほんだ》勝紀《かつのり》氏が、この活動の中心を担うこととなった。

本田氏は私より五つ歳上で、東大の「北病棟建設阻止闘争」に参加した経歴がある。この闘争は、一九六九年に東大医学部附属病院が北病棟を新設することになった時、患者のことを考えない「合理化」至上主義であると反発した医師らが起こした反対運動で、本田氏を含めた医師数名が逮捕された。

その本田氏ら医師数人と、それまで医療事故相談に加わっていた弁護士数名とが中心となり、「医療被害と闘う医師弁護士の会」(略称「医弁の会」)を立ち上げることになったのだ。

「医弁の会」では、医師のなかでは本田氏が、弁護士のなかでは私が中心になり、定期的な医療法律相談、さまざまな医療問題を議論する研究合宿、『検証　医療事故』（本田氏と私の共著。有斐閣選書）の出版などをおこなった。

一九八〇年代後半に、日本で「脳死を人間の死と認めるべきか」という議論が起こったときには、これに反対する立場から、脳死と臓器移植に関する社会的論議を喚起するために、脳死をテーマにした連続シンポジウムを開催した。

また、一九九六年に前述の安部医師に対する刑事起訴という形で血友病エイズの問題が起こった時には、連続シンポジウム「血友病セミナー」を開催して、議論を深めていった。

こうした活動のなかで、私は長年、被害者側の立場から医療過誤事件に取り組んだ。担当した事件は一〇〇件以上におよぶ。そのなかから印象に残る事件のいくつかをテーマ別に選んで以下に記す。各事件の冒頭に示した「本件のポイント」が、主たるテーマである。

1　出血多量による産婦死亡事件（裁判開始時期：一九六九年）

◉本件のポイント

・裁判では依頼者と弁護士のチームワークが必要である。
・戦闘的な弁護士が新しい医学理論を振りかざして対抗してきた場合、医療過誤を立証することは非常に厳しい。
・医療事故訴訟では、「当時の医療水準」がキーワードになる。

事件の概要

裏切られた医師への信頼

出産後に出血多量で死亡した女性の遺族が、担当の医師と病院（都立築地産院）を経営する東京都に損害賠償を求めて東京地裁に提訴。一審は勝訴したが、控訴審で逆転敗訴となった事件である。

M・Tさん（当時三三歳）は、第三子の出産に備えて一九六七（昭和四二）年一月より都立築地産院に通院し、診察や諸検査を受けていた。経過は順調で、同年八月一〇日午後二時過ぎに分娩のため同院に入院。その日の夕方に女児を出産した。ところが、分娩後も出血が止まらず、同日深夜、M・Tさんは出血多量で死亡してしまったのである。

普通のお産だと思っていた夫のM・Hさんは、一日にして妻を失い、二人の幼な子と生まれたばかりの赤ん坊を抱えることとなった。その衝撃は大変なものであった。

それでも彼は、お産を担当したN医師は最善を尽くしてくれたはずだと信じようとし、妻がどうして亡くなったかをきちんと説明してくれれば、それで収めるつもりだった。

しかし、N医師は説明をしようとせず逃げ回った。それで、不信感も募り、どうしようもなくなり、妻の死から二年が過ぎた一九六九年、裁判を起こしたのである。この時点では、私はまだ弁護士になっていなかった。東京地裁に提出された訴状には、原告として彼のほかに、幼くして母親を失った三人の子供が名を連ねていた。

裁判の経緯と判決の内容

医師の過失が認められ、一審は勝訴

一九七五年二月一三日の東京地裁判決では、M・Tさんの主たる死因は弛緩性《しかんせい》出血とされ、原告勝訴の結論であった。

弛緩性出血は、赤ちゃんと胎盤がお腹から出たあと、本来なら子宮の筋肉が収縮して止まるはずの出血が、延々と続いてしまう状態のことだ。治療として、子宮をマッサージしたり、子宮収縮を促す薬を使用したりするが、それでも止血できない場合は輸血が必要になる。

東京地裁は、M・Tさんが弛緩性出血による出血多量でショック状態に陥ったにもかかわらず、N医師が輸血を開始する時機を失したことが死亡に繋がったと判断。N医師には民法第七〇九条（不法行為による損害賠償）により、東京都には同第七一五条（使用者等の責任）[*1]により、それぞれ損害賠償責任があるとの判決を下したが、被告側は控訴した。

原告のM・Hさんは一審を担当した弁護士とうまくいっていなかったらしく、東京地裁の判決が出る前から、私に「（控訴になったら）代理人をお願いしたい」と言ってきた。理由は聞かなかったが、

「どういう判決が出ようと、あの弁護士にはもう頼みたくない」

と言っていたから、M・Hさんは家族の心情も含めたさまざまな話を深く聞いてもらえず、不満に思っていたのかもしれない。

結局、その弁護士は一審で勝訴したにもかかわらず控訴審では依頼されなかった。

＊1　民法第七一五条「使用者等の責任」要旨：ある事業のために他人を使用する者および使用者に代わって事業を監督する者は、被用者がその事業の執行について第三者に加えた損害を賠償する責任を負う。

戦闘的弁護士に苦戦

私たちは、控訴審から本件を担当することとなったが、非常に厳しい闘いになった。相手側が新たに立てた饗庭忠男《あえばただお》弁護士が、この医療事故は不可抗力によるものだと強く主張し始めたのである。饗庭弁護士は私の二期先輩（二〇期）で、医師側の医療事故を専門としており、医学用語を駆使した難解な主張を展開した。それを要約すると以下のようになる。

M・Tさんの死因は弛緩性出血ではなく、分娩時に発症した播種性血管内血液凝固症候群《はしゅせいけっかんないけつえきぎょうこしょうこうぐん》（英名＝disseminated intravascular coagulation：DIC、以下同）によるものである。

DICとは、何らかの外傷や疾病が原因で、体中の細い血管内に種をばら播《ま》いたように無数の血栓（血の塊）が生じたり、大量出血を招いたりする重篤な合併症である。

出産時にDICによって大量出血が起きた場合、止血は困難で命を落とす危険もある。M・Tさんを死に至らしめたのは、このDICである。

DICの概念は、一九六五年にアメリカで初めて系統立てて報告されたが、本件事故当時の日本では、その診断基準や治療基準は専門家にも理解されておらず、ましてN医師のような一般の医師のあいだには、治療水準すらまったく存在していなかった。

したがって、N医師がM・Tさんに対して適切な診断や治療をおこなえなかったとしても、それは不可抗力であり、N医師にも東京都にも責任はない。

私たちは輸血の遅れに関わる問題ととらえて控訴審に臨んでいたため、DICに関する予備知識はなく、「え？　これは何だ？」という気持ちだった。

相手側は、一審ではDICに関していっさい触れておらず、控訴審になってから「今考えれば死因はDICで、事故当時は医師でもわからなかった」と言い始めたのである。

しかも、饗庭弁護士は非常に戦闘的なタイプだった。

医療過誤事件で医師や病院側につく弁護士のなかには、勝つためには手段を選ばず、というタイプもいる。高度に専門的な医学知識を振り回し、素人を黙らせるためなら多少強引な理論立てであっても構わずに相手を論破しようとする。バックにはもちろん医師がいて、彼らのために頑張ろうという意識が強いのだ。

このような弁護士は、当然ながら医師会のなかでは人気が高い。戦闘的な姿勢が「力強い」と評価され、「難しい裁判でも何とかしてくれる」と期待される。饗庭弁護士はまさにそういうタイプで、医療過誤訴訟の医師・病院側専門の弁護士としてバリバリ活動していた。

饗庭弁護士はクロロキン薬害の全国統一訴訟でも、被告病院の一つである日赤病院の弁護をしていた。他の医療過誤訴訟でも、私は何件か彼と闘うこととなった。

このような〝闘う医療派〟が存在する一方で、医師や病院側につく弁護士のなかには、譲るべきところは譲ろうという温和なタイプもいる。

どちらのタイプに当たるかによって、裁判の流れや結果はかなり違ってくる。

逆転敗訴、上告も棄却

控訴審で相手側の鑑定書を書いたのは、弘前大学教授で産婦人科医の品川信良《しながわしんりょう》医師だった。その鑑定書には、「DICに関する知識は残念ながら事故当時の一般産婦人科医のあいだには浸透していなかったと思われる。N医師が適切に対応するのは難しく、M・Tさんの死は不可抗力によるものである」との旨が記されていた。もともと品川医師は、医師に完璧な治療や対処を求めるのは無理がある、という考え方の人だった。

なお、ずっと後日であるが、前述した「医弁の会」の活動のなかで品川医師と再会することがあり、「医弁の会」の行事として品川氏を訪ねて弘前で合宿をしたり、品川医師が主宰する「地域医療」誌に薬害エイズの問題に関する私の論文を掲載してもらったりする関係になった。安部英医師の刑事事件では、弁護側証人の一人として証言台に立ってもらったこともあった。今となっては、「医師に完璧な治療や対処を求めるのは無理がある」という品川医師の考えも理解できる。

ところで、こちらには味方をしてくれる産婦人科医が誰もいなかった。

日本産科婦人科学会は結束力が強く、医師に証言や鑑定を依頼すると「あなたはどちらの味方だ」と訊かれ、「患者です」と答えると、「私はこの種の事件で患者側にはいっさいつかない」と、ことごとく断られてしまうのだ。

私の受任以前の一審でも、状況は同様で、原告のM・Hさんは、「青医連」のメンバーで外科の小島医師に鑑定書（輸血の遅れが問題という内容）を書いてもらうしかなかった。私もやむを得ず、高校時代の友人で小児科医の廣津伸夫《ひろつのぶお》氏に頼んで、血液の凝固能力の変化に関する簡単な報告書を作ってもらい提出した。

一九八四年の控訴審判決（裁判長　鈴木重信《すずきしげのぶ》、裁判官　下郡山信夫《しもこおりやまのぶお》、裁判官　加茂紀久男《かもきくお》）では、

・M・Tさんを死に至らしめた大量出血は、DICに起因するものである。
・当時の医療水準では、DICに対する検査、診断、治療等は確立されていなかった。
・したがって、N医師に過失はなく、東京都にも責任はない。

とされ、逆転敗訴となってしまったのである。

医療事故訴訟では、「当時の医療水準」が一つのキーワードになる。他の医師や病院がおこなっている医療水準と同等のことをしていないのなら責任があるが、一般水準並みのことをしているのなら責任はないとされる、「医療水準の壁」が存在するのだ。

また、本件のように最新の医学的知見が争点になると、医学の面では素人の裁判官には判断のしようがなく、結果的に専門知識が豊富な医師・病院側の主張を認容し、患者・家族側に寄り添った判決とはほど遠いものになってしまう。

現在ではDICに対する検査・診断・治療法は格段に進歩し、日本産科婦人科学会をはじめとする関連五団体が策定した「産科危機的出血への対応ガイドライン」が臨床現場で広く用いられている。しかし、問題の医療事故が起こった当時、DICは最新の医学的知見であった。

我々は控訴審判決を不服として上告したが、四年後に最高裁で棄却された（裁判長　長島敦《ながしまあつし》、

裁判官　伊藤正己《いとうまさみ》、裁判官　安岡満彦《やすおかみつひこ》、裁判官　坂上壽夫《さかうえとしお》）。

思い出・エピソード

家族の運命を変える医療過誤

被告側に戦闘的な弁護士が出てきたために一審判決をひっくり返されてしまったM・Hさんは、その後、さらなる悲劇に見舞われた。一審で原告に名を連ねていた長女が、控訴審開始後、拒食症のために亡くなってしまったのである。

周知のとおり、拒食症は思春期の女性が陥りやすい。原因はさまざまだが、心の問題としてよく指摘されるのは、女性らしいふっくらとした体型になることや月経を拒む心理、つまり、大人の女性になりたくないという「成熟拒否」だ。

M・Hさんの長女は事故当時七歳で、控訴審が始まった頃には思春期を迎えていた。亡くなったのは一六歳の春である。M・Hさんは、妻の死が長女の心に大きな影を落としたのではないか、という見方をしていた。

「自分の母親が出産で死んだものだから、どうしても大人の女性になりたくないという潜在意識があったのではないでしょうか」と。

医療過誤というのは、いろいろな意味で家族を巻き込み、運命を大きく変えてしまう。

のちにM・Hさんは、この医療事故を中心とした自伝を自費出版した。私とは裁判後もずっと交流があったが、数年前に亡くなられた。

2 異型輸血死亡事件（裁判開始時期：一九九五年）

◉本件のポイント

・医療過誤訴訟では、単に相手の過失を問うだけでは済まない。相手が「因果関係」や「損害賠償請求権の消滅時効」を持ち出して逃げようとすることもある。

事件の概要

大物政治家を襲った悲劇

本件の被害者N・H氏は、愛知県選出の衆議院議員で、国土庁長官や労働大臣などの要職を歴任した大物政治家である。

一九九〇（平成二）年一〇月二一日午前一〇時前、N・H氏は名古屋市内の陸上自衛隊駐屯地でおこなわれる創隊記念式典に来賓として出席するため、同駐屯地内の庁舎に到着。一階ロビーにいたところを、物陰に隠れていた男に背後から襲われ、後頭部二ヵ所を果物ナイフで刺された。

犯人は、地元のM精神病院に措置入院[*1]させられていた統合失調症の患者Kで、「政治家が自分を苦しめる」という妄想から、過去にも政治家に対する暴行傷害事件を繰り返していた。事件当日は病院の許可を得て外出し、数日前に購入して用意していた刃渡り一〇cmの果物ナイフを持って同駐屯地に赴いたのである。記念式典は一般にも公開されていたため、やすやすと庁舎に入り込むことができたのだ。

出血多量で意識不明となったN・H氏は、自衛隊内で止血処置を受けたあと、地元のY病院に救急搬送された。N・H氏の血液型は、本当はO型であったが、Y病院は、家族からB型と告げられたことを鵜呑《うの》みにして、血液型判定検査などをおこなわずにB型の血液を輸血し、手術のために地元のA医大病院にN・H氏を搬送した。

A医大病院でも、同様のB型の輸血がおこなわれた。N・H氏のためのB型血液の献血を求める報道がなされたことで、現場の捜査結果からN・H氏の血液をO型と知っていた地元警察がA医大病院に「血液はO型」と連絡したが、A医大病院は取り合わなかった。一〇月二三日になって、家族のほうで、以前入院した病院に照会して「血液はO型」と確認して連絡したことから、A医大病院では、ようやくN・H氏の爪や毛髪から血液検査をしてO型であることを確認。翌二四日に交換輸血をおこなったが、N・H氏は一一月二日に多臓器不全で死亡した(享年七九)。

＊1　措置入院：精神保健及び精神障害者福祉に関する法律（略称：精神保健福祉法）第二九条に定める精神障害者の入院形態の一つ。二人以上の精神保健指定医が診察した結果、受診者に精神障害があり、入院しないと自傷他害のおそれがあると認めた場合、都道府県知事または政令指定都市の長の権限と責任において、受診者を精神科病院または指定病院に強制入院させること、およびその措置による入院のことを言う。

裁判の経緯

三つの病院の責任を追及

事件から約四年半後の一九九五年二月、私たちは、N・H氏の遺族（妻と四人の子供）を原告として、異型輸血をした二病院と、犯人の男を外出させた精神病院を相手どり、総額一億七七八〇万円余りの損害賠償を求める訴訟を名古屋地方裁判所に起こした。各病院の責任に関して、原告側は主に次のことを主張した。

①Y病院の責任

・N・H氏の家族の誤った記憶に基づく申告を鵜呑みにし、血液型判定検査や交差適合試験[*1]をまったくせず、異型輸血をおこなった。その過失は明らかである。

②A医大病院の責任

・交差適合試験をせずN・H氏に大量の異型輸血をしたことは重大な過失である。

・地元警察署からN・H氏の血液がO型であるとの連絡を受けたにもかかわらず、検査を実施しなかった。同署の刑事が直接訪問して検査内容などの資料提出を求めた際には、提出を拒否し、逆に捜査令状を要求するなど強圧的な態度に終始し、一〇月二三日にN・H氏の家族から正しい血液型の報告を受け、ようやく異型輸血をしたことを認識した。その結果、交換輸血が遅れたことは明らかで、この点も重大な過失である。

③M精神病院の責任

・犯人のKは、過去にも何度か政治家に対する暴行傷害事件を起こしていたため、選挙期間中など政治家の活動が活発になる時期には措置入院させられていた。また、M精神病院内には、自衛隊記念式典の開催を告知するチラシが置かれており、Kはそのチラシから、式典の開催日や、政治家のN・H氏が出席することを認識していた。

・Kの病状や式典の性格から考えて、式典当日にKの外出を許可すれば何らかの事件を起こす危険性があることは容易に予測でき、外出を許可すべきではなかった。したがって、本件刺傷事件は、M精神病院の管理・監督義務違反によるものである。

＊1　交差適合試験：血液型不適合などの副作用を未然に防ぐため、輸血前に試験管に受血者（患者）と供血者の血液成分を入れて反応を確認する試験。ABO式血液型の異なる血液間でこの試験をおこなうと、血液の凝集（固まること）または溶血（赤血球の破壊）が必ず起こるので、ABO式血液型を再確認することもできる。

因果関係の有無と時効が争点に

我々の主張に対して、Y病院とA医大病院は、異型輸血の過失はあるものの、それによってN・H氏が死亡したかどうか（因果関係の有無）はわからないと主張した。

一方、M精神病院は、刺傷事件が起きたのは五年近く前で、すでに時効だと主張した。

損害賠償には大きく分けて、債務不履行に基づくものと、不法行為に基づくものの二種類がある。債務不履行とは契約等に基づく債務を履行しなかったこと、不法行為は故意や過失により相手に損害を与えたことである。

この事件の場合、Y病院とA医大病院とは、N・H氏との間に、患者の治療について、適正な治療を行うとの契約を締結しているので、異型輸血をしたことは債務不履行にあたる。当時の法律では、債務不履行による損害賠償の責任の消滅時効は一〇年である。

ところで、異型輸血とN・H氏の死に因果関係があるかどうかは、法律の問題というよりも医学的な問題になってしまう。異型輸血がどれだけ人体に影響し得るかは医学論争になる問題で、因果関係を立証するのはなかなか難しい。相手はそこを突いて「因果関係」を持ち出したのである。

一方、M精神病院はN・H氏と何の契約関係もないので、Kに外出を許可したことは債務不履行ではなく不法行為にあたる。

当時の民法第七二四条「損害賠償請求権の消滅時効」には、被害者またはその法定代理人が、損害および加害者を知った時から三年のあいだに不法行為による損害賠償請求権を行使しない場合には、この権利が消滅すると規定されていた。

それでM精神病院は、「すでに時効が成立している」と主張したわけだ。時効を持ち出すこと自体が信義則[*1]に反するとも言えるが、相手はあくまでも時効で逃げ切ろうとした。

＊1　信義則：信義誠実の原則の略称。権利の行使や義務の履行にあたり、社会生活を営む者として、相手方の信頼や期待を裏切らないよう誠意をもって行動することを求める法理。

和解の内容

二病院に解決金を支払わせ、全病院に遺憾の意を表させる

異型輸血をした二病院は「因果関係」で逃げ、M精神病院は「時効」で逃げるという展開になったこの訴訟は、結果的に判決には至らずに終わった。

証人尋問を含めて、約五年半にわたり二一回の弁論を経て、裁判所（裁判長　水谷正俊《みずたにまさとし》）の強い勧告により、M精神病院とY病院に一定額の解決金を支払わせることと、A医大病院を含む三つの病院それぞれについて、「遺憾の意を表し」「今回の件を教訓として今後ともこのような事件が起こらないように病院の管理運営に努める」などという言葉も和解条項に入れて、「和解」という形にしたのである。

エピソード

提訴はなぜ遅れたのか

先に述べたように、N・H氏の遺族がこの訴訟を起こしたのは、事件から約四年半後のことだった。そのために、M精神病院にはみすみす「時効」で逃げ切られてしまった、遺族は四年半ものあいだ何をしていたのかと、疑問に思う方もいるだろう。

じつは、事件後の遺族は訴訟を起こすどころではなくなっていたのだ。

N・H氏の死後、長男は、急遽、父親のあとを引き継いで衆議院議員総選挙に出馬するも、

準備不足のため落選。遺族からは、「N・H氏がどんなに重症であっても生きてくれてさえいれば、逆に同情票も集まって当選できたのに」との嘆きの声を、何度か聞いた。また、長男には選挙後、公職選挙法違反の問題も起こった。

遺族としては、そちらのほうの対応に追われ、亡くなった方の民事裁判にまでは手が回らなかった、というのが実情だったのである。

3 本人の同意なき子宮摘出事件（裁判開始時期：一九八八年）

◉本件のポイント

・患者本人に判断能力がある限り、インフォームド・コンセントは患者本人と医師のあいだでおこなわれるべきである。

事件の概要

麻酔中に永久不妊にされた主婦

一九八七（昭和六二）年六月、I・Aさん（当時三五歳）は左下腹部のしこりに気付き、夫に付き添われて自宅近くのK病院を受診した。夫婦は結婚一〇年目で、子供はまだいなかった。受診した病院は、院長Kのほかに外科医F、内科医Sがいる小規模の病院であった。

内科医Sは診察の結果、左側の卵巣囊腫《のうしゅ》（卵巣内に分泌液や脂肪などが溜まってできる腫瘍）と診断し、「このままだと卵巣が捻転して生命が危険だ」と、夫のI・Yさんに強く入院を勧めた。

I・Aさんは六月二〇日に入院し、諸検査を受けるかたわら、内科医Sと外科医Fから、手術は左側卵巣だけを摘出すればよく、右側の卵巣は残るから妊娠・出産には支障がないとの説明を受け、左側卵巣摘出手術を承諾した。

手術は同月二九日、全身麻酔下でおこなわれた。ところが、外科医Fが開腹したところ、I・Aさんの卵巣に嚢腫はなく、左下腹部のしこりは子宮筋腫だと判明したのである。

子宮筋腫は子宮壁にできるコブのような良性腫瘍で、三〇~四〇代の女性に多い。悪性腫瘍に変化することはほとんどないが、症状が重い場合には、手術か薬による治療をおこなう。手術には、子宮ごと筋腫を取る子宮全摘術と、筋腫だけを取る筋腫核出術《かくしゅつじゅつ》がある。

外科医Fは、その場で子宮全摘術をおこなうことに決め、夫のI・Yさんを手術室に呼んで、子宮を取らないと危ないとして、子宮全摘術の承諾を求めた。

妻のお腹が開いたままの状態でいきなり手術室に呼ばれて「このままでは危ない」「いいですね」と言われたら、夫としては「嫌です」とは言えない。「お任せします。できるだけのことをして下さい」と答えてしまうのはやむを得ないだろう。外科医Fから「子宮を取らないと危ない」と言われて気が動転したI・Yさんは、熟考する余裕もなく、子宮全摘術をおこなうことを承諾した。

その結果、I・Aさんは子供を産めない身体になってしまったのである。

全身麻酔をされていた彼女は、手術中に何があったのかまったくわからず、術後一週間ほどして夫から子宮全摘の事実を知らされて驚愕し、激しく動揺した。

退院後も、自分の知らないあいだに子宮を全部取られてしまったことへの怒り、子供を産めなくなった絶望感、自分が女性でなくなったような虚無感に苛《さいな》まれた。その結果、I・Aさんは、一九八八年、K病院の院長K、内科医S、外科医Fの三人に対して計五〇〇〇万円の損害賠償を求める訴訟を、東京地裁に提起した。

裁判の経緯、判決および和解の内容

患者本人への説明義務が争点に

私たちは、被告らの責任として主に次のことを主張した。

①院長Kは、内科医Sと外科医Fの使用者として不法行為責任を負う（民法第七一五条）。

②内科医Sと外科医Fには、以下のような注意義務違反、説明義務違反があり、これらは過失による不法行為である（民法第七〇九条）。

・両被告は、産婦人科医としての経験不足から、原告の子宮筋腫を卵巣嚢腫と誤診した。

・両被告は、原告が産婦人科疾患だとわかった段階で、産婦人科の専門医の診断を受けるよう勧める義務があったのに、その義務を怠り、専門医の診断を受けさせることなく独自の判断で開腹手術に踏み切った。

・両被告は、原告の年齢や子供がいないことを考慮し、筋腫だけを取る筋腫核出術を選択して子宮を温存すべきだったのに、術式選択を誤り、外科医Fの執刀で子宮を全摘出した。

・両被告は、原告への説明義務を怠り、原告の承諾なしに子宮を全摘出した（インフォームド・

コンセントの欠如)。

被告側はこれらの主張をすべて否認した。なかでも大きな争点となったのは、インフォームド・コンセントが十全におこなわれていたかどうか、という問題であった。

控訴審で盛り返し、和解で実質的勝利

インフォームド・コンセントは、医療における人権尊重上、非常に重要な概念である。我が国では、一九九七年の医療法改正により、初めて法律として明文化された(医療法第一条の四第二項)[*1]。

この事件が起きた当時は、まだ法律に定められていなかったが、医療行為に際して、医師が患者本人にその内容やメリット、デメリットなどをよく説明し、十分に理解してもらったうえで、患者自らの自由意思に基づく承諾を得ることは大前提とされていた。

子宮は女性にとってきわめて重要な臓器であり、インフォームド・コンセントの必要性は非常に高い。子宮筋腫のように、全摘出術以外の術式もおこなわれているような場合は、よけいそうである。本件は、その意味でも被告側の違法性が高いと言える。

もちろん、患者本人も納得いくまで質問し説明を求めるべきだが、本件の場合、I・Aさんは全身麻酔を受けていたため、その権利を行使できない状態にあった。そこで私たちは、被告らが手術開始後に初めて誤診に気付いた場合は、いったん閉腹し、改めて患者本人(I・Aさ

ん）の承諾を得るべきであり、家族（夫I・Yさん）の代諾をもって患者本人の承諾に代えることは許されない、と主張した。

だが、被告側は、開腹後に本人の意思を確かめるために手術を中断するのは危険な選択だったと反論した。

東京地裁（裁判長　坂本慶一《さかもとけいいち》、裁判官　三木勇次《みきゆうじ》、裁判官　大澤晃《おおさわあきら》）では、被告側の証人（産婦人科の小林博医師）の証言により、I・Aさんの子宮筋腫は全摘する以外にないほど病状が進行していたと認定し、また、子宮筋腫の最終的診断は開腹手術中になされることもあるが、そのような緊急事態下で患者本人に説明をしたり承諾を求めたりすることはできないから、その場合には家族への説明と承諾で足りたとされて、我々の敗訴となった。

しかし、控訴審で原告側は、協力医（産婦人科）の意見書を出すことができた。その内容は、卵巣嚢腫と子宮筋腫とは、産婦人科医であれば、多くの場合、内診で容易に鑑別できること。鑑別が難しい例外的な場合には、悪性腫瘍も疑われるので、産婦人科医による画像診断、腫瘍マーカーの検査等が必要であること。さらに、被告側の証人である小林医師の証言の誤りを細かく具体的に指摘して、本件は子宮全摘をすることなく筋腫核出術で十分対応できた症例であることを明らかにするものであった。

そのため裁判所も、これは病院側に責任がないと言うわけにいかないという判断に傾き、結局、控訴審で和解することとなった。和解条件については、非公表との取り決めなので明らかにはできないが、納得できる内容であった。

なお、I夫妻は、その後、代理母出産により子供を授かった。

＊1　医療法第一条の四第二項条文：「医師、歯科医師、薬剤師、看護師その他の医療の担い手は、医療を提供するに当たり、適切な説明を行い、医療を受ける者の理解を得るよう努めなければならない。」

4　腹膜炎の見逃しによる死亡事件（裁判開始時期：一九八七年）

◉**本件のポイント**

・遠隔地における医療事故訴訟の難しさ。

事件の概要

誤診と術後処置の遅れで高校生が死亡

一九八〇年代半ばに沖縄県で起きた医療過誤事件である。医療事故を手掛ける弁護士がまだ少なかったうえに、遠隔地で医療過誤が起こり、しかもその被害は、一七歳の男子を診断ミスと不適切な診療から死に至らしめるという深刻なものであった。

一九八四（昭和五九）年一〇月三日、高校二年生のM・H君は、腹痛と発熱を訴えて沖縄南部徳洲会病院を受診した。診察をした医師の指示で即日入院となり、翌四日に虫垂炎と診断されて手術を受けた。

しかし、M・H君の術後の病状はまったく改善されなかった。実際には虫垂炎ではなく、重症の急性腸炎だったのである。

手術をした賀集信医師は、虫垂炎ではなく重症の急性腸炎の疑いが強いと診断したが、通常の腸炎であれば安静、絶飲食、輸液により改善するのに、M・H君の病状がまったく改善されないのは、虫垂炎の手術をしたためだと楽観視し、適切な処置をしなかった。

M・H君の病状は悪化の一途をたどった。彼は激しい苦痛を訴えたが、医師たちは大袈裟に訴えているのだとみなし、付き添いの母親に「我慢する力がない」「ノイローゼ気味だ」などと言って、真剣に受け止めなかった。

M・H君は急性腸炎から腹膜炎を発症し、腸管壊死《えし》、腸閉塞、さらには敗血症によるショックを起こし、同月八日に集中治療室に移されたが、時すでに遅く、DIC（384ページ参照）や急性腎不全も併発。術後の一週間を激痛に苦しみ抜いた末、同月一一日に死亡した。

裁判の経緯

遠隔地裁判にどう対応するか

当初、M・H君の両親は、徳洲会病院と交渉して示談にする意思を持っていたのだが、徳洲会病院が交渉にまったく応じないため、やむにやまれず裁判を起こす決心をした。しかし、沖縄では引き受けてくれる弁護士が見つからず、飛び込みのような形で私のところに相談にやって来た。

相談を受けたものの、当時、東京から沖縄まで行くのは時間的にも金銭的にもかなり大変だった。沖縄で訴訟を起こすとなれば、頻繁に東京―沖縄間を行き来する必要があるが、こちらは懐《ふところ》にあまり余裕がない。私は東京で訴訟を起こすことを考え、一時はご両親に東京に引っ越してもらったのだが、生活環境があまりにも違い、「とても東京なんかでは暮らせません」と、すぐに沖縄に帰ってしまった。

そこで、沖縄で仕事をしていた研修所同期の弁護士に連絡をして、沖縄で手伝ってくれる弁護士を探してもらい、紹介された新垣剛《あらかきつよし》弁護士に加わってもらって、一九八七年一〇月に那覇地裁に提訴した。原告はM・H君の両親、被告は徳洲会病院である。私は東京から新垣弁護士にいろいろと指示・連絡をして訴訟を進めて、証人尋問もやってもらった。しかし、彼は医療過誤訴訟に慣れておらず、どうもうまくいかない。

ついに私は「時間と費用をかけてでも沖縄に行かなければしょうがない」と腹をくくり、結局、その後、沖縄に十四、五回通うことになった。裁判が終わるまで、旅費や宿泊費などはこちらで立て替えた。

せっかく沖縄まで行くのだから、すでに尋問を終了した証人にも改めて話を聞きたいと考え、証人尋問を全部やり直させてほしいと那覇地裁に申請した。当時は裁判所ものどかで、この申請を受け入れてくれた。八八年一一月二日の第一〇回口頭弁論で尋問した堀川義文医師を、九〇年九月五日の第一八回口頭弁論で再尋問。八九年二月一五日の第一一回口頭弁論で尋問した賀集医師を、九〇年一二月五日の第一九回口頭弁論で再尋問してくれたのである。

やり直し尋問まで時間ができたので、M・H君のカルテなどもじっくり読み直すことができた。

被告が解剖標本を廃棄

証人尋問では、被告徳洲会病院の堀川外科部長やM・H君の手術を執刀した主治医の賀集医師、徳洲会病院に毎週一回病理診断に来ていた県立病院の国島睦意《くにしまのぶよし》医師、M・H君の母親などが証言した。原告側証人として、前述した本田勝紀医師にも沖縄に来てもらった。

証人尋問や証拠から、次のような事実が浮かび上がってきた。

・徳洲会病院はチーム医療体制をとっており、毎朝、外科医全員で総回診をおこなっていた。だが、M・H君の手術翌日の一〇月五日から集中治療室に移された八日までの総回診の際、彼の腹部を触診したのが堀川外科部長なのか、賀集医師なのかは判然としなかった。なぜなら、堀川外科部長は「賀集医師が触診した」と証言し、賀集医師は「堀川外科部長が触診した」と証言したからだ。M・H君が重篤な状態に陥っていたにもかかわらず、両医師がその腹部所見を明確に記憶していないことは明らかである。

・原告側証人の本田勝紀医師は、遅くとも一〇月七日までに腹膜炎の開腹手術をしていれば、M・H君の命は救い得たと証言した。前記のとおり、堀川外科部長と賀集医師は手術をするどころか、その間のM・H君の腹部所見すらはっきり憶えていない。

・さらに、徳洲会病院がM・H君の病理解剖[*1]で採取した標本を捨てていたことも明らかになった。

徳洲会病院に週一回病理診断に来ていた国島医師は、M・H君の死後、堀川外科部長らの立ち会いのうえで、M・H君の腹部を解剖した。その結果、腹膜炎は腸炎と細菌感染によるものであることがわかった。腹水は混濁し、小腸と結腸の表面を覆う薄い膜には炎症があり、潰瘍も多発し、小腸には小さな孔があいていることも認められた。

国島医師は、結腸の潰瘍のひどい部分をところどころ標本として採取し、その写真を撮影した。徳洲会病院はこの写真を証拠として提出したが、標本自体は、M・H君の両親に訴えられたあと、廃棄処分していたのである。

ただ、この行為がただちに医師法違反などに問われることはない。病理解剖で採取した臓器や標本の保存期間[*2]は一律に規定されておらず、保存施設（本件の場合は被告徳洲会病院）の適切な判断に任されているからだ。

＊1　病理解剖：疾病による死体について、病気の原因や様態を知るためにおこなう解剖。なお、司法解剖は、殺害・事故などによる死体について、犯罪行為と死因との関係を明らかにするためおこなう解剖のことである。

＊2　臓器や標本の保存期間：社団法人日本病理学会の「病理解剖の倫理的課題に関する提言」（二〇〇一年一一月二六日）では、臓器や標本の保存期間は、病理医が所属する施設の設置形態、規模、地理的背景などが異なるため、一律に規定することは現時点では適当でないとしている。ただし、臓器の保存期間はカルテと同様五年間を努力目標とし、病理解剖報告書とパラフィン・ブロックは永久保管を原則とするのが望ましい、としている。

判決の内容

「病院に過失あり」一審で判決確定の完全勝訴

判決は一九九二年一月に下された。那覇地裁（裁判長　大工《だいく》強《つよし》、裁判官　加藤正男《かとうまさお》、裁判官　大竹《おおたけ》優子《ゆうこ》）は、「M・H君は、当初より重症の腸炎であったところ、汎発性《はんぱつせい》腹膜炎（炎症が腹部全体に広がる腹膜炎）を発症し、敗血性ショックを起こし、DIC、急性腎不全により心停止し、本件事故が発生した」と認定し、「一〇月七日までには急性汎発性腹膜炎を発症しており、緊急に開腹手術をおこない患部を摘出しなければならない状態にあった」としたうえで、徳洲会病院の医師は「単なる腸炎と軽信して右腹部所見等を見逃し、漫然と抗生物質の投与および点滴等の治療をおこなうのみで、開腹手術の時期を遅延したものというべきであり、この点で過失がある」とした。

そして、原告に対して五七〇〇万円余の損害賠償金を支払うよう命じた。

被告は控訴せず、判決は確定した。完全勝訴といっていい内容だった。

＊

私は判決に立ち会いたかったのだが、沖縄まで出向く時間的余裕がなくて出廷できず、判決後の記者会見もご両親だけでおこなっていただいた。翌日の「琉球新報」および「沖縄タイムス」は、「病院の過失認める」「手術の時期遅れた」などの大見出しを掲げ、ご両親の写真を大きく掲載する一〇段、一二段抜きの記事で、原告全面勝訴の判決と報じた。

思い出・エピソード

遺族とのふれあい

弁護士にとって、遠隔地における裁判は、時間も費用も相当にかかる大変な仕事である。しかしその一方で、遠隔地ならではのよさもある。

本件の場合は沖縄での裁判だったので日帰りはできず、私はたいてい那覇に一泊した。現地での時間がたっぷりあるので、裁判資料をじっくり読み込むことができた。また、その日の裁判が早く終わったあとには、M・H君のご両親が玉泉洞《ぎょくせんどう》やひめゆりの塔などさまざまな場所に案内してくださり、一緒に沖縄料理や泡盛を堪能した。

大切な息子さんを失った親御さんのショックは、言うまでもなく非常に大きなものであったが、約四年半にわたって沖縄を訪れるたびに、少しずつショックから立ち直っていくご両親の姿を見ることができたのは、弁護士として何よりの喜びであった。

医療過誤が引き起こす〝不幸の連鎖〟

私がこれまでに担当した約一〇〇件の医療過誤事件には、救いようのない事件がいくつもあった。たとえば、悪性《あくせい》過高熱《かこうねつ》による死亡事故である。

悪性過高熱は全身麻酔による合併症の一種で、異常な高熱や筋肉の硬直などを呈する。ごく稀にしか発症しないが、治療法が限られているため、発症すれば死に至る確率は高い。

私は悪性過高熱による死亡事故の裁判を二件担当し、二件とも負けた。

一つは、虫垂炎手術で全身麻酔を受けた一〇歳の女児が死亡した事件だ。母親のMさんは病院を相手どり損害賠償請求訴訟を起こしたが、横浜地裁の判決で請求は棄却された。私が受任したのは控訴審からだったが、控訴審（裁判長　中島一郎《なかじまいちろう》、裁判官　加茂紀久男《かもきくお》、裁判官　片桐春一《かたぎりしゅんいち》）の東京高裁でも、悪性過高熱の予見は困難だと判断され、控訴棄却となってしまった。

原告のMさんは、この事故の八年前に夫をがんで亡くして以来、母一人子一人の生活を送り、お嬢さんは唯一の生き甲斐だった。その愛娘を、盲腸の手術の際の麻酔事故で奪われたのである。

Mさんを紹介してきたのは、先述した「クロマイ薬害事件」の原告の井上和枝さんだった。井上さんの話では、Mさんの悲嘆は筆舌に尽くしがたく、とにかく何かしてあげないと自殺しかねない状態だということだった。勝つも負けるも関係なく裁判を一緒に闘っていくうちに、幸いにもMさんは少しずつ立ち直っていったが、どうにもやるせない事件であった。

もう一つは、二〇歳の自衛隊員Hさんが成人式の帰りに、自転車を飛ばして急いで帰隊しようとしていたところ、転倒して顎の骨を折る事故を起こし、国立九州大学附属病院で全身麻酔手術を受けたところ、悪性過高熱を起こして死亡した事件だ。

遺族にしてみれば、自転車で転んだだけのことだったのに、あまりにも納得しがたい結果だった。Hさんの両親は、医療事故として国に損害賠償を求めて提訴したが、一審で請求が棄却された（裁判長　涌井紀夫《わくいのりお》、裁判官　福田剛久《ふくだたかひさ》、裁判官　土田昭彦《つちだあきひこ》）。ご両親は控訴せず敗訴が確定した。

この裁判で印象的だったのは、被告である国が、国立九州大学歯学部附属病院第二口腔外科（Hさんの手術をおこなった科）の主任教授である岡増一郎《おかますいちろう》医師を、指定代理人にしたことである。国家組織の場合、裁判では、弁護士資格のない公務員でも指定代理人として法廷に立たせることができることになっている。

指定代理人となった岡教授は、法廷の被告側代理人席に陣取り、出廷した医師である部下の助教授や講師が証人として尋問されるのをじっと見ていて、随所で声をかけたりした。証人たちは、ボスが目を光らせているので、少しでも原告に有利になるようなことは絶対に言えないしくみである。当然、証言前の打ち合わせでも、この教授から、どのように証言すべきかを細かく指示されたはずである。

こうして、大学関係者の証言は完全に被告寄りになってしまった。このようなやり方は指定代理人制度の濫用とも言うべきであり、ひどいものだと私は憤慨した。

判決は、悪性過高熱の発症に対する事前の予知方法がないこと、有効な治療方法も確立されていないことなどを挙げて、医師の過失を否定した。

こうした問題もさることながら、私にとって衝撃的だったのは、裁判の途中でHさんの遺族が次々と大きな不幸に襲われたことである。

証人尋問傍聴のために田舎から出てきたご両親が、Hさんのお兄さんが暮らしているアパートに泊まった時、お父さんが慣れない部屋のため夜中に石油ストーブを蹴飛ばして火事を出し、アパートを全焼させてしまったのだ。さらに、その損害を賠償するため故郷に戻ってお金を工面していた際、悪い輩《やから》に騙《だま》されて、家を全部取られてしまった。まさに〝不幸の連鎖〟だ。

先に挙げた「出血多量による産婦死亡事件」にも言えることだが、医療過誤事件の悲劇は事件だけにとどまらず、事件をきっかけに被害がどんどん広がったりすることもある。そうした不幸をいくつも目の当たりにして、私は、弁護士というのは辛い仕事だと、つくづく感じた。

裁判の勝ち負けより大事なこと

クロマイ薬害事件の項でも少し触れたが、医療過誤事件に取り組みはじめた頃、私は足かけ三年がかりで一人の証人に合計九回、証人尋問をしたことがある。

これは、当時二一歳の息子さんが重症筋無力症の治療のために同愛記念病院で治療を受けていたところ、嚥下《えんげ》能力の低下に対して経管栄養補給をおこなうために胃にゴム管を挿入しようとした医師が、誤ってゴム管を気管に挿入してしまい、それに気づかないまま牛乳などを注入した結果、肺炎を起こして死亡したという事件であった。

その患者の父親のNさんは私たちに言った。

「あの医者をどうしても許せない。裁判を自分のライフワークにするので、できるだけ長く医者を尋問してほしい。私が生きている限り、ずっと裁判を続けてください」

Nさんの悲痛な叫びを受け、私は延々と証人尋問を続けた。

当時は、まず主尋問をやってみて、一回で終わらないと、その時点で次回の尋問期日を決め、それでも終わらないと、またその時点で決めるというやり方が一般的であった。この場合の次の期日というのは、短くても三ヵ月くらい先だった。そんなことで、この問題の医師について、訊いてみては次回期日を決めるということが八回繰り返されたので、二年半、足かけ三年かかったのである。

なお、この医療事故が起こったのは一九七一年、提訴が七四年、地裁判決が出たのは八二年であった。判決は、「挿入状態を確認しないまま牛乳を注入したことが明らかであるから医師に過失があった」とし、また、その過失と肺炎による死亡との間の因果関係を認めたうえで、患者は重症筋無力症を患っていたので長命の可能性は少なかったとして、慰謝料三〇〇万円の支払いを命じるものであった。この判決は『判例時報』一〇四九号および『判例タイムズ』四六六号に掲載された。

医療過誤の被害者や被害家族の怒りと悲しみ、とりわけ子供を亡くした親の嘆きは深い。そうした人たちに納得してもらい、感情の落としどころを見つけていくプロセスと、裁判で勝ちを取っていく、あるいは和解に持ち込んでいくプロセスは、必ずしもイコールではない。

そこにどうやって折り合いをつけるかは、それぞれのケースにもよると思うが、私自身は医療過誤事件と取り組むようになって以来、ビジネスとして依頼人をサポートするのではなく、被害者や被害家族の心情に添うことを基本としてきた。

やり場のない気持ちを抱えて苦しんでいる人たちの話に耳を傾け、アドバイスできることはアドバイスし、調べられることは調べる。そうすると、最終的に裁判には負けたとしても、依頼人の気持ちが落ち着くことは、かなり多いのである。

時には、裁判の戦い方について弁護士と依頼人で考え方が異なることもあるし、弁護士は

「ここが和解の着地点だ」と思っていても、依頼人が「絶対に和解しない」と言う場合もある。どう対応するかは弁護士にもよるが、私は、依頼人の気持ちのほうを重視している。裁判の勝ち負けよりも、被害者の気持ちに寄り添い納得してもらうことが大事だと思うからである。

被害者救済のさまざまな取り組み

①医療事故研究会

私が「青医連」の医師らとともに「医療被害と闘う医師弁護士の会」（「医弁の会」）をつくったのは、一九七七年であった。その後、「医弁の会」に相談に訪れた人から依頼を受けて医療過誤訴訟を担当することもあった。

しかし、この会は訴訟が中心ではないので、医療事故訴訟を手掛ける弁護士をもう少し広く集めて、医療事故訴訟の原告側弁護士のレベルアップをしたいという気持ちになり、一九八八年一一月に「医療事故研究会」を結成した。そのもとになったのは薬害事件であった。

私自身はクロマイ、クロロキンの薬害事件を担当していたが、それ以外に、当時は、サリドマイド、スモン、注射による筋短縮症、未熟児網膜症訴訟などの薬害訴訟が多数あり、クロロキン弁護団が呼びかける形で「薬害事件弁護団共闘会議」（略称「薬弁共」）を立ち上げ、情報交換、意見交換などをおこなった。

この当時、共産党系の弁護士は「医療問題弁護団」を結成して医療事故に取り組んでいたが、薬害事件については、当時は圧倒的に「反法連」（反戦法律家連合）系の弁護士が担っていた。したがって、「薬弁共」に集まったのは、それまでにも刑事公安事件（たとえば東大事件）などで親しい関係にある弁護士が多かった。

そこで、「医弁の会」の主要メンバーである森谷和馬《もりやかずま》弁護士に手伝ってもらい、「医療事故研究会」を結成することにした。内田剛弘《うちだたけひろ》弁護士（クロマイ事件弁護団長）を会長とし、私が事務局長という形で、司法研修所の一期上の古瀬駿介《ふるせしゅんすけ》弁護士、吉川孝三郎《よしかわこうざぶろう》弁護士、伊藤《いとう》まゆ弁護士、同期の川端和治《かわばたよしはる》弁護士、二期下の淡谷《あわや》まり子《こ》弁護士に参加してもらい、さらに多数の若手弁護士に加わってもらって、会としての活動を始めた。

基本的には、医療事故に困っている方の連絡を受けると、会員が二人一組で対応し、相談の結果によっては調査、証拠保全や訴訟まで担当。会としては、定期的に会合を開いて、担当者に各事件の内容や進捗状況を説明してもらい、意見交換をおこなう。また、勉強会や合宿なども定期的におこない、医療事故訴訟のスキルアップを目指す、というものであった。

私自身は、約八年間事務局長を務めた後、「安部英医師薬害エイズ事件」のためにこの会を去ることになったが、この「医療事故研究会」自体は、現在に至るまで、ほぼ同じやり方で続いているようである。

②医療事故情報センター

一九九〇年には、名古屋に本部を置く「医療事故情報センター」という組織も設立された。

同センターは、全国の医療弁護団をつなぐ組織で、医療における人権確立、医療事故の再発防止、医療被害者の救済などを目的として全国的なネットワークをつくりあげ、医療事故に関する情報の収集・交換、各地の協力医の紹介など、医療過誤裁判で患者側に立つ弁護士をサポートしている。

センターの初代理事長には名古屋の加藤良夫《かとうよしお》弁護士が就き、副理事長として「医療問題弁護団」事務局長の鈴木利廣《すずきとしひろ》弁護士、大阪の山崎昌穂《やまざきまさお》弁護士、それに「医療事故研究会」を代表する形で私が就いた。

被害者側に立つ弁護士は、同センターとも連携し、医療過誤のために人生が暗転してしまった人たちを何とかして救いたい、という強い思いで活動に取り組んできた。理不尽で不幸な出来事に対して、法はどのように向き合えるのか、法的な救済にはどんな途《みち》があるのかを真剣に考え、仲間と議論した。

審理の迅速化と合理化が新たな壁に

医療過誤事件の裁判には時間がかかることもあったが、時間の経過によって原告の気持ちが徐々に落ち着いていき、裁判と冷静に向き合えるようになっていく、という側面もあった。

しかし、ある時期から各地の裁判所では、医療訴訟を集中的に取り扱う専門部を設けるようになった。医療訴訟は専門性が高く、通常の事件より審理が長期にわたることが多いため、もっとスピーディーに訴訟を処理しようという方向に、裁判所が舵《かじ》を切っていったのだ。

最高裁のなかには、二〇〇一年に医事関係訴訟委員会が設置された。同委員会では、医療訴訟を抱える各地の裁判所から依頼があると、学会に鑑定人の推薦を依頼し、そのなかから選定した鑑定人を各地の裁判所に紹介するという活動もしている。

そのため現在、鑑定が必要な医療事故裁判では、ほとんどの場合、最高裁が選定した複数の鑑定人の討議により、迅速かつ事務的に鑑定がおこなわれるようになっているようだ。

しかし、この鑑定人は学会が推薦した医師らだ。それまでの医療訴訟では、必要に応じて各裁判所が個別に鑑定人を選んでいたので、被害者の立場に立った鑑定が出ることもあったが、今では被害者側に有利な鑑定がなかなか出にくくなっているようである。

最高裁がこうしたルーティンをつくり、ベルトコンベアのように医療訴訟を処理していくレールを敷いたことで、各裁判所には、どうしてこのような医療事故が起きたのかじっくり検討する余裕や、家族はどんな気持ちなのかを真摯に考え、受け止める余裕がなくなっているのではないかと思われる。医療過誤そのものが救いようのない事件なのに、裁判所の対応までが救いようのないものになっている感じがある。

そのため、被害者やその家族が医療過誤訴訟を起こすこと自体が、ふたたび難しくなっているような気が私はしている。

時代とともに変化する社会の対応

医療事故には、不可抗力と言えるようなケースもある。医療というのは非常に不完全な技術だから、医師として防ぎようのない事故も起こり得るわけである。

そうした事故に対応するために、新しいシステムもつくられている。

たとえば、医薬品を適正に使用したのに健康被害を受けた人に対しては、一九八〇年に医薬品副作用被害救済制度[*1]が設けられた。これは、独立法人医薬品医療機器総合機構法に基づく公的な制度で、製薬各社からの拠出金と国からの助成金で賄われている。被害者から運営組織（独立行政法人医薬品医療機器総合機構）に請求があると、医学・薬学的な審査がおこなわれ、「支払い可」と判定されれば、医療費などの救済金が給付される。

また、二〇〇九年には産科医療補償制度[*1]が創設された。分娩時の医療事故により重度の脳性麻痺となった子やその家族は、その後の人生で大きな経済的負担を負ってしまう。同制度は、その負担を補償する一種の保険システムだ。

この制度に加入した産婦人科病院などの分娩機関は、運営組織（公益財団法人日本医療機能評価機構）に掛け金を払い、その掛け金は保険料として民間の損害保険会社に入る。事故が起きた場合、所定の要件を満たす被害者には、損保会社が補償金のなかからある程度まとまった額を一時金として支払い、残額はその後の二〇年間、分割して支払うしくみだ。

医療事故に対する社会の対応も、時代とともに変わっていくのである。

＊1　医薬品副作用被害救済制度と産科医療補償制度：各制度には、それぞれ申請条件や満たすべき要件などがあり、その詳細は各機構のホームページに掲載されている。
独立行政法人医薬品医療機器総合機構ＨＰ　https://www.pmda.go.jp/index.html
公益財団法人日本医療機能評価機構ＨＰ「産科医療補償制度」　http://www.sanka-hp.jcqhc.or.jp/

「医療の法と倫理の国際学会」への参加

薬害や医療事故の事件に没頭していた頃に出会った、すばらしい国際学会があった。

米国の医療法協会（American Society of Law & Medicine）が主催する、「医療の法と倫理の国際学会（The International Conference on Health Law and Ethics）」だ。

この学会は、一九八六年八月に、第一回がオーストラリアのシドニーで開催された。私は、八九年七月に英国ロンドンで開かれた第二回大会と、一九九二年七月にカナダのトロントで開催された第三回大会に参加した。

ロンドンでの第二回大会では、七月一六日から二一日までの六日間、連日、午前中は全体会議、午後は分科会が開かれた。テーマは、エイズの問題、医療事故の問題、限られた医療資源の分配の問題、脳死や安楽死の問題、精神医療の問題、人工授精をはじめとする生殖技術の問題など、多岐にわたった。

私も、参加するなら積極的に行こうと、医療事故問題がテーマの日の午後の分科会で、「クロロキン薬害における国の責任」（The Responsibility of the Government About Chloroquine）と題する発表をおこなった。参加者は二〇～三〇名程度で、何人かの方が質問したり意見を述べたりしてくれた。

第二回大会の参加者は約五〇〇名で、米国、英国、カナダ、オーストラリア、ニュージーランドが多かったが、ヨーロッパ各国、アジア諸国、中東、アフリカなどからの参加者もいた。日本からも、医療問題を担っている弁護士や学者が三〇名近く参加していたように思う。

議論はどれも興味深かったが、限られた医療資源の問題（Is There Enough Space in the Medical Lifeboat?）のところでは、人工呼吸器の数に限度がある場合にどの患者の呼吸器を外すべきか、あるいはどの患者に優先的につけるべきかという議論があり、衝撃を受けた。日本人的には「一人の命は地球よりも重い」と言うほうが馴染みやすい感じだったので、真逆のことを言われた感じがしたのである。新型コロナウイルスが猛威を振るうなか、日本でもまさにこの議論がなされるようになったが、当時はそのようなことは夢想もしていなかった。

トロントで開催された第三回大会のテーマは、エイズの問題、国際的な医療サービスの問題、治療における性的虐待を含む女性の健康における諸問題、疫学と公衆衛生、生殖医療の問題、移植医療の問題などであった。この時は日本からの参加が少なく、私以外には、加藤良夫弁護士と広島の小笠豊《おがさゆたか》弁護士ほか二名、計五名しかいなかった。小笠弁護士は、医療過誤事件以外にはやらないという徹底ぶりであり、ともに広島育ちということもあって親しくなれた。

この時の会議は五日間で、中日《なかび》の夕方には懇親パーティーが用意されていた。そのパーティーで、私は勇気をふるって、ハワイから発表に来ていた女性リンダ・マッケンジーさん（公務員）に話しかけた。彼女の発表内容（ハワイでは病院の大半がコミュニティ病院で、個人主義よりもコミュニティ主義。医療紛争を解決するための斡旋委員会の活動など）に感銘を受けたからである。話が弾み、リンダさんから、「もしハワイに来てくれれば、ハワイで医療問題をやっている弁護士を紹介し、病院における医療事故対策なども見せてあげる」という提案があった。

その結果、九四年一月に「医療事故研究会」のメンバー七名でハワイに出向き、リンダさんの助力で、現地で医療事故を取り扱っている数名の弁護士との討論会、いくつかの病院の見学と医療事故対策についての説明の聴取などの調査旅行が実現したのである。

第四章
「悪人」を弁護する

新宿のクラブで「夜遊び講座」の講師を務めた後、記念撮影する三浦和義氏。三浦氏は、親族に芸能人がいたこともあってか、報道陣に対してサービス精神が旺盛で、周囲の言葉に乗せられやすい性格だった。そのことが災いして、マスコミが作り出した虚像によって苦しめられることとなった
（写真提供：藤内弘明）

三浦和義事件

一九八七年受任

総括・「ロス疑惑」事件

二〇二〇年は三浦和義《みうらかずよし》氏の十三回忌であった。

いわゆる「ロス疑惑」事件で日本中に知られていた三浦和義氏が、米国捜査当局にサイパンで身柄を拘束されたのち、移送先のロサンゼルス市警の留置場内で意識不明の状態で発見され、その後死亡が確認されたのは、二〇〇八年一〇月一一日（日本時間）のことだった。享年六一。死因は自殺と発表された。

「ロス疑惑」と言っても、若い読者はほとんど知らないであろう。

一九八一（昭和五六）年一一月、米国のロサンゼルスで日本人夫婦が銃撃され妻が死亡する事件が起きた。その後、週刊誌報道がきっかけで、夫の三浦和義氏が保険金目当てに妻を殺害したのではないかという疑惑が膨らんでいき、三浦氏は二年近くメディアの集中砲火を浴びた末、殺人未遂（殴打事件）と殺人（銃撃事件）の二つの事件で逮捕・起訴された。前者は最高裁まで争ったが有罪。後者は一審で無期懲役の判決が下ったが、控訴審で逆転無罪となり、最高裁でも無罪で確定した。私は永年、三浦氏の弁護を担当した。

三浦和義事件は、「ロス疑惑」事件を筆頭に、逮捕時の警察の人権侵害が問題となった「引き回し」事件、三浦氏が報道のあり方を問うために獄中から提起した五〇〇件以上の損害賠償訴訟、無罪確定後の万引き冤罪《えんざい》事件、一事不再理《いちじふさいり》や共謀罪をめぐる議論など、多くのテーマを内包している。弁護士の立場から「現場を見る重要性」というテーマも含めて、三浦和義事件とはいったい何だったのかを問い直してみたい。

事件の概要

「疑惑の銃弾」報道の衝撃

一九八一年一一月一八日午前一一時過ぎ、ロサンゼルスに滞在中の三浦和義・一美《かずみ》夫妻が市内の駐車場でパームツリー（椰子《やし》の木）を背景に写真を撮っていたところ、突然何者かに銃撃された。

三浦氏は当時三四歳。東京で「フルハムロード」という名の輸入雑貨販売業を営んでいた。三浦氏は目新しい雑貨類、アンティークドレス、アンティーク家具などの買い付けのために頻繁にロサンゼルスを訪れており、事件当時も夫人をともなない商用を兼ねて前日に米国に到着したばかりだった。

妻の一美さんは、頭部を撃たれ、現地の病院に救急搬送されたが、意識不明の重体となった。三浦氏も大腿部を撃たれて重傷を負った。

略年表　三浦和義事件の推移

1981. 8.13	殴打事件
11.18	銃撃事件
1982.11.30	一美さん死亡
1984. 1～	『週刊文春』「疑惑の銃弾」連載開始
1985. 9.11	殴打事件で逮捕、引き回し →東京弁護士会に申し立て、国家賠償請求民事事件
1987. 8. 7	殴打事件一審有罪判決（懲役6年） →控訴、当弁護団受任
11. 5～6	第30回人権擁護大会（日弁連主催、熊本）
1988.10.20	銃撃事件で逮捕
1989. 3.23	銃撃事件初公判
1994. 3.31	銃撃事件一審有罪判決（無期懲役） →弁護側・検察側ともに控訴
6.22	殴打事件控訴棄却 →上告
1998. 7. 1	銃撃事件控訴審、逆転無罪判決 →検察側上告
9.16	殴打事件上告棄却、懲役6年の実刑が確定
2003. 3. 6	銃撃事件上告棄却、無罪確定（10日）
2007. 4	万引き冤罪刑事事件　監視カメラ映像流出民事事件
2008. 2.22	サイパンで逮捕 →行政への申し立て・行政訴訟 サイパン逮捕にともなう名誉毀損民事事件
10.11	ロス市警本部留置場にて三浦氏死亡
2014	三浦氏七回忌　民事事件終了

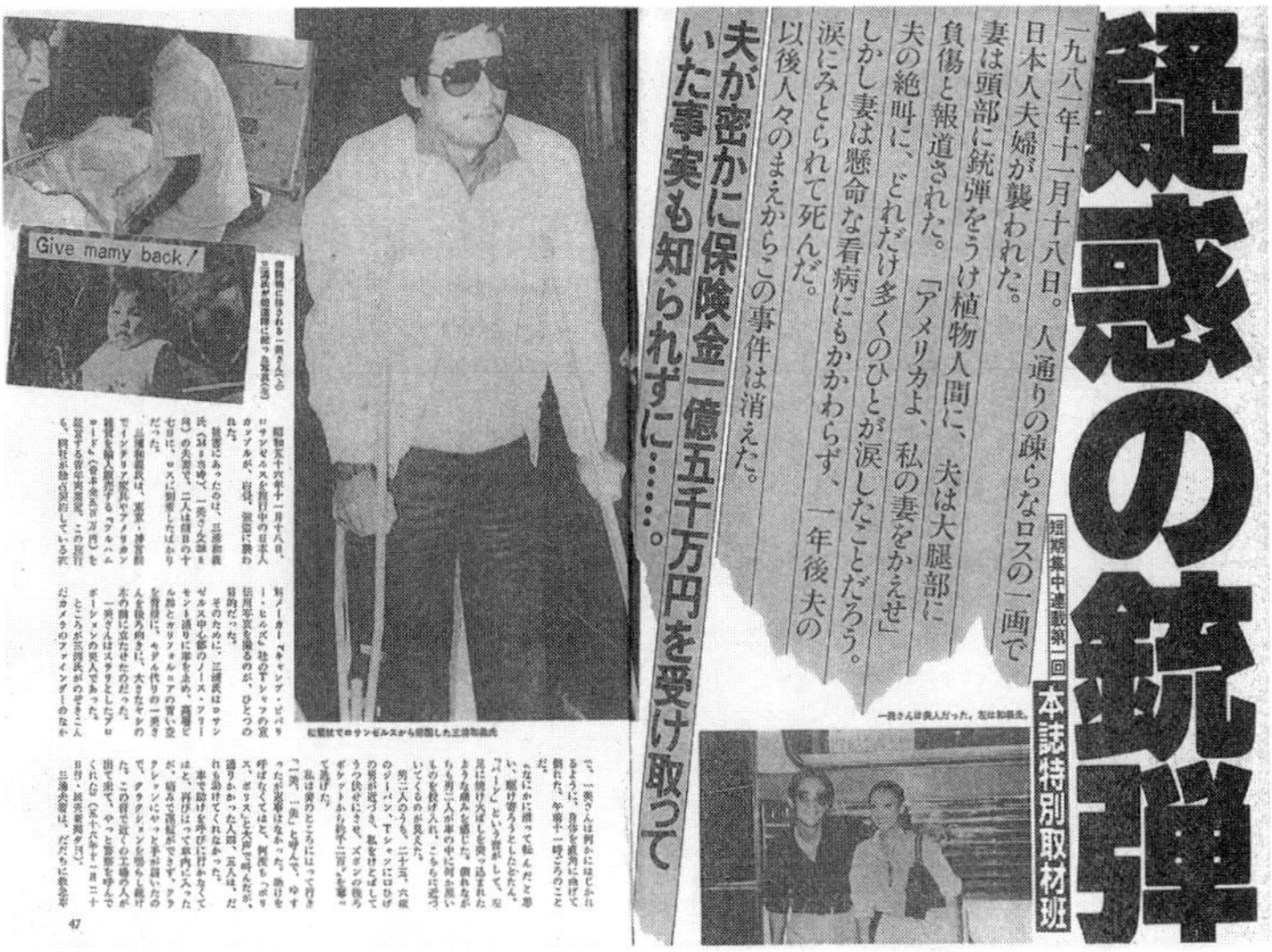
疑惑の銃弾

短期集中連載第一回

本誌特別取材班

一九八一年十一月十八日。人通りの疎らなロスの一画で日本人夫婦が襲われた。
妻は頭部に銃弾をうけ植物人間に、夫は大腿部に負傷と報道された。
「アメリカよ、私の妻をかえせ」
夫の絶叫に、どれだけ多くのひとが涙したことだろう。
しかし妻は懸命な看病にもかかわらず、一年後夫の涙にみとられて死んだ。
以後人々のまえからこの事件は消えた。

夫が密かに保険金一億五千万円を受け取っていた事実も知られずに……。

47

1984年1月から『週刊文春』で集中連載された「疑惑の銃弾」の第一弾

その後、彼は大統領に直訴して米軍ヘリコプターの利用を認めさせ、一美さんを日本の病院に移送したが、一美さんの意識は戻ることなく、翌年一一月末に死亡した。三浦氏が重体の妻の搬送に寄り添うシーンは、当初、美談として新聞やテレビで大きく報じられた。

ところが、銃撃事件から二年余りのちの一九八四年一月になって、『週刊文春』が「疑惑の銃弾」と題して「事件は夫による保険金目当ての殺人ではないか」との記事の連載を始めた。「疑惑の銃弾」は七週連続で掲載され、「三浦氏は妻の死により一億五〇〇〇万円もの生命保険金を手に入れた」「一美さんは銃撃事件の前にもロスのホテルで東洋系の女性に襲われていた。三浦氏はこの事件にも関与しているはずだ」などと書き立てた。

無名の一市民をめぐる刑事事件を、警察が捜査もしていない段階で、一週刊誌が七週連続で大々的に、しかも実名で報じるというのは前代未聞のことであった。

マスコミが主導した劇場型事件

「疑惑の銃弾」に追随したテレビのワイドショーや雑誌、スポーツ紙などは、連日連夜、三浦氏を「疑惑の夫」として追い回すようになった。

テレビをつければ、各局のワイドショーが朝から晩まで「ロス疑惑」を取り上げ、三浦氏の家の前から、本人がゴミを捨てに出てくる様子まで中継している。週刊誌やスポーツ紙を開けば、三浦氏の過去やプライバシーを暴《あば》き立てることも含めた記事が目に飛び込んでくる——これが当時の状況だった。事実であろうとなかろうと、メディアは三浦氏に関することなら何でも取り上げ、それに呼応して「じつは私も三浦氏に殺されかけた」などと真偽不明の情報をメディアに提供する人もいた。

八四年三月には、ロス郊外の丘陵地帯で五年前に発見されていた身元不明の女性の遺体が、歯のX線写真から、三浦氏と親しかった白石千鶴子《しらいしちづこ》さんであると断定され、さらに騒ぎはひどくなった。

千鶴子さんは一九七九年三月末、米国入国後に行方不明となり、同時期に三浦氏がロスに滞在していたことから、「疑惑の銃弾」は、千鶴子さんの遺体だと断定される前から「千鶴子さんは三浦氏の愛人であり、謎の失踪のカギを握るのは三浦氏だ」と報じていた。遺体が千鶴子さんと同定されてからは、大手新聞各社やNHKも報道合戦に加わり、その過熱ぶりは激化した。

さらに八四年五月には、サンケイ新聞が「三浦氏から結婚を条件に一美さん殺しを頼まれ殴打した」という女性の告白記事をスクープした。

この女性は、事件当時三浦氏とつきあっていたM子さん（当時二四歳）で、〝告白〟の内容は、「三浦氏から米国旅行をプレゼントされてロスに行き、ホテルの部屋で一美さんを襲った。凶器は三浦氏から渡された金属の塊だった」というものであった。なお、M子さんの肩書は「元ポルノ女優」とされることが多かったが、実際には事件のあとにポルノ映画に一回出ただけであり、三浦氏と出会った当時の職業は女優ではなく、化粧品会社に勤めていた。

狂騒的報道は延々と続いた。前述のとおり、三浦氏は、のちに、テレビ局や週刊誌などを相手に名誉毀損の民事訴訟を約五三〇件起こしている。提訴しただけでもこの数だから、実際にはその数倍の何千件もの報道が乱れ飛んだと言っていいだろう。それほど凄まじい報道合戦が二年近くも続いたのである。

「ロス疑惑」事件は、劇場型事件の典型だった。

親族に芸能人がいて、お金持ちで、背が高くハンサムで、スポーツカーを乗り回し、女性にモテて、日本と海外を頻繁に行き来する青年実業家で、大統領に直訴するほどの行動力があり、頭の回転も速く多弁な主人公――。三浦氏は、大衆の嫉妬を掻《か》き立てずにはおかない存在だった。

心理学者の岸田秀《きしだしゅう》氏が著書『嫉妬の時代』で書いているが、日本では、非常に行動力のある人や、頭が切れる、女性にモテる、商売がうまい、裕福であるといった人物は、やっかみの対象になりやすい。要するに、自分がやりたくてもできないことを誰かにやられたり、欲しくても手に入らないものを誰かが持っていたりすると、嫉妬するのだ。

その人物がいったん何かの事件に巻き込まれると、「出る杭《くい》は打たれる」という諺《ことわざ》があるように、猛烈なバッシングの標的にされる。

女性関係が盛んであることと、刑事事件の犯人かどうかは本来まったく関係ないことだが、多くの人はその人物を叩かないと、自分がみじめに思えて納得できない。叩くことによって、「自分たちは真面目にやっているんだ」と安心感を回復し、みじめさを払拭《ふっしょく》するのである。

また、この事件には、ロサンゼルスという華やかな舞台、多額の保険金、ライフル銃を用いての銃撃、新たに発見された女性の変死体、共犯者として登場した〝元ポルノ女優〟の若い愛人等々、刺激的な道具立てがたっぷり揃っていた。

人々は、この事件を推理ドラマか映画を観るように好奇の眼で追った。大多数は「三浦氏はクロだ」と信じ込んでいただろうが、実際のところはクロでもシロでもどうでもよく、彼がマスコミに追及されていく様子を「娯楽」として楽しんでいた感がある。

その背景にあったのはメディア社会の膨張だった。当時の日本では、報道媒体の増加により過当競争が起こりはじめ、折からの写真週刊誌ブームと相まって、報道各社が熾烈《しれつ》なスクープ合戦を繰り広げていた。

世の中も騒然としていた。一九八四年三月には「かい人21面相」によるグリコ・森永脅迫事件[*1]が起こり、八五年六月には豊田商事会長刺殺事件[*2]、八月には群馬県御巣鷹山《おすたかやま》で日航ジャンボ機墜落事故[*3]が起こるなど、刺激的な事件・事故が多発した。

豊田商事の会長が暴漢に刺殺された際には、報道陣の目の前で犯人が会長宅に窓から乱入し、会長を襲うシーンや、血まみれの会長が救急搬送される様子が各局のテレビニュースで生中継された。日航機墜落事故では、五〇〇人を超える犠牲者すべての実名と写真が新聞に載った。プライバシーに対するメディアの配慮はまだほとんどない時代で、ニュースを受け取る側にも「報道と人権」への意識は希薄だった。

このような状況に加えて、当時はバブル景気が始まる直前で、人々はより刺激的なニュースを求めていた。大衆のそうした〝ニーズ〟を満たす格好の素材が、「ロス疑惑」事件には満載されていたのである。

＊1　グリコ・森永脅迫事件：一九八四年三月、江崎グリコ社長が誘拐・監禁され、「かい人21面相」を名乗る犯人が身代金を要求。社長は自力で脱出したが、犯人がグリコ製品に青酸を混入すると示唆したため全国のスーパー、小売店は同社製品の販売を中止。警察や報道機関に挑戦状も届いた。その後、脅迫は森永製菓や他の食品会社にも及んだが、結局、犯人は逮捕されず、事件は迷宮入りとなった。

＊2　豊田商事会長刺殺事件：一九八五年六月、金の先物取引を装ったあくどい商法で問題になっていた豊田商事の会長を、潜伏先のマンションに乱入した男二人が刺殺。現場にいた報道陣が暴漢を阻止せずテレビなどで乱入シーンを放映したことが非難を浴びた。

＊3　日航ジャンボ機墜落事故：事故の詳細は、第一章28ページ＊2参照。事故現場には報道陣が殺到し、遺体検視所兼仮安置所内の盗撮を試み、生存者が収容された病院や遺族宅へ不法侵入するなどの問題を起こした。

「殴打事件」で逮捕、人権侵害の「引き回し」

一九八五年九月、警視庁は過熱報道に後押しされる形で、三浦氏とM子さんを逮捕した。「疑惑」を取沙汰《とりざた》する報道が二年近くも先行してから捜査当局が重い腰を上げるというパターンは、それまでの刑事事件にはなかったことである。

容疑は、二人がロサンゼルスのホテル・ニューオータニで、一美さんの頭部をハンマー様の凶器で殴打し殺害しようとしたという殺人未遂であり、刑法第三条「国民の国外犯」[*1]が適用された。これが、「銃撃事件」の三ヵ月前に起こったいわゆる「殴打事件」である。

当時、三浦氏は輸入雑貨販売店「フルハムロード」のほかに都内にスナックも持ち、一美さんの死後に結婚した妻のY枝さんと一緒に、そのスナックにほぼ毎晩出ていた。店を終えた三浦夫妻がスポーツカーで自宅に向かうと、店を取り囲んでいた報道各社の記者やカメラマンがハイヤーで追いかけたが、スピードが違いすぎて必ずまかれたそうだ。こうした生活に疲れ果てた三浦夫妻は一時ロンドンに逃れたが、そこでも報道陣に追いかけられていたというから、ひどい話である。

警視庁に連行された時は、さらにひどかった。

三浦氏は、九月一一日午後一一時二六分頃に銀座のホテルの駐車場で逮捕され、日付が変わった午前〇時頃に、三浦氏を乗せたパトカーがホテルを出発した。桜田門の警視庁までは直線距離にして約一・五キロ、通常なら車で一〇分もあれば着くはずである。

ところが、パトカーは警視庁に直行せず、銀座四丁目交差点からいったん京橋方面へ向かっ

疑惑の主に光る手錠

三浦逮捕

「狂乱の一年半」に幕

報道マイクに薄笑い

一時はマスコミを逆手に

報道陣のカメラの放列のなか警視庁に連行された三浦和義　—12日午前0時28分

三浦を本格取り調べ　警視庁

経営資金調達狙う？

一美さん襲撃　多額保険金の

自宅など捜索

三浦はなお容疑否認

逮捕されたあと警視庁に入る三浦（12日午前0時28分）

ロスへあす　捜査員派遣

「新宿移転」

都庁舎、知

三浦一美さん殴打事件で殺人未遂容疑により逮捕された三浦和義氏。警視庁は、新聞や雑誌のカメラマンが撮影しやすいよう三浦氏をゆっくりと「引き回し」た（1985年9月12日付朝日新聞朝刊〈上〉、読売新聞夕刊〈下〉）

たあと、霞が関の祝田橋《いわいだばし》交差点から内幸町《うちさいわいちょう》へ、さらに六本木交差点へと迂回を続けながら報道陣と頻繁に連絡を取り、警視庁前に五〇〇人近い報道陣の人垣ができたところで高樹町《たかぎちょう》ランプから首都高速に入り、霞が関ランプで下りると桜田門方向へ向かった。パトカーが警視庁の副玄関前に到着したのは、九月一二日午前〇時三〇分頃だ。つまり警察は、通常の三倍の時間をかけて都心をぐるぐるまわり、報道陣の取材準備が整うまで時間調整をしたのである。

しかも、パトカーを副玄関入口から約三〇メートルも手前で停め、報道陣の人垣の中、手錠と腰縄を付けた三浦氏をゆっくりと入口まで歩かせた。三浦氏の顔や腕を毛布などで隠すこともせず、多数の報道関係者に連行シーンを撮影させたのだ。配置された大勢の警察官は全員腰をかがめ、写真撮影がしやすいよう低い姿勢をとっていた。

警視庁は、まるで江戸時代の市中引き回しのような連行方法をとり、三浦氏を国民の前にさらし者にしたのである。

この「引き回し」は警察と報道陣との完全な癒着だった。三浦氏を連行した刑事らは、逮捕前に「どんなスーツを着ていこうか」などと嬉しそうにマスコミ関係者に言っていたということであった。最初から、写真やテレビカメラに大々的に映してもらう前提だったのだ。

のちに我々弁護団は、東京弁護士会の人権擁護委員会に人権救済を申し立て、委員会での審理の結果、この「引き回し」は人権侵害であるとの結論が出されて、弁護士会の警告書を警視庁に対して送付してもらった。その後、我々は、警視庁の護送・連行方法は違法な人権侵害であるとして、国家賠償法第一条一項に基づき、東京都に対して三浦氏への慰謝料支払いなどを求める民事訴訟を起こした。

提訴したのは一九九一年で、「引き回し」事件から六年が経過していたため、我々の訴えは時効（民法第七二四条）として棄却された。

しかし、東京地裁（裁判長　宮崎公男《みやざききみお》、裁判官　林圭介《はやしけいすけ》、裁判官　河合覚子《かわいさとこ》）は判決のなかで、「警視庁の護送・連行行為は原告（三浦氏）の人権を侵害し違法である」と、はっきりと認めてくれた。

それ以後、警察の説明でも、容疑者をさらし者にするような「引き回し」はいっさいなくなったということである。

＊1　刑法第三条「国民の国外犯」：日本国外において殺人・殺人未遂、傷害・傷害致死など所定の罪を犯した日本国民には、日本の刑法を適用するとされている。

受任の経緯

拘置所で三浦氏に接見

三浦氏は「殴打事件」の容疑を否認したが、一九八七年八月、一審（東京地裁）で懲役六年の有罪判決を言い渡された（裁判長　生島三則《しょうじまみつのり》、裁判官　北秀昭《きたひであき》、裁判官　尾島明《おじまあきら》）。

私が三浦氏の事件に関与するようになったのは、「殴打事件」の一審が終わる頃だった。三浦氏の父親が報道被害問題で自由人権協会（333ページ参照）を訪れ、協会のマスメディア委員会の責任者だった私が相談を受けたことがきっかけだった。

「マスコミに追いかけられて、妻も私も孫も本名で暮らすことさえできません。今は家族で別府に引っ越し、名前を変えて生活せざるを得なくなっています。何とかできませんか」

父親は、いかにひどい報道被害を受けてきたかを切々と訴えた。

「疑惑の銃弾」の連載が始まって以来、メディアが過熱していく様子は嫌でも私の眼に入ってきていたし、逮捕後は、「殴打事件」の弁護人についての報道も含めた多彩な話に興味も持っていた。事件の真相についての野次馬的な関心もあったが、さまざまな情報が錯綜し、何が本当なのかさっぱりわからなかった。報道のあり方については、ここまで一市民を追いかけ回すのはいかがなものかと批判的な眼で見ていたが、実際に父親から報道被害の凄まじさを聞いて、これはいくらなんでもひどすぎると思った。

その後も相談を受けるうちに、「一度息子に会ってもらえないか」という話になった。

私は東京拘置所に行って三浦氏に接見した。

彼は、一美さんを殴らせたことはないし、凶器と言われる物も見たことはないと言い、裁判の現在の状況や、弁護人を替えた理由について率直に話してくれた。

それまでに三浦氏は弁護人を二回替えていた。捜査段階では二人の弁護士がついていたが、裁判が始まってから妻のY枝さんが探してきたI弁護士に替えた。ところが、一審の途中で三浦氏はY枝さんとの仲がこじれて離婚し、別れた妻が連れてきた弁護士は嫌だということでI弁護士を解任。私が接見した時には、二人の国選弁護人[*1]がついていた。

私は、三浦氏からじっくり話を聞くうちに、「この人はやっていない」と思うようになった。

私が三浦氏を信用したのには、お父さんとの人間関係も大きかった。三浦氏のお父さんは大手建設会社の役員をされた方で、穏やかで誠実な人柄であった。

「せっかくここまでやってもらっているので、判決が出るまでは今の弁護士を替えたくない。ただ、国選だから控訴審になれば切れてしまう。その時は、先生に弁護をお願いしたい」

と、三浦氏は言った。

私選・国選を問わず、弁護人というのは裁判の審級（一審、控訴審、上告審）ごとに選任される。私選であれば、依頼人が希望すれば一審を担当した弁護人に引き続き控訴審の弁護も頼むことが多いが、国選の場合は、審級が変わると別の弁護人が選任される。

「わかりました。前向きに考えましょう」

と、私は答えた。

東京地裁の判決は有罪であった。三浦氏はただちに控訴し、私は「殴打事件」の弁護を受任した。彼は、私だけでなくいろいろな弁護士に声をかけていて、最終的に五人の弁護士が集まった。喜田村洋一《きたむらよういち》、鈴木淳二《すずきじゅんじ》、渡邊務《わたなべつとむ》、加城千波《かじょうちなみ》の諸弁護士と私である。このなかで司法修習の期が一番上で最年長の私が主任弁護人となった。この八七年の秋、日弁連は「人権と報道」をテーマに熊本で第三〇回人権擁護大会[*2]を開催した。私は実行委員の一人としてこの大会に関わっていたこともあり、三浦氏のお父さんを熊本にお連れして、実際に受けた報道被害について会場で話していただいた。

こうして、私と三浦氏との長い付き合いが始まったのである。

＊1　国選弁護人：刑事被告人はいかなる場合にも資格を有する弁護人を依頼することができる（憲法第三七条三項前段）が、経済的理由などさまざまな事情で私選弁護人を依頼できない場合は、国によって弁護人が選任される（同条項後段）。

＊2　人権擁護大会：日弁連では、人権擁護活動の一環として、毎年各地持ち回りで人権擁護大会を開催している。第三〇回人権擁護大会は、一九八七年一一月五〜六日に熊本で開催。「人権と報道――報道の自由と人権擁護との調和をもとめて」と題して、人権と報道をめぐるさまざまな問題が検討され、「人権と報道に関する宣言」が採択された。

なぜ「悪人」の烙印を押された人の弁護を引き受けるのか

私がこれまで弁護をしてきた人たちは、社会から敵視された人、敵視されるように仕立て上げられた人が多い。政治家では、第一章で述べた小澤一郎氏、鈴木宗男氏。また、「事件ファイル②」で取り上げる薬害エイズ事件の安部英《たけし》氏、カルロス・ゴーン氏。消費者金融会社「武富士《たけふじ》」の創業者・武井保雄《たけいやすお》[＊1]氏。そして、三浦和義氏。

「なぜあなたは好んでそういう悪人の弁護をするのか?」と質問されることもよくある。

しかし、私は逆に問いたい。「なぜあなたは彼らを悪人と言うのですか?」と。

彼らは悪人ではない。一時的にマスコミから、悪人であるかのように書き立てられただけである。私自身、彼らを「悪人」だと思ったことは一度もない。

弁護士がある事件を受任するかどうかは、必ず依頼者に会ってから決める。弁護士倫理としても、会わずに受任してはいけないとされている。会って何をするかといえば、予断や偏見を持たずに依頼者の話をじっくりと聞くことだ。

マスコミがどのように報じ、世間がどう噂しようとも、弁護士が依頼人に対して先入観を持って接するべきではない。世間から「悪人」とみなされていることを理由に弁護を断ることなどない。弁護士のもとに来るのは、捜査当局や世間から不当に弾圧されたり、非難されたりしている人たちだ。「悪人」とみなされ深刻な被害を受けているからこそ、弁護士を頼ってくる。それを「悪人だから受けない」というのでは、刑事弁護は成り立たないし、そもそも弁護士の存在意義がなくなってしまう。

私が三浦氏の事件を受任したのは、彼がさんざんメディアに叩かれていたからだ。これだけ世間から注目されている事件の真相はいったいどういうことなのか、逆に興味を持った。事件の舞台はアメリカと日本にわたりスケールも大きいし、三浦氏は徹底的に争う姿勢を見せている。弁護士というのは一種の喧嘩売買業で、激しい喧嘩ほどモチベーションが上がるのだ。知的好奇心を満足させるという意味でも、やりがいがありそうだと思った。

とはいえ、三浦氏に対する当時の風は完全なアゲインストだったから、受任した時は「家族にどう説明しようか。反対されるかもしれないな」と、ちょっと思った。家族は何も言わなかったが、担当していた依頼人のなかには、「あんな奴の弁護をするならもう頼まん」などと言う人もいて、実際いくつかの仕事はキャンセルされた。それはそれで一つの判断である。しかし弁護士は自由だ。私は、「来るものは拒まず、去るものは追わず」の心境であった。

ここで「ロス疑惑」事件を整理すると、報道で騒がれたのは、「千鶴子さん失踪事件」「殴打事件」「銃撃事件」の三つである。しかし、三浦氏は「千鶴子さん失踪事件」では逮捕も起訴もされなかった。

ところが世間の人々は、立件もされていない千鶴子さんの失踪も含めて、三浦氏をクロだと思い込んだ。メディアがしきりに報じた彼の派手な女性関係をとらえて、「だらしのない人間だ、女性の敵だ」と悪《あ》しざまに言い、「こういう人間は平気で嘘をつくから信用できない。彼は『やっていない』と言っているが嘘に決まっている」という論法で犯人と決めつけた。

だが、「ロス疑惑」事件の核心は、「三浦氏が一美さんを殴打しようとしたのか否か、殺害したのか否か」という一点である。女性関係など周辺の問題は「犯罪があったか、なかったか」とはまったく無関係なことである。

＊1　武井保雄：「武富士」会長だった二〇〇三年、ジャーナリスト宅盗聴事件に関与したとして電気通信事業法違反（盗聴）で逮捕、盗聴・名誉毀損刑事事件で起訴され、会長を辞任。〇四年、一審で懲役三年執行猶予四年の有罪判決を受け、〇六年に肝不全のため死去した。武井氏の弁護については、消費者団体から「武富士の味方をするのはけしからん」と非難が起こり、弘中弁護人が月刊誌『論座』（朝日新聞社）で武井氏について「刑事事件の被疑者・被告人となり拘置所に収監されている状態では、マスコミ権力や検察権力に比べてはるかに弱者である」旨の記事を掲載すると、消費者弁護団からも「サラ金の会長を弱者とみなすとは何ごとか」との批判の声が上がった。なお、武富士は一〇年に経営破綻。

依頼人との信頼関係を重視

では、依頼人が信用できるかどうかを、弁護士はどういうところで判断するのか。

第一のポイントは、本当のことを言ってくれるかどうかだ。事実を隠されたままでは弁護のしようがない。悪いことをしたならしたで、事実を言ってくれれば弁護の方法がある。

三浦氏は事実を包み隠さずに話してくれたし、自身の女性関係も否定しなかった。永年にわたる三浦氏の弁護活動のなかで、彼に嘘をつかれた記憶は一度もない。嘘を言っているのではないかと疑ったこともない。互いの信頼関係のもとに、一貫した弁護方針を保つことができた。

私にも、依頼人が嘘を言ったために弁護方針を変えた経験がないわけではない。

その依頼人は、詐欺の刑事事件で逮捕された。私は以前、この人の民事事件を担当して信頼していたので、「詐欺はやっていない」という言葉を信じて無罪を証明するために動いていた。ところが、起訴されて検察側の証拠が開示されると、どう考えても有罪と思えた。本人に問い質すと、「いや、じつは……」と嘘を言っていたことがわかった。

私は争う方針を捨て、あとはひたすら情状酌量で執行猶予を狙う路線に切り替えた。

第二のポイントは、弁護士の意見に依頼人が耳を傾けてくれるかどうかだ。

ある刑事事件の弁護で、依頼人が私の意見をまったく聞かず、自分で勝手に決めた弁護方針に従わせようとしたことがあった。「そういうやり方はおかしいと思う」と言っても、とにかく自分の決めたようにやれと言う。

どういう方向で裁判を戦っていくかは双方の話し合いになるが、法律の専門的なことは弁護人の意見をある程度聞いてくれないと、裁判を続けていくことさえ難しくなってしまう。ついに私は、これ以上一緒にやるのは無理だと判断し、辞任することとなった。

刑事被告人は圧倒的弱者

多くの人は、報道によって作り上げられたイメージを鵜呑《うの》みにして、刑事被告人を「社会の敵」「悪人」とみなし、「悪い奴だから徹底的に叩き潰してしまえ」と乱暴に考えがちである。

それは、刑事被告人になることの怖さを知らないからだと思う。

刑事被告人というのは、圧倒的に弱い存在だ。

刑事裁判では、検察には被告人を有罪だと主張できるだけの証拠が揃っているかどうか、被告人には検察の主張を覆すだけの証拠があるかどうかが問われる。これを「証拠裁判主義」という。

弁護人の職務は、被告人の有罪を否定する証拠をできるだけ多く集めて裁判所に提出することだ。しかし、捜査段階で弁護人が集められる情報はきわめて少ない。捜査段階では警察や検察の持っている証拠は何も見えないし、依頼人の話を聞くといっても拘置所での接見だから、集められる情報はたかが知れている。弁護士が動けるのは、依頼人が起訴され、相手側の証拠を全部見てからにならざるを得ない。刑事裁判が難しいのはこの点である。

また、冤罪であっても、脅しや誘導によって自白が強要され、裁判でその供述調書が偏重されることもよくある。冤罪でなくても、不当に重い処罰を受けるかもしれない。まかり間違えば、死刑になるかもしれない。

刑事被告人は、このような立場に置かれているのだ。これほど弱い存在はないであろう。

しかし、普通の生活を送っている人々は、刑事事件は自分とはまったく関係ないと思っている。ましてや、自分が刑事被告人になるなど想像もしていない。そのため、刑事被告人が弱者であるという発想そのものが、頭のなかから抜け落ちているのだ。

「いや、被害者こそ弱者だ。もっと被害者の声に耳を傾けるべきだ」と、読者の皆さんは思われるかもしれない。

被告人自身が罪を認め、弁護士も認めている事件であれば、「被害者の声を聞け」というのは確かに理にかなっている。

しかし、無罪を争っている場合には、その被告人が本当に罪を犯したかどうかはわからない。そこに被害者が出てきて、確たる理屈もなく「この人を厳しく処罰して下さい」と求めるのは、おかしな話だと私は思っている。

証拠により事実を認定するという論理の世界に、不合理かつエモーショナルな要素が入ってきてしまうからだ。被害者として処罰を求めるなら、有罪が決まってからにするべきであろう。

1 「殴打事件」裁判

「殴打事件」の控訴審から三浦氏の弁護を担当した我々弁護団は、全員でロサンゼルスに飛んだ。事件現場とされているホテル・ニューオータニの部屋を見分したり、関係者に会ったりするためだ。

裁判の経緯・判決の内容

刑事弁護の正攻法は「現場百遍」

刑事事件において、現場に足を運ぶことは鉄則である。現場を見る眼の重要性についてはあとで詳しく述べるが、刑事弁護の正攻法は、頭脳戦というより「現場百遍」。私はできる限り現場に足を運び、またできる限り関係者に会って話を聞き、現地の情報を見て動きまわる直接主義をとっている。

ロサンゼルスのホテル・ニューオータニは、リトル・トーキョーの真ん中あたりに位置し、当時は周辺の治安があまり良くなかった。ダウンタウンからは少し離れているものの、一本路地を入ると急に雰囲気が悪くなった。こういうことも、現地に行ってみなければ実感できない。

私は、殴打事件の現場の部屋を予約して泊まった。フロントで部屋番号を特定して宿泊を申し込んだところ、「オー、ミウラズ・ルーム！」と言われた。

他のメンバーとともにこの部屋に入り、部屋の構造、広さ、間取り、廊下と部屋の位置関係などを皆で確認した。現場を見に行く時は、あらかじめ何か具体的な計画があるとか、特別なことをすると決まっているとは限らない。とにかくその場に行ってみて、事件当時の人の動きや位置関係などをイメージしたり、漠然とした雰囲気を感じ取ったりすることも重要だ。

そもそも、「殴打事件」は奇妙なことがあまりにも多かった。

この事件には目撃者がおらず、三浦氏の交際相手のM子さんの供述がほとんど唯一の証拠だった。M子さんの検察官調書では、三浦氏から妻の殺害を依頼されて凶器を渡され、三浦夫妻が泊まっていたホテルの部屋に行き、一人でいた一美さんの背後から隙を見ていきなり凶器を振り下ろし、頭頂部を殴打したとされていた。

ところがM子さんは、一審の証人尋問では、犯行状況のことは頭が真っ白になっていて何も憶えていないと、捜査段階の供述を大きく変えた。

しかし、地裁の判決では、「三浦氏の裁判に証人として出廷した当時、M子さんは自分自身の刑事事件で控訴したばかりであり、それとの関係で本当のことが言えなかったと思われる、したがって、捜査段階の供述調書のほうが信用できる」とされた。そのような微妙な時期に証言をさせておいて、あの時は本当のことが証言できなかったとするのだから、ひどい話である。

ただ、M子さんは、地裁の法廷でも、「三浦氏に一美さん殺害を依頼され行動した」ということは述べていた。しかし、その具体的内容は、くるくる変遷していて、新しい供述調書が作られるたびに、その冒頭には「今日こそは真実をお話しします」と記載されていた。我々は、供述心理分析の専門家に、M子さんの供述の分析を依頼し、とうてい体験したことに基づく供述とは考えられない、との鑑定書を作成してもらい、提出した。

そもそも、妻を殺そうとする男性が、妻とさほど年齢の違わない若い女性に、凶器で殴り殺せと言うものだろうか。M子さんが格闘技でもやっていたのならともかく、彼女はごく普通の女性だ。また、M子さんは「事件」当日まで一美さんと一面識もなく、この部屋に入ったこともなかった。背丈は一美さんと同じくらいだ。常識的に考えて、初めて入ったホテルの部屋で、初対面の相手を背後から襲い、背丈がほとんど同じ相手の頭頂部を的確に殴打できるとは、とうてい思えない。

しかも、凶器は見つかっていないのだ。この事件の凶器は、「円柱を組み合わせたようなT字形の金属製ハンマーのようなもの」とされていたが、そのようなものはどこからも発見されず、形状や大きさもM子さんの供述のたびに大きく変わっていた。つまり、「ハンマー様金属製凶器」が本当にあったかどうかさえ、わからなかったのである。

三浦氏の説明によれば、一美さんとのロサンゼルス旅行と同時期に、M子さんがロス観光を含むツアーに参加したこと、彼がM子さんへのサービスのつもりでその旅費を払ってあげたのは事実、とのことであった。

一美さんが一人で部屋にいた時、M子さんが押しかけてきて、口論から揉《も》み合いになり、そのはずみで一美さんが転倒し、家具か何かに頭をぶつけて怪我をした（そのため我々はこの事件を「転倒事件」と呼んでいた）。知らせを受けて部屋に駆け付けた三浦氏は、妻とM子さんが一緒にいるのを見て胆をつぶし、M子さんを部屋から追い出したという。

三浦氏の話も、M子さんの供述も、ホテルの部屋の構造や広さ、家具の位置などに関係してくる。部屋の簡単な図面と部分的な写真からなる検察の実況見分調書はあったが、それだけでは立体的な様子は摑めないし、部屋の広さは自分で歩き回ってみないとわからない。そのため我々は、ホテルの部屋を実際に見て、どちらの言っていることが合理的か、双方の話に出てくる些細《ささい》な状況の違いはどういうことなのかを実感しようとしたのだった。

もちろん我々は三浦氏を信用していた。彼を信用することと、彼の話が実際の部屋の状況と合致するかどうか調べることは、まったく別の問題だ。なぜなら、三浦氏は二人の女性が揉み合う現場にいたわけではなく、あとから一美さんに聞いた話を総合して我々に語ったのであり、一美さんの話に誇張や不正確な部分があったかもしれないからだ。実際、我々が現地で集めた情報のなかには、「一美さんは上から物が落ちてきて頭に当たったと言っていた」という話もあり、どこまで本当なのかわからないレベルだったのである。

受傷直後のカルテを開示しなかった検察

ただ、一美さんが頭部を怪我したことは事実だ。「事件」直後に三浦氏は、ホテル・ニューオータニの嘱託医で日本語の話せるタッド・フジワラ医師に、一美さんの傷口を詳しく診てもらい、そのあと一美さんとともにフジワラ医師の病院に行き、治療を受けさせている。

一審では、フジワラ医師が作成した一美さんのカルテが検察の証拠として提出されていた。そのカルテには、手書きで人間の頭の絵が描いてあり、その頭の真ん中に三日月形の傷口が描かれていた。しかし、フジワラ医師の供述書は二通しか提出されておらず、尋問も申請されていなかった。

検察が証人として呼んだ法医学の渡辺医師は、フジワラ医師がカルテに描いた三日月形の傷口について、「このように頭頂部にハンマーの縁の円形と同じ形の、つまり創縁部が左側に凸の弧状を描いている傷口があることから、上からハンマー様の凶器を振り下ろしてできた傷であることは明らかだ」と断定的に証言していた。

ところが、我々がロサンゼルスでフジワラ医師に直接話を聞いた結果、傷口の形状もカルテの図の意味も、まったく違うことがわかったのである。フジワラ医師は次のように説明してくれた。

「傷のあった場所は頭頂部ではなく、ずっと下の後頭結節部の下だ。傷の形状は直線で、カルテに三日月形の図を記したのは、傷口が開いているという意味だ。傷口の部位や状態からして、凶器を上から振り下ろしてできることはあり得ない」

検察の主張を真っ向から否定する内容だ。むしろ、一美さんが揉み合いのはずみに転倒して家具か何かに頭をぶつけて怪我をした、という三浦氏の話と一致する、きわめて重要な供述であった。しかも、フジワラ医師はホテル・ニューオータニの嘱託医のうえに、予備役の副保安官という立場でもあり、ホテルでの転倒などによる受傷や犯罪による負傷について豊富な経験を有していた。

さらにフジワラ医師は、「日本の警察にカルテのコピーを渡した時に、以上のことを説明し、調書も作ってサインした」と言った。だが、そのような調書の開示はされていなかった。

帰国後、検察官にこの点について質《ただ》したところ、しばらくして、「いやいや、警察のほうにありました」と言って残り三通の調書を開示してきた。

報道に左右された判決

このようにして我々は検察の論拠を崩したのだが、一九九四年六月に控訴は棄却された（裁判長　佐藤文哉《さとうふみや》、裁判官　木谷明《きたにあきら》、裁判官　平弘行《たいらひろゆき》）。

M子さんは、三浦氏に先行しておこなわれた裁判で二年六ヵ月の実刑判決を受け、これを不服として控訴したが、控訴審で刑が確定。三浦氏の控訴審の時には服役を終えていたM子さんはスペインに行ってしまっており、結局、控訴審での証人尋問には応じなかった。

我々は上告[*1]したが、後述する「銃撃事件」の逆転無罪判決（一九九八年七月一日）の二ヵ月半後の一九九八年九月一六日に、「殴打事件」についての上告が棄却され（裁判長　小野幹雄《おのもとお》、裁判

官　井嶋一友《いじまかずとも》、裁判官　藤井正雄《ふじいまさお》、裁判官　大出峻郎《おおでたかお》）、三浦氏の実刑（懲役六年）が確定した。

ところで、「殴打事件」の控訴審判決には報道が大きな影響を与えていたことが、同控訴審の陪席裁判官だった木谷明氏によって、のちに明らかにされた。三浦和義事件の根幹にかかわる重要な問題なので記しておく。

木谷氏は、『判例時報』二二六一号（二〇一五年）に掲載された冤罪事件に関する論考[*2]のなかで、マスコミ報道の問題点に触れ、次のように述べた（原文のまま）。

「マスコミは、時に、検挙された被疑者につき捜査機関からの一方的情報に基づく『犯人視報道』をすることがある。これは、世情を騒がせる大事件が発生し容疑者が逮捕されるとよく生ずる現象であるが、このような報道は、時に裁判所を汚染する。」

そして木谷氏は、この文章に付した注のなかで、「殴打事件」控訴審の裁判長が、

「日本中が有罪と信じているこの事件で、どうして裁判所だけが無罪を言い渡せるのか。」

と、真顔で言ったことを暴露したのである。

つまり、この裁判長は、「マスコミがこれだけ騒いでいるのに無罪にできるわけがないだろう」と大真面目で考え、その考えを判決に反映させたのだ。

木谷氏は、「私には信じられないことであるが、こういう考えの裁判官がやはりいることは否定できないように思われる。」と記している。

＊1　刑事事件の上告：刑事事件の上告に必要な理由は民事事件と異なり、控訴審判決に憲法違反または憲法解釈の誤りがあること、あるいは最高裁の判例と相反すること（判例がない場合は大審院もしくは高裁の判例と相反する判断をしたこと）と非常に限定されているため、上告は棄却されることが圧倒的に多

い。上告が棄却されれば原判決（前の裁判、即ち、上告審では控訴審の判決）が確定する。上告を棄却しない時は一般に最高裁が原判決を破棄し、原裁判所へ差し戻して再び審理させるが、最高裁自ら判決を言い渡す場合もある。差し戻し審での判決に不服がある場合には再度上訴することができるため、差し戻しが何度も繰り返されることもある。

＊2　木谷明氏の冤罪事件に関する論考：「氷見国家賠償等請求事件判決について」『判例時報』二二六一号（二〇一五年八月二一日　判例時報社）「特集　冤罪事件（上）氷見国賠訴訟（富山地判平27・3・9）判決全文と論考」12〜19ページ。

2 「銃撃事件」裁判

「殴打事件」控訴審の審理さなかの一九八八年一〇月、三浦氏は、保険金目当てに一美さんを銃撃させ死亡させたという殺人容疑で逮捕された。銃撃の実行犯として、三浦氏が経営する会社の商品買い付け代行業者のO氏も一緒に逮捕された。O氏は当時ロサンゼルスに在住しており、ライフル銃の射撃もできた。

もともと「ロス疑惑」事件の中心は、「殴打事件」ではなく「銃撃事件」だった。警視庁は「銃撃事件」の証拠がなかなか見つからないため、いわばしかたなく別件の「殴打事件」から先に手を付けたわけだ。そこで警視庁は、「殴打事件」の公判中も「銃撃事件」の捜査状況を積極的に公開し、マスコミも「銃撃事件での三浦逮捕はいつか」と大真面目に論じていた。

こうした状況から、警視庁は是が非でも三浦氏を「銃撃事件」で逮捕するだろうと予測はしていたが、私の予測を超えたのは、警視庁が三浦氏を「殺人」と「保険金詐欺」に分けて逮捕したことであった。

警視庁の横暴――「殺人」と「保険金詐欺」に分けて逮捕

逮捕・勾留は、捜査対象の犯罪事実ごとに一回だけ許される。これは「一罪一勾留の原則」と呼ばれる。たとえば、強盗罪を暴行脅迫罪と窃盗罪に分けることによって、被疑者を再逮捕・再勾留することはできない。

ところが警視庁は、「保険金目的の殺人」を殺人罪と詐欺罪に分け、それぞれで三浦氏を逮捕したのである。「村木厚子事件」で述べたように、被疑者の勾留期間は原則として最大二〇日間だが、容疑を二つに分ければ倍の四〇日間勾留できる。勾留期間を延長して取り調べを長引かせ、三浦氏に殺人の自白を強要するためであった。

三浦氏とO氏の逮捕後、マスコミは二人に殺人の自白を求めるかのような報道を大々的に続けていた。こうした世論の後押しが、「三浦相手ならどんなことをしても大丈夫」と違法な刑事手続を許したのである。現在でも、このような不当捜査はいくらでもおこなわれている。

同年一一月、東京地検は三浦氏とO氏を起訴した。

この段階で、私には「無罪にできる」という感触があった。検察が主張する「銃撃事件」の筋書きには、かなり無理があると感じていたからだ。

そもそも、妻に掛けた保険金を得るために、妻だけでなく自分自身までライフル銃で撃たせるものだろうか。しかも、三浦氏が撃たれたのは大腿部だ。下手をすれば自分も命を落とすかもしれないし、重い後遺症を一生背負うかもしれない。単純に考えても、そんな危険なことをする人間がいるだろうか、と思われる。

また、「銃撃事件」の一番の要は、誰が銃撃を実行したかである。警察は、三浦氏と仕事を通じて相当の信頼関係があり、事件当時ロサンゼルスに住んでいて、ライフル銃を所有していたらしい人物として、O氏を見つけてきた。しかし、三浦氏からO氏にお金が払われた事実はなかった。そもそも、O氏はまったくお金に困っていなかった。O氏の実家は非常に裕福で、家庭も円満、前科前歴もない。保険金殺人に関与する動機が、およそ見当たらないのだ。

だが、「殴打事件」と「銃撃事件」は、同じ被害者が、同じロスで、三ヵ月のうちに襲われたという点では関連している。そのため検察は、「三浦氏の指示による一連の保険金殺人は、殴打事件では失敗したが、三ヵ月後の銃撃事件で実現した」という筋書きを考え、「銃撃事件」の裁判で三浦氏の有罪を主張する大きな理由とした。世間でも、「殴打事件で三浦が有罪になった以上、銃撃事件の犯人も三浦である」という〝論理〟が罷り通っていた。

「銃撃事件」当日の状況

三浦氏とO氏が逮捕された翌年の八九年春から、「銃撃事件」の審理が東京地裁で始まった。以下は、三浦氏や目撃者の供述、その他の証拠などを総合した事件の状況と事実経過である。

事件が起きたのは、ロサンゼルスのダウンタウンから少し離れた場所にある、フリーモント

三浦氏が一美さんの写真を撮るための背景に選んだ椰子の木

通りに面した小さな駐車場だった。フリーモント通りは全長約四〇〇ｍで、通りの南端には消防署があった。また、この通りは市内循環バスの経路でもあった。
フリーモント通りの頭上西側には、片側五車線のハーバー・フリーウェイが走っていて、ひっきりなしに車が行き交っていた。通りの東側には、広大な青空駐車場や保健局の建物、絨毯工場などがあり、さらに二五〇ｍくらい離れた高台に、水道電力局のビルがあった。
現場となった駐車場は通りのフリーウェイ側にあり、車が五、六台やっと入るくらいの広さで、そばに大きな椰子の木があった。三浦氏が経営する「フルハムロード」は、「キャンプ・ビバリーヒルズ（ＣＢＨ）」というメーカーのＴシャツを大々的に取り扱っていた。ＣＢＨのロゴはパームツリーであり、三浦氏は立派な椰子の木を見つけると、デザインの参考にするため写真に撮っていた。

「銃撃事件」が起きたのは、一九八一年一一月一八日の午前一一時過ぎ。車から降りた三浦夫妻が、椰子の木を背景に写真を撮っている時であった。

三浦氏の説明によると、遠くから椰子の木を見つけたので、それを背景に妻の一美さんの写真を撮ろうと思い、駐車場に栗色の車を乗り入れ、一美さんとともに車を降りた。そして、椰子の木のそばに立った一美さんにカメラを向けてファインダーを覗いていたところ、いきなり一美さんがばったりと倒れた。驚いて一美さんのほうに駆け寄ろうとした次の瞬間、自身も左足大腿部に激痛を感じてひっくり返った。

必死で顔を上げると、いつの間にか目の前の路上に緑色の古い乗用車が停止しており、そこから飛び出してきたと思われる二人の男がいた。一人はあごひげをはやし、もう一人は髪の毛をポニーテールにしていた。一人の男は三浦氏を蹴飛ばしてうつぶせにさせ、ジーパンの尻ポケットから現金（ドル紙幣で約一〇〇〇ドル）を奪った。もう一人は、倒れている一美さんのポシェットから何かを奪い取った。二人の男は、すぐに緑色の車に駆け戻り、ものすごい勢いで北の方向に走り去った。

三浦氏は、這《は》うようにしてやっとの思いで一美さんのそばへ行き、「一美！　一美！」と大声で名前を呼んだが、返事はなかった。ふたたび這うようにして栗色の自分の車に戻り、「ヘルプ！　ヘルプ！」と叫びながらクラクションを押し続けた。

すると、通りに面した絨毯工場から一人の男性が出てきた。彼は異変に気付いたようで、いったん工場に戻ったあと、南の方に走っていった。しばらくして消防車が、続いてパトカーがやってきて救助してくれた。

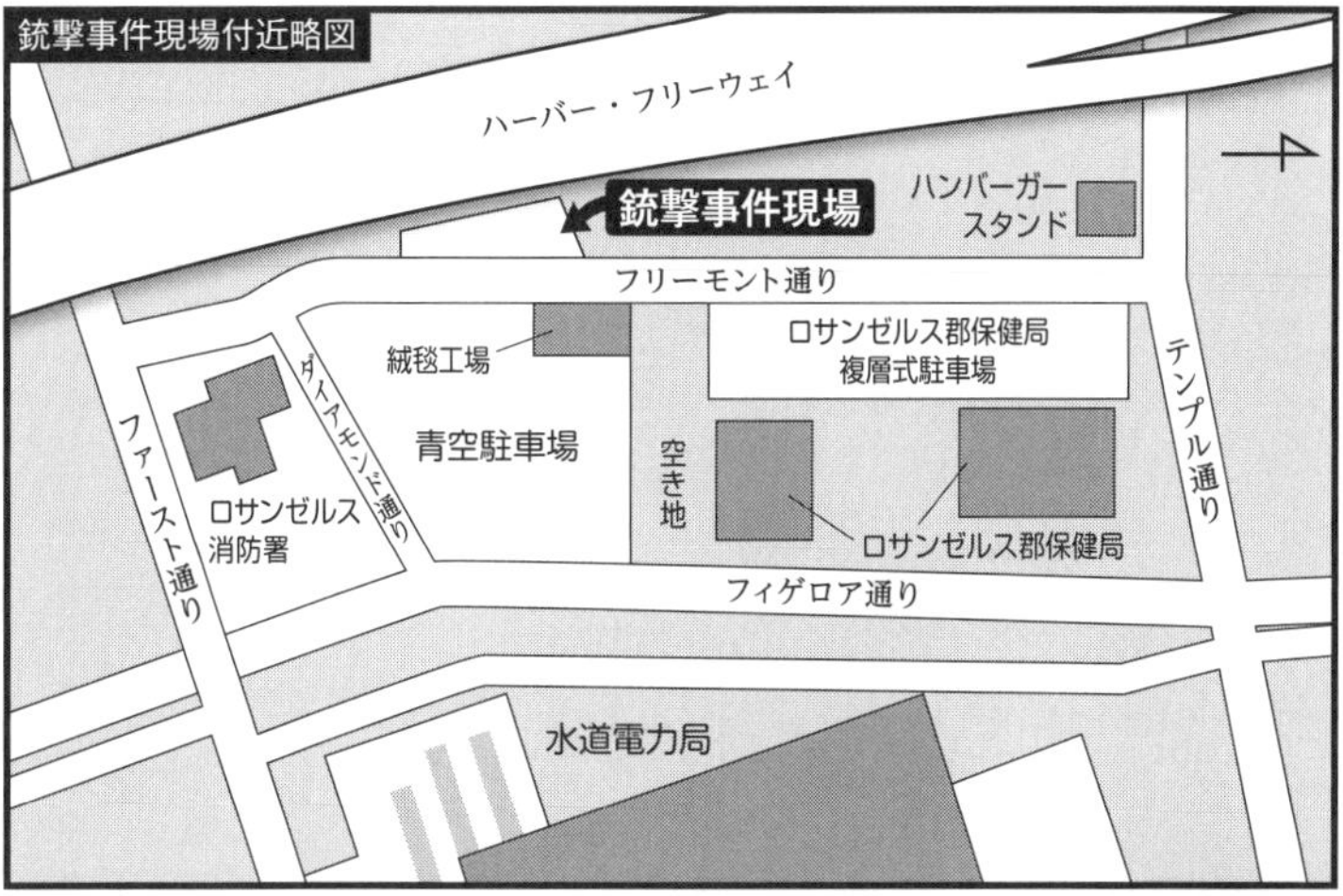

三浦一美さんの銃撃現場。アメリカ・ロサンゼルスのダウンタウンから少し離れたフリーモント通りに面した一角に位置していた（写真提供：時事通信社）

三浦一美さんの銃撃現場から水道電力局を望む

この絨毯工場の男性ソルターが警察に通報した会話の内容は、録音記録として警察に残されていた。通報は一一時八分だった。

他方、現場から東に約二五〇m離れた高台にある水道電力局のビルの八階で、事件の起こる少し前から現場を見ていた四人の職員がいた。アルガイヤー、ニーリー、イェシド、ニエトであった。彼らは水道電力局の製図チームの職員で、窓際に机を並べていた。その席から立ちあがると、広い窓越しに外の風景がよく見える。水道電力局の建物からフリーモント通りまでのあいだは、当時、広大な青空駐車場になっていて、視界を遮るものがなかったからである。

この四人の水道電力局職員の証言が、「銃撃事件」では重要な意味を持つこととなった。事件後に四人がロサンゼルス市警の警察官に語った目撃証言の内容は、以下のとおりだ。
①フリーモント通りにある小さな駐車場に栗色の車が停まり、そこから降りた二人（距離があるので性別は不明）が、駐車場の中をしきりに動き回り、一人が車のあいだに沈み込むなど、奇妙な動きをしていた（のちに、この二人は三浦夫妻で、沈み込むような動きをしたのは三浦氏であったことが判明した）。
②その栗色の車の横に、白いバンが停止した。
③さらに、緑色の車があたりを徘徊していた。
これが目撃内容のほぼすべてだった。四人は事件の一部を目撃したものの、①〜③の前後関係や、栗色の車から降りた二人（三浦夫妻）の動きの内容に関する証言はバラバラであった。

ところで、この四人の同僚にボズィギアンという女性職員がいた。彼女は元ロサンゼルス市警の警官で、気むずかし屋として同僚から恐れられていた。彼女の席は奥のほうにあり駐車場の様子は見えなかったが、窓際の同僚が時々外を見ては何か言っているので、

「いったいあなたたちは仕事をサボって何を見ているの！」

と詰問した。年長者のアルガイヤーがあわてて、

「いや、フリーウェイ脇の小さな駐車場で、車のそばにしゃがみこんだりして変な動きをしている奴がいるんで、車上荒らしじゃないかと話していたんだ」

と説明した。これを聞くなりボズィギアンは、外を見る間もなく即座に自分のデスクからロス市警に電話し、車上荒らしと思われる怪しい輩《やから》が目撃されていると通報した。通報時刻は一一時七分で、この会話の内容も警察に録音記録されていた。

以上のような経過のもと、消防署と警察とがいっせいに動き始めた。真っ先に現場に駆け付けたのは、フリーモント通りの南端にある消防署からの消防車だった。絨毯工場のソルターが警察への通報のあと、すぐそばの消防署に駆け込んでいたからだ。続いて、パトカーや救急車が次々と現場にやって来たのである。

弁護団の二度にわたるロス実況見分

「銃撃事件」で検察が用意した主な証拠は、三浦氏については、水道電力局の四人の目撃者の証言であった。

我々弁護団は、東京地裁の判決が出るまでに二回ロサンゼルスに飛び、事件現場となった小さな駐車場を見分し、アルガイヤーなど事件の目撃者とされた人たちに会って話を聞いた。水道電力局の八階にも行き、そこから事件現場がどのように見えるか、四人の職員の目撃状況がどの程度正確だったかなどを確認した。

水道電力局の四人の職員は、事件現場の駐車場で三浦夫妻が動き回り、一人が車の間に沈み込むような動きをしたと供述していたので、二度目にロスに行った時には、視認状況の確認をした。水道電力局八階の目撃現場に立ち、携帯電話で連絡を取りながら別のメンバーに現場の駐車場に行って動き回るなどの動作をしてもらい、その動きが水道電力局八階からどのように見えるかを確認したのだ。

八階から現場を見ると、人が静止している状態では非常にわかりにくく、メンバーに車の横に寝転んでもらうと、それが人間なのか布きれなのかわからなかった。しゃがみ込んだり、手を振ったり、何か動作をすると初めて人だとわかる。これらの様子を水道電力局八階からビデオで撮影した。

のちに、水道電力局の建物と事件現場の駐車場の間にはビルが建ち、八階から現場は見えなくなった。事件の現場は、時間の経過とともに状況がどんどん変わっていくものだ。ビルの建設工事が始まったら我々も確認のしようがなかったが、早い時期にロスに行ったため、手遅れにならずにすんだのである。

一方、O氏について検察は、本人が事件前日にレンタカー会社から白いバンを借りていた事実に着目し、水道電力局の職員たちが事件当日に目撃したのはこの白いバンであり、三浦氏から一美さん殺害を依頼されたO氏は、それに乗って犯行におよんだと考えられる、というストーリーを考えていた。

検察は、この当時O氏が借りた白いバンの現物を押さえており、その走行距離が検察の推定と合致しているかどうかが争点の一つとなっていた。そこで我々は、実際に現地でレンタカーを借りて自分たちで運転し、検察の想定するとおりにフリーウェイを走ってみた。検察のストーリーには何ヵ所かポイントとなる地点があり、距離や時間を確認するためにさまざまな走行実験をおこなった。

私は生まれて初めてアメリカのフリーウェイを自分で走った。左折の時に大きく回らなければならないので苦労した。「銃撃事件」を担当しなければ、このような経験はしなかっただろう。

証人尋問で迷走した検察

「銃撃事件」の直接証拠は何もなかった。実行犯とされたO氏の銃撃の目撃者もいないし、犯行に使われた銃も発見されなかった。三浦氏もO氏も一貫して容疑を否認した。

公判は合計一二五回におよび、法廷に呼んだ証人の数は弁護側・検察側合わせて五二人という大人数になった。

重要証人は事件の一部を目撃した水道電力局の四人の職員で、そのうちのニエト以外の三人が出廷した。最初に警察に通報した絨毯工場のソルターも重要な証人だったが、尋問直前に亡くなってしまい、証人尋問はできなかった。ほかに、事件現場に駆けつけた警察官や消防隊員のうちの何人か、事件当時に三浦夫妻が宿泊していたホテルの関係者、O氏が白いバンを借りたレンタカー会社の関係者、そのレンタカー会社が使っていた洗車屋の関係者、ロスで一美さんを治療した医師など、証人のほとんどはロサンゼルスの人だった。

このため、証人尋問の多くは英語の通訳が必要になった。裁判所も、この事件では通訳の重要性を理解し、通訳の質の高さに定評のあるサイマル・インターナショナルに依頼してくれた。

ちなみに、これだけの数の証人を外国から呼ぶと、飛行機代や宿泊代は相当な額になる。刑事裁判の場合、証人を呼ぶ費用はとりあえず国が支払うが、最終的に被告人が有罪になれば、それも含めた訴訟費用を被告人が負担することになる。

ところで、これだけの証人のなかで検察が最初に出してきたのは、事件との関連性がきわめて薄い日本人の野澤清重氏であった。野澤氏は、三浦氏が一美さんと結婚するずっと以前に、

「スナックで三浦から奥さんを殺すという話を聞いたことがある」と証言した。弁護側からすれば、「それがなんだというのだ」というレベルの話である。

通常、証人尋問では、要となるエース級の重要証人をトップに出す。「昔々に飲み屋で妻殺しの話を聞きました」という、事件とどれだけ関係があるかもわからないような遠い証人を、検察がトップに出してくること自体が異例だった。しかも、検察が二番目に証人尋問しようとしたのは、「妻殺しの話を聞いた」とされる場所に居合わせたそのスナックのママだった。さすがに裁判所も、二番目の証人は採用しなかった。

この一件からしても、検察の迷走ぶりは明らかで、かなり自信のないことが窺《うかが》えた。ほかにも検察は証人尋問で、事件現場に駆けつけた警察官や消防隊員から「三浦氏の態度が怪しかった」といった証言や、三浦夫妻が宿泊したホテル関係者から「三浦氏を訪ねてホテルに出入りしたのはO氏しかいなかった」という証言を引き出したが、いずれも「だからなんだ」というレベルの話だった。また、検察が証人として呼んだO氏の友人・柴山光央氏は、「O氏の家で暖炉の上に飾ってあったライフル銃を見た」と証言した。しかし、反対尋問で、O氏宅の暖炉には上に物が載せられるところがないことを示すと、話が続かなくなるなど、相当いい加減な証言であることがすぐわかった。

検察は非常に多くの証拠や証言を集めたが、どれも決定的なものではなかった。

しかし、事件から非常に遠い状況証拠であっても、積み重ねていくうちに、被告に対する裁判官の心証がどんどん悪い方向にいってしまうケースもある。もちろん本来は、固い証拠のない話を積み重ねても意味はないのだが、「なんとなく、そういうことをやりかねない人物だ」

と、ある種の〝色〟が被告人についてしまうことも、皆無とは言えないのである。

争点① 「殺人」の動機と保険金の使途

保険金殺人の動機について、検察は、「三浦氏の経営する雑貨輸入会社フルハムロードは、赤字続きで経営の危機に瀕し、資金繰りに困っていたためだ」と主張した。保険金目当ての殺人事件にはよくある動機で、その意味では常識的な考え方である。

検察は、それを立証するために、事件当時の三浦氏の税理士、銀行関係者、取引先など多くの証人を呼び、三浦氏の会社の帳簿書類や伝票類も証拠として多数提出した。そのなかの一つに、経営分析の専門家だという小《こ》日向《ひなた》信光《のぶみつ》氏が書いた膨大な財務鑑定書もあった。三浦氏の会社の経営状態を示す総まとめ的な証拠で、小日向氏は証人としても出廷した。

我々は、かなり力を入れてこれらの証拠を調べ、反論・反証した。

まず、財務鑑定書を書いた小日向氏についてであるが、彼は三浦事件の捜査主任を務めていた警察官・寺《てら》尾《お》正大《まさひろ》氏の新潟高校時代の学友であり、寺尾氏に個人的に頼まれて、かなりいい加減な鑑定をしていたことが判明した。

さらに、検察が出した資料を分析・検討していくと、事件当時の三浦氏の会社は赤字どころか、むしろ売り上げを急速に伸ばして黒字だったことがわかった。当時、三浦氏は従業員にかなり高い給料を支払い、自身も月に一〇〇万円もの給料をとっていたが、使い切れなくて半分は貯蓄していた。つまり、彼はまったくお金に困っていなかったのである。

次に、三浦氏が受け取った合計一億五〇〇〇万円余りの保険金についてである。

三浦夫妻が入っていた保険は三つあった。一つは、三浦氏が前妻と結婚している時に入った古い保険で、一美さんと結婚した時に改めて入り直していた。もう一つは海外旅行の際に入る旅行保険で、保険会社の外交員に勧められるまま、最もスタンダードなタイプを選んでいた。三つ目の保険は新しく入ったものだが、保険料がそれほど高いわけではなかった。

三つの保険金を合計すると約一億五〇〇〇万円という大金になったわけだが、いずれも、保険金目当てで異常な掛け方をしたとは言い難いものだった。

しかも三浦氏は、結果的に、この保険金を自分のためにはまったく使っていなかったのだ。定期預金にしたり、国債を買ったりという形にはしていたが、それらに手を付けたことはなかった。

保険金の一部を銃撃の実行犯とされるO氏に渡したこともない。この点は警視庁が徹底的に三浦氏の金銭の流れを追ったが、O氏に対する報酬の支払いはまったく認められなかった。

最終的に三浦氏はこの保険金をどうしたかというと、フルハムロードが倒産した時、取引先などへの支払いに充てたのである。「ロス疑惑」報道の過熱は、レポーターがデパートの店先まで行ってカメラを向け、「ここで、まだ、あの三浦さんの商品を売っているんですよ。皆さんどう思いますか？」などということまでやり、そのため、フルハムロードは顧客離れが急速に進んで商売ができなくなり、店をすべて畳まざるを得なくなったのである。

当時のフルハムロードの顧問弁護士は、三浦氏に、「フルハムロードは法人なのだから、なにも個人保証もしていないあなたが個人責任を負うことはない。会社を潰してしまえば、あなた個人には財産が残るから、それで再起すればいいではないか」と言ってくれたという。それでも、三浦氏は、そのアドバイスに従わずに「長いあいだ取引をしてくれた方々に迷惑をかけたくない」と言い、ずっと保管してきた保険金をすべて投げ出して各方面への支払いをし、自分のためには使わなかったのである。これはどう考えても、保険金殺人で入手した保険金の使い方ではない。

「僕は酒も呑まないし、ギャンブルもやらない。美食家でもないし、着るものはジーンズ程度。そんな僕が、なんでお金のために妻殺しなんて考えるんですか」

と、私は常々三浦氏から聞かされていた。それはすべて事実だったのだ。

もう一つ、動機と言われたのは、三浦氏の女性関係が非常に派手だったことである。

確かに彼は一美さんに隠れてたくさんの女性と遊んでいたが、結婚を迫られるような特定の愛人がいたわけではない。女性関係で一美さんと揉めていたわけでもない。三浦氏は、毎週日曜日には娘さんを実家に預け、「一美サンデー」と称して一日すべてを妻のためだけに使っていた。一美さんの親兄弟も、三浦氏と一美さんとがとても仲がよかったことを証言したほどである。少なくとも、女性関係のことで、三浦氏が一美さんを殺す理由など何もなかった。

事件当時の三浦氏が、まったくお金に困っていなかったこと、保険金の使い方、夫婦仲が良かったこと、これらを考え合わせれば、検察が主張する「保険金目当ての妻殺し」の動機を見出すことは、ほとんど不可能であった。

争点② 白いバンは犯行に使われたのか その1

犯行現場に白いバンがあったこと自体は、水道電力局の四人の職員全員が一致して証言した。ただし、この車が犯行に使われたとする検察の主張を前提にすれば、白いバンは三浦夫妻が着く前から現場にいて、銃撃する時までずっといなければ、話の辻褄《つじつま》が合わない。だが、水道電力局の目撃者の証言では、白いバンがいつからいつまで現場にいたのかは、明確ではなかった。ある職員は「三浦夫妻の車が来る前から白いバンはあり、いつの間にかいなくなったが、それがいつなのかわからない」と言い、別の職員は「白いバンは三浦氏の車より五分以上あとに来て、ちょっと停まっただけですぐにいなくなった」と言った。

もう一つ、検察が重要な証拠と考えたのは、三浦夫妻が現場で撮った写真のなかの一枚の左隅に、車のフロント部分らしきものが、かすかに写っていたことだった。その写真を拡大して鑑定したところ、白色の車のフロント部分だということになり、検察はこれがO氏の借りたバンであると主張した。もしも写真のバンとO氏が借りたバンが同一物ならば、事件の時にO氏は現場にいたことになり、かなり決定的な証拠となる。

だが、検察にとって残念なことに、写真のバンにはあるべきはずのアンテナが欠損していた。逆に、事件後に検察が押さえたバンには、もともとあったと思われる純正のアンテナがしっかり付いており、当時のO氏へのレンタル契約書にも、車の状態について「GOOD」と記載されていた。

法廷では、写真の車にアンテナが付いていないのはどうしてか、ということが大きな問題に

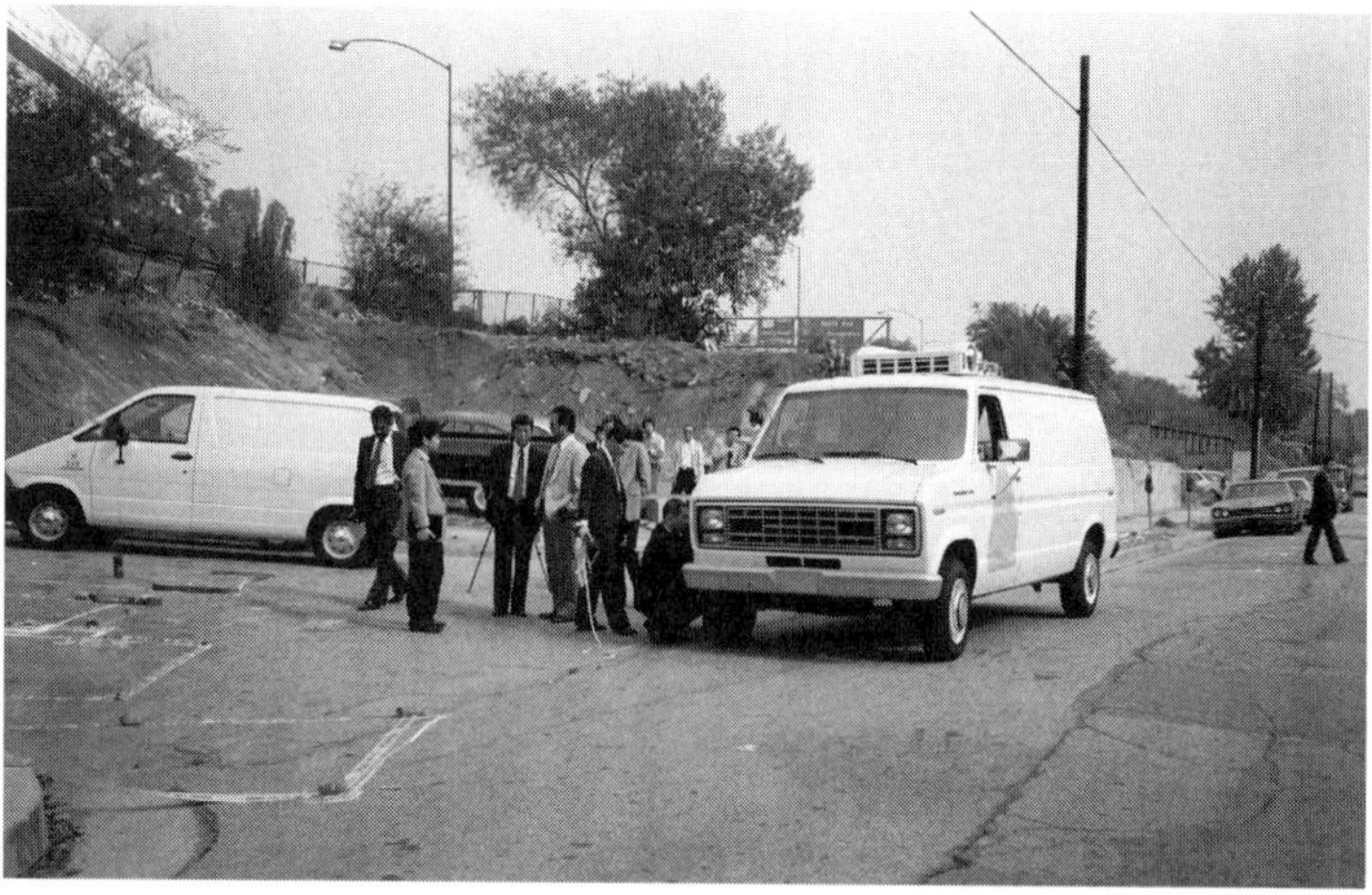

1988年10月28日、三浦一美さんの銃撃現場で白いバンを使って現場検証する日本の捜査員たち（アメリカ・ロサンゼルス、写真提供：時事通信社）

なった。我々はもちろん、写真のバンはO氏が借りたものではないからだと主張した。検察は、たまたまその時にアンテナが折れていたのだと主張した。しかし、アンテナが折れた状態のままの車をレンタカー会社が有料で貸し出すとは考えにくい。さらに、もしアンテナが折れていた車を「GOOD」として貸し出していたら、返却時にアンテナが折れていたことがトラブルの原因になるであろうことは明らかである。

説明に窮した検察は、白いバンをO氏に貸したレンタカー会社の経営者のアダムスを証人に呼び、

「うちのレンタカーはいつも近所の洗車屋に洗わせているのだが、仕事が乱暴で頻繁にアンテナを折ってしまう。そのたびに直すわけにもいかず、お客には悪いが、アンテナが折れても契約書にはそのことを書かずに貸していた」と証言させた。

これに対して、弁護側証人として、当時の洗車屋の支配人ホセ・ルイス・ピネド（一九八一年当時

は副支配人）を法廷に呼んだ。

「当時の洗車設備にはセンサーが付いていて、アンテナが伸びているとブラシが当たらないよう、自動的によけるようになっていた。アンテナを折るなどあり得ない」

ピネドは、このように検察側の証言を真っ向から否定したのである。

争点③　白いバンは犯行に使われたのか　その2

別の角度からすると、O氏が事件当日に白いバンを借り受けていたことは事実だったので、もし犯行に使わなかったというのであれば、何に使ったというのか、ということが争点となった。これが明確ではないという問題があったのである。

O氏の説明では、事件前日に三浦氏から、「ブレストカレンダー」というちょっとコミカルな商品を年末用に追加入手したいとのリクエストがあり、それを購入して、それまでに用意した商品を積み込んだ船に追加積載するために、レンタカーを借りて仕入れ先に向かっていたところ、車がパンクしてしまい、その修理に手間取っているうちに、次の予定との関係で、仕入れを諦めて、レンタカーも返した、ということであった。しかも、その追加積載予定の船が、時刻表通りに運航していればとっくに出てしまっていたはずのところ、トラブルがあって、たまたままだロサンゼルスに近い港にいた、という事情まで加わった。

本当に車がパンクしたのかという問題に加えて、本来なら出航しているはずの船が、まだロサンゼルスにいたことを本当に知っていたのか、ということが論じられた。検察は、証拠として、山のような船の時刻表を提出してきた。もちろん全部英語である。

事実として船はロサンゼルスに近い港にいたのだから、それをO氏が知り得たかどうかだけが問題になるはずで、山のような時刻表にどういう意味があるのか、よくわからなかった。なにしろ担当の山田弘司《やまだこうじ》検事は、「銃撃事件」について、捜査、一審、控訴審、上告審と担当し、それ以外の事件は何も担当していない状況だったので、「三浦銃撃事件」に没入していて、眼に入るものはすべて証拠として提出するという傾向があった。

極めつけは、射撃の的であった。説明によれば、山田検事がロサンゼルスに出向いた際に、射撃場でライフルを撃った時の紙の的である、ということであった。いぶかしく思って、立証趣旨を尋ねたところ、「ライフル銃は狙って撃つと当たる、ということです」との答えが返ってきた。「なかなか腕がいいと褒められたんですよ」と嬉しそうであった。われわれが、「関連性なし」と意見を述べたところ、さすがに裁判所も、関連性が認められないとして却下した。

争点④　白いバンからの射撃可能性

検察のストーリーでは、白いバンに潜んでいたO氏が、隙を見て、一美さんと三浦氏を銃撃したことになっている。水道電力局の四人の職員は、三浦氏が倒れた瞬間、すなわち銃撃された瞬間を目撃したが、その犯人は誰も目撃しなかった。これは、その犯人すなわちO氏が、水道電力局にいた目撃者から見えないように、白いバンの陰にうずくまるような低い姿勢であったためとされた。

そこで検察は、これを立証するために、著名な刑事事件の鑑定を数多く手掛けてきた法医学者の石山昱夫《いしやまいくお》教授に鑑定を依頼した。その内容は、ＵＣＬＡ（カリフォルニア大学ロサンゼルス校）メディカルセンターが治療のために撮った一美さんの頭部のレントゲン写真から、銃弾の射入方向を特定して、低い位置から飛んできたとするものであった。石山教授は、それを正当化するためにあれこれ論じたが、邪魔になるものがあった。それは、事件直後に一美さんの開頭手術をして、銃弾破片除去手術を施したラプラード医師のカルテであった。その記述は、明白に石山鑑定と矛盾するものであった。

この点を法廷で尋ねると、石山教授は、「私の鑑定は正しい」「ラプラード医師は、レントゲン写真を誤って読み、銃弾破片の位置を誤ってカルテに記入したものである」と豪語した。銃弾破片の位置という問題について、開頭手術をした医師よりも、レントゲン写真を見ただけの自分のほうが正しいと言うのだから、恐れ入った次第である。このように、検察立証はガラス細工のごとく、どこからでも壊れそうな危ういものであった。

Ｏ氏には別に弁護団がついていたが、Ｏ氏と三浦氏は併合審理[*1]されており、我々にはＯ氏の銃撃実行について徹底的に検察の主張を潰したという自負があった。

Ｏ氏が銃撃を実行していないとなれば、三浦氏がＯ氏と共謀したという検察のシナリオは完全に崩壊する。その結果は無罪判決しかないと、我々は確信していた。

＊1　併合審理：被告人が複数いる場合や、被告人が一人でも公訴事実が複数ある場合には、裁判所が適当と

認めれば、それぞれの公判審理を同時に並行して（併合して）おこなうことができる。詳細は刑事訴訟法第三一三条一項参照。

耳を疑った一審判決

一九九四年三月三一日。我々は、三浦氏が無罪判決を得て東京・小菅の東京拘置所から出ることを前提に、車やホテルの手配をすべて済ませて、意気揚々と判決を聞きに行った。

ところが、判決はまったく思いもよらないものであった。

東京地裁（裁判長　松本昭徳《まつもとあきのり》、裁判官　小池勝雅《こいけかつまさ》、裁判官　柴山智《しばやまさとし》）は、O氏については銃撃犯であるとの証明がないとして無罪としたが、三浦氏については、「氏名不詳の第三者と共謀して一美さんを殺害した」として、無期懲役を言い渡したのである。

判決を聞いた瞬間、私は身体が硬直し時間が止まったような衝撃をおぼえた。「これは嘘だろう。何かの間違いではないか」と耳を疑った。

東京地裁の認定は、以下のようなものであった。

・現場を見ていた四人の水道電力局職員は、いずれも三浦被告が車と車の間に沈み込んだところを見ている。その時こそが、三浦被告が銃撃された瞬間である。

・三浦被告は、緑色の車から降りてきた二人組の強盗に遭ったと述べているが、この話は嘘である。なぜなら、四人の水道電力局職員のなかに、三浦被告が銃撃された直後に、二人組が緑色の車から降りて三浦被告に駆け寄ったところを見た者も、その二人組が緑色の車で逃走したところを見た者も、誰もいないからである。
・他方で、銃撃の犯人（三浦氏から銃撃を依頼された者）を目撃した者もいない。これは、銃撃犯が犯行状況を見られないよう、白いバンの陰に隠れて銃撃を実行したためである。
・三浦被告は、犯人が乗っていたのは緑色の乗用車だったと述べたが、近くに白いバンがあったことは記憶にないと言っている。しかし、すぐそばにあった車を憶えていないはずはないので、これも嘘である。

三浦被告に無期懲役
ロス事件 一美さん銃撃で判決 東京地裁
実行犯は不詳のまま
保険金目当て 共謀し殺害と認定
被告、殺人は無罪

三浦一美さん銃撃事件の東京地裁判決では三浦氏に「氏名不詳の第三者と共謀して妻を殺害した」として無期懲役が言い渡された（1994年3月31日付読売新聞夕刊）

・このように重要なことで三浦被告が嘘を重ねるのは、三浦被告自身が犯人だからである。

三浦氏を有罪とする理不尽な理由に、私は強い怒りを感じた。

二五〇m離れたビルの八階にいた四人の水道電力局職員が誰も気付かなかったから、三浦氏が言う二人組の強盗はいなかったとするのは、論理の飛躍がありすぎる。

事件現場の駐車場の左右（フリーモント通り沿い）には、路上駐車をしている車が隙間なく並び、その東側には何百台もの車が停まっている広大な青空駐車場がある。車だらけの状態のなかで、三浦氏にとって一台の白いバンが記憶になかったとして、何の不思議もないことである。たったこれだけの点が水道電力局職員の目撃証言と食い違うというだけで「三浦は嘘つきだ」と決めつけ、それを重要な根拠として有罪とするのは、あまりにも無茶苦茶である。

さらにこの判決は、三浦氏は妻の保険金にいっさい手を付けておらず犯行の動機がないという我々の主張に対して、「金に困っていたわけでもないのに保険金殺人をしたのだから、非常に悪質で許せない」という、まことに珍妙な理屈まで展開した。

そもそも、本件のような事件で、「氏名不詳の第三者と共謀して妻を殺した」とする判決は、およそ信じがたい内容である。これは、「証拠は何もないがとにかくお前が悪い」と言うのに等しい。

もちろん我々はただちに控訴[*1]した。しかし、「氏名不詳の第三者との共謀」などと言われたら、弁護団として何を反証してよいのかすぐには見当もつかない。一審判決が無茶苦茶すぎたため、どこを突破口にするか、かなり悩んだ。

＊1　刑事事件の控訴：刑事事件の控訴申し立ては、次の六つの控訴理由がある時に限っておこなうことができる。①絶対的控訴理由（刑事訴訟法第三七七、三七八条）＝法律に従って判決裁判所を構成しなかったことなど（詳細は条文参照）。②相対的控訴理由（同第三七九条）＝①の場合を除いて、訴訟手続に法令違反があり、その違反が一審判決に明らかに影響をおよぼした場合（その法令違反がなければ異なる判決になった可能性が高い場合）。③法令適用の誤り（同第三八〇条）＝一審判決で認定された事実に対して適用すべき法令が適用されていないなど実体法の解釈・適用の誤りがあり、その誤りが判決に明らかに影響をおよぼした場合。④量刑不当（同第三八一条）＝一審判決の量刑が不当である場合。⑤事実誤認（同第三八二条）＝一審判決に事実の誤認があり、判決に明らかな影響をおよぼした場合。⑥再審事由（同第三八三条一項）＝確定した判決に対して再審請求ができる事由がある場合。

事実と真摯に向き合う

一審判決をもらったあと私が考えたのは、現場を見ていた四人の水道電力局職員の話と三浦氏の話が食い違っているのはなぜなのか、ということであった。

裁判官が判決理由を書く時には、何かの証拠や証言から「この事件の全体像はこういうことではないか」とピンとくるというか、腑に落ちたところで、それに沿う材料を集めて判決理由を構成していくものである。一審判決が三浦氏を有罪とした理由を見れば、東京地裁の松本裁判長がピンときたのは、水道電力局の職員の目撃証言であることは明らかだった。

しかし、その四人の証言と三浦氏の話には以下のような食い違いがある。

・三浦氏が見た緑の車については、四人のうち二人が「周囲を徘徊していた」と言っている。しかし、その車が現場に停まった瞬間や、犯人が降りてくる場面を見た者は誰もいない。

・白いバンについては、四人全員が目撃しているが、三浦氏は記憶にないと言っている。

いずれの話も事実だと思う。それを一審判決は、きわめて粗雑に「三浦氏が嘘を言っている」という一点に収斂《しゅうれん》してしまったわけだが、事実に対しては真摯に向き合わなければならない。私は、両者の話が食い違うのはどうしてなのかと、いま一度考えた。そして、「待てよ。水道電力局の職員たちは仕事中だったのだから、ずっと現場を見ていたわけではないだろう。三浦氏が見たものを彼らが見ていなくても、別におかしくないじゃないか」ということに思い当たった。

それを明確にするために、まず、三浦夫妻が事件の現場にいた時間を割り出すことにした。

これにはいくつか材料があった。一つは、絨毯工場のソルターが警察に事件を通報した時の録音記録である。警察との通信だから秒単位で通話時間が記録され、会話の内容もすべて残っている。これによれば、ソルターが警察に通報したのは午前一一時八分だと特定できる。彼は三浦氏がクラクションを鳴らして助けを求めているところを目撃して、直後に警察に通報したのだから、銃撃があったのは午前一一時八分よりあとということはない。

では、銃撃事件が起こる前のほうはどうか。それを特定する材料としては、三浦夫妻が銃撃される前に現場の駐車場で撮っていた写真があった。事件当日、三浦夫妻は朝ホテルを出てから現場に行くまでのあいだに何十枚も写真を撮っていた。街なかの看板の写真、椰子の木の写真、そして、現場で写した市内循環バスの写真など。前述したように、現場の駐車場が面していたフリーモント通りは市内循環バスの経路だった。三浦氏が撮った写真のなかに、たまたま現場近くを通ったそのバスが写っていたのである。

そのバスの写真には車体のナンバーが写っていた。観光バスではなく定期バスだから時刻表もある。車体のナンバーと時刻表から、このバスがフリーモント通りを通過するおおよその時刻を割り出すことができた。この時刻からソルター通報の一一時八分までの時間が、三浦夫妻が現場にいた時間ということになる。こうして、三浦夫妻が現場に到着してから銃撃されるまでの時間は二〇～二五分間であると特定することができた。案外、長い時間だ。

水道電力局の四人の職員が揃って二〇分以上もずっと窓の外を見ていたというなら、二人組の強盗などいなかったと断言できるかもしれないが、常識的に考えてそんなことはあり得ない。やってみればわかると思うが、音も聞こえない状態で、一二五〇m先の豆粒のようなものを、特別の理由もなく注意して見続けるというのは、大変な苦痛をともなう。しかも、この四人は仕事中だったのだ。彼らは継続して現場を見ていたはずがない。そうだとすると、三浦氏の話は嘘だということにはならない。

次にやるべきことは、犯人が現場にどのくらいの時間いたかを割り出すことである。

我々は調査団をつくり、改めて現場に飛んだ。

ロスでの目撃者探しと犯行状況の再現実験

このロサンゼルス行きには、新たな目撃者探しという目的もあった。一審判決が下りた直後に三浦氏に接見したところ、「あの四人のほかにも、水道電力局ビルの他の階などに目撃者がいるかもしれない。ロスに行ってビラを撒《ま》き、目撃者探しをしてほしい」と懇願されていたのだ。それも無理からぬことである。

弁護を引き受けた以上は、依頼者の気持ちを受け止め、おかしな要求でなければ、どうすれば相手の希望をかなえられるか考える必要がある。

我々は、英語のメッセージを入れたゼッケンや襷《たすき》、ビラを作ってロサンゼルスに向かった。ロサンゼルスに着いてすぐ記者会見をして、現地の日本人向け新聞を含む多数のメディアに目撃者捜しへの協力を訴えた。さらに、作家の家田荘子《いえだしょうこ》氏や島田荘司《しまだそうじ》氏にも協力してもらい、ゼッケンや襷をつけて水道電力局近くでビラ配りをした。三浦氏と一美さんの一人娘であるH

さんにも同行してもらった。「銃撃事件」当時一歳だったHさんは中学生になっており、「Help my father」というゼッケンをつけてビラを配った。

予想できたことであったが、事件から一三年が過ぎていたため、新たな目撃者は出てこなかった。この機会に、渡米前に計画していたいくつかの実験や調査をおこなった。

①犯行状況の再現実験

事件現場の駐車場に複数の車両を用意し、事件直後のロス市警の写真に基づいて、事件当時のとおりに車を配置した。三浦氏役、一美さん役、犯人役などを決め、犯行状況を繰り返し再現した。三浦氏の支援グループのメンバーで映画監督でもある山際永三《やまぎわえいぞう》さんの笛を合図に、繰り返し、緑の車の犯人が来たとして、撃って、車から降りてきて、奪って、逃げて、を繰り返し、一連の動きにどのくらい時間がかかるかを調べた。三浦氏の述べた犯行状況と検察が主張した犯行状況のどちらが合理的かを比較検討し、さらに、ほかにも想定される犯行状況をいろいろと試してみた。

その結果、犯人が現場にいた時間は十数秒、どんなに長くても二〇秒以内であることが確認できた。

②目撃者の記憶の再確認

水道電力局の目撃者の中心人物であるアルガイヤーにも会い、目撃内容や記憶などをいま一度確認した。その他の水道電力局目撃者についても聴取書を入手した。

その結果、我々が推測したように、そもそも四人は仕事の合間に時々そちらに目をやったことがあるというだけで、現場をずっと見続けていたのではないことが確認できた。

また、一審判決が「三浦氏が銃撃された瞬間」だとしたシーン、つまり三浦氏が車と車の間に沈み込むような動きをしたシーンは四人とも目撃していたが、法廷の証言でも、誰一人として、銃で撃たれたようなパンと弾かれて急激に倒れる動作だとは言わなかった。むしろ、銃で撃たれて倒れたような動きではなかったと証言した。目撃したのが同じ瞬間であったかも不明であった。

三浦氏の話によれば、彼は現場の駐車場で写真を撮るためや、落とした物を拾うために、身体が垂直に沈み込むような動作を何度かしている。そのうちのどの動作を四人が見たのかは、まったくわからなかった。

一審の裁判長は、水道電力局の職員が見たのはきっと銃撃の瞬間だろう、しかも四人が揃って見ているのだから間違いないと考えたのであろう。だが、それが撃たれた瞬間ではなく単に物を拾おうとした瞬間だったのであれば、目撃証言の意味はまったく違ってくる。

じつは、三浦氏は腰が非常に悪く、床に座ることも、身体を前に曲げて物を拾うこともできなかった。拘置所にいる時も、畳の上に寝転がっていることが特別に許可されていたほどだ。重度の腰痛を経験した人ならわかると思うが、低い位置にある物を取る時は、身体を垂直に落とすしかない。現場でも、落とした物を拾うためにその動作をしたのだと思う。それで四人の目撃者は、「すっと沈み込むような奇妙な動きをした」と感じたのであろう。

いずれにせよ、三浦夫妻が現場にいた約二〇分のなかで、わずか十数秒から二〇秒にすぎない銃撃の瞬間を、偶然にも四人が揃って見たなどという話は、非常に怪しくなってきた。彼らが見たのは別々のシーンだった可能性が、非常に高くなったのである。

③水道電力局以外からの視認状況

事件現場の駐車場周辺にある水道電力局以外のビルにも行き、それらのビルの、現場が見渡せる場所から視認状況を確認した。自分たちでフリーウェイなど現場周辺の道路を車で走り、それらの場所から現場がどのように見えるかも確認した。結果は、頭上西側を走っているハーバー・フリーウェイからも、周辺のビルの上階からも、現場は丸見えであった。つまり、犯人にしてみれば、どこから目撃されるかわからない状況だったのである。

「水道電力局の四人が銃撃犯を見なかったのは、犯人が犯行状況を目撃されないよう白いバンの陰に隠れて銃撃したからだ」とした一審判決の論理に基づけば、犯人は、近くのビルやフリーウェイを無視して、遠くの水道電力局の八階から目撃されることだけを意識し、そこから見えない角度で犯行を遂行するために白いバンを隠《かく》れ蓑《みの》にしたことになる。このような荒唐無《こうとうむ》稽《けい》な話があるだろうか。

白いバンの陰から犯人が銃撃したと特定するのが無理である以上、「この事件で重要な白いバンの存在を三浦氏が見逃すはずはない。だから三浦氏は嘘をついている。嘘をついているのは犯人の証拠だ」とする一審判決の論理は、完全に崩壊する。

そして、三浦氏に対する裁判所の有罪認定も吹っ飛ぶことになる。

控訴審での主張

現地での実験結果や調査結果を詰めていき、控訴審で我々は次のような主張をした。膨大な控訴理由のほんの一部ではあるが、これらは重要なポイントである。
・証拠を総合すると、三浦氏が駐車場に来て車を降りて銃撃されるまでの時間は二〇分程度、犯行がおこなわれた時間は二〇秒弱である。
・水道電力局目撃者の目撃状況や証言内容からして、四人は駐車場のほうを時々見ていただけであり、続けて見ていたわけではないし、四人が同時に見ていたわけでもない。したがって、四人がいずれも三浦氏の銃撃された瞬間を目撃したとするのは誤りである。むしろ、四人の誰もが、わずか二〇秒弱にすぎない銃撃状況を目撃していなかった、と考えるのが合理的である。現に、車と車の間に三浦氏が沈み込むような動作をしたという点について、水道電力局の職員自身が「銃撃されたような動きではなかった」と述べている。
・水道電力局職員の誰も犯人の銃撃状況を見ていなかったのであるから、三浦氏が犯人について嘘を述べたという結論も誤りである。
・犯人が乗っていたとされる緑色の車は、四人の目撃者のうち二人が見ていないが、それはたまたま二人が現場に目をやった時に緑色の車がなかっただけであり、緑色の車が現場になかったということにはならない。むしろ、「緑色の車を見た」という残りの二人の証言のほうが重要である。
・犯人が二五〇mも遠方にある水道電力局あるいは東側方向からの目撃のみを気にして、白いバンの陰に隠れて銃撃したとの認定は、現場が西側のフリーウェイや東北側のビルから丸見えであることを考えると、およそ根拠を欠く不合理なものである。
・他方で、付近には本件駐車場やフリーモント通り、さらに東側の青空駐車場を含めて何百台という車が近くにあったのであり、三浦氏がそのうちの一台にすぎない白いバンのことを記憶していなかったという事実は、まったく不合理なことではない。したがって、白いバンのことが記憶にないという三浦供述を虚偽と決めつけるのは不合理である。

一方、検察は、一審でO氏が無罪となったことを不服として控訴していたが、求刑通りの無期懲役の判決が出た三浦氏についても控訴した。これは、「氏名不詳の第三者との共謀による犯行」などというのはあり得ないことであり、正義に反する事実誤認、ということであった。

検察は、控訴審で、「銃撃事件」の実行犯はO氏以外にあり得ないことを「消去法的に立証する」とした。すなわち、「地球上に存在したすべての人間のなかに実行犯がいる」というところから出発する、とほうもない「立証」をおこなおうとしたのである。

そのなかから、まず三浦氏と接触があった人間として、取引先、友人、利用した飲食店関係者、つきあいのあった女性等々、何千人かをリストアップ。そこから事件当時ロサンゼルスにいた人間を絞り込むために、膨大な数の出入国管理記録を取り寄せ、「この人は当時日本にいたから犯人ではない」「この人も違う」と一つひとつチェックしたのだから、プライバシー侵害も甚だしい。

さらに年齢、性別などさまざまな条件で消去していき、実行犯はO氏以外にいないと検察は結論付けた。これは、ある意味では我々にとって有利な立証とも言えた。

なぜなら、一審判決では「O氏は実行犯ではなく、三浦氏は氏名不詳の第三者に銃撃させたと考えられる」と認定していたからだ。この認定に基づけば「幻の共犯者」がいることになるが、検察の主張・立証によって「幻の共犯者」は考えられないということになり、その点では我々の主張と一致したからである。

我々は、念のために、三浦事件の捜査主任であった警視庁の寺尾正大《まさひろ》氏を弁護側証人として申請した。これは、捜査を担当した者としても、「氏名不詳の第三者」との共謀による犯行などあり得ない、共謀の相手はO氏のみである、と言ってもらうためであった。弁護側証人ということであったが、「氏名不詳の第三者」との共謀による犯行などあり得ないという部分に共鳴した寺尾氏は、快く、警察署内で我々と尋問の打ち合わせをしてくれた。

ロス市警による立証妨害

控訴審で、われわれが申請した重要証人として、スタンリー・スペア氏がいた。スペアは、事件の現場近くの駐車場で勤務していた者であり、この現場近くに三浦氏が事件直後に述べたのとそっくりの人相（あごひげ、ポニーテール）の二人連れが、そっくりの緑色の車に乗って徘徊していたことが何回かあったこと、ところがその車が事件直後からぱったり来なくなったことを、事件直後の時点でロサンゼルス警察に供述していたのである。

我々は、この供述書を、ロサンゼルスの裁判所でおこなった証拠開示請求により入手していた。スペアは、この二人連れの犯行それ自体を目撃していたわけではないが、彼の供述は三浦氏の供述を補強するものとして、重要な意味があると考えた。そこで、我々は、スペアの供述を確認することと、彼に日本の法廷で証言してもらうことを求めて渡米した。

結果的に、我々は、スペアと直接会うことはできなかったが、供述内容を確認し、日本で証言してくれるとの約束を取り付けることはできた。日本に戻って、裁判所にスペアの証人申請をしたところ、裁判所も認めてくれた。

ところが、尋問直前になって、突然、スペアから「行かない」との連絡があり、結局、尋問は実現しなかったのである。

後日、問い合わせたところ、日本の警視庁と全面協力していたロサンゼルス警察からスペアに対して、「ミウラはマフィアだ。日本に行ったら殺される」との警告がなされたということであった。後述するが、「ロス疑惑」事件では史上初の日米合同捜査がおこなわれていたのである。

我々は、ロス市警による立証妨害の顚末《てんまつ》を裁判所に報告したが、立証の柱の一本が折られたことは事実であった。

逆転無罪判決と偏向報道への警鐘

一九九八年七月一日、東京高裁（裁判長　秋山規雄《あきやまのりお》、裁判官　門野博《かどのひろし》、裁判官　福崎伸一郎《ふくざきしんいちろう》）は判決を下した。我々は、逆転無罪を勝ち取った。

控訴審判決が三浦氏無罪の理由として挙げたのは、O氏が無罪であることのほかに、三浦氏に共謀の形跡がないこと、現場で一美さんが撮った写真に白いバンの一部が写っていたこと（もし三浦氏が白いバンの存在を隠そうとして「記憶にない」と嘘をついたのだとすれば、そもそも現場で一美さんに自由に写真を撮らせるはずがない）など、三浦氏が犯人とは考えられない諸々の事実であった。

また、我々は、一審裁判所が訴因変更（起訴状の内容の一部を変更すること）の手続をとらないまま判決のなかで突然「三浦氏は氏名不詳の第三者と共謀した」としたことは違法で、審理不尽である（必要な審理が尽くされていない）とも主張していた。最初から起訴状に「氏名不詳の第三者に妻を銃撃させた」とあるなら、そこに焦点を置いて争うことができるが、一審では弁護側はもちろん検察側も、そのようなことは念頭に置いていなかったからである。

控訴審判決ではこの主張も容《い》れられ、一審裁判所が銃撃の実行犯を「氏名不詳の第三者」としたことは違法であると認定された。

二審判決で特筆すべき点は、秋山規雄裁判長が「ロス疑惑」事件をマスコミ先行型の特殊な事件と位置付けたうえで、犯罪報道の問題点を正面から指摘したことである。秋山裁判長は、判決要旨のなかで「本件の事実認定に関連して一言付言しておくこととする」として、こう述べている（原文のまま）。

「報道に接した者が最初に抱いた印象は簡単に消えるものではない。それどころか、最初に抱いた印象を基準にして判断し、逆に公判廷で明らかにされた方が間違っているのではないかとの不信感を持つ者がいないとも限らない。そうした誤解や不信を避けるためには、まず公判廷での批判に耐えた確かな証拠によってはっきりした事実と、報道はされたが遂に証拠の裏付けがなく、いわば憶測でしかなかった事実とを区別して判示し、その結果、証拠に基づいた事実関係の見直しを可能にすることの重要性が痛感される。」

憶測によって三浦氏を犯人視した報道合戦は、根強い誤解や偏見を人々に植え付けて、それが証言にも影響する危険があると、偏向報道の危険性に警鐘を鳴らしたのである。

秋山裁判長は、事実を事実としてありのまま受け入れ、検察側と弁護側の主張のどちらが合理的かをまっとうに判断してくれた。その秋山氏でさえ、判決を書く前、我々弁護団に、「マスコミでこれだけ騒がれたあと、世論を納得させるだけの判決を書かなければならないから大変だ」といったことを述べていた。無罪判決を書くにしても、有罪判決を書くにしても、報道を意識していたことは間違いない。だからこそ、あえてこのように判決でも付言したのだと思う。

現場を見る重要性

我々が控訴審で自信を持って一審判決の論理や検察の主張に反論できたのは、現場を十分に見たうえで、さまざまな実験を繰り返す証拠検討をしていたからである。なお、三浦事件で、我々が水道電力局内に入れたり、タッド・フジワラ医師と会えたりしたのは、米国留学経験のある弁護団の喜田村洋一弁護士が、現地に素晴らしい人脈を持っていたことが大きかった。また、現地での再現実験などには、山際永三さん他の支援グループの協力に大いに助けられた。

ともかく、弁護士には論理的な思考力が求められるが、自分の頭で考えるということは、デスクに留まっていればいいということではない。

現場に何回も足を運び、周囲も含めた情況をよく見聞きすること、現場の空気を吸うこと、体験できることは体験してみること、事件関係者に会って直接話を聞くこと、専門家の意見が必要と思えばなんとかして会って教えを請うことが必要だ。それにより、事件の資料や報道でしか頭に入っていない情報も、「なるほど、そうか」と腑に落ちたり、逆に「これはおかしいぞ」と矛盾点が見つかったりすることは多い。デスクに積み上げた資料をもとにして考えているだけでは、証拠の矛盾すら見落としかねない。

現場に足を運ぶだけで急速に事件の解明が進んだり、決定的な証拠が獲得できたりするわけではないが、現場を見ることによって事件や証拠に対する理解が深まることは事実である。

自分で考えて、すぐに行動に移せるのは弁護士の特権とも言えるだろう。裁判官にはできないことだし、検察官でもなかなか思うようにはできないはずだ。

また、弁護士には想像力と創造力が欠かせない。目の前にあるものだけでなく、事件全体をイメージし、あらゆる可能性を排除せず、「何が足りないか」を常に考えなくてはいけない。「銃撃事件」は、まさにそのようにして弁護活動の構図が描けるような事件だった。

警察や検察も現地での実況見分はしていたし、白いバンからいかに銃撃できるかという実験もたくさんしていたが、最初から白いバンが犯人の車であるというシナリオありきだったため、「木を見て森を見ず」になり、結果的に、想像力や創造力を働かせる範囲を自ら狭めてしまった。その根底には、「三浦が犯人だ」という決めつけがあった。

そもそも警察・検察は非常に強い捜査権限を持っているから、片っ端から人を呼びつけ、いろいろなものを差し押さえるなどして、ブルドーザーのごとく材料をかき集め、大量の人員でそれらを分析できる。他方で、事件の筋書きを考えて、それに当てはまる証拠を並べていく。

ある人物を「犯人だ」と一度決めたら、あくまでもそれに沿った証拠を集める。関係者を呼んで陰に陽に圧力をかければ、最終的には「検察の言う通りです」と調書にサインをしてしまうから、検察に有利な証拠は黙っていても山のようにできる。

それなりの証拠が多数集まれば、「本当は犯人ではないかもしれない」というところに考えがおよばなくなる。よほど筋書きと矛盾する重大な証拠が出てくれば捜査をやり直すかもしれないが、そうでもなければ、改めて地道な検討をする必要はないと考える。「今さら引き返せない」「メンツにかけても」といった思いも強いことだろう。

特に「ロス疑惑」事件の場合、世間の注目を集めたのが「グリコ・森永脅迫事件」(一九八四〜八五年、427ページ＊1参照)のあとだったことも影響していたと思う。この事件は結局犯人が捕まらず、捜査当局への不信が高まっていた。三浦氏を逮捕して有罪にできなければ、警察・検察に対する国民の信頼はさらに揺らいでしまう、という警戒感が捜査当局には相当あったはずだ。

また、「ロス疑惑」事件の捜査が史上初の日米合同で進められたことも影響しただろう。捜査権は自国にしかおよばず、他国にはせいぜい身柄の引渡しを求めるくらいだが、この事件では日米両国の合同チームをつくって情報を交換し、日本の警視庁はロス市警から初期捜査の資料をすべて提供してもらうなど、全面的に協力してもらった。また、現地での実況見分なども日米で合同しておこなった。日本の捜査当局としては、「これで立件できなかったら大変なことになる」という意識があったはずである。その気負いが、強引な逮捕・起訴の要因の一つになったことは否定できないだろう。

一方、弁護士のほうは、他の事件でもそうだが、最初から試行錯誤の連続である。

弁護士は、検察官のように権力を振りかざして証人や証拠を集めることはできない。関係者を呼んでも来てくれないし、証拠を捜索押収するわけにもいかない。しかも、検察は集めた証拠を初めから全部見せてくれるわけではなく、自分たちに都合のいいものしか見せてくれない。特に昔は証拠開示の制度がなかったから、都合の悪い証拠はいっさい見せなかった。

したがって、弁護士が検察の集めた証拠を見て相手が作った事件の筋書きに一瞬で穴を見つけるという、推理ドラマのような鮮やかな展開は皆無だった。マラソンで言えば、弁護士は検察から二〇キロぐらい遅れたところから走りだし、試行錯誤しながら懸命に追いかけていくという形が普通だった。それは、基本的に今も変わっていない。

なぜ逆転無罪が取れたのか

刑事裁判で無罪を取るためには、三つの条件があると言われる。事件の筋《すじ》が良いこと、弁護人がやるべきことをきちんとやること、裁判官がまともであること。この三つが揃わないと、無罪を取るのは不可能と言ってもいい。

「事件の筋が良い」とは、被告人の主張に合理性・一貫性があって信頼できること、周囲の人たちがきちんと支えていることなどだ。

逆に、被告人の言っていることに合理性・一貫性がなくてどうも信頼がおけないと思ったり、周囲に支える人が誰もいなかったりすると、弁護はしにくくなる。こういう事件は「筋が悪い」ということになる。

三浦氏の事件は筋が良かった。私は、彼の言っていることは合理性があり一貫していると思ったし、きちんとした人だと感じた。ご家族もしっかり支えていた。

しかし、いくら事件の筋が良くて弁護士がやるべきことをやっても、裁判官がとんでもない人ならば、無罪判決は取れない。「銃撃事件」の一審判決が、まさにそれであった。

「銃撃事件」が控訴審で逆転無罪となったのは、弁護団が一審で立証したことを活かしたうえで、一審で足りなかった部分を補充し、まっとうな裁判官に当たったからである。弁護側の立証弁論は、一審と二審で大きく変わったわけではなかった。

刑事事件の場合、控訴審では新しい証拠はあまり出せない構造になっている。基本的に、控訴審では一審ほどには証人や証拠の取り調べはおこなわれないし、新たな資料の提出は原則認められず、一審で調べた証拠に基づいて、一審判決の当否が審査される。したがって、一審でやるべきことをやっておかないと、二審で頑張っても逆転できないこともある。

「銃撃事件」の控訴審では、三浦夫妻が現場にいた約二〇分間のうち犯行時間は二〇秒程度だったと立証したことが逆転無罪の一つの決め手になったとは思うが、何と言ってもいちばん大きかったのは、一審でO氏を無罪にしたことだ。全体のウエイトからすれば、これが半分以上を占めている。

O氏がどうして無罪になったかといえば、検察が出してきたO氏有罪の証拠を、弁護団が努力して片っ端から潰したからだ。そのため一審判決は、苦しまぎれに「氏名不詳の第三者と共謀した」と結論付けた。

裁判は証拠に基づき事実を認定しなければならないのに、「地球上にいるどこかの誰かと共謀した」などと、事実として認定のしようがない話を出してくるようでは、もはや裁判とは言えない。そういうところまで我々が追い込んだことが、逆転無罪判決につながっていったのであり、一審でボロ負けして二審で特別な手を打ってひっくり返したのではない。

ボクシングにたとえれば、一ラウンドの判定は検察有利だったかもしれないが、我々は一ラウンドで検察官をかなりグロッキーにしていた。そのため、次のラウンドでは、わりあいすぐにノックアウトできたわけである。

結果の社会的影響

マスコミの責任——五三〇件におよぶ名誉毀損訴訟

検察は東京高裁の判決を不服として上告したが、最高裁でも二審判決が支持され、二〇〇三年三月、「銃撃事件」について三浦氏の無罪が確定した（裁判長　金谷利廣《かなたにとしひろ》、裁判官　濱田邦夫《はまだくにお》、裁判官　上田豊三《うえだとよぞう》、裁判官　藤田宙靖《ふじたときやす》）。他方で、「銃撃事件」控訴審逆転無罪判決から七〇日余り後に「殴打事件」の最高裁決定が出て、有罪が確定していた。三浦氏は、二ヵ月半ほどの期間しか自由の身になれなかったが、その間に、最高裁まで争って判決で離婚となったY枝さんと話し合って復縁を果たした。これには、マスメディアの作り上げた「三浦像」が間違いであることをY枝さんに理解してもらったことが大きかったようである。

三浦氏は、刑事裁判と並行して獄中から主な週刊誌や新聞、いくつかのテレビ報道を取り上げて合計五三〇件におよぶ名誉毀損の民事訴訟を起こし、約八割に勝訴、あるいは事実上の勝訴と言える和解をした。そのなかには、通信社抗弁[*1]を排斥した最高裁判決など、重要な判例と

2003年3月6日、最高裁で二審判決が支持されて「銃撃事件」で無罪がほぼ確定し、記者会見する三浦和義氏（左）と著者（右）（写真提供：時事通信社）

なった事件が多数含まれている。名誉毀損の重要参考判例を検索すれば、三浦氏の名前が次々と出てくるほどだ。

メディアによる名誉毀損やプライバシー侵害などについて、三浦氏が獄中から問題提起し、メディアに反省を迫ったことは、報道による人権侵害をある程度抑制する効果があった。

また、先に述べた「殴打事件」逮捕時の「引き回し」をめぐる国家賠償訴訟に我々が実質的に勝訴して以降は、容疑者が逮捕・連行される際に顔や手錠や腰縄が見えないよう警察が毛布や衣類などをかぶせ、そのシーンを報道する際には報道機関が画像にぼかし処理を入れるなど、容疑者の人権を守るための措置がなされるようになった。

しかし、その後もヒステリックな取材や報道はあった。「安部英医師薬害エイズ事件」がそれである。さらに、マスメディアの力が相対的に落ちてネットに吸収されつつある現在では、ネット上で個人を標的とする誹謗《ひぼう》中傷も日常茶飯事のようになっている。

三浦氏の対メディア訴訟には、主に三つの目的があった。第一は、メディアによって作られたダーティーなイメージを名誉毀損訴訟に勝つことで払拭するメディア戦略で、自身の刑事裁判にも有利になると考えていた。第二は、裁判費用を稼ぐためだ。拘置所に入った時の三浦氏は、会社が倒産して無一文に近い状態で、かなりの借金も背負っていたため、名誉毀損の慰謝料や和解金で裁判費用を捻出したのである。第三は、勾留が長期におよんだための、一種の暇つぶしだった。

五三〇件におよぶ名誉毀損訴訟のうち、弁護士が担当したのは約一割の難しい事件だけで、ほかは三浦氏が自力で裁判を起こした。のちに彼は、その体験をもとに、『弁護士いらず』（太田出版）という本を出版した。法律の素人でも弁護士を立てずに損害賠償請求訴訟ができるという内容のマニュアル本であった。

多くの名誉毀損訴訟に勝って彼が手にしたお金の総額はかなりの額で、裁判費用は、そこから支払われた。

「銃撃事件」の弁護団の着手金は、弁護士一人あたり一〇〇万円（五人で合計五〇〇万円）だった。逮捕から無罪確定まで一四年半かかったから、時間給にすれば当時の最低賃金を下回ったと思うが、それは初めからの約束だった。渡米費用などその間の実費は、三浦氏が名誉毀損訴訟で得た賠償金から支払ってもらった。逆転無罪が確定した時点では費用補償[*2]や刑事補償[*3]（詳細は「事件ファイル②」367ページ参照）が出たので、三浦氏と弁護団が協議して気持ちよく分けて報酬をもらった。三浦氏から金銭のことで嫌な思いをさせられたことは一度もない。

＊1　通信社抗弁：報道機関が定評ある通信社からの配信記事をそのまま掲載した場合、その掲載記事が他人

の名誉を毀損するものであったとしても、配信記事の内容が一見して真実でないとわかる場合などを除いて、掲載記事により名誉を毀損された人に対する損害賠償義務を負わないとする法理。

＊2 費用補償：刑事裁判で無罪判決が確定した者は、国に対してその裁判に要した費用の金銭的補償を請求できる（刑事訴訟法第一八八条の二「無罪判決と費用の補償」要約）。補償範囲は、被告人だった者またはその弁護人だった者が裁判所への出頭に要した旅費・日当・宿泊費と、弁護人の報酬に限定されている（同法第一八八条の六「補償費用の範囲」一項要約）。

＊3 刑事補償：刑事事件で未決の抑留または拘禁などをされた者が無罪判決を受けた場合には、その身柄拘束について国に対して補償を請求することができる（詳細は刑事補償法第一条参照）。

悲劇的な結末

二〇年前の「令状」で逮捕

二〇〇八年、「ロス疑惑」事件は思わぬ展開をした。

妻のY枝さんとアメリカ自治領サイパン島に遊びに行っていた三浦氏が、二月二二日、サイパンからの出国時に、アメリカの警察に「一美さん殺し」の殺人罪と共謀罪の容疑で逮捕されたのである。

それ以前に、私は三浦氏から「アメリカへ旅行しても問題ないか」と訊かれて、「アメリカの警察が捜査に動いたことははっきりしているし、それが法的にどう処理されたのかわからないから、危ない。やめておくほうがいい」とアドバイスしたことがあった。ところが三浦氏は、サイパンがアメリカ領であることを知らなかったという。

その日の夜、Y枝さんから携帯電話に「夫が身柄を拘束された」と連絡を受けた私は、初めは事態を呑み込めなかった。逮捕状のコピーをファクスしてもらい、身柄の拘束が二〇年前の逮捕状に基づくものだったことを知り、愕然とした。

ロサンゼルス郡地方裁判所は、一九八八年五月五日に、三浦氏に対する殺人罪および殺人の共謀罪の逮捕状を発付していたのだ。

アメリカの捜査当局は、日本の警察・検察と密接な協力体制の下で合同捜査を行い、それに基づく裁判で審理を尽くした結果として日本の最高裁で無罪が確定した人物を、同じ容疑で逮捕した。日本の司法権力も舐《な》められたものである。

自国民を保護すべき日本政府は、米国の乱暴な法手続に抗議するどころか、町村信孝《まちむらのぶたか》官房長官が「日本で無罪になったからといって、捜査協力ができないことはない」と記者会見で述べ、捜査に前向きな姿勢まで見せた。

私は三浦氏の旧弁護団のメンバーに集まってもらって支援体制を整え、五人の名前で日本政府、検事総長、警察庁長官に抗議を申し入れた。検事総長と警察庁長官には抗議書を郵送し、日本政府に対しては直接法務省へ出向いて、政務官に法務大臣宛ての抗議書を手渡した。

申し入れの主旨は、①日本国政府はただちに三浦和義氏の身柄の解放・帰国に向けて努力してほしい、②アメリカからの調査協力の要請にいっさい応じないでほしい、というもので、捜査協力に前向きな姿勢を示した町村官房長官の発言に関しては、「これが日本政府の正式の見解・対応だとしたら、甚だしい不見識と言わざるを得ない」と指摘した。

しかし、日本政府も検察庁もまったく動かなかった。我々は国を相手に行政訴訟を起こし、三浦氏の支援者らと集会を開いた。弁護士有志も署名活動をしたが、弁護士会として動くところまではいかなかった。サイパンでの三浦氏逮捕は、端的に言えば「日本がバカにされた事件」だ。皆、もっと怒ってよかったはずである。

「一事不再理」と共謀罪をめぐる議論

このサイパンでの逮捕の一件では、「一事不再理」が大きな問題になった。

日本国憲法第三九条の前段には、「既に無罪とされた行為については、刑事上の責任を問われない」と書かれている。これを「一事不再理」という。

また、同第三九条の後段には、「同一の犯罪について、重ねて刑事上の責任を問われない」という「二重処罰の禁止」の規定がある。これは、被告人が同じ犯罪で何度も処罰されるリスク(二重の危険)を負うのは不公正である、との考え方に基づいている。

裁判で判決が確定すれば、その判断内容が尊重され、同一の事件についてはもはや再び訴訟上争うことができなくなるという効力が生じるのである。

ただ、「一事不再理は国単位の規定だから、他国には効力をおよぼさない」と言う人もいる。確かにこの意見にも一理ある。国際人権規約にも一事不再理の規定はあるが、一つの国で裁いたら他の国では裁けない、という趣旨まで書いてあるとは読めない。

しかし、一定のレベル以上の法体系をもった国同士で、片方の国がきちんとした裁判をして結果が出ているにもかかわらず、もう片方の国がそれをもう一度裁き直そうとすることが妥当だとは誰も考えないと思うし、実際に、そうしたことはおこなわれていなかった。他の人に対してやらないようなことを、なぜ三浦氏にだけはしなければならないのか。

法律というのは、単に条文だけ見て「できるか否か」を議論すべきではないと思う。条文の趣旨や目的、信義則や正義や法の下の平等という観点から、許されるかどうかを考える必要があるだろう。その意味で、三浦氏の逮捕がきわめて不当なことは間違いない。

さらに、我々が調べた結果、カリフォルニア州の刑事訴訟法では二〇〇四年に法改正がなされるまで、外国の確定判決も一事不再理の対象になると規定されていたことがわかった。

一般に、刑事事件の場合、改正法の効力を過去に遡《さかのぼ》らせて被告人に刑罰を科すことはない。これを「遡及《そきゅう》処罰の禁止」という。したがって、少なくとも米国カリフォルニア州では、三浦氏は一事不再理として、殺人罪についての処罰を受ける可能性はないことになる。

ただし、逮捕状でもう一つの罪として記載されていた共謀罪については問題が残った。

アメリカの共謀罪は、犯罪の実行がなくても共謀の事実があれば罪になる。当時の日本には共謀罪がなかったため[*1]、「三浦氏は日本で共謀罪に関して処罰されていないから、アメリカで改めて共謀罪に問うことは可能だ」という意見もあった。

しかし、三浦氏は日本で、共謀共同正犯[*2]として起訴されたのであった。

共謀共同正犯とは、二人以上の者がある犯罪について謀議のうえ合意（共謀）し、その合意に基づいてメンバーの一人でも犯罪を実行すれば、犯罪の実行に加わらなかったメンバーも含めて謀議に参加した全員が、正犯（犯罪行為を実行した者）として実行犯と同じ扱いを受けるというものである。つまり、誰かと一緒に「あいつを殺そう」と合意しただけで、自分は実行に

2008年2月25日、米国領サイパンの裁判所の拘置尋問を終え、法廷を出る三浦和義氏（写真提供：時事通信社）

加わらなくても罪になるわけで、中身はアメリカの共謀罪とほとんど同じだと言える。

それを形式上、「日本には共謀罪がないからアメリカで改めて罪に問うのはかまわない」とするのは、かなり乱暴な理屈だと私は思っていた。旧弁護団を含めていろいろな人と、共謀共同正犯と共謀罪はいったい何が違うのか、ずいぶんと議論した。

こうした法律的なことも含めて、日本のメディアにはきちんと議論してほしかった。たとえば、一事不再理の問題はこれまで他国間でどのように処理されたのか調査するなり、日米の捜査協力はどこまであったのか取材するなりして、一般の人たちがこの問題を考えるうえでの基本的な材料を提示するような報道をすべきだと思っていた。

だが、メディアの報道は相変わらず興味本位で野次馬的なものが多く、人権や刑事手続に関する重要で深刻なテーマを真面目に議論するメディアは、ほとんどなかった。

多くの報道陣がサイパンへ飛び、三浦氏が勾留されている拘置所の周囲をうろついた。

三浦氏が拘置所で記した手記によると、彼は裁判所へ連れて行かれる時、オレンジ色の上下のつなぎ服、両足に鎖付きの足枷《あしかせ》、腰に鎖を回されての両手錠という姿にされた。拘置所の職員が「顔を隠せるが、どうするか?」と訊いても、「自分は何も悪いことをしていないから」と断った。その姿で出ていくと、日本の報道陣が一斉に殺到し、「今の心境は⁉」「体調は⁉」などと、問題の本質とは無関係なワイドショースタンスの質問を大声で浴びせかけ、足枷のせいでペンギンのように歩く彼の姿を容赦なく撮影した。

*1　日本の共謀罪：共謀罪は運用を誤れば表現の自由などを制約する恐れもあるため、日本は導入に慎重だったが、第三次安倍晋三内閣（第二次改造）時代の二〇一七年六月、参院本会議で強行採決により成立した「組織的な犯罪の処罰及び犯罪収益の規制等に関する法律」（通称「組織犯罪処罰法」）のなかに、共謀罪が実質的に導入された。同法第六条の二①には、テロリズム集団等による実行準備行為をともなう重大犯罪の遂行を二人以上で計画した者は、最長で五年以下の懲役または禁錮に処すとされている。同年七月一一日施行。

*2　共謀共同正犯：刑法第六〇条「共同正犯」では、「二人以上共同して犯罪を実行した者は、すべて正犯とする」と規定されているが、実際には、共犯事件のほとんどが共謀共同正犯として処理されている。共謀共同正犯についての規定は刑法にはなく、判例によってつくりあげられてきた共同正犯の一形態と言える。

ロス裁判所の矛盾した判断

三浦氏は、毎日のようにサイパンの拘置所から私の携帯電話に連絡をしてきた。アメリカでは勾留中でも、家族や弁護士など限られた相手には直接電話をすることができる。私は彼を励まし、知恵を絞ってアドバイスをした。

残念でならないのは、私が三浦氏の弁護人として活動できなかったことである。私は米国弁護士の資格を持っていないし、米国の司法関係者と議論する英語力も持ち合わせていない。実際の弁護活動はアメリカの弁護士に任せるしかなかった。弁護人には、サイパンの弁護士のほか、マイケル・ジャクソンの弁護人として有名なマーク・ゲラゴス氏が就いた。

アメリカの捜査当局は三浦氏の身柄をロサンゼルスに移送することを請求したが、弁護人は一事不再理や二重処罰の禁止を理由に逮捕は違法であると主張した。弁護人は、サイパンの裁判所に対して三浦氏の即時釈放の申し立てや人身保護請求もおこなったが、これらは斥《しりぞ》けられ、ロスへの移送命令が下った。

ゲラゴス弁護士らは、ロサンゼルス郡の裁判所に対して逮捕状の無効を主張し、その破棄を求めて提訴した。日本の裁判も外国の裁判も一事不再理の対象になるのだから、逮捕自体が無効になるはずだと、私も三浦氏も非常に期待していた。

ゲラゴス弁護士は一生懸命やってくれた。しかし、一つだけ残念なことがあった。それは、日米の刑事訴訟法の専門家である米国人弁護士ウィリアム・クリアリー氏を、ロサンゼルスの法廷で証人として調べなかったことである。

クリアリー氏は、弁護士としてカリフォルニア州における刑事事件の経験が豊富なうえに、日米の刑事訴訟法に精通しており、三浦氏がサイパンで逮捕された当時は岩手大学の准教授だった。日本で長く生活しているので日本語が堪能で、私も心配なく打ち合わせをしていた。

旧弁護団はクリアリー氏を証人尋問するようゲラゴス弁護士に要請し、そのつもりでクリアリー氏をロサンゼルスに送り出した。しかしゲラゴス弁護士は、クリアリー氏を調べるまでもなく一事不再埋に該当することは明らかだと判断し、証人尋問を見送った。

結果的に、ゲラゴス弁護士の主張は認められなかった。ロサンゼルス郡の裁判所は、「殺人については一事不再理の原則により逮捕無効。しかし、殺人の共謀罪については『二重の危険』に当たらないので逮捕は有効」という判断を下したのだ。殺人については「二重の危険」を認めながら、殺人の共謀にはそれを認めないというのは、非常に矛盾した判断である。

クリアリー氏を証人尋問していれば、アメリカにはない日本の共謀共同正犯の概念を裁判官に理解させ、逮捕の不当性を明らかにできた可能性も十分ある。実際にどういう結果になったかはわからないが、「準備を整えて法廷の控室で待機していたのに、証人台に立てなかった」と、クリアリー氏は非常に残念がっていた。どういう証人を呼ぶかの判断は、弁護士によって当然違うし、弁護団のなかで意見が分かれることもある難しい問題なのである。

ロスの裁判所の判断を受け、私と三浦氏は今後のことを電話で話し合い、「これ以上サイパンで逮捕の不当性を争って時間を使うより、ロスで決着をつけるほうがいい」ということになった。「殺人については逮捕無効」という裁判所の判断は一つの前進であり、残りの共謀罪がきちんと審理されればそれで終わるのだから、という前向きな話だった。

九月末、三浦氏の側はサイパンで続けていた人身保護請求をあえて取り下げ、ロスへの移送に同意した。

「逃がした魚」を執拗に追った捜査官

ところで、アメリカの捜査当局は、なぜこれほど三浦氏の逮捕にこだわり続けたのだろうか。それは、ジミー・隆《たかし》・佐古田《さこだ》という人の執念ではないかと思う。

アメリカでは銃による強盗事件は日常茶飯事のため、「銃撃事件」が起きた当初、ロス市警全体としてはそれほど熱心に事件を捜査したわけではなかった。

しかし、前述したように、当時のロサンゼルスはオリンピック開催を三年後に控え、三浦氏はそこを突いてロスの治安の悪さを指摘する手紙を大統領に送ったりした。これはロス市警としても困ったことである。特に、ロス市警のなかの「アジア特捜隊」の立場は微妙だった。

アジア特捜隊は、ロス市警のなかの日系・韓国系などアジア系アメリカ人だけで編成され、アジア人の犯罪を取り扱う特殊な部隊だ。組織のなかではマイノリティー・グループの彼らにとって、銃撃被害に遭った日本人観光客が「ロスは危険な街だ」と大騒ぎするのは大変な迷惑で、これでは肩身が狭いと熱心に捜査をするうちに、「どうもミウラが怪しい。銃撃は彼の狂言ではないか」という方向で動くようになった。

このアジア特捜隊の中心に、ジミー佐古田氏がいた。名前からわかるように日系人で、事件当初から捜査に参加していた。ほかに、現場に駆け付けた警察官や、検察官のなかにも日系人がいた。事件当初の捜査で精力的に動き回ったのは、こうした日系人グループだった。自分たちの立場を認めさせたい、という気負いもあったと思われる。

なかでも佐古田氏は非常に熱心で、捜査活動の主導権を握りたがったという。米国は人種のるつぼだから、自己アピールしないと上にいけないという事情もあったのだろうが、その結果、彼は上司や同僚から顰蹙《ひんしゅく》を買い、一九八四年にロス市警を退職した。

しかし、彼はロス地方検事局に直訴し、検事局捜査官として三浦事件を再び捜査することになった。こうした経緯を経て、一九八八年にアメリカで三浦氏に対する逮捕状が発付されたのだが、結局、この時は逮捕が見送られ、事件は日本側に引き渡された。

二〇〇七年、佐古田氏は「邦人関連事件の捜査活動に貢献及び日米間の捜査協力の発展に寄与」との〝功労〟により旭日小綬章《きょくじつしょうじゅしょう》を受章した。三浦氏がサイパンで逮捕される前年である。受章でさらに発奮したわけでもなかろうが、佐古田氏にとって三浦氏は、いわば「釣り上げる寸前で逃がした魚」だ。それを取り返したいという個人的な執念は相当あったと思われる。

逮捕される以前にも三浦氏は何度かサイパン旅行をしていたから、アメリカの捜査当局がその情報を摑み、「次にサイパンに来たら逮捕」と決めていたことは確かだ。

こうした事情が、三浦氏にとってはアンラッキーな結果となったのである。

絶望の淵で「殺された」三浦氏

二〇〇八年一〇月一〇日、三浦氏はサイパンからグアム、ハワイを経由してロサンゼルスに移送され、ロス市警内にある留置場の独房に収容された。

ロス市警が三浦氏の死亡を発表したのは、その翌日であった。

私はその少し前に妻を亡くし、納骨のために訪れた山口市内の旅館で、Y枝夫人からの電話によって三浦氏の死の事実を知らされた。

そんなばかな。あり得ない。信じられない――。衝撃はあまりにも大きかった。

ロス市警の発表によると、三浦氏はロス到着から約一七時間後の現地時間午後九時四五分

（日本時間一一日午後一時四五分）頃、留置場の独房で意識不明の状態で発見され、間もなく搬送先の病院で死亡したという。「首吊り自殺」ということであった。

具体的にどういう状況で亡くなったのかの情報は二転三転し、ロス市警がおこなった解剖ののち、弁護側の要請で遺体を再度解剖しても、結局、確たる死因はわからなかった。三浦氏はロスでの裁判で闘う意思を明らかにしていたので、「自殺は信じられない」と言う人もいた。いずれにせよ、無実の人が七ヵ月以上も不当に身柄を拘束されたうえ、きわめて不自然な形で死亡したのである。

サイパンにいた時の三浦氏は、逮捕が無効になるのではないかという期待もあり、明るかった。サイパンの拘置所はオープンで接見も自由だったため、以前からの支援者と接見し、元気そうにしていたという。

しかし、これまでどんな窮地に追いやられても弱音を吐かなかった彼が、ロスに移送される時には気持ちがやや沈んでいるような気がした。私は「自殺」の現場に行っていないが、サイパンと比べるとロス市警の留置場には、なんとなく暗いイメージがある。そうした環境の変化が、三浦氏の心に何らかの影響を与えたのかもしれない。

ロスに到着した直後に、現地の日本総領事館の担当領事が接見した時には「元気です」と言っていたそうだが、初めて会った領事館の職員だから、どこまで気持ちが通じたかはわからない。内心では、先行きの見通しが立たない不安に苦しんでいたのではないか。

右も左もわからないアメリカの裁判所で審理を受けること自体、たいへんな重荷だ。言葉一つとってもそうである。三浦氏は英会話がほとんどできず、サイパンの空港で身柄を拘束された時には、出入国管理官に思いつく限りの単語を並べて抗議するのが精いっぱいで、それに対する相手の回答は、何を言っているのかまったく理解できなかったという。

裁判には長い時間がかかるだろうし、検察側がどんな証人を出してくるかもわからない。その不安に加えて、お金の問題でも悩んでいたと思う。日本の弁護士が一人一〇〇万円で最後まで仕事をするのとはわけが違い、Y枝夫人は「借金をして弁護料を捻出した」と言っていた。公判になれば、さらにお金がかかる。こうしたことから、それまで味わったことのないような絶望感に襲われたのではないだろうか。

2008年10月10日、ロサンゼルス国際空港に到着した三浦和義氏。
左はロス市警の捜査官（写真提供：時事通信社）

三浦氏がサイパンで逮捕された当初、日本のメディアは、アメリカの捜査当局が新証拠を摑んだと、勝ち誇ったように報じていたが、三浦氏の死後、ロス郡地裁はそれを否定した。新証拠など何もなかったのである。

三浦氏の遺体はアメリカで荼毘《だび》に付された。神奈川県の自宅に戻って来たお骨を、私はY枝夫人と支援者とともに迎えた。彼はどんなに無念だったことだろう——。

たとえ自殺だったとしても、三浦氏は殺されたも同然だと私は思っている。新たな証拠もな

三浦元社長自殺

謎

「客観的兆候なし」

巡回10分後に発見

ロス市警

一九八一年の米ロサンゼルス銃撃事件で今年二月に逮捕され米自治領サイパンからロスに移送された三浦和義・元会社社長（61）＝日本では無罪確定＝が自殺したことを受け、ロス市警は動機の解明に乗り出した。約十分前の巡回では変わった様子はなかったとされる三浦元社長。弁護人は「遺書はない」としており、自ら命を絶った理由は不明のままだ。留置場は自殺を防ぐ態勢が整っておらず、同市警の管理責任を問う声も上がっている。

三浦和義元社長の自殺について記者会見する米ロサンゼルス市警幹部（11日）＝共同

【ロサンゼルス＝共同】ロス市警は十一日午前（日本時間十二日未明）の記者会見で、三浦元社長が自殺した動機などを今後本格的に捜査することを明らかにした。留置場の監視体制についても

三浦元社長の自殺を防なかったことで、ロス市の管理責任が問われそだ。市警によると、三浦社長が独房で自殺していのが見つかったのは定期回の約十分後。独房の構などは不明だが、三浦元長はシャツを使って首をっており、自殺を防ぐ手

三浦和義氏の自殺を報じる日本経済新聞（2008年10月13日付）

三浦和義氏の自殺に関し、取材に応じる元ロス市警捜査官のジミー・隆・佐古田氏（2008年10月16日、写真提供：時事通信社）

く二〇年前の逮捕状で逮捕したアメリカの捜査当局に。米国の乱暴な法手続からまったく守ってくれなかった日本政府に。そして、人権を蹂躙《じゅうりん》し続けたマスメディアに。

三浦氏が無実であることを、私は今も揺るぎなく確信している。

エピソード

タフでクレバーだった三浦氏

獄中から自力で多数の名誉毀損訴訟を起こしたことでもわかるように、三浦氏はタフで行動力があった。合理的な考え方をするクレバーな人だった。

彼は拘置所に勾留されていた時、さまざまな通販カタログや広告類を取り寄せていた。世の中のことを知るためである。日本では今どういう物がどれぐらいの値段で売られているか、何が流行っているか、どんな新商品が出ているかを非常に詳しく知っていて、

「拘置所の職員が、何かいいものはないかと訊きに来るんです。僕がお薦めした下着を着ている職員もいるんですよ」と言っていた。

三浦氏は、自分でも時々、注文伝票を送って買い物をした。拘置所に勾留されている人が一日に出せる手紙の数は拘置所ごとに上限が定められているが、彼は、「一日に何通出そうと手紙の発信制限には抵触しない。なぜなら、これは伝票であって手紙ではないからだ」と言い、拘置所の職員を納得させてしまった。

「殴打事件」で有罪が確定すると、三浦氏は宮城刑務所に収容された。当時の宮城刑務所は冬

でも暖房が入らなかったが、彼が刑務所に掛け合って暖房を入れさせた。処遇の改善を求めて刑務所側とやり合うこともあったが、反抗的だと思われないよう上手に交渉するので、懲罰を受けたことは一度もなかった。

彼の交渉力はかなりのものだった。銃撃されて意識不明になった一美さんを日本に移送した時も、「三年後にロスオリンピックが開かれるというのに、観光客が白昼撃たれるとは、ロスの治安はいったいどうなっているのか」と大統領に手紙で抗議し、米軍のヘリコプターを出させたのである。

その移送の際、三浦氏は手に持った発煙筒をぐるぐる回して米軍ヘリを誘導した。「ロス疑惑」報道が過熱すると、この行動は「芝居がかっている」などと言われたが、じつは、あの場面はメディア側が考えだしたものだった。報道陣に「絵になるから」と頼まれて、三浦氏は言われるとおりに発煙筒を振り回したのだ。病室のベッドに横たわる一美さんの枕元に幼い娘さんの写真を貼ったのも、メディア側に頼まれてしたことだった。

そういう意味では、三浦氏は周囲の言葉に乗せられやすい性格だった。これは、彼の幼児期の体験と関係していると思う。三浦氏の親族は芸能人で、彼は幼い頃から映画の撮影現場に出入りしていた。大スターに可愛がられ、子役として映画に出演したこともある。

メディア側から言われたとおり「悲劇の夫」を演じてしまったのは、子役時代の経験が身に染みついていたからではないだろうか。マスコミにとって、劇場型犯罪にもってこいの主役だったことは間違いない。

マスコミの印象操作はこれだけに留まらなかった。三浦氏が「疑惑の夫」として騒がれるようになると、メディアはそのイメージに合わせた編集をするようになった。

たとえば、三浦氏が娘のHさんを連れて歩いていると、周囲を取り巻く報道陣のなかの一人が、いきなりHさんを突き飛ばす。娘を突き飛ばされて怒らない親はいない。三浦氏は当然、その記者に「何をするんだ！」と食ってかかる。その瞬間を待ち受けていたテレビ局のカメラクルーはそのシーンを撮影し、レポーターが「ご覧になりましたか。三浦氏はこのように本当に乱暴な人なのです！」などと叫ぶ。

自分たちが幼い子供をわざと突き飛ばした前半のシーンは映さず、三浦氏が報道陣に食ってかかるシーンだけをテレビ画面に流すのだ。印象操作というのは本当に恐ろしい。

マスコミに人生をもてあそばれた三浦氏は、サイパンで逮捕されるまで、大崎事件[*1]、恵庭《えにわ》OL殺人事件[*2]をはじめとする多くの冤罪事件のサポーターとして活動した。

和歌山毒物混入カレー事件[*3]の「犯人」とされた林眞須美《はやしますみ》さんについても、熱心に応援していた。林さんは、獄中からメディア等に対して五〇件ほどの民事訴訟を起こしている。そのうち、本人に無断で撮影・描画された写真やイラストを報道に使うことは肖像権の侵害で違法であると主張した訴訟では、最高裁で林さんの主張が認められた。こうした訴訟は三浦氏が勧めたもので、手紙や面会でその方法を指南していたという。

これほどタフな人だったのに、彼は、自ら命を絶ってしまった。異国の独房で孤独と絶望感に苛《さいな》まれ、死を選ばざるを得なかった三浦氏の無念は、いかばかりであったろう。

＊1　大崎事件：一九七九年、鹿児島県大崎町で農業を営んでいたK氏の死体が自宅横の牛小屋で発見され、捜査当局は客観証拠がないまま親族四人を保険金目的の殺人容疑などで逮捕。四人のうち三人は公判で事実を争わず有罪判決を受け服役。三人には知的障害があったが、取り調べや公判では考慮されなかったとの批判がある。一方、共犯者とされたK氏の兄嫁のAさんだけは捜査段階から無実を主張し続けたが、懲役一〇年の有罪判決を受け服役。出所後、再三にわたり再審請求したが棄却され、二〇二〇年三月に四度目の再審請求を申し立てた。二〇二一年六月、第四次再審請求の弁護側・検察側双方の証人尋問が鹿児島地裁でおこなわれ、弁護側証人の医師は「K氏は殺されたのではなく事故死だった」と証言した。Aさんは同年六月に九四歳の誕生日を迎え、弁護団は早期の再審開始を求めている。

＊2　恵庭OL殺人事件：二〇〇〇年三月、北海道恵庭市で、女性会社員Oさんが三角関係のもつれから同僚女性を絞殺し、ドラム缶に入れた死体に火を放ち損壊したとされる事件。Oさんは一貫して冤罪を主張したが、二〇〇六年に上告棄却となり一審判決（懲役一六年）が確定し、服役中に再審請求した。裁判では検察寄りの偏った証拠評価がおこなわれたとの批判もあったが、札幌地裁は二〇一四年に再審請求を棄却。その後、第二次再審請求→棄却→即時抗告→棄却→特別抗告※という経緯をたどったが、二〇二一年四月、最高裁第二小法廷は特別抗告の棄却を決定した。Oさんは弁護団を通じて、「冤罪を晴らしたい気持ちは失っていない」とコメントした。（※特別抗告：不服申し立てのできない決定や命令について、違憲を理由に最高裁に対しておこなう抗告。刑事事件では判例違反の場合にも認められる）

＊3　和歌山毒物混入カレー事件：一九九八年、和歌山市で夏祭りのカレーを食べた六七人がヒ素中毒となり、うち四人が死亡。和歌山県警は地元の主婦・林眞須美さんとその夫を別件で逮捕したあと、眞須美さんをカレーへのヒ素混入による殺人・殺人未遂容疑で再逮捕した。眞須美さんは一貫して無実を主張し、多くの識者や専門家も、直接的な証拠がないこと、動機が不明なこと、曖昧な目撃証言、不確かな鑑定等々から冤罪の疑いを指摘したが、二〇〇九年に最高裁で死刑が確定。その後は、和歌山地裁への再審請求→棄却→大阪高裁への即時抗告→棄却→最高裁への特別抗告→最高裁に特別抗告中の二〇二一年五月、新たに和歌山地裁への再審請求申し立て（刑事訴訟法には、再審請求中に新たな請求をおこなうことの適否に関する規定はなく、和歌山地裁は要件を満たしていると判断し、五月三一日付で請求を受理）→最高裁への特別抗告取り下げ、という経緯をたどっている。

関連事件

万引き冤罪事件（刑事）、監視カメラ映像流出事件（民事）　二〇〇七年

二〇〇七（平成一九）年四月、三浦氏は神奈川県内のコンビニで万引き（窃盗罪）した容疑で逮捕された。私はこの事件も逮捕直後から担当した。

この万引き事件は以下のようなものであった。

三浦氏は自宅近くのコンビニ（ミニストップ平塚高村）をしばしば利用していた。二〇〇七年三月下旬頃、同店の経営者が商品棚にサプリメントが六個（価格計三六三二円）足らないことに気付き、防犯カメラの映像をさんざん見たあげく、サプリメントを置いてあった場所で、三浦氏が、不自然に腰を落として品物を手にしているシーンを見つけた。普通なら前かがみになって商品を取り上げるのに、身体を垂直に落とす動きをしていたため、身体で隠して盗っているような印象を持ったこの経営者は、その後同店を訪れた三浦氏を詰問した。しかし、三浦氏は万引きなどしていない、と否定した。そこで、その経営者は警察に被害届を出した。通常、万引き犯は現行犯逮捕されるが、三浦氏は後日（同年四月五日）窃盗罪で逮捕されたのである。その際に三浦氏自宅の家宅捜索がおこなわれたが、サプリメントは見つからなかった。

連絡を受けて接見した我々に対して、三浦氏は、まったく覚えがないことを訴えた。しかし、他方で、検察は「防犯カメラに万引きの犯行が写っている」と言っていた。また、三浦氏「当時睡眠薬を服用していて記憶が飛んでしまうことがよくあった」とも述べていたし、三浦氏の妻のY枝さんも、そのように述べていた。こうしたことから、我々としては、睡眠薬の影

響で、ぼおっとした状態でサプリメントを持ち出した可能性が高いと考えて、いったん、略式手続で済ませることに同意した。小田原簡易裁判所[*1]は罰金三〇万円の略式命令を出した。

ところが、その後、釈放された三浦氏が、この記憶障害の問題で医師の診察を受けたところ、ピック病（四十～六十代の比較的若年層が発症することの多い認知症の一種）の疑いが強いと診断された。

仮に、ピック病のため自己コントロールが不能で万引きをしたのであれば、刑事責任能力がなかった可能性がある。そこで、同年四月二四日に、我々は正式裁判請求をおこなった。その理由としては、「事実関係を争う趣旨ではなく、責任能力を争う趣旨である（釈放後検査したところピック病の疑いがきわめて高いと診断され、現在精密検査を控えている状態である）」と述べた。こうして横浜地裁小田原支部で裁判が始まった。

地裁で扱われる刑事事件には、一人の裁判官が審理する単独事件と、三人の裁判官の合議体で審理する合議事件がある。「裁判には裁判官が必ず三人いる」と思い込んでいる人もいるようだが、むしろ大半は裁判官一人で審理している。合議事件の審理には、法定合議と裁定合議がある。法定合議は、殺人・放火・強盗など大きな事件の場合におこなわれ、必ず三人の裁判官による合議体で審理しなければならない。裁定合議は、本来なら一人の裁判官で審理できる事件を、争点が複雑であるなどの理由から特別に合議体で審理するものである。

当初、「万引き」とされた事件は単独事件として扱われたが、三浦氏が徹底的に争う姿勢を見せたことと、被告人が「あの三浦和義氏である」ということで、裁定合議で審理されることとなった。

その後、三浦氏は精密検査を受け、ピック病は否定された。ところが、開示された証拠により、「防犯カメラに万引きの犯行が写っている」事実がないこと、つまり、すとんと腰を落としてサプリメントを手にしている映像しかないことがわかった。この「すとんと腰を落とす不自然な仕草」は三浦氏の腰痛からくる動作であり、「銃撃事件」でも問題になったことである。この動きがまたしても仇《あだ》となり、犯人扱いされてしまったのだ。

警察は、「あの三浦だから盗んだに違いない」と、予断をもって逮捕したのだろう。いったん「悪人」のイメージが刷り込まれると、何をやってもそういう目で見られてしまう。

だが、監視カメラの映像には三浦氏が腰を落として商品を手にしているシーンはあるが、それを持って店を出たシーンは写っていない。それに加えて、三浦氏が当初から犯行を否認していること、問題のサプリメントが三浦氏の用いるような類のものでないこと、家宅捜索でもそのようなサプリメントがいっさい発見されなかったこと、商品棚にサプリメントが不足していることから万引きと決め付けるのは論理の飛躍が甚だしいことなどを総合して、第一回公判（同年七月六日）までには、冤罪であると確信するようになったのである。

他方、三浦氏は、コンビニの経営会社と、監視カメラをコンビニに納入・設置した会社を相手取り、肖像権の侵害や名誉毀損などの違法行為により計一六五〇万円の損害賠償を求める民事訴訟を東京地裁に起こした。

というのも、三浦氏が写っていたこの監視カメラの映像は、コンビニの経営者からテレビ局に提供され、三浦氏と特定できる状態で放映されていたからである。さらに、監視カメラをコンビニに納入・設置した会社は、そのニュース映像を編集して自社のホームページにアップした。あまつさえ、ＤＶＤまで製作して展示会会場で放映したり、得意先に配布したりして、自社のＰＲに利用していたのである。

しかし結局、これらの裁判中に三浦氏は亡くなってしまい、万引き冤罪事件は二〇〇八年一二月に「被告人死亡」により公訴棄却となった。監視カメラ映像流出事件のほうはＹ枝夫人が裁判を承継し、二〇一〇年に判決が下った。コンビニ経営会社に対する請求は棄却されたが、監視カメラ納入会社に対する請求は一部が認められ、相手方は一一〇万円の慰謝料の支払いを命じられた。この金額は、その後、高裁での和解で二〇〇万円に増額された。

＊1　簡易裁判所（簡裁）：通常、刑事事件の第一審裁判所となるのは簡裁と地裁である。簡裁は、罰金以下の刑罰のみが定められている事件をもっぱら担当するが、窃盗や常習賭博など一部の犯罪については三年以下の懲役刑を科すことができ、より重い刑罰を科すべきと考えた場合は地裁へ事件を移送する。簡裁では、一人の裁判官がすべての事件を審理する。

column 2

妻のこと

学園闘争のさなかに知り合う

編集者より、コラムとして「妻のこと」を書くように言われた。村木厚子さんの事件（第一章）や三浦和義氏の事件（第四章）に妻のことが出てくるので、必要だ、ということであった。プライベートのことなのであまり気が進まないが、少しだけ書くことにする。

妻の孝子《たかこ》（旧姓木村）は、昭和二〇年九月生まれで、同年一〇月生まれの私とまったくの同世代だった。彼女の曾祖父は、幕末に勝海舟《かつかいしゅう》や福澤諭吉《ふくざわゆきち》らを乗せて太平洋を横断した「咸臨丸《かんりんまる》」の総督だった木村《きむら》摂津守《せっつのかみ》喜毅《よしたけ》（軍艦奉行）。彼女は三人姉妹の末っ子だった。

彼女と知り合ったのは、これも本書に出てくる「東京大学法律相談所」というサークルであり、サークルでは私が一年先輩だった。当時は、東大の法学部の女子学生はきわめて少なく、一学年五〇〇名中に数名しかいなかった。それら数名の女子学生のほとんどは気が強く負けず嫌いなタイプであったが、彼女は、おとなしく、引っ込み思案のタイプで、顔立ちがかわいかった。

私が卒業して司法研修所に入った頃から、急速に親しくなった。なにしろ、この当時、東京大学は学園闘争のさなかで、四年生の彼女は授業がまったくない状態。こちらは、暇な修習生。気が合ったのは、「何のために東京大学に入ったかよくわからない」という共通点があったためだったような気がする。

彼女は、幼い時に始めたピアノでめきめき腕を上げ、中学生の頃は東京藝術大学を目指してピアノに打ち込んでいた。それがある時に限界を感じて、やむを得ず方針を変えて、東京大学に入ることになった。これは、彼女の姉が東京大学に入学したことの影響のようである。私も、たまたま学校の成績が良かったことから、何も考えずに東京大学に入ったものの、入学してからは、美術サークルで絵を描いたり遊んだりしているのがいちばん楽しいような感じであった。「組織の頂点を目指して頑張る」などという感覚とはまったく縁遠いという点で、二人は共通していた。

心に残る〝赤毛のアンを巡る旅〟

結婚したのは二四歳の時である。私は司法修習生、彼女は労働省（当時）に入ったばかりであった。こちらは、弁護士になってすぐ、東大裁判をはじめとする刑事公安事件や国相手の行政訴訟などにのめり込んだのだが、彼女は、労働省の上司たちから、「旦那は反体制派弁護士」という感じで見られていたようである。今から考えると、彼女に悪いことをした気がする。

おまけに、当時は、男女雇用平等などという概念すらない時代で、女性が働くことへのアゲインストはものすごく、彼女も職場でかなりひどいセクハラや差別を受けていた。

そんなこともあってか、彼女は、入省して数年後からひたすら留学を志すようになり、役所の意向と関係なく、自分でブリティッシュ・カウンシルのルートでロンドン大学への留学の道を見つけたうえで、役所に頼み込んでイギリスに留学した。三〇歳の時である。この留学願望も、彼女の姉が東大在学中に米国に留学したことが影響していたと思われた。

一年間の留学生活自体は楽しかったようであるが、短い期間でもあり、特に成果があったようではなかった。LINEなどで簡単に海外と通話ができる現在と異なり、離ればなれという感じは強かった。今から考えると、彼女の留学に合わせて、私もイギリスに行けばよかったという気もするが、弁護士生活が忙しく、そのような余裕がなかったのも事実である。

留学を終えて帰国すると、彼女は、労働省での居心地がますます悪くなったようで、間もなくして退職となった。その後は専ら主婦としての生活を送った。家事育児のかたわら、観劇すべきオペラ探しと海外旅行計画には熱心であった。

なかでも、両方の母親を伴っての、娘絵里《えり》の成人記念カナダ旅行が印象に残る。彼女は『赤毛のアン』の大ファンであったので、遠くカナダ東部のはずれ、セントローレンス湾に浮かぶプリンスエドワード島に足を伸ばした。この島は、『赤毛のアン』の作者ルーシー・モード・モンゴメリの生まれ育った地であり、「アン・シリーズ」の舞台となった場所である。

私たちは、物語に登場する「恋人の小径《こみち》」や「お化けの森」などを訪れて、〝赤毛のアンを巡る旅〟を楽しんだ。

＊

彼女は、二〇〇七年頃から体調を崩し、二〇〇八年八月に亡くなった。六二歳だった。

私は、彼女のいないマンションで一人生活することに耐えられず、ホテル住まいなどをしたあげく、たまたま絵里の住んでいる千代田区六番町のマンションの同フロアに貸し部屋が出ていることを知り、そこに居住することとなった。

六番町と事務所のある麴町との距離は一㎞弱である。おかげで念願の徒歩通勤が可能となり、現在に至っている。

あとがき

この本の企画が持ち込まれたときに、題名として、私の頭に真っ先に浮かんだのは「マクリーンからゴーンまで」だった。「マクリーン事件」は、憲法の教科書に載っていて、憲法を学ぶ人ならたいてい知っている有名な事件だ。その事件を担当したのが弁護士一年生コンビだったというのは、けっこう驚いてもらえる話だ。また、ほとんどの弁護士が実務から足を洗おうとする弁護士五〇年目になって、「カルロス・ゴーン事件」のようなきわめてヘビーな事件に首を突っ込んだというのも、どう考えても尋常ではない。だから、「マクリーンからゴーンまで」という題名は、半世紀のあいだ、弁護士として、さまざまな事件に関与し、闘い続けてきた、ということを言い表せている気がした。

しかし、結局、題名は『生涯弁護人』に落ち着いた。

この本は、取り上げた事件が多岐にわたり大部の著作となったため、二冊に分けられることになった。マクリーン事件は「事件ファイル①」に、ゴーン事件は「事件ファイル②」にと、別々に収められた。そういう意味でも、題名として「マクリーンからゴーンまで」はふさわしくなかったのかもしれない。

この「事件ファイル①」の柱は、「マクリーン事件」のほか、「村木厚子事件」と、〝ロス疑惑〟として世間の注目を集めた「三浦和義事件」、そして「クロロキン薬害事件」である。いずれも、私にとって大変思い出深い事件であるが、よく考えてみると、思い出話では済まない気がしている。

たとえば、「マクリーン事件」は、最高裁大法廷が、外国人の在留期間更新については入管当局に強大な裁量権があるとした事件である。現在の甚だしい人権抑圧の入管行政は、その延長線上でおこなわれている。だからこそ、元最高裁判事の泉徳治《いずみとくじ》氏が、マクリーン事件最高裁判決から四二年も経った時点で、その判決が誤っているとの論陣を張ったのである。

「三浦和義事件（銃撃事件）」は、せっかく日本の最高裁までの審理で無罪判決を得たのに、同じ事件で米国での刑事手続の蒸し返しがおこなわれ、その結果、サイパンで逮捕された三浦氏がロサンゼルスの留置場で死亡するという許しがたい結果になった。このような不当逮捕を唯々諾々《いいだくだく》と容認し、外国に対して日本国民の人権を守るという国家として最低限の責任を放棄した日本政府は、いまだに米国の属国に過ぎないことを明らかにした。

また、「村木厚子事件」における検察特捜部の暴走に対しては強い批判が巻き起こった。特捜部は解体すべきという声すら上がり、これらの声に基づいて、取り調べの可視化を含む大幅な刑事訴訟法改正がおこなわれた。

しかし、である。一時控えめにしていた検察特捜部は、いつの間にか「復活」した。近時の河井克行《かわいかつゆき》・案里《あんり》夫妻の公職選挙法違反事件、文部科学省幹部汚職事件、秋元司《あきもとつかさ》元衆議院議員のＩＲ（カジノを含む統合型リゾート）汚職事件、カルロス・ゴーン事件で、検察特捜部は華々しい成果を上げた――。一見、そのようにも見える。

私は、この四件中、河井夫妻事件以外の三件すべてに弁護人として関与してきたが、取り組んだ結果、いずれもその犯罪性がきわめて疑わしく、検察は何も変わっていないとの感を強くしている。刑事訴訟法改正で盛り込まれた司法取引も、可視化のためだったはずの取り調べ過程の録音・録画も、検察は、その本来の趣旨を曲げて悪用しているのが現実である。検察は何も変わっていない、むしろ悪くなっている、ということを念頭に置いて、村木事件を振り返ってみる必要がある。

二十歳代から五十歳代まで被害者と共に闘った「クロロキン薬害事件」の思い出も尽きない。特に、「全国行脚」と称して日本各地の被害者宅を泊まり歩いての陳述書作成や打ち合わせは、忘れることのできない体験だ。その「行脚」先の一つに、瀬戸内海の直島《なおしま》があった。近時、偶然、その直島を何度か訪れることになった。直島が、いつの間にか世界的に有名なアートの島となり、この島を中心とした瀬戸内国際芸術祭が定期的に開催されるようになったためである。

それとは対照的に、ロサンゼルスへは、三浦事件で殺人現場にだけは何度も足を運んだものの、まだ観光で行ったことがない。いつか、それが実現することを夢見て、もうしばらくのあいだだけ弁護士活動を続けるつもりだ。

最後にあたって、この本の仕掛け人である岡村啓嗣《ひろつぐ》さん、執筆のサポートをしてくださった構成ライターの竹内恵子さん、そして講談社の鈴木章一さん、青木肇さん、栗原一樹さん、髙月順一さん、校閲者の皆さん、本当に有難うございました。

二〇二一年一一月

弘中惇一郎

参考文献

第一章　国策捜査との闘い

『あきらめない　働く女性に贈る愛と勇気のメッセージ』（村木厚子著　日本経済新聞社　二〇一九年四月一九日第二刷）

『日本型組織の病を考える』（村木厚子著　KADOKAWA　二〇一八年九月三〇日第三刷）

『私は負けない――「郵便不正事件」はこうして作られた』（村木厚子著　聞き手・構成＝江川紹子　中央公論新社　二〇一九年二月一〇日第五刷）

『私は無実です　検察と闘った厚労省官僚村木厚子の445日』（今西憲之・週刊朝日取材班著　朝日新聞出版　二〇一〇年九月三〇日第一刷）

『小沢一郎　闘いの50年　半世紀の日本政治を語る』（榊悟聞き書き・構成　岩手日報社　二〇二〇年四月一五日初版第一刷）

『悪党　小沢一郎に仕えて』（石川知裕著　朝日新聞出版　二〇一一年九月五日第五刷）

『小沢一郎　完全無罪――「特高検察」が犯した7つの大罪』（平野貞夫著　講談社　二〇一一年七月二〇日第一刷）

『検察vs.小沢一郎　「政治と金」の30年戦争』（産経新聞司法クラブ著　新潮社　二〇〇九年六月二五日）

『政治家抹殺　「再審請求」で見えた永田町の罠』（鈴木宗男・佐藤優著　徳間書店　二〇一三年六月三〇日第一刷）

『汚名――検察に人生を奪われた男の告白』（鈴木宗男著　講談社　二〇一〇年四月二〇日第一刷）

『闇権力の執行人』（鈴木宗男著　講談社　二〇一〇年四月五日第七刷）

第二章　政治の季節

「収容・送還の在り方に関する意見書」（日本弁護士連合会　二〇二〇年三月一八日）

『6・17明治公園爆弾斗争報告』（「6・17」控訴審を闘う会議編集・発行）　http://0a2b3c.sakura.ne.jp/6.17-p.pdf

『判例タイムズ』（三六六号〈一九七八年一一月一五日〉　判例タイムズ社　「特報Ⅱ　職務質問に附随して行う所持品検査の許容限度」）

第三章　医療被害と向き合う

『ママ、千華を助けて』（井上和枝著　早稲田出版　一九九二年一〇月三〇日改訂版第五刷）
『〈ドキュメント〉〝クロマイ裁判〟14年4か月　次女・千華（8歳）の薬害死をめぐる闘いの日々』（井上明・井上和枝共編　二〇〇〇年八月三日）
『クスリの犯罪』（後藤孝典編　有斐閣　一九八八年四月一〇日初版第一刷）
『クロロキン薬害事件資料集』第一、二巻（クロロキン全国統一訴訟原告団・弁護団　ラ・モデンナ　一九八一年四月一日、六月二五日）
『検証　医療事故』（本田勝紀・弘中惇一郎著　有斐閣　一九九〇年一月三〇日初版第一刷）
裁判所ＨＰ「司法統計情報」　https://www.courts.go.jp/app/sihotokei_jp/search?reload=1
裁判所ＨＰ「医事関係訴訟委員会について」　https://www.courts.go.jp/saikosai/iinkai/izikankei/index.html
一般社団法人日本病理学会ＨＰ　https://pathology.or.jp/
医療事故情報センターＨＰ　https://www.mmic-japan.net/
独立行政法人医薬品医療機器総合機構ＨＰ　https://www.pmda.go.jp/index.html
公益財団法人日本医療機能評価機構ＨＰ「産科医療補償制度」　http://www.sanka-hp.jcqhc.or.jp/

第四章　「悪人」を弁護する

『11年目の「ロス疑惑」事件』（現代人文社編集部編　現代人文社　一九九七年二月二〇日第一版第一刷）
『創』（二〇〇八年五月号　創出版）
『創』（二〇〇八年一二月号　創出版）
『三浦和義事件』（島田荘司著　角川書店　一九九七年一一月二五日再版）
『判例時報』（二二六一号〈二〇一五年八月二一日〉　判例時報社）
『判例タイムズ』（一三四三号〈二〇一一年五月一五日〉　判例タイムズ社）

弘中惇一郎
（ひろなか・じゅんいちろう）

弁護士。法律事務所ヒロナカ代表。一九四五年、山口県生まれ。東京大学法学部在学中に司法試験に合格。一九七〇年に弁護士登録。クロマイ・クロロキン事件ほかの薬害訴訟、医療過誤事件、痴漢冤罪事件など弱者に寄り添う弁護活動を続けてきた。三浦和義事件（ロス疑惑）、薬害エイズ事件、村木厚子事件（郵便不正事件）、小澤一郎事件（「陸山会」政治資金規正法違反事件）など、戦後日本の刑事訴訟史に残る数々の著名事件で無罪を勝ち取った。

生涯弁護人《しょうがいべんごにん》 事件《じけん》ファイル❶
村木厚子《むらきあつこ》 小澤一郎《おざわいちろう》 鈴木宗男《すずきむねお》 三浦和義《みうらかずよし》……

二〇二一年一一月三〇日第一刷発行　二〇二二年一二月五日第五刷発行

著者　弘中惇一郎《ひろなかじゅんいちろう》

発行者　鈴木章一
発行所　株式会社講談社
郵便番号一一二－八〇〇一
東京都文京区音羽二丁目一二－二一
電話　〇三－五三九五－三五二一　編集（現代新書）
〇三－五三九五－四四一五　販売
〇三－五三九五－三六一五　業務
装幀者　アルビレオ
印刷所　株式会社新藤慶昌堂　製本所　大口製本印刷株式会社
定価はカバーに表示してあります。Printed in Japan

N.D.C.326　518p　19cm
ISBN978-4-06-518903-0

あなたはきっと驚愕する
「悪人」たちの真の姿

安部英医師薬害エイズ事件、
カルロス・ゴーン事件、野村沙知代事件、
中森明菜プライバシー侵害事件などを扱った
「事件ファイル❷」も同時刊行。